中国政法大学案例研习系列教材

民事诉讼法案例研习

MINSHISUSONGFA ANLIYANXI

（第二版）

王　娣　纪格非　孙邦清◎编著

中国政法大学出版社

2022·北京

⋯⋰ 作者简介

王 娣 中国政法大学民商经济法学院教授、硕士生导师，国家人文社科重点研究基地——中国政法大学诉讼法学研究院兼职研究员，中国行为法学会执行行为研究会副会长，中国法学会民事诉讼法学研究会理事。著有《强制执行竞合研究》《强制执行法学》《民事执行参与分配制度研究》《实用合同法》等著作，在《政法论坛》等期刊发表学术论文数十篇。主要研究民事诉讼法、证据法、强制执行法。主持教育部人文社科重点研究基地重大课题"民事执行参与分配制度研究"、最高人民法院研究项目"强制执行单独立法十大理论问题研究"等多项课题。

纪格非 中国政法大学民商经济法学院教授，博士研究生导师。最高人民法院特约咨询员、新疆维吾尔自治区人民检察院专家咨询员、北京市海淀区人民法院特约专家咨询员，重庆大学特聘教授、西南政法大学兼职研究员。九三学社中央法制委员会副主任。纪格非教授具有较好的法学教育背景和理论研究基础，其主要的研究领域为民事诉讼法学、证据制度，在《中国法学》《法学研究》《中外法学》《现代法学》《法学评论》《法制与社会发展》《环球法律评论》《法学论坛》等刊物发表论文数十篇。

孙邦清 中国人民大学法学博士，中国政法大学民事经济法学院原教师，执业律师。多次参加立法及司法解释起草论证工作，出版专著、教材类著作十余部，发表论文数十篇。

∙∙❖编写说明

　　中国政法大学是一所以法学为特色和优势的大学，培养应用型、复合型、创新型和国际化的法律职业人才是我校长期以来的人才培养目标。高度重视学生法律实务技能培养，提高学生运用法学与其他学科知识方法解决实际法律问题的能力，是我校长期以来人才培养的优良传统。

　　开展案例教学是实现应用型法律职业人才培养目标的重要措施之一。中国政法大学具有案例教学的优良传统，建校之初就非常重视案例教学，开设了一系列的案例课程，多次组织编写案例教材。2005 年，法学专业本科培养方案开始设置系统、独立的案例课组，明确要求学生必须选修一定数量的案例课程。2008 年，法学人才培养模式改革实验班开始招生，在必修课程中开设了 15 门案例课程。2012 年，实验班案例课程设置进一步优化，在必修课程中设置 11 门案例课程的同时，还开设了一定数量的案例课程供学生选修。经过长期的教学实践，案例课程已经成为我校课程体系的重要组成部分，成为推动教学方法改革的重要抓手，深受学生欢迎。

　　2012 年，国家实施"卓越法律人才教育培养计划"，我校同时获批应用型复合型、涉外型和西部基层型全部三个卓越法律人才教育培养基地。为了做好卓越法律人才教育培养基地建设工作，全面深化法学专业综合改革，培养卓越法律人才，学校决定启动"中国政法大学案例研习系列教材"的编写工作。本套案例研习教材的建设理念是：在宏观思路上，强调理论性与实践性相结合，在重视基础理论的同时，根据法律职业人才培养需要，突出实践性的要求，一方面案例内容来自于实践，另一方面理论与实践相结合，培养学生解决实际问题的能力。在架构设计上，强调体系性与专题性相结合，既要基本涵盖对应课程的全部教学内容，符合体系要求，又要突出个别重点专题。在教材体例上，强调规范性与灵活性相结合，在符合基本体例规范要求的同时，可以根据不同课程实际情况有所变通。

　　本套案例研习教材的作者们长期在教学一线工作，法学知识渊博，教学经验丰富，因此，本套教材格外强调教学适用性，能够充分满足课程教学需要，能够充分发挥教师和学生两个主体的积极性，满足应用型法律职业人才培养的需要。

中国政法大学

2013 年 8 月

❖ 第二版前言

　　本教材作为中国政法大学案例研习系列教材，自 2013 年出版发行以来，深受读者欢迎。但是，自第一版发行至今已有 9 年时间。这期间，随着我国司法体制改革的不断深入，我国民事诉讼立法与研究都取得了新的进展。2017 年 6 月 27 日第十二届全国人民代表大会常务委员会第二十八次会议通过了《关于修改〈中华人民共和国民事诉讼法〉的决定》（第三次修正），2021 年 12 月 24 日第十三届全国人民代表大会常务委员会第三十二次会议通过了《关于修改〈中华人民共和国民事诉讼法〉的决定》（第四次修正）。这两次修正，对我国民事诉讼制度作了较大的修改和完善。2014 年 12 月 18 日最高人民法院审判委员会第 1636 次会议通过了《关于适用〈中华人民共和国民事诉讼法〉的解释》，2020 年 12 月 23 日最高人民法院审判委员会第 1823 次会议通过了对《关于适用〈中华人民共和国民事诉讼法〉的解释》的修正。2019 年 10 月 14 日，最高人民法院审判委员会第 1777 次会议通过了《最高人民法院关于修改〈关于民事诉讼证据的若干规定〉的决定》，对 2001 年 12 月 6 日发布的《最高人民法院关于民事诉讼证据的若干规定》作了重大修正，以上解释文件对民事诉讼制度的适用作了具体阐释。为了适应教学和实践的需要，本书作者对教材进行了修订。

　　第二版在保持原版基本框架不变的基础上，根据修改后的法律和相关的司法解释对具体内容进行了相应的修订和补充完善，希望本书能对读者有所裨益。书中不足之处在所难免，诚请专家和读者提出批评意见。

作者

2022 年 1 月

⋯✦ 前　言

　　本教材是"中国政法大学案例研习系列教材"之一，读者是法学本科生，主要用于满足本科生教学、课下复习以及学期考试等需要。本书在编写过程中，针对我国本科生教育的特点，坚持理论和实务并重，具有前沿性、实务性和体例上的创新性等突出特点。

　　1. 前沿性。本教材的撰写恰好是在 2012 年《中华人民共和国民事诉讼法》修正案颁布之后进行的。教材及时而全面地反映了全国人民代表大会常务委员会于 2012 年 8 月 31 日通过的《中华人民共和国民事诉讼法》修正案所涉及的 60 个条文、90 多处内容，包括新增加的诚实信用原则、公益诉讼、第三人撤销之诉、非诉调解协议的司法确认程序以及实现担保物权程序等新制度。

　　2. 实务性。本书编写的逻辑思路是从具体的案例出发，提供规范的案例分析报告，同时对案例涉及的相关问题进行解答，便于读者理解。

　　3. 体例上的创新性。本书在每章案例之前设置了"本章知识概要"，对本章需要学生掌握的重点和难点进行总结和归纳。每章后设置了"拓展案例"，包括基本案情、法律问题和重点提示等内容，以方便学生进行课堂讨论和研习。

　　本教材由王娣统稿和定稿，具体分工为：王娣（第十五章、第十六章）；纪格非（第一章至第六章）；孙邦清（第七章至第十四章）。

王娣

2013 年 8 月 19 日

❖ 目　录

第一章

民事诉讼基本原则

知识概要

一、本章的基本概念、基本知识和基本理论

民事诉讼法基本原则是民事诉讼法的本源与基础，是一定时期民事诉讼法学理论与立法目的的集中体现。民事诉讼法的基本原则既奠定了民事诉讼法的基调，也具有法律适用上的解释与补缺功能。民事诉讼法的特有原则，包括当事人诉讼权利平等原则，法院调解原则，辩论原则，处分原则，诚实信用原则。

当事人诉讼权利平等原则，是指民事诉讼当事人有平等的诉讼权利，人民法院应当保障和便利当事人行使诉讼权利，对当事人在适用法律上一律平等。

法院调解原则，是指在审判人员的主持下，双方当事人就争议的问题，本着相互谅解的精神进行协商，或者通过协商对权利义务问题达成一致协议。

辩论原则，是指双方当事人在人民法院的主持下，有权就案件的事实和争议的问题，各自陈述自己的主张和根据，互相进行辩驳和论证。

处分原则，是指民事诉讼当事人有权在法律规定的范围内，处分自己的民事诉讼权利。处分即自由支配，对于权利可以行使，也可以放弃。

诚实信用原则，是指当事人及其他诉讼参与人在审理民事案件和进行民事诉讼的过程中必须公正、诚实、善意。

二、本章的重点、难点和疑点

民事诉讼法基本原则的框架是由两部分基本原则构成的，一部分是各诉讼法的共通性原则，一部分是民事诉讼法的特有原则。通过本章学习，学生在了解各诉讼法共通性原则的基础上，要掌握民事诉讼法的特有原则，即当事人诉讼权利平等原则，法院调解原则，辩论原则，处分原则，诚实信用原则。

第一节 诉讼权利平等原则

经典案例

刘某铭诉海口市琼山区人民政府房屋拆迁安置补偿合同纠纷案[1]

[**基本案情**]

2010 年 3 月 31 日，海口市琼山区人民政府与刘某铭签订了 2010 – D100 号《拆迁补偿安置协议》，双方约定：海口市琼山区人民政府因海口市琼山区朱云路片区棚户区改造建设项目需要拆迁刘某铭位于该片区的房屋、土地（房屋建筑面积 89.29 平方米，宅基地面积为 43 平方米）及其附属物，刘某铭选择实物补偿方式，刘某铭应获得拆迁补偿款人民币 183 261 元，搬迁补助和奖励人民币 37 964 元。刘某铭同意从应获得的拆迁补偿款 183 261 元中预付选定的安置房价款的 60% 计 165 779 元，刘某铭实际可领取的款项总计为 55 446 元，海口市琼山区人民政府应在协议签订后 20 个工作日内将该款项支付给刘某铭，刘某铭亦应在协议签订后 20 日内搬迁完毕。双方还约定，未经海口市琼山区人民政府书面同意，刘某铭每滞迁一天，应按补偿总额的 5‰ 按日向海口市琼山区人民政府支付违约金。协议签订后刘某铭未领取应获得的拆迁补偿款项，也未履行约定的搬迁义务。琼山区人民政府起诉后，一审法院判决：刘某铭在本判决生效之日立即搬迁；刘某铭应向海口市琼山区人民政府支付违约金人民币 497 756.25 元，于本判决生效后 10 日内履行。刘某铭不服提起上诉，二审期间，海口市琼山区人民政府于 2012 年 8 月 29 日向法院提交书面申请，申请放弃要求刘某铭支付逾期拆迁违约金及由刘某铭承担诉讼费用的诉讼请求。

[**法律问题**]

1. 本案中原告海口市琼山区人民政府与被告刘某铭是否是平等的民事诉讼法律关系主体？

2. 二审程序中海口市琼山区人民政府放弃部分诉讼请求的做法是否合法？

[**参考结论与法理精析**]

（一）参考结论

在本案中海口市琼山区人民政府与被告刘某铭按照自愿、平等原则签订了

---

〔1〕 案例来源，北大法宝：https://www.pkulaw.com/pfnl/a25051f3312b07f3e48a956679baf229c753febb181d234bbdfb.html，最后访问日期：2021 年 4 月 24 日。

《拆迁补偿安置协议》，因此在实体法律关系领域，原、被告之间的法律地位是平等的。后因被告没有自觉履行拆迁补偿安置协议，海口市琼山区人民政府依法起诉至人民法院，要求被告履行拆迁补偿协议。此案中，原告海口市琼山区人民政府虽然是国家行政机关，但是在本案中是以普通民事法律关系主体的身份参加民事诉讼的，因此其在诉讼中与对方当事人处于平等的诉讼地位，享有普通的民事诉讼法律关系主体享有的诉讼权利，并承担相应的诉讼义务。因此，在二审程序中海口市琼山区人民政府向法院提交书面申请，申请放弃要求刘某铭支付逾期拆迁违约金及由刘某铭承担诉讼费用的诉讼请求，是合法的。

（二）法理精析

当事人诉讼权利平等原则，是指在民事诉讼中，当事人平等地享有和行使诉讼权利的一项基本原则。《民事诉讼法》[1]第 8 条规定："民事诉讼当事人有平等的诉讼权利。人民法院审理民事案件，应当保障和便利当事人行使诉讼权利，对当事人在适用法律上一律平等。"当事人诉讼权利平等原则是宪法规定的平等原则在民事诉讼领域的体现，是民事诉讼法的基本原则之一。同时"当事人平等"也是程序公正价值的一个构成要素，体现了民事诉讼程序的核心价值。在前述案例中，海口市琼山区人民政府以普通的民事主体的身份与刘某铭签订了拆迁补偿协议，因此在民事诉讼中，其与被告均是平等的民事诉讼法律关系主体。他们应当依法平等地行使诉讼权利，履行诉讼义务。在二审中，海口市琼山区人民政府放弃部分诉讼请求的做法即是其行使诉讼权利的一种方式，只要没有违反法律的禁止性规定，侵害他人合法权益，损害国家、集体、社会的公共利益，这种处分行为即是有效的。

民事诉讼中当事人诉讼权利平等原则包括以下几个方面的内容：

1. 当事人诉讼地位平等。当事人诉讼地位平等是指在民事诉讼中不论是原告、被告还是第三人，也不论当事人民族、性别、职业、社会出身、政治背景、宗教信仰、文化程度、经济状况等的差异，诉讼地位一律平等，没有高低、优劣之分。人民法院应当平等对待，一视同仁。当事人诉讼权利平等，是"公民在法律面前一律平等"这一宪法原则在民事诉讼中的必然体现。诉讼权利平等，同时也反映了民事纠纷的这一特点。民事纠纷发生在平等的民事主体之间，在民事法律关系中当事人的地位完全平等，这就要求在解决民事纠纷的民事诉讼过程中，当事人也必须具有平等地位，平等地享有诉讼权

---

[1]　即《中华人民共和国民事诉讼法》，为表述方便，本书涉及我国法律均省去"中华人民共和国"字样，全书统一，不再赘述。

利和承担诉讼义务。

2. 当事人诉讼权利、诉讼义务平等或对等。当事人诉讼权利平等并不意味着在民事诉讼中，所有的当事人享有的权利与义务的内容都是完全一致的。在大多数情况下，当事人在诉讼中享有的权利义务的内容相同。比如，双方当事人都有权委托诉讼代理人、收集提供证据、申请回避、进行辩论、申请调解、进行和解、提起上诉等。但是，在另外一些情况下，当事人享有的权利内容不同，但权利却是彼此对应而呈现对等关系。比如，原告有起诉权，被告有反诉权；原告提起诉讼时有权选择管辖法院，被告有权提起管辖权异议；原告有权放弃、变更诉讼请求，被告有权承认或反驳对方的诉讼请求；等等。当事人享有的这些权利义务因为诉讼地位的不同而不同，但这种差异不会造成当事人在诉讼中实质上的不平等，也不会影响当事人赢得诉讼的机会。

3. 法院同等保护当事人的诉讼权利。人民法院在民事诉讼中起组织、领导的作用。保障当事人平等地实现诉讼权利，是人民法院的职责。我国民事诉讼法已对原告和被告双方当事人的权利和义务作了平等的规定，没有这种规定，就谈不上当事人平等地行使诉讼权利，或者充其量只是对不平等的平等维护。在立法平等的前提下，人民法院为当事人创造平等地行使诉讼权利的机会，并且平等地要求当事人履行诉讼义务，不偏袒、不歧视任何一方，只有这样做，才能将立法中当事人诉讼地位平等的规定落实到实处。

4. 当事人在法律适用上一律平等。当事人在适用法律上一律平等要求不仅指当事人在适用实体法时一律平等，而且指当事人在适用程序法时一律平等。法院在适用法律作出裁判时要严格依照法律进行，排除不相关因素的干扰。当事人在法律适用上一律平等，在一个具体的民事诉讼中有利于实现当事人诉讼地位的平等；在整个法律系统中，有利于实现法律的统一适用。

5. "形式"平等与"实质"平等关系的统一。从前述对当事人诉讼权利平等原则内容的分析可以看出，我国的诉讼权利平等原则具有"形式平等"与"实质平等"的双重维度。

形式平等维度要求我们在制定法律时，应"均衡"地赋予当事人参与、控制民事诉讼程序、维护自身合法权益的机会，使得原、被告双方在诉讼程序中享有的权利与承担的义务呈"平衡"的状态。一方当事人不得享有比另一方当事人更多的程序控制权和赢得诉讼的机会，也不得比另一方当事人承担更多的诉讼义务。然而，不同的当事人由于受到各自主客观条件的制约，在行使法律赋予的权利时，因个人能力之差异，往往可能产生"实质"不平等的结果。比如，按照《民事诉讼法》的规定，当事人在诉讼过程中均享有辩论权，均可以对案件的事实认定与法律适用发表自己的意见与主张。但是，不同的当事人文化水平、法律素质存在差异，是否能够充分行使法律赋予的辩论权往往因人而异。在前述案例中，海口市琼山区人民政府与被告刘某铭虽然在形式上处于平等对抗的当事人的诉讼地位，但是，显然被告刘某铭在诉讼能力方式明显处于弱势，我们如果忽视此类现象的存在，满足于当事人诉讼权利的"形式"上的平等，那么《民事诉讼法》当事人平等原则的规定将成为一句空洞的口号。

为了实现当事人诉讼权利的"实质"平等，现代社会的民事诉讼制度加强了两个方面的规定：一方面，对当事人的诉讼行为提出了更高层次的要求。在民事诉讼中通过诚实信用原则的规定，要求当事人在实现自身利益的同时促进对方利益的最大化，不得滥用诉讼程序的控制权，或制造虚假的诉讼状态损害对方当事人的合法权益。另一方面，通过赋予法官阐明权，纠正当事人诉讼能力的不平衡状态。所谓阐明权是指在民事诉讼中，当事人的主张或陈述的意思不明确、不充分，或有不当的诉讼主张和陈述，或者他所举证的证据材料不够而误认为足够了，在这些情形下，法院对当事人进行发问，提醒、启发当事人把不明确的予以澄清，把不充足的予以补充，把不当的予以排除、修正。总之，保障当事人在民事诉讼中的实质平等权是当事人平等原则的固有内容，也是对该原则的更深层次的理解，立法与司法机关应当共同致力于实现当事人诉讼权利的"实质"平等。

拓展案例

（2005 年司考卷三 97）李大民（男）与张小丽（女）于 1998 年登记结婚。1999 年张小丽由于做生意亏损、夫妻感情恶化等原因，患精神病，丧失民事行为能力。2000 年 2 月，李大民向某市河海区人民法院提起诉讼，请求判决与张小丽离婚。张小丽的母亲马雨霞作为张小丽的法定代理人参加了诉讼。

[问题与思考]

1. 应当如何保障无民事诉讼行为能力人参与民事诉讼的权利？

2. 如何切实落实平等原则，处理好"形式平等"与"实质平等"的关系？

[重点提示]

我国《民事诉讼法》通过诉讼代理制度确保无诉讼行为能力的当事人参与诉讼的权利。同时，虽然诉讼程序以保障当事人平等地行使诉讼权利为首要目的，但是也应当采取有效措施，使当事人平等原则不局限于"形式平等"，而应当同时关注"实质平等"。

第二节　法院调解原则

经典案例

鲍某某诉永盛公司案

［基本案情］

2007 年 11 月 15 日，永盛公司与鲍某某订立脚手架钢管扣件租赁合同，后双方因合同履行事宜，鲍某某诉至法院要求永盛公司支付其履行合同的相关款项。宁波市江北区人民法院于 2009 年 12 月 11 日作出了（2009）甬北商初字第 932 号民事调解书。该调解书上有原告鲍某某与被告之一杨某某的签字，同时杨某某用私刻的永盛公司合同章冒充永盛公司的委托代理人也在调解书上签了字。永盛公司于 2010 年 11 月 1 日向检察机关提出申诉。2010 年 11 月 19 日，宁波市江北区人民检察院作出甬北检民行建字（2010）第 2 号检察建议书，向原审法院建议再审。原审法院于 2010 年 12 月 6 日立案进行审查，发现确有错误，依法由院长提交审判委员会讨论决定，对本案进行再审。

［法律问题］

1. 法院在该案中的调解是否有效？

2. 法院的做法违反了法院调解原则的哪项内容？

［参考结论与法理精析］

（一）参考结论

本案再审法院经审理认为，原审诉讼过程中，杨某某私刻永盛公司的公章，伪造授权委托书，由其本人代理永盛公司参加诉讼及调解过程。故杨某某所签署的调解协议并非基于永盛公司的授权行为，也不是永盛公司的真实意思，违反了法律规定的调解自愿原则，因此法院的调解是无效的。

（二）法理精析

法院调解原则，是指人民法院在审理民事案件过程中，双方当事人在审判人员的主持下，在平等协商的基础上，对他们之间的民事权益争议进行合意解决的诉讼活动和方式。我国《民事诉讼法》第 9 条规定："人民法院审理民事案件，应当根据自愿和合法的原则进行调解；调解不成的，应当及时判决。"根据这一规定，人民法院审理民事案件时，要多做说服教育和疏导工作，促使双方达成协议，解决纠纷。法院调解是我国民事审判工作的优良传统和成功经验，我国

《民事诉讼法》以基本原则的形式，把法院调解用法律条文固定下来，并将自愿、合法进行调解确定为法院调解工作的方针，使得调解工作有章可循，有法可依。

同时，现行《民事诉讼法》第96条规定，人民法院审理民事案件，根据当事人自愿的原则，在事实清楚的基础上，分清是非，进行调解。《最高人民法院关于适用〈中华人民共和国民事诉讼法〉的解释》（以下简称《民诉法解释》）第145条第1款规定，人民法院审理民事案件，应当根据自愿、合法的原则进行调解。当事人一方或者双方坚持不愿调解的，应当及时裁判。根据以上规定，人民法院审理民事案件时，要多做说服教育和疏导工作，促使双方达成协议，解决纠纷。由此可见，"自愿""合法""事清责明"是法院进行调解工作应当遵循的原则。

1. 自愿原则。自愿原则，是指调解必须在当事人自愿的基础上进行，调解达成协议的内容必须符合当事人真实的意愿。采用调解方法解决民事纠纷的核心是要求审判人员在办案过程中，对当事人多做思想教育工作，用国家的法律、政策启发当事人，促使双方当事人互相谅解，达成协议。但是绝不能因为强调调解而违背自愿的精神，调解不成的，应当及时判决。

调解的自愿原则包括以下两方面的含义：

（1）程序意义上的自愿。程序上的自愿，是指当事人双方自愿以调解的方式解决纠纷。调解可以由当事人一方或双方提出申请，也可以由法官提出建议，但是必须在双方当事人都同意的情况下才可以进行调解，人民法院不能强制进行。

（2）实体意义上的自愿。实体上的自愿，是指调解达成的协议，必须出于当事人双方的意愿，协议的内容必须是双方真实意思的表示，不得有任何强迫的成分。法官在调解过程中也可以提出调解方案，但是该方案也必须得到双方当事人的认可。

2. 合法原则。合法原则，是指法院的调解工作应当依法进行，调解的过程必须合法，调解协议的内容不得违反法律的禁止性规定。据此，调解的合法性原则也包括两方面的含义：

（1）程序合法。程序合法，是指调解必须依照《民事诉讼法》的程序规范进行，不得因调解而违反程序性规定。例如为了保障程序公正，当法官有回避的情形时，不得因调解而不回避；也不得因调解而不向当事人告知其在诉讼中享有哪些诉讼权利，承担哪些诉讼义务。

（2）实体合法。实体合法，是指调解协议的内容应当合法，不应当违反实体法的禁止性规定，不得损害国家、集体和他人的合法权益。可见，对调解的合法性要求与对判决的合法性要求存在明显的区别，判决必须严格遵循法律，不得因当事人的意愿而改变法律的适用，而调解协议的内容则可以不严格依据法律。此外，除了法律之外，调解还可以依据政策或情理。

坚持自愿、合法的调解原则，必须反对两种倾向：一是忽视调解的意义，把调解工作看作是可有可无的，这种倾向忽视了民事纠纷的特征，不利于充分发挥调解制度在化解纠纷方面的积极作用；二是过分强调调解的作用，甚至滥用调解，久调不决。第二种倾向在审判实践中常常发生，必须坚决克服。调解是人民法院解决民事纠纷的重要形式，但不是唯一的形式，调解无效的，应当及时判决。另外，调解一般不是诉讼的必经程序，对于那些不能调解或不具备调解条件的案件，应当判决结案。

3. 事清责明原则。《民事诉讼法》第 96 条规定，人民法院审理民事案件，根据当事人自愿的原则，在事实清楚的基础上，分清是非，进行调解。这一条文被理解为法院调解应建立在事清责明的基础上。对此，有些法官认为，如果所有调解结案的案件都必须查清事实，那么调解高效快捷解决纠纷的优势就无从体现，而且有的案件一旦查明事实，可能导致矛盾激化，不能达成调解协议。因此，反对将事清责明作为法院调解的基本原则。对此，我们认为法院调解过程中的事清责明原则与法院在判决时"事实清楚，证据确实充分"的要求是不同的。法院在调解过程中需要查清的是案件的基本事实和当事人法律关系的基本状态。只有在基本事实清楚的基础上进行的调解才能更有针对性，也才能避免调解过程中的错误。

以上述案件为例，法院在没有弄清当事人是否具有诉讼资格，是否是实体法律关系的主体，是否是适格的当事人的前提下，盲目进行调解，最终因案件基本事实没有查清而导致调解无效。如果法院在调解过程中能够遵循事清责明原则，则本案的错误是可以避免的。

拓展案例

上海市弘正律师事务所诉中国船舶及海洋工程设计研究院服务合同纠纷案[1]

原告原系被告船舶设计院常年法律顾问。2003 年 5 月，被告委托原告律师王某生代理其与上海市黄浦区商业网点管理办公室（以下简称"商业网点"）赔偿纠纷一案（以下简称"赔偿纠纷案"），被告提出风险代理。双方协议约定：被告按照诉讼标的额的 15% 给付原告律师代理费；被告如有接受调解、和解及终止代理等情形，需与原告协商一致，否则，按照约定用律师代理费的数额补偿原告经济损失。诉讼中，被告数次提出不当调解方案，均遭王某生律师拒绝。2005 年 6 月，被告在

---

〔1〕　案例来源，北大法宝：https://www.pkulaw.com/pfnl/a25051f3312b07f35372abd937aa3be1881e370 7747493f9bdfb.html，最后访问日期：2021 年 4 月 24 日。

不让王某生律师知晓的情况下与对方达成调解，并由法院制作了调解书。在原告提出异议时，被告称会分次依约支付律师代理费，原告为此同意被告先支付125 000元，余额分次给付。后被告突然解聘原告的常年法律顾问。原告提出异议时，被告再次承诺同意支付相应律师代理费，但至今拖延未付。原告认为，对于原、被告之间的风险代理，原告已为之付出大量投入，被告应依约按诉讼标的（房屋市场评估价）人民币2 090 000元的15%赔偿原告的经济损失（律师代理费）。现请求判令被告赔偿经济损失（律师代理费）188 000元，并按中国人民银行同期贷款利率支付自2005年9月1日起至判决确定的支付日止的利息。被告船舶设计院辩称：涉案律师代理合同履行过程中，原告弘正律师事务所不同意被告接受与对方调解，因而在调解中拒绝出席。原、被告之前已就律师代理费达成协议，风险代理方式由原告提出。风险代理合同条款中，真正的风险承担者是被告。风险代理合同中有关调解问题的约定，应体现诉讼代理的依附性特征，双方发生争议时，应以被告的意思表达为准，而该合同相关条款明显限制了被告的诉讼权利。

[问题与思考]

1. 民事诉讼中，诉讼代理人能否与当事人约定禁止和解条款？

2. 民事诉讼代理中，双方约定为风险代理的，涉案当事人接受和解、调解的，是否损害诉讼代理人的利益？

[重点提示]

诉讼和解是当事人的一项基本程序性权利，虽然当事人有权决定是否通过和解的方式解决纠纷，但是当事人与诉讼代理人在代理协议中对当事人的程序性选择权作出限制的，应当视为不具有法律上的正当性。

第三节　辩论原则

经典案例

深圳某某药业有限公司与深圳某某电子有限公司
担保追偿权纠纷上诉案[1]

[基本案情]

2007年12月6日，深圳某某电子公司与深圳某某银行坪地支行签订了《贷

---

[1] 案例来源，北大法宝：https://www.pkulaw.com/pfnl/a6bdb3332ec0adc425ea1ce190ce92492854e63235793ebcbdfb.html，最后访问日期：2021年4月24日。

款合同》，共计借款金额为 500 万元。某某药业公司与李某某作为某某电子公司的保证人，分别与深圳某某银行坪地支行签订了《保证合同》。后因某某电子公司没有按照合同约定履行还款义务，被深圳市某某银行坪地支行诉至深圳市龙岗区人民法院。法院终审判决某某药业公司作为保证人，清偿贷款本金及利息。某某药业公司在履行清偿义务后，诉至法院要求李某某与某某电子公司承担其担保责任已支付的款项。一审法院判决支持了原告的诉讼请求。某某电子公司不服，提起上诉，其上诉理由之一为，一审法院没有按照规定在举证期限内向其送达证据材料，导致某某电子公司在一审中没有充分进行质证，一审程序存在明显的违法之处，要求二审法院予以纠正。

[法律问题]

1. 本案一审法院的做法违法了民事诉讼的哪项基本原则？

2. 人民法院应当如何保障该项原则的实现？

[参考结论与法理精析]

（一）法院意见

本案的二审法院认为，某某药业公司提交的所有证据均经原审法院开庭质证，没有违反法律程序。综上，某某电子公司的上诉主张没有事实依据，本院不予支持。原审判决认定事实清楚，适用法律正确，程序合法，因此应当予以维持。

（二）法理精析

我国民事诉讼中的辩论原则是指在人民法院主持下，当事人有权就案件事实认定、法律适用及诉讼程序问题，各自陈述自己的意见和主张，互相进行反驳和辩论，以维护自己合法权益的原则。

从辩论原则的含义上看，辩论的主体是参与诉讼的当事人。这里的当事人应当做广义上的理解。不仅原告与被告有辩论的权利，民事诉讼中的有独立请求权的第三人和无独立请求权的第三人，也享有辩论权。但是对于民事诉讼中的其他诉讼参与人，因其在诉讼中只起辅助作用，诉讼的结果与他们没有直接利害关系，因此不享有法律规定的辩论权。就辩论原则适用的客体而言，当事人辩论的对象与范围应当是当事人之间有争议的证据与事实的认定、法律适用以及诉讼程序问题。对于当事人没有争议的证据与事实问题，法院应当直接予以认定。

辩论原则在民事诉讼中的贯彻，对保护当事人权利具有至关重要的作用。只有赋予当事人对事实认定与法律适用等问题进行充分阐述意见的机会，才能有效地保护当事人的诉讼权利与实体权利，从而使裁判者能够更加有效地查明事实，更准确地适用法律。

　　辩论原则是我国民事诉讼中的一项基本原则。根据《民事诉讼法》第12条以及具体制度与程序的规定，当事人对辩论权的行使主要有以下内容：

　　1. 辩论权的行使贯穿于诉讼的全过程。辩论权的行使不限于法庭审理的过程中。固然，法庭是当事人行使辩论权的重要场所，法庭辩论最集中地反映了辩论原则的主要精神。但是，辩论权的行使贯穿于当事人起诉到诉讼终结的整个过程中。原告起诉后，被告有权答辩，起诉与答辩就是当事人行使辩论权的一种形式。在诉讼的各个阶段和整个过程中，当事人双方均可通过法定的形式开展辩论。因此，在理论上有人主张，把法庭辩论称为狭义辩论，而把一般的辩论称为广义辩论。这种对辩论原则的广义理解能够更全面地体现辩论原则的应有含义。

　　2. 辩论的内容既可以针对程序方面的问题，也可以针对实体方面的问题。对于程序方面的问题，如当事人是否适格，当事人的某项诉讼行为是否符合法定要求，以及代理人是否有代理权，等等，当事人双方均可以提出自己的意见与主张。对于实体方面的问题，当事人也被赋予充分发表意见的机会。一般说来，实体问题因涉及事实认定或法律适用，往往会直接影响诉讼的结果，因此通常会成为当事人辩论的焦点。审判人员借助辩论过程，可以全面了解双方的观点及各自的论据，进而形成相应的评判。

　　3. 当事人行使辩论权的形式是多种多样的。辩论既可以通过口头形式进行，也可以通过书面形式。口头形式的辩论常见于诉讼程序中，以口头方式进行辩论便于当事人随时阐明自己的主张，随时对他方观点作辩驳。但是，以口头方式行使辩论权容易受到当事人情绪、表达能力等主观条件的影响，不利于精确传达当事人的意见或主张。因此，允许当事人以书面方式行使辩论权将有利于弥补口头辩论之不足。同时，对于对案件审理有重要意义的主张的阐述、反驳意见的提出，应当以书面形式为原则，以口头形式为例外。比如，对于原告的起诉请求与被告的答辩意见，我国《民事诉讼法》规定，应当主要采用书面形式。

　　辩论原则在民事诉讼中的落实，离不开法院的保护。人民法院保护当事人行使辩论权，既是坚持审判工作的民主性，又是维护当事人权益的需要。人民法院对当事人辩论的保护是多方面的，而且贯穿整个诉讼过程，但概括起来主要表现在三个方面：①接受诉讼文书和证据，听取陈述、辩论和质证。比如，接受当事人递交的有关案件的诉讼资料，在法庭审理终结前接纳当事人提出的有关证据和提供的有关证人证言，认真听取当事人陈述、辩论，以及与证人、鉴定人的质证。在本案中，一审法院没有在举证期限内向当事人送达证据材料，导致当事人在诉讼中无法对证据行使质证权，发表辩论意见，侵犯了当事人的辩论权，因此是错误的。②正确指挥辩论。引导当事人提供有关证据，集中辩论焦点，制止与本案无关的发言和争论。③正确判断当事人提出的请求。比如，当事人要求重新进行勘验，根据案情正确作出决定。

在前述案例中，如果一审法院未经质证程序即采纳了原告方提出的证据，则一审法院的行为剥夺了被告方对证据进行质证、发表辩论意见的机会，侵害了当事人的辩论权。

拓展案例

周某是一位传记小说作家。2011 年他以演员郭某为原型，创作了一部反映郭某成长经历的纪实小说《时间作证》，描述了该位演员求学、求职、奋斗的历程。演员郭某认为《时间作证》中对于自己的描写有捏造、虚构的成分，且丑化了自己的形象。于是，郭某将周某起诉到人民法院，请求判决周某停止侵权并赔偿损失。人民法院经对本案开庭审理后，判决周某向郭某赔礼道歉、恢复名誉并赔偿精神损失费 2000 元。

[问题与思考]

1. 我国民事诉讼中的"辩论原则"与大陆法系国家的"辩论主义"在内容与作用方面有何区别？

2. 应当如何完善我国的辩论原则？

[重点提示]

大陆法系国家的辩论原则是约束性的辩论原则，作为当事人主义的集中表现，辩论原则强调审判权的作用范围应当受制于当事人主张的范围。我国《民事诉讼法》对辩论原则的理解尚未深入到约束性辩论原则的层面。

第四节　处分原则

经典案例

陈某某与上海中道某公司公司章程或章程条款撤销纠纷案[1]

[基本案情]

中道某公司经工商登记注册，成立于 2005 年 2 月 18 日，成立时有 6 名股

---

〔1〕　案例来源，北大法宝：https://www.pkulaw.com/pfnl/a25051f3312b07f3ee54a9073ec1211644695c47138ad80ebdfb.html，最后访问日期：2021 年 4 月 24 日。

东，其中包括陈某某。《上海中道某公司章程》经 6 名出资人签字确认，其中包括陈某某，签字日期为 2004 年 12 月 30 日。2005 年 1 月 5 日，《上海中道某公司章程》经上海市卢湾区公证处公证。后在陈某某请求法院撤销公司章程或章程条款一案中，陈某某认为在一审庭审过程中，一审法院不允许其撤回起诉，并对其作出缺席判决，违反法律规定。遂以此为由提起上诉。

[法律问题]

1. 原审法院的行为是否有不妥之处？

2. 如何认识处分原则的"合法性"要求？

[参考结论与法理精析]

（一）法院意见

二审法院经审理后认为，依照我国《民事诉讼法》的规定，原告经传票传唤，无正当理由拒不到庭的，或者未经法庭许可中途退庭的，可以按撤诉处理；被告反诉的，可以缺席判决。宣判前，原告申请撤诉的，由人民法院裁定是否准许。人民法院裁定不准许撤诉的，原告经传票传唤，无正当理由拒不到庭的，可以缺席判决。从以上规定可知，是否准许撤诉和有无正当理由的判断，民事诉讼法赋予了法院自由裁量权。虽然法律规定了当事人有权在法律规定的范围内处分自己的民事权利和诉讼权利，但陈某某并无证据证明《上海中道某公司章程》存在可撤销情形，且在明知证据不足的情形下反复进行起诉，既造成了大量司法资源的浪费，又与民事诉讼法所规定的教育公民自觉遵守法律，维护社会秩序、经济秩序，保障社会主义建设事业顺利进行的任务相违背。原审法院不准许陈某某撤诉符合法律规定。原审判决并无不当，故陈某某要求撤销原判的上诉请求不能成立。

（二）法理精析

《民事诉讼法》第 13 条第 2 款规定的处分原则，是指民事诉讼当事人有权在法律规定的范围内，处分自己的民事权利和诉讼权利。

私法中的一个重要原则是意思自治，而在为解决私权纠纷而设立的民事诉讼程序中，处分原则是意思自治这一实体法原则在程序法中的自然延伸。但是，由于程序法从性质上说仍属于公法，其受国家干预的程度必然大于私法，因此，民事诉讼法中的处分原则要求当事人在自由处分权利的同时要受到比实体法更多的法律限制。法律对民事诉讼过程中当事人行使处分权行为的限制主要包括以下几个方面：

1. 行使处分权的主体。从现行法的规定上看，处分权的主体应是当事人。当事人作为实体上和程序上权利和义务的承受者，享有处分权是应有之义。但是在当事人的范围内，并非所有类型的当事人都享有同等程度的处分权。原告与被告是行使处分权的通常主体；有独立请求权的第三人在诉讼中处于参加之诉的原告的诉讼地位，因此理应享有处分权；而无独立请求权第三人，由于其只是因为与案件的处理结果有法律上的利害关系而参加到诉讼中，因此其享有的处分权的范围受到一定程度的限制。

2. 处分权的对象。在民事诉讼中，当事人处分的权利对象是多种多样的，总体而言可归为两大类：一是基于实体法律关系而产生的民事实体权利；二是基于民事诉讼法律关系所产生的诉讼权利。

对实体权利的处分主要表现在三个方面：①诉讼主体在起诉时可以自由地确定请求司法保护的范围和选择保护的方法。在民事权利发生争议或受到侵犯后，权利主体有权决定自己请求司法保护的范围。不仅如此，权利主体还可在一定程度上自行选择所受保护的方法。例如，在侵害财产所有权的纠纷中，被损害者有权就全部损害提出赔偿要求，也有权以部分损害的赔偿作为诉讼标的；同时，既有权请求返还原物，也有权要求侵权人作价赔偿。②诉讼开始后，原告可以变更诉讼请求，即将诉讼请求部分或全部撤回，代之以另一诉讼请求起诉，也可以扩大（追加）或缩小（部分放弃）原来的请求范围。③在诉讼中，原告可以全部放弃其诉讼请求，被告可以部分或全部承认原告的诉讼请求；当事人双方可以达成或拒绝达成调解协议；在判决未执行完毕之前，双方当事人随时可就实体问题自行和解。

诉讼权利是当事人处分的另一重要对象，诉讼权利虽然属于程序意义上的权利，但往往与实体权利有关，当事人对实体权利的处分，一般是通过对诉讼权利的处分而实现的。对诉讼权利的处分主要体现在以下几个方面：①诉讼发生后，当事人可依自己的意愿决定是否行使起诉权。目前，立法上在起诉方面仍然采取当事人"不告不理"的做法。因此，当事人在其实体权利受到侵犯或就某一实体权利与他人发生争议时，是否诉诸法院，由当事人自行决定。只有在当事人起诉的情况下，诉讼程序才能开始，法院不能强令当事人起诉，更不能在当事人不起诉的情况下主动进行审理。②在诉讼过程中，原告可以申请撤回起诉，从而要求人民法院终结正在进行的诉讼，也就是放弃请求法院审判、保护的诉讼权利；被告也有权决定是否提出反诉来主张自己的实体权利，借以对抗原告的诉讼请求。当事人双方都有权请求法院进行调解，请求以调解方式解决纠纷。当事人还可以依其意愿决定是否行使提供证据的权利。当事人双方都有权进行辩论，承认或否认对方提出的事实。③在一审判决作出后，当事人可以对未生效的判决提起上诉或不提起上诉；认为已生效的判决或调解书确有错误时，当事人有权提出申诉，请求再审，是否再审由法院决定；对生效判决或者其他具有执行力的法律文书享有权利的当事人，有权决定是否申请强制执行。④在执行过程中，申请执行人可以撤回其申请，这种撤回申请的处分行为不影响其实体权利的继续存在。

需要注意，我国民事诉讼中当事人的处分权不是绝对的，我国法律赋予当事人处分权的同时，也要求当事人不得违反法律规定，不得损害国家的、社会的、集体的和公民个人合法的利益，否则，人民法院将代表国家实行干预，使当事人不当的处分行为无效。我国民事诉讼中的国家干预具体体现为人民法院的监督，这是处分原则的题中之义。如果原告意思表示真实、有效，其目的并无违法或不正当之处，法院在没有充分理由的情况下，不允许原告撤诉，则可以认定法院侵犯了当事人的处分权。而在前述案例中，原告在诉讼过程中反复多次撤诉，然后再次起诉。对此，法院可以以当事人行使处分权的行为存在恶意，且将导致诉讼资源的浪费为由，不允许原告撤诉。因此一审法院的做法并无不当。

拓展案例

原告方某某诉称：原告与被告方某系叔侄关系，两被告于 2007 年 12 月 22 日登记结婚，于 2011 年 2 月 18 日经上海市徐汇区人民法院调解离婚。2008 年 2 月 20 日，因被告金某的要求，被告方某出面向原告借款 180 000 元并出具借据一份，该款用于被告金某购置位于上海市浦东新区杨思路 855 弄 14 号 502 室的房屋，双方口头约定按同期银行贷款利率计算利息。两被告一直拖欠该款未还，且经原告多次催讨未果。

被告金某辩称：原告撤诉后又再次起诉是滥用诉权的违法行为，前次即 (2012) 杭萧瓜商初字第 469 号诉讼庭审结束后原告申请撤诉，法院予以准许并解除财产保全措施，但原告于撤诉的同时又再次起诉，并重复冻结被告金某的存款 260 000 元。根据《民事诉讼法》的相关规定，案件宣判前申请撤诉的，若损害他人合法权益，应不予准许。原告的上述行为系滥用诉权的行为，不仅增加司法成本，也损害被告金某的合法权益，请求法院考虑予以制裁。

[问题与思考]

1. 当事人行使处分权的行为与滥用诉权的行为的界限如何确定？

2. 如何理解"合法性"处分原则？

[重点提示]

判断是否属于滥用诉权的行为主要取决于行为人主观方面是否存在恶意，以及在客观方面是否会造成程序的拖延，是否侵害国家、社会利益或对方当事人的合法权益。

第五节 诚实信用原则

经典案例

陈某等诉关某利房屋买卖合同纠纷案

[**基本案情**]

被告关某利与王某明为了获得银行贷款，订立了虚假的房屋买卖合同，并将王某明名下的一处房产过户到关某利名下。关某利在与其妻的离婚诉讼中主张该房屋实际应归王某明所有，自己并没有支付购房款，因此不属于夫妻共有财产。王某明亦出庭证明了关某利的陈述。法院在离婚诉讼的判决中认可了关某利的主张，没有将系争房屋作为夫妻共有财产进行分割。后王某明将该房屋出卖给本案原告陈某，陈某在支付了购房款后居住于房屋内，但是一直没有办理房屋过户手续。现某磊起诉关某利，要求法院确认其与王某明（王某明在与陈某确定购房合同并收取房款后死亡）的房屋买卖合同无效。

在案件审理的过程中，关某利主张其与王某明确定的房屋买卖合同是双方意思表示一致的结果，内容真实、有效，而且自己已经实际支付了购房款，并办理了过户手续，因此应当认定自己为房屋合法的所有人。

[**法律问题**]

1. 本案法院是否应当采纳关某利在后诉中的事实主张？

2. 法院应当如何对待当事人在诉讼中不诚信的诉讼行为？

[**参考结论与法理精析**]

（一）法院意见

本案一审法院认为，关某利在前后两次诉讼中对于房屋买卖关系的陈述明显矛盾，而且在本次诉讼中亦没有提供充分的证据证明其与王某明所订立的房屋买卖合同的真实性，现陈某要求确认关某利与王某明的房屋买卖合同无效，证据充分，理由正当，因此应当予以支持。关某利不服一审判决上诉至市中级人民法院。二审法院支持一审法院对于本案事实的认定，同时以关某利在离婚诉讼中对房屋所有权归属的陈述属于自认，以不得随意撤回的禁反言原则为依据，维持了一审判决，驳回了上诉。

（二）法理精析

民事诉讼中的诚实信用原则，是指当事人及其他诉讼参与人在审理民事案件和进行民事诉讼的过程中必须公正、诚实、善意。对于这一原则，我们应从两个层面加以理解：一是行为意义上的诚实信用。行为意义上的诚实信用，指当事人或其他诉讼参与人在诉讼过程中进行诉讼行为时，主观上应该诚实、善意。二是实质意义上的诚实信用，意指当事人及其他诉讼参与人在诉讼过程中需维持双方利益平衡和当事人利益与社会利益的平衡，其实质是公正与衡平。

按照理论界的通常观点，诚实信用原则对当事人诉讼行为的规范具体表现在：

（1）禁止以不正当方法形成有利于自己的诉讼状态。当事人一方为了自己的个人利益，恶意利用法律漏洞，或者不当地妨碍对方当事人有效地实施诉讼行为，从而形成有利于自己损害他人利益的诉讼状态时，对方当事人对此可以提出异议，法院也可以根据诚实信用原则否定一方当事人已经恶意实施的诉讼行为。

（2）真实陈述的义务。所谓真实义务，是指当事人在诉讼上不能主张已知的不真实事实或自己认为不真实的事实，并且不能在明知对方当事人提出的主张与事实相符或认为与事实相符时，仍然进行争执。即诉讼关系人在民事诉讼上，应负真实陈述之义务。

（3）促进诉讼的义务。这一义务要求当事人在诉讼中不得实施迟延或拖延诉讼的行为，或干扰诉讼的进行，应协助法院有效率地进行诉讼，完成审判。

（4）禁反言。诉讼上的禁反言主要指的是当事人对相信自己作出的行为，并基于此行为而实施诉讼活动的其他人，不得随意通过否定自己先前言行或行为的方法，损害他们的合法权益。

（5）禁止诉讼权利滥用。禁止诉讼权利滥用指禁止当事人滥用诉讼法赋予的权利，从而拖延诉讼，或者阻挠诉讼的进行。

在我国《民事诉讼法》中，对当事人及其他诉讼参与人诚实信用原则的要求也有具体表现，比如现行《民事诉讼法》第 115 条规定："当事人之间恶意串通，企图通过诉讼、调解等方式侵害他人合法权益的，人民法院应当驳回其请求，并根据情节轻重予以罚款、拘留；构成犯罪的，依法追究刑事责任。"再比如，《民事诉讼法》第 116 条规定："被执行人与他人恶意串通，通过诉讼、仲裁、调解等方式逃避履行法律文书确定的义务的，人民法院应当根据情节轻重予以罚款、拘留；构成犯罪的，依法追究刑事责任。"通过上述规定，我国《民事诉讼法》对当事人的诚信要求已经呈现出通过具体规则具体化的趋势，这样做有利于诚实信用原则的落实，也有利于对当事人的诉讼行为作出明确、具体的指引。但是总体而言，我国目前立法对当事人诚信诉讼的规定内容尚不够丰富，体系也不够完整，还有进一步完善的空间。

（三）禁反言原则在本案中的适用

本案二审法院驳回上诉人上诉请求的主要依据即禁反言原则。在大陆法系国家，根据传统的禁反言规则，当事人在诉讼上或诉讼外为某种行为的结果，使对方当事人相信其行为将出现一定的法律状态，因而决定其态度。这时只要客观上来看当事人的相信是合理的，就应受法律保护。前一个当事人后来不应采取矛盾的态度，背叛当事人的信任而损害其正当利益的原则。在大陆法系国家，对于行为的禁反言规则的设计，是围绕保护对方当事人的信赖利益展开的，由此，是否应当禁止某一矛盾行为，主要取决于该行为是否影响了对方当事人的信赖利益。具体而言，禁反言原则的适用必须满足以下几个条件：

1. 当事人有矛盾的行为。这是禁反言原则适用的前提。两个矛盾的行为通常发生在前后两个诉讼中，但是也不排除前一行为发生在诉讼之外。当事人在诉讼程序之外实施的行为，如果能够使诉讼中的对方当事人产生有理由的信赖，那么，实施该行为的当事人，将受到禁反言规则的拘束。

2. 对方当事人对该行为产生了信赖，并实施了相应的行为。在大陆法系国家，禁反言规则的核心目的在于保护相对方的信赖利益。然而，"信赖"作为个体的内心状态，很难为外界直接观察。所以是否存在信赖，需要法官根据个案的具体情况作出判断。比如，在继承人收到把死者作为被告的诉状后，选任了诉讼代理人，申请承继诉讼，在一、二审程序中亲自参加了诉讼，但是在得到第二审被告败诉的判决后主张，被告已经死亡，自己所实施的诉讼行为无效。对此，日本最高法院认定，继承人全程参与诉讼的行为足以使对方当事人产生信赖利益，所以依据禁反言的规定，没有允许他的主张。对方当事人除了有理由信赖矛盾行为以外，还需要根据这一信赖，实施了相应的行为。比如，在前述案件中，由于继承人对自己当事人的身份没有提出异议，所以对方当事人聘请了诉讼代理人参与了诉讼。之所以要求对方当事人必须已经基于信赖而实施诉讼行为，是因为只有如此，反言方的反言行为才有可能对对方当事人的利益产生直接的影响，也才能够纳入禁反言原则保护的范围。

3. 如果允许矛盾行为的存在，将会给基于信赖而行为的当事人造成不公平的后果。也就是说，对于基于信赖而行事的当事人而言，如果允许反言行为，则他的利益将会遭受不合理的损失。

保护当事人基于信赖而产生的利益，是大陆法系国家禁反言原则设置的初衷。但是，随着理论的发展与完善，学者们倾向于多角度地权衡适用禁反言原则的情境。比如，有学者认为，关于贯彻保护相对方对于先行行为的信赖是否必要和适当，在各个具体案件中，主要取决于同行为矛盾的程序、背离实体真实的盖然性、否定矛盾举动给相对方带来的不利益、相对方运用其他方法救济的可能性等内容的综合比较衡量。

拓展案例

告状大王杨某荣的故事

杨某荣是成都铁路分局成都电务段的退休工人，自 2001 年来到北京后，在京打了 7 场官司。他告过信息产业部，要求退还全国所有破产下岗工人的电话初装费；他告过作家柯某路，理由是其所著《人类神秘现象破译》有虚假之处；他告过中央电视台，要求为其接受采访付费；他告过西城法院，理由是他去立案时法院工作人员"刁难"了他；他还声援了其他几场"著名"官司中的女主角——周某、"人造美女"饶某，因为"她们是四川人，而且她们的遭遇值得同情"。

几年来，杨某荣已经打了五十多场官司。1997 年他开始打第一场官司，当时他用 5000 块钱租铺子组织下岗工人卖菜。有一次与买菜人发生纠纷，成都某报以"不法商贩太霸道，缺斤少两还骂人"为题，对此事进行了报道。杨某荣随后以"报道与事实不符"为由，将该报告上法庭。那次他赢了，但是后来他的"运气"越来越不好，屡诉屡败。

[问题与思考]

1. 如何识别当事人滥用诉权的行为？

2. 诚实信用原则与当事人主义诉讼模式的关系是怎样的？

3. 在我国目前的诉讼环境下，贯彻民事诉讼中的诚实信用原则时，应当重点防范该原则的哪些负面效应？

[重点提示]

诚实信用原则对于规范当事人的诉讼行为，形成良好的诉讼秩序和诉讼文化具有重要的意义。但是该原则如使用不当，则有可能挫伤当事人诉讼的积极性，限制当事人自由诉讼的空间。这对于诉讼模式处于转型阶段的我国民事诉讼制度而言，是必须加以防范的。

第二章

基本制度

知识概要

一、本章的基本概念、基本知识和基本理论

我国民事诉讼的基本制度，有的贯穿于民事诉讼的全过程或主要诉讼阶段，有的是调整民事审判工作的某个方面，民事诉讼活动正是通过这些具体制度的贯彻实施才得以正常进行。

两审终审制度，是指一个民事案件，经过两个审级人民法院运用一审和二审程序进行审判，即宣告审判终结的制度。

公开审判制度，是指人民法院审理民事案件，除法律规定的情况外，审判过程和内容应向群众公开，向社会公开；不公开审判的案件，应当公开宣判。

合议制是与独任制相对的审判组织形式。合议制是由审判员与陪审员组成的审判集体对民事案件进行审理并作出裁判的制度。

回避制度是为了保证案件公正审理而设立的一项审判制度。其内容是：人民法院审判某一民事案件，若执行审判任务的审判人员或其他有关人员与案件具有一定利害关系，遇有法律规定的一定情形，应当主动退出本案的审理，当事人及其代理人也有权请求更换上述人员。

二、本章的重点、难点和疑点

通过本章的学习，要了解与掌握公开审判制度、两审终审制度、合议制度与陪审制、回避制度的基本内容和它们在民事诉讼中的作用。

第一节　公开审判制度

经典案例

李某诉尹某君不当得利纠纷上诉案[1]

[基本案情]

李某在建始县三里乡中坦坪矿区工作，不在建始城区时，经常打电话委托尹某君代买固定号码的注双色球彩票，待其从矿区回来后再与尹某君结账。2005 年 4 月 14 日上午 9 点 38 分，李某在矿区给尹某君打来电话，委托尹某君按其长期购买号码购买 2005042 期双色球彩票。尹某君当即应允，并在当天上午 10 点 51 分按照李某的要求打出了双色球彩票。当晚开奖后，尹某君发现其给李某代买的彩票中了 500 万大奖。当晚 9 点 46 分，尹某君给李某打电话告知了李某中奖的消息。次日上午 8 点 48 分，李某在从矿区赶往建始城区的途中给尹某君打电话表示感谢，但尹某君却在电话中告诉李某忘记给其代买彩票了，李某遂离开了彩票销售站。当天下午 3 点，尹某君之父马某学持中奖彩票在湖北省福利彩票发行中心兑领了奖金 400 万元。故李某以尹某君等人不当得利为由起诉至一审法院，一审法院判决支持了李某的诉讼请求。

尹某君等不服一审判决，上诉至二审法院。其中一项上诉理由为一审法院公开审理涉及个人隐私案件，属程序违法，因此应当依法发回原审法院重审。

[法律问题]

1. 对于上诉人的上诉请求，二审法院应当如何处理？

2. 我国民事诉讼中不公开审理的案件有哪些？

[参考结论与法理精析]

（一）法院意见

二审法院认为，本案系因中奖彩票兑付奖金的合法权属争议而产生的纠纷，在未经人民法院审理并作出裁判前，该奖金的合法权属尚不确定，故本案不属于涉及个人隐私的案件，一审法院公开审理本案，并不违反《最高人民法院关于严格执行公开审判制度的若干规定》的有关规定。尹某君提出"一审法院公

---

〔1〕　案例来源，北大法宝：https://www.pkulaw.com/pfnl/a25051f3312b07f3a72dc11f74baceb737b468046107ed19bdfb.html，最后访问日期：2021 年 4 月 24 日。

开审理本案违反法定程序"的上诉理由不能成立，本院不予支持。

（二）法理精析

公开审判制度是指人民法院审理民事案件，除法律规定的个别情况外，应当向社会和群众公开的制度。所谓向社会公开，是指允许新闻记者对庭审过程作采访，允许其对案件审理过程作报道，将案件向社会披露。所谓向群众公开，是指允许群众旁听案件审判过程（主要是庭审过程和宣判过程）。

审判公开这一重要的诉讼制度的产生具有历史的必然性。它是资产阶级革命取得胜利后，新兴资产阶级针对欧洲中世纪封建主义专横、秘密审判提出的。18 世纪意大利杰出的法学家贝卡利亚在猛烈抨击封建社会拷问、秘密审判和酷刑等制度，极力倡议对刑事制度进行理性主义和人道主义改革的同时，在其名著《论犯罪与刑罚》中提出"审判应当公开，犯罪的证据应当公开，以便使或许是社会唯一制约手段的舆论能够约束强力和欲望"。贝卡利亚这一闪光思想的提出，经历了一个漫长的历史发展过程，在资产阶级革命取得胜利后终于使审判公开制度为各国普遍接受。

不仅如此，公开审判制度被视为基本人权保障制度之一，受到国际社会的公认与重视。在第二次世界大战以后，联合国大会通过了第一个《世界人权宣言》，该宣言第 10 条规定，"人人完全平等地有权由一个独立而无偏倚的法庭进行公正的和公开的审讯，以确定他的权利和义务并判定对他提出的任何刑事指控"。1966 年，联合国又通过了《公民权利和政治权利国际公约》，该公约第 14条第 1 款进一步规定了公开审判的原则，即"所有的人在法庭和裁判所前一律平等。在判定对任何人提出的任何刑事指控或确定他在一件诉讼案中的权利和义务时，人人有资格由一个依法设立的合格的、独立的和无偏倚的法庭进行公正的和公开的审讯"。

我国现行的司法制度同样重视公开审判原则。《宪法》第 130 条规定："人民法院审理案件，除法律规定的特别情况外，一律公开进行……"《法院组织法》《刑事诉讼法》《民事诉讼法》和《行政诉讼法》都在总则中规定了审判公开的制度。可见，审判公开制度是我国诉讼法中的一项重要的基本制度。

公开审判是民事审判的通用制度，但对于一些特别的案件，基于案件的自身性质和相关利益的考量，立法者作出了不同的规定。在我国民事诉讼中，公开审判的例外情形可以分为两种：应当不公开审理的案件和可以不公开审理的案件。

1. 应当不公开审理的案件。现行《民事诉讼法》第 137 条第 1 款规定："人民法院审理民事案件，除涉及国家秘密、个人隐私或者法律另有规定的以外，应当公开进行。"可见应当不公开审理的案件包括两类：一类是涉及国家秘密的案件，国家秘密分为绝密、机密和秘密，涉及到国家利益和安全，在生活中并不为公众所知晓，如对相关案件公开审理，势必侵犯国家秘密，危害国家利益与安全。第二类是涉及个人隐私的案件，个人隐私涉及公民个人的隐私权，而隐私权与公民的生活息息相关，将公民个人隐私公之于众势必严重影响公民的正常生活，亦不利于社会稳定，从这个角度上说，此类案件亦不会公开审理。此处需注意，不公开审理不是说不以开庭方式进行审理，而是在一个相对封闭的情况下开庭进行审理。另外《民事诉讼法》第 151 条第 1 款规定："人民法院对公开审理或者不公开审理的案件，一律公开宣告判决。"可见不论审理过程是应当不公开还是可以不公开，一律需要公开宣告判决。在上述案例中，当事人中奖的事实涉及当事人的隐私，即使当事人没有申请不公开审理，法院也应当主动依职权决定不公开审理。法院以奖金权属尚不确定为由公开审理是错误的。无论奖金属于哪一方当事人所有，该案都因涉及个人隐私而应当不公开审理。

2. 可以不公开审理的案件。《民事诉讼法》第 137 条第 2 款规定："离婚案件，涉及商业秘密的案件，当事人申请不公开审理的，可以不公开审理。"由此可以不公开审理的案件亦分为两类：一类是离婚案件。该类案件涉及当事人的感情问题和家庭生活，对当事人来说相对比较敏感，故立法规定应当事人申请对其可以不公开审理。第二类是涉及商业秘密的案件，所谓商业秘密指不为公众所知悉、能为权利人带来经济利益、具有实用性并经权利人采取保密措施的技术信息和经营信息。商业秘密对于权利人来说具有财产属性，而前提正是商业秘密的非公开性。如果在审判活动中将与商业秘密相关的内容公开，就是对商业秘密所有人权利的侵犯。因此，立法规定，经当事人申请，涉及商业秘密的案件可以不公开审理。上文已经提及，这两种不公开审理的情形同样仅指案件的审理过程，对于案件的判决结果则仍需公开宣判。

公开审判制度只是一项从宏观的层面上对审判活动提出的制度要求，公开审判的实现则需要通过一系列细致的程序制度加以保障。

从审前公告上看，《民事诉讼法》第 139 条规定："人民法院审理民事案件，应当在开庭三日前通知当事人和其他诉讼参与人。公开审理的，应当公告当事人姓名、案由和开庭的时间、地点。"在开庭公告上载明当事人的姓名、案由和开庭的时间和地点为公众积极的听审活动提供了便利与可能，也便于媒体进行公开的报道。

从举证、质证上看，《最高人民法院关于严格执行公开审判制度的若干规定》第 1 条规定："人民法院进行审判活动，必须坚持依法公开审判制度，做到公开开庭，公开举证、质证，公开宣判。"公开的举证、质证包含于审理公开的范畴之内，是对公开审判的具体细化。但是也存在例外，根据《民事诉讼法》

第 71 条、《民诉法解释》第 103 条的规定，涉及国家秘密、商业秘密和个人隐私或者法律规定的其他应当保密的证据，不得在开庭时公开质证。

从宣判上看，人民法院审理案件一律公开宣判。宣判的方式有两种，一是当庭宣判，并在 10 日内发送判决书；二是定期宣判，宣判后立即发给判决书。关于公开的判决的内容，《民事诉讼法》第 155 条第 1 款规定："判决书应当写明判决结果和作出该判决的理由。判决书内容包括：（一）案由、诉讼请求、争议的事实和理由；（二）判决认定的事实和理由、适用的法律和理由；（三）判决结果和诉讼费用的负担；（四）上诉期间和上诉的法院。"不仅如此，现行《民事诉讼法》规定，公众有权查阅判决书的内容，这就意味着法院在判决宣告后，应当采取措施，为公众查阅法院判决提供便利，以便更好地在民事诉讼中落实公开审判制度。

对于违反公开审理的程序规定的做法，属于程序严重违法的情形。二审法院应当依法发回重审。

拓展案例

四川鑫炬矿业资源开发股份有限公司与株洲冶炼集团有限责任公司技术转让合同纠纷上诉案[1]

原告株冶集团公司与被告鑫炬公司于 2002 年 12 月 25 日签订了一份《技术转让意向书》，一致同意在株冶集团公司经过市场调查、虚拟经营、具有部分高纯金属市场开发能力之后，由鑫炬公司将其成熟的高纯金属（5N）生产技术转让给株冶集团公司，并在株冶科技园新建系列高纯金属产品（5N 的铋、铟、锌、铅、镉、硒、锡、锑、硫、金、银、汞 12 个元素）生产线。在经过株冶集团公司 4 个月的市场调研后，双方于 2003 年 4 月 27 日签订了高纯金属（5N 铋、铟、锌、镉、碲、硒及 6N 超纯镉）技术转让合同。双方就技术转让合同的履行发生争议，株冶集团公司就此起诉至法院。

庭前，鑫炬公司提出不公开审理的请求。对此，人民法院认为，因开庭质证的资料已鉴定，不涉及鑫炬公司技术秘密，故本庭公开开庭。

[问题与思考]

1. 本案法院的认识是否正确？

2. 公开审判是不是意味着案件的审理程序越公开越好？如何评价司法实践

---

〔1〕 案例来源，北大法宝：https://www.pkulaw.com，最后访问日期：2021 年 4 月 24 日。

中许多地方的电视台或其他新闻媒体公开甚至直播法庭审理的全过程的做法？

[重点提示]

按照我国《民事诉讼法》的规定，对于涉及商业秘密的案件，如果当事人提出申请，法院可以不公开审理。与该案是否经过鉴定没有直接关系。在司法实践中还应当妥善处理公开审判和保障人民法院独立审理民事案件的权力。不得以公开审判或媒体监督为由，干扰人民法院的审判工作。

第二节　两审终审制度

经典案例

李某云与王某军道路交通事故人身损害赔偿纠纷上诉案[1]

[基本案情]

2007 年 12 月 12 日，原告李某云驾驶电动自行车在焦武路与被告王某军驾驶的三轮摩托车相撞，造成两车损坏、李某云受伤的交通事故。李某云受伤后，被送到焦作卫校附属医院住院治疗。其后李某云起诉至法院，要求王某军赔偿损失。一审法院认为，原告要求被告赔偿的医疗费、误工费、交通费、护理费、住院伙食补助费的请求成立，予以支持。但是原告在此事故中所造成的电动自行车损失，因没有相关部门对所损坏电动自行车的价格作出评估，因此不作处理。原告李某云对此不服，上诉至焦作市中级人民法院，申请二审法院对电动自行车进行评估，并根据评估结果由被告方赔偿损失。

[法律问题]

二审法院应当如何处理上诉人的申请？

[参考结论与法理精析]

（一）法院意见

二审法院认为，李某云在一审审理期间未要求对电动自行车进行评估，原审判决对此未予一并处理是正确的。现李某云要求二审审理期间评估，并要求按照评估结果来赔偿的请求，因违反了两审终审的原则，因此不予支持。

（二）法理精析

我国民事诉讼中的两审终审制度是指一个民事案件，最多经过两级人民法

---

〔1〕　案例来源，北大法宝：https://www.pkulaw.com/pfnl/a25051f3312b07f34f1f0b392128c65a10b75927c2e14871bdfb.html，最后访问日期：2021 年 4 月 24 日。

院审理，即宣告终结的制度。两审终审是复数审级制度的具体细化。所谓复数审级制度是指案件在一定程序的辅助之下，通过不同级别法院的重复审理，最终达到定分止争的目的的制度。

在世界范围内，绝大多数国家采用了复数审级制度。之所以存在这种趋势，主要是基于以下几个方面的考虑：

第一，从维护当事人诉权的角度出发，为避免第一审法院的错误判决损害当事人的利益，立法者为当事人提供了一个再次救济的平台，同时也可以通过延长纠纷的解决过程，以平和当事人之间激烈的对抗情绪。

第二，从法院自身的角度看，不同级别的法院对案件的审理能力存在着区别，设计多级审级有利于法院纠正自身错误，同时达到统一适用法律的目的。多级审级制度更是法院实现系统内监督的重要方式，通过审级制度，上级法院可以及时了解掌握下级法院的工作情况，并进行指导和监督。

需要注意的是我国的两审终审制度是从宏观的层面而言的，大部分案件适用两审终审，但是也存在着例外。同时，两审终审只是给当事人提供了两审的救济机会，但是并非意味着任何民事案件都必须经过两级法院的两次审理。是否经过第二审，取决于当事人是否上诉。只要当事人不上诉，一审亦可以达到案结事了的目的。

1. 两审终审的内容。我国的两审终审制度实属四级两审终审制度。我国的法院共分为四级：基层人民法院、中级人民法院、高级人民法院和最高人民法院。四级法院都可以作为初审法院，但在实践中基层人民法院承担了绝大多数民事案件的初审工作，高级人民法院和最高人民法院审理第一审案件的数量较少。终审法院是初审法院的上一级法院。但是当初审法院是最高人民法院时，因不存在上级法院，因此实际是一审终审的。

我国立法在一审与二审的衔接问题上，采取的是续审制的模式。现行《民事诉讼法》第 175 条规定："第二审人民法院应当对上诉请求的有关事实和适用法律进行审查。"在二审程序中，法院审理的范围限于当事人上诉请求涉及的事实问题与法律问题。《最高人民法院关于民事经济审判方式改革问题的若干规定》（已失效）第 35 条规定，对于当事人没有请求的内容原则上不进行审查，但是判决违反法律禁止性规定、侵害社会公共利益或者他人利益的除外。

同时，两审终审也意味着在二审程序中，上诉人或被上诉人原则上不能提出新的诉讼请求、新的证据，二审程序不审理未在一审中出现的事实和证据。否则，二审法院对这些事实与证据的判断将因无法得到上诉救济的机会，而实质上违背了两审终审原则。因此，在前述案件中，二审法院如果允许上诉人在二审程序中申请评估车辆损失，并对损失额度作出判决，是不妥当的。但是本案同时暴露出一审法院在明知当事人已经就车辆损失提出赔偿要求的情况下，没有及时通过行使释明权的方法提醒原告对车辆的损失申请鉴定，一审法院的行为有明显不当之处。

2. 两审终审制度的例外。我国大部分的民商事案件都适用两审终审制度，但是也存在着一些例外的情况。

（1）对于大部分裁定上诉的案件。在我国民事诉讼中，除了驳回管辖权异议的裁定、不予受理的裁定、驳回起诉的裁定、管辖权向下转移的裁定以及驳回破产申请的裁定以外，大部分的裁定是不允许上诉的，因此对于这样的裁定，就是一审终审的。

（2）特殊程序案件。特殊程序的案件范围包括特别程序案件、督促程序案件和公示催告程序的案件。其中特别程序包括选民资格案件，宣告公民失踪、死亡案件，认定公民无民事行为能力和限制行为能力案件，认定财产无主案件，确认调解协议案件和实现担保物权案件。这些案件区别于一般的诉讼案件，实行一审终审。

（3）最高人民法院一审的案件。最高人民法院一审的案件因不存在上一级的审判机构因此实行一审终审制。

（4）小额诉讼案件。《民事诉讼法》第 165 条第 1 款规定："基层人民法院和它派出的法庭审理事实清楚、权利义务关系明确、争议不大的简单金钱给付民事案件，标的额为各省、自治区、直辖市上年度就业人员年平均工资百分之五十以下的，适用小额诉讼的程序审理，实行一审终审。"根据该条，对于标的额较小的案件，在适用简易程序审理的情况下实行一审终审。

我国的两审终审的审级制度与大部分国家的审级制度有所不同。从制度发展与实践需求来看，我国的四级两审终审制存在以下几个方面问题：一是审级职能定位不够清晰，缺乏自下而上的有效分流机制，不利于矛盾纠纷化解在基层，也影响到审判资源的合理化配置。二是案件提级审理机制不够健全，一些具有普遍法律适用指导意义或者关乎重大国家利益、社会公共利益的案件，以及可能存在"诉讼主客场"现象的案件，受诉讼标的等各种因素制约，难以进入较高层级法院审理，不利于其发挥排除外部干预、统一法律适用的优势。三是二审、再审申请的标准和程序有待优化。终审审判质量难以保证，复数审级制度在保障法律统一适用方面的功能也难以发挥。在再审条件设置方面，未能充分发挥"阻断""过滤"无理缠诉、任意滥诉的效能，既不利于维护生效裁判权威，又因过分挤占司法资源，一定程度上影响了再审程序依法纠错功能的落实。在上诉的条件设置方面，未加以严格的限制，在实践中存在着大量的无正当理由的上诉案件。既浪费了诉讼的资源，又虚化了一审判决的权威。

因此，学界对审级制度改革倾注了较大的研究热情。我们认为，对于我国审级制度的改革，不应仅仅跟从所谓的立法趋势，也不应该故步自封，而应该根植于我国整体的司法状况，借鉴先进的改革经验循序渐进地进行。

有学者主张实行以两审终审为基础，以有条件的一审终审制和三审终审制为必要的补充。[1]这样一方面提供了终审的审级，保障了审判的质量和法律的统一适用，另一方面又可以节约诉讼资源，提高诉讼效率。这一观点与审级制度在世界范围内的发展趋势相符，是值得我们认真考虑的建议。

同时，也有学者主张通过设立上诉许可制度来进一步完善两审终审，防止当事人的无由上诉，虚化一审判决。本书亦同意这种观点。现行的《民事诉讼法》只是对上诉的形式要件加以了规定，如上诉的时间、上诉的形式、上诉的主体，但并未对上诉的实质理由加以规定，只是模糊地规定当事人只要对一审判决不服就有权提起上诉。因此为了促使当事人谨慎地使用上诉审程序，立法可以考虑对上诉的实质要件作出细化规定，提高上诉审程序启动的门槛。

对于以上问题和学界改革建议，2021年8月20日，第十三届全国人民代表大会常务委员会第三十次会议通过《关于授权最高人民法院在该院和部分地区开展四级法院审级职能定位改革试点工作的决定（草案）》。此次试点改革期限为2年，涉及《民事诉讼法》第38条以及第199条的调整适用。审级试点改革对推动完善我国民事诉讼制度，明确四级法院审级职能定位，加强审级制约监督体系建设，优化司法资源配置，保障法律正确统一适用具有重大意义。改革内容主要包括：

一是完善民事案件级别管辖制度。完善第一审民事案件级别管辖标准，逐步实现第一审民事案件主要由基层人民法院审理、少量由中级人民法院审理。二是完善案件管辖权转移和提级审理机制。建立"特殊类型案件"第一审案件管辖权"上提一级"与提级审理机制，明确"特殊类型案件"的识别标准。上级人民法院对下级人民法院管辖的第一审案件，认为属于"特殊类型案件"，由自己审理更有利于统一法律适用或者打破"诉讼主客场"现象的，可以决定提级审理，并明确提级审理的程序和标准。三是改革民事、行政再审申请程序和标准。最高人民法院通过再审提审，主要审理在全国范围内具有普遍法律适用指导意义的案件、涉及重大国家利益、社会公共利益的案件、打破"诉讼主客场"现象的重大案件，监督指导全国法院审判工作，研究制定司法解释、司法文件和司法政策，确保国家法律正确统一适用。四是完善最高人民法院

---

[1] 参见杨荣新、乔欣："重构我国民事诉讼审级制度的探讨"，载《中国法学》2001年第5期。

审判权力运行机制。对于具有普遍法律适用指导意义的案件，健全完善大法官参与案件审理机制，建立跨审判部门的 5 人以上大合议庭审理机制。建立当事人和其他诉讼参与人反映人民法院法律适用不一致问题机制，配套完善监测、反馈和公开机制。规范高级人民法院办案指导文件、参考性案例的发布程序，建立向最高人民法院备案机制，杜绝不同地区适用法律、办案标准的不合理差异。

拓展案例

王某新与信阳白桦林装饰设计工程有限公司装饰装修合同纠纷案[1]

2007 年 6 月，原告王某新与被告白桦林装饰公司签订了一份《家庭居室装饰装修工程施工合同》。合同约定，王某新的静逸堂足浴承包给白桦林装饰公司装修，施工结束后，双方未对工程进行验收王某新即进行了使用。后王某新以工程质量不合格为由诉至法院要求被告赔偿损失，并以平桥区室内装饰行业管理办公室出具的质量鉴定报告为据。一审认为，行业管理办公室无装修工程质量司法鉴定资格，其作的鉴定结论不具有证据效力，王某新诉请返还工程款和赔偿损失不予支持，并据此驳回原告王某新的诉讼请求。王某新不服法院判决，上诉至中级人民法院。二审法院认为，原审中，上诉人王某新仅提供白桦林装饰公司装修工程质量存在问题的证据，而未提供装修质量存在问题的损失数额证据，原审法院判决驳回王汉新的诉讼请求并无不当。二审中，王某新提供装修工程质量存在问题的损失数额新证据，本院不宜直接认定处理，否则，有违民事诉讼两审终审制的程序原则，并据此裁定撤销一审法院民事判决，将案件发回原审法院重审。

[问题与思考]

请对二审法院的做法加以评价。

[重点提示]

两审终审制度意味着，人民法院对于案件事实的认定和法律的适用，最多经过两级人民法院审理，即告终结。然而，如果对于当事人在二审程序中提出新事实、新证据或新的诉讼请求的做法不加以任何限制，则必然危及两审终审制度。

---

〔1〕 案例来源，北大法宝：https://www.pkulaw.com/pfnl/a25051f3312b07f33d9d5b5bf18d926a6048e1ab54e7e2a8bdfb.html，最后访问日期：2021 年 4 月 24 日。

第三节　合议制度与陪审制

经典案例

万家乐百货商场诉宇航服装厂案

[基本案情]

　　某市宇航服装厂与万家乐百货商场是两家相邻的企业单位。1998 年 5 月，万家乐百货商场为装修门面，经宇航服装厂同意，在该外墙安装有"万家乐百货商场"字样的霓虹灯。1998 年 7 月，宇航服装厂为扩大生产，在原有基础上施工加层，该工程承包给某区房屋修建公司。房屋修建公司的职工在施工中不慎将百货商场的霓虹灯损坏，宇航服装厂厂长得知后表示愿意承担新装霓虹灯的费用。数月后，宇航服装厂加层工程完毕，由于该厂领导发生变更，新上任的厂长不愿承担为百货商场新装霓虹灯所需费用。为此万家乐百货商场向法院起诉，要求宇航服装厂赔偿 2000 元。鉴于该事实清楚，情节简单，双方争执金额不大，法院受理后适用简易程序。审判当天，原告万家乐百货商场和被告宇航服装厂都准时到庭，审判员方某也来了，但书记员李某却因昨晚突发急病不能来。当事人双方均认为该纠纷标的不大，要求审判员当即开庭了结此案。方某见双方同意，于是决定自己多辛苦一点，自己一边审问，一边记录。

　　审理结束后，经原告申请，追加房屋修建公司为共同被告，继续审理。在第二次开庭审理中，仍由方某担任审判员，张某 1 暂代李某任书记员。庭审中，三方各执己见，调解不成。法庭考虑到一案审理中，情况发生变化，争议较大，于是将审判组织改为合议庭，由方某担任审判长，王某、赵某担任审判员，书记员由病愈后的李某担任。在未征求对合议庭成员回避意见的情况下，当天法庭宣判由房屋修建公司赔偿原告 1500 元，房屋修建公司不服提出上诉。据查，李某与万家乐百货商场总经理是同父异母兄弟。

　　二审审理后裁定撤销原判发回重审。原审法院由张某 2 担任审判长，王某、赵某为合议庭成员，张某 1 为书记员，重审此案。

[法律问题]

1. 法庭在独任审判中有无违法之处？
2. 由独任制改为合议庭审判是否还须征询当事人的回避意见？
3. 本案发回重审后组成的合议庭有无违法？

[**参考结论与法理精析**]

（一）参考结论

1. 本案在一审程序中，法院第一次开庭时，独任法官方某自审自记的做法是错误的。根据"同一主体不能在同一诉讼程序中担任两个角色"的原则，书记员与法官应该由不同的人担任，只有如此，才能分工协作、互相监督。

2. 一审法院在决定将案件转为普通程序后，对于合议庭的组成，应当再次征求当事人的回避意见，以保障当事人的诉讼权利。

3. 按照我国《民事诉讼法》的规定，对于发回重审的案件，一审法院应当重新组成合议庭审理。在前述案例中，曾经参加本案一审合议庭的王某和赵某在该案发回重审后，不应当参加该案的审理。因此法院的做法是错误的。

（二）法理精析

合议制度是指由 3 名以上的单数审判员或审判员和人民陪审员组成审判庭，对民事案件进行审理并作出裁判的制度。合议制是与独任制相对的制度，独任制是指由一名审判员代表人民法院，独任审理民事案件的制度。在我国，独任制只适用于简易程序、督促程序和公示催告程序的公告阶段及特别程序（选民资格案件以及重大疑难的特别程序审理的案件除外），除此之外的民事审判程序一律适用合议制。

民事诉讼中的合议制度可以有效提高案件审判的质量。个别审判人员的意见之间相互融合所形成的结果往往更易于公众接受，在多数审判人员相互交流的情况下，裁判所依据的事实考量会更加的全面、均衡。同时，合议制还有利于审判人员相互监督，防止司法腐败，维护司法公正。

当然，合议制度也存在着成本较高的不足；同时在存在多数审判人员的情况下，可能因为意见无法一致而延误诉讼，降低诉讼效率。这也正是多数国家都在诉讼程序中规定了合议制与独任制两种审判组织形式的原因。恰当地确定独任制与合议制的适用界限，对于提高诉讼效率、保障司法公正有着重要的意义。

1. 合议庭的组成。我国的合议庭制度可以适用于不同的审判阶段并存在着不同的组成形式。

（1）第一审合议庭的组成。现行《民事诉讼法》第 40 条第 1 款规定，人民法院审判第一审民事案件，由审判员、陪审员共同组成合议庭或者由审判员组成合议庭。合议庭的成员人数必须是单数。同时又规定，人民法院审理第一审适用简易程序的民事案件，由审判员一人独任审理。这就是说，人民法院审判第一审民事案件，除简单民事案件适用独任制以外，其余民事案件的审判适用合议制。合议制的法庭有两种组成形式：一种是由审判员和人民陪审员共同组成合议庭。人民陪审员在人民法院参加审判期间，是审判具体民事案件的合议庭的组成人员，在合议庭内与审判员享有同等的权利。另一种是由审判员组成合议庭。由此可以看出，人民法院审判第一审民事案件的合议庭的组成有以下特点：①可以吸收陪审员参加，也可以不吸收陪审员参加。是否邀请陪审员参加合议庭，人民法院可以根据民事案件的具体情况和审判实践的需要灵活掌握。例如，对某些专业性、技术性比较强的案件，可邀请具有有关专门知识的人民陪审员参加审判。②民事诉讼法对人民法院审判第一审民事案件吸收陪审员参加合议庭的人数比例，没有作限制性的规定。合议庭可以由两名陪审员与一名审判员组成，也可由一名陪审员与两名审判员组成，但是不能全部由陪审员组成。关于人民陪审员在合议庭中的地位问题，我国《民事诉讼法》第40条第3款规定"陪审员在执行陪审职务时，与审判员有同等的权利义务"，由此可见，在合议庭中不存在审判员与陪审员的地位孰高孰低的问题，两者都可以就事实认定和法律适用提出各自的观点。对于合议庭中，人民陪审员的选任，要充分考虑具体的案情，对于具有专业背景的案件应选用具有专业知识的人民陪审员，以更好发挥陪审员的作用。

同时《民事诉讼法》第40条第2款规定，第二审人民法院发回重审的案件，原审人民法院应当按照第一审程序另行组成合议庭。另行组成合议庭意味着原来参加合议庭的法官不能再参加发回重审案件的合议庭。

（2）第二审合议庭的组成。《民事诉讼法》第40条第1款规定，人民法院审理第二审民事案件，由审判员组成合议庭。合议庭的成员人数必须是单数。第二审合议庭与第一审合议庭相比较，共同之处是二者人数都必须是单数；主要区别在于第一审合议庭可以吸收陪审员参加审判，与审判员共同组成合议庭，而第二审合议庭不吸收陪审员参加。之所以存在这样的区别，主要是由第二审程序的特点所决定。首先第二审程序是对第一审裁判的审查和监督，这对审判主体的专业素质提出了更高的要求，体现在审判组织的构成上就是第二审合议庭全部由审判员组成。同时应当注意相对于第一审程序而言，第二审程序是终审程序，对诉讼当事人的权利义务能够产生更大的影响，这也需要审判者具备更高的法律素养。实践中，二审合议庭的审判员一般为3位，在特殊情况下，合议庭的人数可以增加，具体人数可以由第二审人民法院根据需要确定，但必须为单数。

（3）再审合议庭的组成。《民事诉讼法》第41条第4款规定："审理再审案件，原来是第一审的，按照第一审程序另行组成合议庭；原来是第二审的或者是上级人民法院提审的，按照第二审程序另行组成合议庭。"由此可见，再审合议庭分为两种情况：一是对一审案件的再审，适用一审合议庭，可以有人民陪审员参加；二是对二审案件的再审或上级法院对原审案件提审的，适用二审合议庭，不能有人民陪审员参加。需要注意的是两种情况下，再审合议庭必须另行组成，原审合议庭成员不得参加再审合议庭。同时，即使原一审裁判由独任制法官作出，对该一审案件再审时，仍适用合议庭进行审理。

2. 合议庭的运作机制。合议庭作为一个由多数人组成的集体性审判组织，有其特有的运作模式，以保证正确及时地审理民事案件，倘若数位审判人员各行其道，那么整个审判组织引领审判活动、正确解决纠纷的能力将大打折扣。

从组织结构上，合议庭设置审判长一职，协调组织审判人员审理民事案件。在民事审判中，审判长的主要职责是负责民事审判活动，包括宣布开庭、查明当事人是否到庭、组织法庭调查、法庭辩论、告知当事人各项诉讼权利等。《民事诉讼法》第 44 条规定："合议庭的审判长由院长或庭长指定审判员一人担任；院长或者庭长参加审判的，由院长或者庭长担任。"由此看出，审判长的确认分为两种情况：一是在院长、庭长未参加审判的情况下，审判长由院长或庭长指定一名审判员担任，人民陪审员不能担任审判长；二是在院长或庭长参加审判时，由院长或庭长担任审判长。

从决策机制上看，《民事诉讼法》第 45 条规定："合议庭评议案件，实行少数服从多数的原则。评议应当制作笔录，由合议庭成员签名。评议中的不同意见，必须如实记入笔录。"这就有效地避免了合议庭意见不统一而难以作出裁决的情形。同时，规定少数意见如实记入笔录一方面能真实地反映裁决形成的过程；另一方面也能够促使审判人员以严谨的态度对待审判工作，因为审判人员的任何意见都有据可查。

3. 合议庭与审判委员会的关系。《法院组织法》第 36 条第 1 款规定："各级人民法院设审判委员会。审判委员会由院长、副院长和若干资深法官组成，成员应当为单数。"这可以视为审判委员会的直接立法依据。对于审判委员会的具体职能和工作范围，2019 年发布的《最高人民法院关于健全完善人民法院审判委员会工作机制的意见》作了规定，该意见第 7 条规定："审判委员会的主要职能是：（1）总结审判工作经验；（2）讨论决定重大、疑难、复杂案件的法律适用；（3）讨论决定本院已经发生法律效力的判决、裁定、调解书是否应当再审；（4）讨论决定其他有关审判工作的重大问题。"关于各级人民法院审理的案件是否提交审判委员会的问题，则采用了"二元模式"，即区分"应当提交"和"可以提交"两个层次。对"应当提交"的范围，该意见第 8 条规定："各级人民法院审理的下列案件，应当提交审判委员会讨论决定：（1）涉及国家安全、外交、社会稳定等敏感案件和重大、疑难、复杂案件；（2）本院已经发生法律效力的判决、裁定、调解书等确有错误需要再审的案件；（3）同级人民检察院依照审判监督程序提出抗诉的刑事案件；（4）法律适用规则不明的新类型案件；（5）拟宣告被告人无罪的案件；（6）拟在法定刑以下判处刑罚或者免予刑事处罚的案件；高级人民法院、中级人民法院拟判处死刑的案件，应当提交本院审判委员会讨论决定。"对"可以提交"的范围，该意见第9条规定："各级人民法院审理的下列案件，可以提交审判委员会讨论决定：（1）合议庭对法律适用问题意见分歧较大，经专业（主审）法官会议讨论难以作出决定的案件；（2）拟作出的裁判与本院或者上级法院的类案裁判可能发生冲突的案件；（3）同级人民检察院依照审判监督程序提出抗诉的重大、疑难、复杂民事案件及行政案件；（4）指令再审或者发回重审的案件；（5）其他需要提交审判委员会讨论决定的案件。"

由此可以看出，审判委员会的审判职权体现在两个方面：一是对重大疑难复杂案件的讨论决定权，二是对本院生效判决、裁定、调解的再审启动权。这就存在审判委员会的审判职权与合议庭的审判职权如何协调的问题。

《最高人民法院关于人民法院合议庭工作的若干规定》第12条对此作了详细的规定，审判委员会应当对拟判死刑的案件、合议庭认为有必要的疑难重大复杂或新型案件、合议庭对适用法律存在重大分歧的案件、合议庭认为有必要的其他案件进行讨论。审判委员会认为其他案件如有需要，亦可以对其进行讨论。同时，该规定第13条规定："合议庭对审判委员会的决定有异议，可以提请院长决定提交审判委员会复议一次。"

总之，从立法角度看，审判委员会与合议庭之间是一种指导与被指导、监督与被监督的关系。在实践中审判委员会对合议庭更是有着举足轻重的影响。审判委员会作为法院的常设性机构，必然与合议庭发生业务上的关系。正确处理合议庭与审判委员会的关系，对于民事审判制度的完善极其重要。一方面，合议庭和审判委员会有着各自的职责范围。合议庭是案件的审判组织，审判委员会不能干涉甚至代替合议庭对具体案件行使审判权。同时，合议庭也不得随意将案件"上交"审判委员会，企图推卸对案件的审判责任。审判委员会作为审判业务指导者和监督者，不能超越权限、包办代替，造成"先定后审"或"审判分离"，使审判责任不清，为合议庭和法官推卸责任或不负责任提供条件和借口。另一方面，发挥审判委员会对审判工作的指导作用。具体应当体现在只讨论合议庭提请的少数重大、疑难、复杂案件的法律适用问题，总结审判经验，以充分发挥其对审判工作中带有根本性、全局性问题进行研究和作出权威性指导的作用。

但是，不容否认的是，审判委员会的存在造成了"审"与"判"的分离，严重影响了合议庭的独立审判地位，使之受到审判主体之外的力量的干涉。因此，学界一直有学者主张废除审判委员会制度。我们认为在实践中，审判委员会确实尚有存在的理由。首先，我国职业法官的素质参差不齐，需要专业水平更高的审判委员会的指导。其次，从法官个人责任的承担出发，亦存在通过审判委员会分担职业风险的期待。最后，审判委员会提高了司法机关抵御外来干涉和不良影响的能力，增加了司法腐败的成本和难度。因此，我们认为，对于根植于我国具体国情的审判委员会，不能轻言废除，但可以顺应立法的发展对其进行必要的改革。比如，严格限定审判委员会讨论案件的类型和范围，对审判委员会的组成人员进行更科学、更严格的筛选，提高审判委员会整体的业务水平，使其真正成为一个"专家"组织，等等。

拓展案例

原告北方电镀厂，从 1996 年起为该县汽车方向盘厂加工电镀零配件，到 1998 年 7 月，汽车方向盘厂欠北方电镀厂的加工费已达 8 万余元。1998 年 8 月，汽车方向盘厂与汽车油箱厂合并，改名东风汽车制造厂。北方电镀厂向东风汽车制造厂追索欠款时，该厂法定代表人以"原厂已撤销，厂长已换人，汽车方向盘厂所欠的债务与本厂无关"为由，拒绝偿还债务。为此，北方电镀厂在多次追索欠款均遭东方汽车制造厂拒绝的情况下，于 1999 年起诉到某区人民法院。

在法院审理此案的过程中，原告提出申请，要求参加合议庭成员之一的陪审员王某梅回避，理由是：王某梅是被告东方汽车厂厂长张某林的妻妹。经法院决定，准予原告的回避申请。对此，被告不服，提出复议申请，理由是：①王某梅是陪审员而非法院审判员，不应适用民事诉讼法有关回避的规定；②本案当事人是东风汽车制造厂不是东风汽车制造厂的厂长，陪审员王某梅虽说是与张厂长有姻亲关系，但这里有个公私分明的问题。法院经复议，仍维持原决定。

[问题与思考]

1. 被告的复议申请有无道理？

2. 在我国民事诉讼中，陪审员可以参加哪些案件的审理？

[重点提示]

2018 年我国通过《人民陪审员法》，进一步规范了我国的陪审制度。陪审员作为行使审判权的主体，如果具有应当回避的法定事由，也应当回避。在我国民事诉讼中陪审员可以参加一审普通程序、二审发回重审案件、按照一审程序审理的再审案件的合议庭。

第四节　回避制度

经典案例

司某全与铁某林民间借贷纠纷案[1]

[基本案情]

被告铁某林向原告司某全借款 78 万元，有借条为证，被告没有履行还款义务，原告诉至法院要求被告清偿。一审法院支持了原告的诉讼请求。铁某林不服一审判决，提起上诉，上诉理由之一为：上诉人系新密市人民法院张榜公示的牛店法庭社会法官，新密法院及合议庭组成人员应当回避。

[法律问题]

1. 二审法院应当如何处理上诉人的上诉请求？

2. 我国当事人申请法官回避的法定事由有哪些？

[参考结论与法理精析]

（一）法院意见

二审法院认为铁某林上诉称其为社会法官，原审法院及原审合议庭应当回避，该理由不属于法律规定的回避内容，法院不予支持。因此驳回了上诉人的上诉请求。

（二）法理精析

回避制度是指在民事诉讼的过程中，审判人员及其他相关人员遇有法律规定的事由，依法定程序，退出案件审理程序的制度。

回避制度是为了保证案件公正审理而设立的一项审判制度，具有浓厚的历史基础。古罗马有句法谚，"任何人都不能成为自己案件的法官"。因为作为居中裁判的法官如果与案件存在某种利益关联，他的判决就很难保证公平、正确。我国的回避制度可以追溯到唐宋时期，《唐六典·刑部》中就有"凡鞫狱官与被鞫之人有亲属、仇嫌者，皆听更之"的规定。

回避制度对实现司法公正有着重要意义。实行回避制度，可以有效地防止司法人员滥用职权、徇私舞弊或主观臆断、先入为主，从而保证司法人员秉公

---

〔1〕　案例来源，北大法宝：https://www.pkulaw.com/pfnl/a25051f3312b07f3a5b0f1bc848bb32eb5444ffc47448848bdfb.html，最后访问日期：2021 年 4 月 24 日。

执法、客观公正地处理案件；可以保证办案人员和案件的处理结果无利害关系，从而消除当事人的思想顾虑，增强司法裁判的公信力；可以充分体现诉讼的民主性和进步性，提高司法的透明度。

1. 适用回避的主体。适用回避的人员是在审判活动中具有一定审判职能或代行某种职能的人。根据现行《民事诉讼法》第 47 条的规定，回避的主体包括：审判员、人民陪审员、书记员、翻译人员、鉴定人和勘验人。其中，审判员与人民陪审员是案件行使审判权的主体，理应成为回避制度适用的人员范围，对于审判人员应当作广义理解。《民诉法解释》第 48 条规定："民事诉讼法第四十四条所称的审判人员，包括参与本案审理的人民法院院长、副院长、审判委员会委员、庭长、副庭长、审判员、助理审判员和人民陪审员。"第 49 条规定："书记员和执行员适用审判人员回避的有关规定。"书记员、翻译人员、鉴定人和勘验人虽然不直接行使对案件的审理权，但是他们在诉讼程序中发挥着重要的协助作用，因此当具备法定事由时，也应当回避。

同时，应当注意的是《法官法》和《律师法》均规定，法官及法院的其他工作人员在离任后 2 年内禁止担任诉讼代理人；在离任后 2 年后，其在原供职法院的诉讼代理也受到相应的限制，同时当事人可以提出回避申请。2011 年 6 月发布的《最高人民法院关于审判人员在诉讼活动中执行回避制度若干问题的规定》第 8 条第 1 款也规定，审判人员及法院其他工作人员从人民法院离任后 2 年内，不得以律师身份担任诉讼代理人或者辩护人。该条第 2 款规定，审判人员及法院其他工作人员从人民法院离任后，不得担任原任职法院所审理案件的诉讼代理人或者辩护人，但是作为当事人的监护人或者近亲属代理诉讼或者进行辩护的除外。此外，除审判人员本身的任职回避之外，我国亦对配偶父母子女从事律师职业的法院领导干部和审判执行人员规范了任职回避。2020 年印发的《关于对配偶父母子女从事律师职业的法院领导干部和审判执行人员实行任职回避的规定》第 1 条规定了人民法院工作人员的报告义务："人民法院工作人员的配偶、父母、子女、兄弟姐妹、配偶的父母、配偶的兄弟姐妹、子女的配偶、子女配偶的父母具有律师身份的，该工作人员应当主动向所在人民法院组织（人事）部门报告。"第 2 条规定了法院领导干部和审判执行人员任职回避的两种情形："（一）担任该领导干部和审判执行人员所任职人民法院辖区内律师事务所的合伙人或者设立人的；（二）在该领导干部和审判执行人员所任职人民法院辖区内以律师身份担任诉讼代理人、辩护人，或者为诉讼案件当事人提供其他有偿法律服务的。"

2. 回避的事由。根据《民事诉讼法》第 47 条的规定，回避的事由可以包括以下几个方面：

（1）回避主体是本案当事人或当事人、诉讼代理人近亲属的。此处的近亲属的范围可以参照《最高人民法院关于审判人员在诉讼活动中执行回避制度若干问题的规定》第1条第2款的内容确定，该条第2款规定："本规定所称近亲属，包括与审判人员有夫妻、直系血亲、三代以内旁系血亲及近姻亲关系的亲属。"

（2）回避主体与本案有利害关系。这里的"利害关系"的情况比较复杂，很大程度上需要在实践中灵活掌握。

（3）回避主体与本案当事人、诉讼代理人有其他关系，可能影响对案件公正审理的。这里的关系可以是身份上的关系，如朋友、同学、情人；也可以是财产上的关系，如债权人与债务人、赠与人与受赠人。但需注意的是此种关系需达到影响案件公正审理的程度。

（4）回避主体接受当事人、诉讼代理人请客送礼，或者违反规定会见当事人、诉讼代理人的。

同时，《最高人民法院关于审判人员在诉讼活动中执行回避制度若干问题的规定》对回避的事由作了具体规定。根据该规定第1条第1款，审判人员具有下列情形之一的，应当自行回避，当事人及其法定代理人有权以口头或者书面形式申请其回避：①是本案的当事人或者与当事人有近亲属关系的；②本人或者其近亲属与本案有利害关系的；③担任过本案的证人、翻译人员、鉴定人、勘验人、诉讼代理人、辩护人的；④与本案的诉讼代理人、辩护人有夫妻、父母、子女或者兄弟姐妹关系的；⑤与本案当事人之间存在其他利害关系，可能影响案件公正审理的。

该规定第2条规定，当事人及其法定代理人发现审判人员违反规定，具有下列情形之一的，有权申请其回避：①私下会见本案一方当事人及其诉讼代理人、辩护人的；②为本案当事人推荐、介绍诉讼代理人、辩护人，或者为律师、其他人员介绍办理该案件的；③索取、接受本案当事人及其受托人的财物、其他利益，或者要求当事人及其受托人报销费用的；④接受本案当事人及其受托人的宴请，或者参加由其支付费用的各项活动的；⑤向本案当事人及其受托人借款、借用交通工具、通信工具或者其他物品，或者索取、接受当事人及其受托人在购买商品、装修住房以及其他方面给予的好处的；⑥有其他不正当行为，可能影响案件公正审理的。

该规定第3条规定："凡在一个审判程序中参与过本案审判工作的审判人员，不得再参与该案其他程序的审判。但是，经过第二审程序发回重审的案件，在一审法院作出裁判后又进入第二审程序的，原第二审程序中合议庭组成人员不受本条规定的限制。"这也可以视为一项关于审判人员回避事由的规定。

在前述案例中，上诉人称其在一审法院担任社会法官，因此要求一审法院回避。上诉人如果能够证明其与一审法院存在的这一关系，已经可能影响案件公正审理的，可以依据《民事诉讼法》第47条规定的法定事由的第3项申请回避。然而本案上诉人未能证明此点，因此一审法院审理本案没有违反关于回避制度的规定。二审法院驳回上诉人的请求是正确的。

3. 回避的方式与程序。根据《民事诉讼法》第47条的规定，我国存在自行回避与申请回避两种回避方式。

（1）自行回避。又可称为积极回避，是指有关人员在遇有法定的回避事由时，主动提出回避，退出审理程序的制度。自行回避有效地免去了当事人和法院的调查负担，同时保证了案件的公正审理，从诉讼效率上讲，自行回避是最佳的回避方式。审判人员在自行申请回避时，只要判决尚未作出，就可以提出申请。

（2）申请回避。又称消极回避，是指当事人或其诉讼代理人在发现相关人员具有法定回避的事由时，申请其退出审判程序的制度。《民诉法解释》第47条规定："人民法院应当依法告知当事人对合议庭组成人员、独任审判员和书记员等人员有申请回避的权利。"在民事诉讼中，申请回避的主体为当事人及其诉讼代理人，申请人需说明回避的理由，申请的方式可以是书面的也可以口头的。本案上诉人在一审中提出的回避申请即属于申请回避这一形式。

从提出回避申请的时间上看。对于积极回避，回避主体应当在知道回避事由时提出回避的要求，并退出诉讼活动，退出的时间没有硬性的规定。对于消极回避，根据《民事诉讼法》第48条的规定，当事人及其诉讼代理人应当在案件审理开始前提出回避申请，如果在开庭审理后才知道回避事由的，可以在法庭辩论终结前提出。如果某一案件的审理经过若干次开庭程序，则当事人在任何一次开庭的法庭辩论终结前都可以提出回避申请。为了方便当事人申请回避，人民法院应当依法告知当事人及其法定代理人有申请回避的权利，以及合议庭组成人员、书记员的姓名、职务等相关信息。

从对回避的决定权上看，《民事诉讼法》第49条规定，院长担任审判长时，院长是否回避，由审判委员会决定；审判人员的回避，由院长决定；其他人员的回避，由审判长决定。

从对回避申请的处理上看，根据《民事诉讼法》的规定，被申请回避的人员在人民法院作出是否回避的决定前，应当暂停参与本案的工作，但案件需要采取紧急措施的除外。对于正在从事采取紧急措施的人员，如果直接暂停工作，会给诉讼活动带来重大的不利影响。

人民法院对当事人提出的回避申请，应当在申请提出的3日内，以口头或者书面形式作出决定。明确规定人民法院处理回避申请的期限，有利于申请人诉讼权利的实现。申请人对决定不服的，可以在接到决定时申请复议一次。复议期间，被申请回避的人员，不停止参与本案的工作。人民法院对复议申请，应当在 3 日内作出复议决定，并通知复议申请人。此处申请人的复议申请应当向原审法院作出，申请人的复议次数也限于一次，以避免反复申请，影响诉讼活动的正常进行。

4. 违反回避规定的处理。应当回避的人员没有回避应当属于程序违法的范围。对此，《民事诉讼法》及相关司法解释规定了不同的救济方法。《民诉法解释》第 325 条规定，应当回避的审判人员未回避的，属于《民事诉讼法》第 170 条第 1 款第 4 项的"严重违反法定程序"。在二审程序中，如果发现一审程序中应当回避的审判人员和书记员没有回避的，二审法院可以以程序严重违法为由发回一审法院重审。根据《民事诉讼法》第 207 条的规定，依法应当回避的审判人员没有回避的，当事人可以以此为由申请再审，检察机关也可以提起抗诉或再审检察建议。

拓展案例

（1999 年司考卷二 15）王东彪诉刘满仓房屋租赁纠纷一案由丹江县人民法院受理。第一次开庭时，因原告未带有关证据的原件，法庭决定休庭；第二次开庭时，原告在法庭辩论时提出，本案合议庭中的书记员刘河江为被告刘满仓的弟弟，故要求刘河江回避，审判长以法庭调查已结束为由，驳回了原告的回避申请。一审法院判决后，原告以一审法院判决认定事实不清且程序上违法——刘河江应当回避而没回避为由，提起上诉，二审法院经审理认为，一审法院的判决认定事实清楚，适用实体法也无不当之处，同时还查明刘河江确实是刘满仓的弟弟。

[问题与思考]

在此情况下，二审法院对本案应当如何处理？

[重点提示]

依法应当回避的审判人员、书记员没有回避的，二审法院应以程序严重违法为由发回重审。

第三章

当事人

知识概要

一、本章的基本概念、基本知识和基本理论

民事诉讼中的当事人，是指因民事上的权利义务关系发生纠纷，以自己的名义进行诉讼，并受人民法院裁判、调解协议约束的利害关系人。诉讼权利能力，又称当事人能力，是指能够享有民事诉讼权利和承担民事诉讼义务的能力。具有这种能力，即是作为民事诉讼当事人的法律资格。诉讼行为能力，又称诉讼能力，是指以自己的行为行使诉讼权利、履行诉讼义务的能力，也就是亲自进行诉讼活动的能力。

公民的民事诉讼行为能力，始于成年，终于死亡或宣告无行为能力。法人的民事诉讼行为能力与民事权利能力一样，始于法人成立，终于法人解散或撤销。法人的民事诉讼行为能力，通过其法定代表人的诉讼行为来实现。

共同诉讼，是指当事人一方或双方各为 2 人以上的诉讼。原告为 2 人以上的，称为共同原告，被告为 2 人以上的，称为共同被告。共同诉讼中复数方的当事人，统称为共同诉讼人。

当事人一方或双方人数众多，因而推选代表人到人民法院进行诉讼，称为代表人诉讼。代表人的诉讼行为对其所代表的当事人发生效力。但代表人变更、放弃诉讼请求或者承认对方当事人的诉讼请求、进行和解，必须经被代表的当事人同意。

民事诉讼中的第三人，是对他人之间争议的诉讼标的，具有独立的请求权，或者虽无独立的请求权，但与案件处理的结果有法律上的利害关系，因而参加到诉讼中来的人。对他人之间诉讼标的的全部或一部分，主张实体权利，提出诉讼请求，因而参加诉讼的人，称为有独立请求权的第三人。对他人之间的诉讼标的虽然不主张独立的请求权，但是案件的处理结果与他有着法律上的利害关系，因而为了保护自己的民事权益才参加到当事人一方进行诉讼的人，称为无独立请求权的第三人。

二、本章的重点、难点和疑点

当事人制度是民事诉讼制度的重要组成部分，也是民事诉讼法学的难点之一。本章内容不仅十分重要，而且理论性也较强、较难，并涉及许多司法解释的学习与理解。其中当事人的诉讼权利能力和诉讼行为能力、当事人适格、共同诉讼、诉讼中第三人的种类，是本章重点所在。

第一节　当事人适格

经典案例

松花江水污染案

[基本案情]

2005 年 11 月 13 日，吉林石化公司双苯厂一车间发生爆炸。截至同年 11 月 14 日，共造成 5 人死亡、1 人失踪，近 70 人受伤。爆炸发生后，约 100 吨苯类物质（苯、硝基苯等）流入松花江，造成了江水严重污染，沿岸数百万居民的生活受到影响。松花江水污染事件发生后，整个松花江流域生态环境严重破坏。2005 年 12 月 7 日，北京大学法学院汪某、甘某忠、贺某方、王某坤、严某福、于某源及自然物鲟鳇鱼、松花江、太阳岛以中国石油天然气集团公司、中国石油天然气股份有限公司、吉林石化分公司为共同被告，以松辽流域水资源保护局、吉林省环保局、黑龙江省环保局、吉林省水利厅、黑龙江省水产局、哈尔滨市太阳岛风景区管理局为第三人向黑龙江省高级人民法院提起民事诉讼，要求法院判决被告消除对松花江的未来危险并承担恢复原状责任；赔偿 100 亿元人民币用于治理松花江流域污染和恢复生态平衡；责令第三人共同或分别设立并管理松花江流域污染治理基金，以便作出基本的政府投入以及接受被告赔付的资金，由该基金持续性安排资金恢复松花江流域的生态平衡；判令被告支付本案诉讼费。同时，鉴于本案标的额巨大，且涉及公益，原告方同时提出了减免诉讼费用的申请。

[法律问题]

1. 本案法院是否应当受理此案？

2. 我国《民事诉讼法》对适格当事人的条件与范围是如何规定的？

[参考结论与法理精析]

（一）法院意见

黑龙江省高级人民法院立案庭以原告不适格、案件不属于人民法院受案范围等原因拒绝受理本案。

（二）法理精析

民事诉讼中的当事人，是指因民事权利义务发生争议，以自己的名义进行诉讼，要求人民法院行使民事裁判权的人。这一定义明确了以下两个问题：①当事人是程序意义或形式意义上的概念，当事人仅仅表明了诉讼参加者在诉讼程序中的地位，与实体法的规定没有必然的联系；②对当事人的识别，也应当从程序上而非实体上寻找答案，即当事人必须是在诉状中明确表示的，而不问其是否是争议的民事实体法律关系的主体。因此，引起民事诉讼程序开始的当事人只能是形式上的当事人。

从上述我们对当事人的定义中不难发现，参加诉讼的当事人仅仅是程序意义上的当事人，未必是实体意义上的当事人。后者也被称为正当当事人，即从实体法的角度观察，通常作为诉讼标的的民事法律关系的主体就是正当当事人。虽然我们主张从程序角度理解当事人的范围，因为这种理解有助于降低诉讼的门槛，使当事人更容易获得接近司法的机会，但是，人民法院的判决只有针对实体法律关系的主体才有法律意义。在诉讼过程中对于非正当的当事人，应裁定驳回起诉或者更换。

为了使诉讼在正当的当事人之间进行，从而使人民法院的裁判具有实际意义，需要有一定的标准来判断起诉或者应诉的当事人是否是本案的适格当事人。所谓当事人适格，是指当事人在特定的案件中有资格起诉或应诉，成为原告或被告，并受人民法院判决约束。适格当事人就具体的案件作为原告或者被告进行诉讼的权能称为诉讼实施权。一般来讲，判断当事人是否适格应当以当事人是否是所争议的民事法律关系（即本案诉讼标的）的主体为标准。根据这一标准，只要是民事法律关系或民事权利的主体，以该民事法律关系或民事权利为诉讼标的进行诉讼，一般就是适格的当事人。

但在某些例外的情况下，非民事法律关系或民事权利的主体，也可以作为适格的当事人。这些例外主要有以下几种：

1. 公益诉讼中的原告。从国外立法的情况看，所谓公益诉讼，是指特定的国家机关和相关的组织和个人，根据法律的授权，对违反法律法规，侵犯国家利益、社会利益或特定的他人利益的行为，向法院起诉，由法院依法追究法律责任的活动。由于"公共利益"的抽象性，该利益的归属主体一般比较模糊、难以界定。所以当公共利益发生损害时，谁有资格提起诉讼，一般由法律直接作出规定。2017 修正后的《民事诉讼法》第 55 条第 1 款规定："对污染环境、侵害众多消费者合法权益等损害社会公共利益的行为，法律规定的机关和有关组织可以向人民法院提起诉讼。"第 2 款规定："人民检察院在履行职责中发现破坏生态环境和资源保护、食品药品安全领域侵害众多消费者合法权益等损害社会公共利益的行为，在没有前款规定的机关和组织或者前款规定的机关和组织不提起诉讼的情况下，可以向人民法院提起诉讼。前款规定的机关或者组织提起诉讼的，人民检察院可以支持起诉。"由此，依据我国《民事诉讼法》的规定，经过法律授权的机关和组织虽然不是"公共利益"的"利益"归属者，但是可以依据法律的授权，提起公益诉讼，属于非实体法律关系主体成为适格当事人的情况。

2. 根据当事人的意思或法律的规定，依法对他人的民事法律关系或民事权利享有管理权的人，比如，失踪人的财产代管人、遗产管理人、遗嘱执行人以及清算组等。当受其管理的民事法律关系或民事权利发生争议以后，这些人可以以自己名义起诉或应诉。

3. 在消极的确认之诉中，对诉讼标的有确认利益的人。例如，原告要求人民法院确认他与被告之间不存在父子关系，在此类诉讼中要求原告是所争议的法律关系的主体，就与此类诉讼的性质相悖。因此通常认为，在消极的确认之诉中，原告只要对该诉讼标的有确认利益，就可以成为适格的当事人，而被告只要与作为原告诉讼标的的法律关系有争议，就可以成为适格的被告。

4. 死亡公民的人格保护。《民法典》人格权编第994条规定了死亡公民的人格权："死者的姓名、肖像、名誉、荣誉、隐私、遗体等受到侵害的，其配偶、子女、父母有权依法请求行为人承担民事责任；死者没有配偶、子女且父母已经死亡的，其他近亲属有权依法请求行为人承担民事责任。"《民诉法解释》第69条规定："对侵害死者遗体、遗骨以及姓名、肖像、名誉、荣誉、隐私等行为提起诉讼的，死者的近亲属为当事人。"可见，死者的近亲属除了可以向侵权人提起精神损害赔偿的诉讼外，为了维护死者的以上权利，还可以作为适格的当事人向侵权人提出侵权之诉。

5. 侵犯胎儿的继承权的，胎儿的母亲有权利进行诉讼。《继承法》（已失效）第28条规定："遗产分割时，应当保留胎儿的继承份额。胎儿出生时是死体的，保留的份额按照法定继承办理。"《民法典》第16条规定："涉及遗产继承、接受赠与等胎儿利益保护的，胎儿视为具有民事权利能力。但是，胎儿娩出时为死体的，其民事权利能力自始不存在。"但我国的《民事诉讼法》对胎儿的诉讼权利能力尚未有相应明确规定。司法实践中，胎儿的权利受侵犯需要提起诉讼时，由胎儿的母亲作为当事人。如果胎儿的继承利益受到侵犯，胎儿的母亲可以作为原告提起诉讼。

由上可见，在我国民事诉讼中，原则上只有实体法律关系的主体才能够成为民事案件中的当事人。在前述案件中原告中的几位北大师生并非松花江水污染案件中的受害人，因此不是适格当事人。原告中的"中华鲟""太阳岛"等自然物不是民事法律关系的主体，因而也不能成为民事诉讼中的原告。所以该案法院以"原告主体不适格"为由没有受理案件的做法是正确的。现行《民事诉讼法》规定对污染环境、侵害众多消费者合法权益等损害社会公共利益的行为，法律规定的机关和有关组织可以向人民法院提起诉讼。因此，今后如发生类似案件，法律规定的机关和有关组织可以作为适格的原告提起诉讼。

拓展案例

重庆台华房地产开发有限公司与重庆晨光实业发展（集团）有限责任公司、重庆晨光百货有限责任公司、重庆晨光大酒店有限责任公司房屋搬迁纠纷案[1]

重庆台华房地产开发有限公司（以下简称"台华公司"）与重庆晨光实业发展（集团）有限责任公司（以下简称"晨光实业"）、重庆晨光百货有限责任公司、重庆晨光大酒店有限责任公司因房屋搬迁纠纷诉至重庆市高级人民法院。在本案中，一审法院认为，台华公司不是本案适格原告。理由如下：1995年10月，晨光实业由重庆市沙坪坝区投资公司出资开办，1996年7月，晨光实业通过受让方式取得了台华公司100%的股权。重庆市沙坪坝区投资公司属于金融"三乱"机构，1999年4月，晨光实业与台华公司同时被纳入清理、整顿范围，台华公司已无法继续经营，且吴某刚以台华公司法定代表人身份委托代理人董某维以台华公司名义提起本案诉讼时，台华公司的合营期限已满。对于台华公司来说法定的和约定的解散原因已经出现，应按《中华人民共和国中外合资经营企业法实施条例》第91条、第93条的规定和《合营合同》的约定，成立清算委员会，清偿债权、债务。故裁定驳回原告的起诉。

原告台华公司不服一审裁定，上诉称，台华公司的营业执照被吊销后，因公司对外没有债务，故公司股东没有、暂时也不愿组织清算组进行公司的清算，且均以明示或者默示的方式认可相关的诉讼行为。台华公司具备原告的诉讼主体资格，吴某刚可以代表或者委托代理人代表台华公司进行诉讼。根据相关法

---

[1] 案例来源，北大法宝：https://www.pkulaw.com/pfnl/a25051f3312b07f334562b7a517d7f90dede02fb3a9ac8a1bdfb.html，最后访问日期：2021年4月24日。

律的立法精神，吊销是引起注销的事由之一，但不等于注销，台华公司的法人
资格并未消灭，吊销营业执照后的企业仍可以以自己的名义通过诉讼方式清理
债权债务。

最高人民法院认为，台华公司作为一个独立的企业法人，其法人资格存续
与否应以工商行政管理机关是否已经注销其法人资格为标准。尽管按照《合营
合同》的约定，台华公司的合营期限已满，但只要其未被注销就不能否定其仍
具有法人资格。吊销企业法人营业执照是工商行政管理机关依据国家工商行政
法规对违法的企业法人作出的一种行政处罚。企业法人被吊销营业执照后，应
当依法进行清算，清算程序结束并办理工商注销登记后，该企业法人才归于消
灭。企业法人被吊销营业执照至其被注销登记前，该企业法人仍应视为存续，
可以自己的名义进行诉讼活动。故台华公司在被吊销营业执照后，仍然具有诉
讼的权利能力和行为能力，有权以自己的名义提起民事诉讼。因此裁定撤销重
庆市高级人民法院驳回起诉的民事裁定。

[问题与思考]

最高人民法院对本案当事人适格性的判断是否正确？

[重点提示]

在民事诉讼中，诉讼权利能力是进行诉讼，成为民事诉讼当事人的资格。
对于自然人而言，其从出生至死亡，均享有诉讼权利能力，对于法人或其他组
织而言，其在存续期间享有诉讼权利能力。

第二节　共同诉讼人

经典案例

云南鹏龙坤佳物流有限责任公司、中国农业银行股份有限公司昆明官渡区支行服务合同纠纷上诉案[1]

[基本案情]

2013 年，中国农业银行官渡支行与鹏龙坤佳公司签订最高额抵押合同，并
办理登记。同年，林某 1、韩某、林某 2 及范某分别与农行官渡支行签订了两份

---

〔1〕　案例来源，北大法宝：https://www.pkulaw.com/pfnl/c05aeed05a57db0a9eaf9e07e0840c25db9abce
a53b93a57bdfb.html，最后访问日期：2021 年 4 月 24 日。

最高额抵押合同及相应的公证书、房屋他项权证书；林某1、韩某、范某分别与农行官渡支行签订3份最高额保证合同。2014年，广林隆兴公司、民汇公司分别与农行官渡支行签订两份最高额保证合同。由此，鹏龙坤佳公司、林某1及韩某、林某2及范某在债权最高额余额5亿元范围内承担抵押担保责任，广林隆兴公司、民汇公司、林某1、韩某、范某在债权最高余额4亿元的范围内承担连带清偿责任。农行官渡区支行与广林钢管公司于2015年签订流动资金借款合同，彭龙坤佳公司、广林隆兴公司、民汇公司、林某1、韩某、林某2及范某作为抵押人或保证人为借款提供担保。因广林钢管公司未按期归还借款，农行官渡支行向云南省高级人民法院起诉，广林隆兴公司、民汇公司、林某1、韩某、范某应对广林钢管公司的债务承担连带责任，广林钢管公司于判决生效之日起10日内向官渡支行支付律师代理费17万元。一审判决支持原告诉求。鹏龙坤佳公司不服，以华融云南分公司、广林钢管公司、广林隆兴公司、民汇公司、林某1、韩某、林某2及范某为被上诉人向最高人民法院提起上诉，请求二审法院对于一审判决中关于广林钢管公司支付律师代理费17万元的判项，依法改判为支付律师代理费5万元。

［法律问题］

1. 普通共同诉讼合并审理的条件是什么？
2. 必要共同诉讼合并审理的条件是什么？
3. 二审中当事人的地位如何确定？

［参考结论与法理精析］

（一）法院意见

关于广林钢管公司、广林隆兴公司、民汇公司、林某1、韩某、林某2、范某的二审诉讼地位以及改判是否应涉及上述当事人的问题，最高院二审审理认为，由于广林钢管公司、广林隆兴公司、民汇公司、林某1、韩某、林某2、范某并未提起上诉，应视为其对一审判决的认可。但因一审判决广林钢管公司负担的律师代理费有违损失确定性原则，导致广林钢管公司承担的律师代理费，以及广林隆兴公司、民汇公司、林某1、韩某、林某2、范某承担的担保责任不当增加。根据《民诉法解释》第323条"第二审人民法院应当围绕当事人的上诉请求进行审理。当事人没有提出请求的，不予审理，但一审判决违反法律禁止性规定，或者损害国家利益、社会公共利益、他人合法权益的除外"之规定，虽然广林钢管公司、广林隆兴公司、民汇公司、林某1、韩某、林某2、范某并未提起上诉，但法院仍对上述当事人承担的民事责任范围中与律师代理费负担有关的部分予以改判。

（二）法理精析

本案是一起典型的涉及共同诉讼当事人地位问题的案件。根据诉讼标的的识别与合一审理的必要性标准，共同诉讼可分为普通共同诉讼和必要共同诉讼两种类型。普通的共同诉讼，是指当事人的一方或双方为2人以上，其诉讼标的属于同一种类，当事人同意合并诉讼，人民法院认为可以合并审理的诉讼。当事人的同意和人民法院的认可是成立普通共同诉讼的条件。普通共同诉讼的设立，是基于提高诉讼效率，减少诉讼成本的考虑，使两个以上的同类型的案件，通过同一个诉讼程序得到解决。普通共同诉讼的合并审理必须符合以下条件：

第一，普通共同诉讼的诉讼标的属于同一种类。所谓诉讼标的属于同一种类，是指各个共同诉讼人与对方当事人争议的法律关系的性质或请求权的性质是相同的，即他们各自享有的权利或承担的义务属于同一类型。上述案件中涉及的多项法律关系都是债权、债务法律关系，因此从诉讼标的角度看是符合合并审理条件的。正因为普通共同诉讼人之间的诉讼标的属于同一种类，而不是同一的，所以共同诉讼人之间没有共同的权利或义务，对其中一个诉讼标的作出的判决，其效力也不及于其他共同诉讼人。

第二，普通共同诉讼是一种可分之诉，各共同诉讼人的诉讼行为具有独立性。在普通共同诉讼中，共同诉讼人既可以单独起诉，也可以共同起诉。共同起诉的，人民法院认为可以合并审理，而当事人又同意合并审理时，就形成了普通共同诉讼。当事人不同意合并审理或人民法院认为不宜合并审理的，不得合并。上述案件就是因为当事人不同意合并的原因，没有合并。所以法院的处理是正确的。

与普通共同诉讼不同，必要共同诉讼，是指当事人一方或者双方为2人以上，其诉讼标的是共同的，人民法院必须合并审理并作出同一判决的诉讼形式。当事人的诉讼标的是共同的，表明他们在民事权利、义务上具有共同的利害关系，必须一同起诉或应诉；同时也决定了这种诉讼是不可分之诉，人民法院必须合并审理，不能分案审理。

必要共同诉讼除了具有"当事人一方或双方为2人以上"这一共同诉讼的特征以外，还具有以下两个的特征：

第一，诉讼标的具有同一性。在必要共同诉讼中之所以称为必要，就是因为共同诉讼人之间的诉讼标的具有同一性，而诉讼标的的同一性又是由民事实体法律关系决定的。如果共同诉讼人在民事实体法律关系中存在着共同的利害关系，即享有共同的权利或承担共同的义务，在诉讼中诉讼标的就是共同的。正因为必要共同诉讼中当事人的诉讼标的具有同一性，因此就要求共同诉讼人一同起诉或应诉，如果共同诉讼人未一同起诉或应诉，人民法院应当予以追加。

第二，必要共同诉讼是一种不可分之诉，人民法院必须合并审理、合一判决。所谓人民法院必须合并审理，合一判决，是指对必要的共同诉讼，人民法院必须适用同一诉讼程序进行审理，并对共同诉讼人的权利义务作出内容相同的裁判。这是由必要共同诉讼中诉讼标的的同一性决定的。

普通共同诉讼与必要共同诉讼都是当事人一方或双方为 2 人以上，人民法院在同一诉讼程序中合并处理多数当事人之间的民事争议，这是两者的相同之处。但是二者在以下几个方面还存在明显的区别：

第一，在诉讼标的的性质方面，普通共同诉讼的诉讼标的属于同一种类，必要共同诉讼的诉讼标的是同一的。这是普通共同诉讼与必要共同诉讼的基本区别。

第二，在诉讼的特征方面，普通的共同诉讼属于可分之诉，必要的共同诉讼属于不可分之诉。

第三，在法院的审理和裁判方式方面，普通的共同诉讼可以共同起诉或应诉，也可以分别起诉或应诉，法院可合并，也可分开审理，合并审理时，也须分别判决；必要的共同诉讼则要求一同起诉或应诉，法院必须合并审理、合一判决。

第四，在内部关系方面，普通共同诉讼人一人的诉讼行为对其他共同诉讼人不发生法律效力，每个共同诉讼人的诉讼行为只对自己发生效力；必要共同诉讼人一人的诉讼行为经全体承认后，对全体共同诉讼人发生法律效力。

在国外的相关立法中，必要的共同诉讼被进一步区分为固有的必要共同诉讼与类似的必要共同诉讼。比如，日本民事诉讼法理论将当事人的一方或双方为复数的诉讼称为"共同诉讼"或称"主体的诉的合并"，并按照发生原因上的不同（是基于权利或义务共有，还是基于同一事实或法律），进一步细分为固有的必要共同诉讼和类似的必要共同诉讼。固有的必要共同诉讼，是指所有的利害关系人必须全体一同起诉或应诉，当事人方为适格；而类似的必要共同诉讼不要求当事人必须一起起诉或应诉，当事人有权选择一同起诉或应诉，或者分别起诉或应诉，但是一旦选择共同诉讼，则法院必须对共同诉讼人的诉讼标的合一确定。

两种共同诉讼的主要区别是：前者必须全体多数人共同进行诉讼而且对诉讼标的的裁判必须合一确定；后者不必全体多数人共同进行诉讼，但诉讼标的的裁判效力必须对于进行诉讼的全体多数人合一确定。类似的必要共同诉讼的意义在于，缓解了因为固有的必要共同诉讼要求所有的共同诉讼人必须一并起诉、应诉所带来的紧张关系。

我国民事诉讼法对必要的共同诉讼没有这样的区分，只要有某一共同诉讼人没有参加诉讼，就会产生由当事人申请追加或人民法院依职权主动追加的情形，且以后者居多。这种依职权追加的方式忽视了对当事人诉权的保护，甚至出现了滥用审判权，把本来不属于同一种类的诉讼标的强制地作为共同诉讼审理，以致出现乱列必要的共同诉讼人的现象。

拓展案例

大竹县农村信用合作联社与西藏华西药业集团有限公司保证合同纠纷案[1]

华西药业就其与大竹信用联社的保证合同纠纷案的生效判决不服，向最高人民法院申请再审称，原审程序遗漏当事人，程序严重违法。

最高人民法院认为，大竹信用联社、阜康公司及华西药业签订的《保证担保借款合同》第4条明确约定："借款保证方西藏华西药业集团有限公司自愿作为借款方按期偿还本合同中借款本息的保证人。对借款方转移贷款用途等违反本合同的行为，保证人承担连带责任。"据此，应认定华西药业为对借款承担连带保证责任的保证人。根据《最高人民法院关于适用〈中华人民共和国民事诉讼法〉若干问题的意见》第53条"因保证合同纠纷提起的诉讼……债权人仅起诉保证人的，除保证合同明确约定保证人承担连带责任的外，人民法院应当通知被保证人作为共同被告参加诉讼；债权人仅起诉被保证人的，可只列被保证人为被告"之规定，大竹信用联社在本案中仅以华西药业为被告提起诉讼符合法律规定。

[问题与思考]

因保证合同纠纷提起诉讼的案件，如何确定被告？

[重点提示]

对于保证合同纠纷，保证人是否承担连带担保责任对于当事人的确定具有重要意义。只有在保证人承担连带保证责任时，债权人才能单独、直接起诉保证人。

---

〔1〕 案例来源，北大法宝：https://www.pkulaw.com/pfnl/a25051f3312b07f3e783a11453cfaad630cb4bf97238835fbdfb.html，最后访问日期：2021年4月24日。

第三节 第三人

经典案例

宁夏瀛海建材集团有限公司与宁夏瀛海银川建材有限公司、第三人中国石油宁夏化工厂债权纠纷案[1]

[基本案情]

瀛海集团系范某龙独资的私营企业宁夏中宁县第二水泥厂改制变更而来。1998年11月10日，宁夏中宁县第二水泥厂改制为宁夏瀛海中宁建材有限公司，3名股东为范某龙、范某华、范某宁（三人为父子关系），法定代表人为范某龙，2003年8月19日，宁夏瀛海中宁建材有限公司名称变更为宁夏瀛海建材集团有限公司，股东和法定代表人均未变更。

1998年10月16日，宁夏中宁县第二水泥厂与宁夏化工厂共同出资设立瀛海银川公司。2007年11月15日，宁夏化工厂向宁夏回族自治区高级人民法院提起诉讼，请求判令瀛海银川公司向宁夏化工厂分配利润2358.5万元并收购宁夏化工厂持有的瀛海银川公司股权。该院在审理中委托审计评估机构对瀛海银川公司的盈亏和资产情况进行司法鉴定，瀛海银川公司要求将公司建立之初使用瀛海集团的材料和水泥熟料作为债务列入审计报告予以核减。审计报告认为，代购材料款和使用水泥熟料款一直未进行相互账务处理，未对上述事项进行审计调整。该院在（2007）宁民商初字第33号民事判决中未支持瀛海银川公司的这一主张。双方当事人均不服该判决，向本院提起上诉。本院经审理，于2009年5月15日以（2008）民二终字第162号民事裁定发回重审。2009年7月1日，瀛海集团变更为一人有限公司，法定代表人变更为范某龙的儿媳楼某。

为确认瀛海集团曾向瀛海银川公司提供代购材料和水泥熟料的事实，瀛海集团于2009年7月15日向该院提起本案诉讼，要求瀛海银川公司支付1543万余元的料款，并赔偿500万元的经济损失。瀛海银川公司认可瀛海集团的诉讼请求及事实理由。2009年7月30日，宁夏化工厂申请以有独立请求权的第三人参加本案诉讼，一审法院决定准许宁夏化工厂以无独立请求权第三人的身份参

---

[1] 案例来源，北大法宝：https://www.pkulaw.com/pfnl/a25051f3312b07f30739732216cb88e08fc5ae379a5cdcfbbdfb.html，最后访问日期：2021年4月24日。

加。一审法院认为瀛海集团仅有《材料临时入库单》《进厂原材料或其他材料磅码单》《1999 年 ~ 2003 年银川公司拉熟料明细》而无其他证据印证仍不足以证明其事实主张，对其诉讼请求不予支持。由于既没有证据证明瀛海集团、瀛海银川公司约定债权债务履行期限，也没有证据证明瀛海集团曾主张过债权和瀛海银川公司拒不履行债务的事实，宁夏化工厂提出瀛海集团的诉讼请求已经超过诉讼时效期间的理由不能成立。因此判决驳回瀛海集团的诉讼请求。瀛海集团不服上述判决，提起上诉，上诉理由之一为宁夏化工厂与本案无任何直接牵连关系，与本案的处理结果没有法律上的利害关系，一审判决将其追加为第三人，是明显错误的。

［法律问题］

1. 瀛海集团的上诉理由是否成立？
2. 我国《民事诉讼法》对第三人参加诉讼的条件与程序是如何规定的？

［参考结论与法理精析］

（一）法院意见

本案二审法院经审理认为，关于一审法院准许宁夏化工厂以第三人的身份参加诉讼是否属于程序错误，2012 年《民事诉讼法》第 56 条第 2 款规定，对当事人双方的诉讼标的，第三人虽然没有独立请求权，但案件处理结果同他有法律上的利害关系的，可以申请参加诉讼。因宁夏化工厂为瀛海银川公司的股东，如果本案认定瀛海银川公司对瀛海集团的债务成立，必然影响宁夏化工厂在瀛海银川公司的利润分配，因而，宁夏化工厂与本案的诉讼结果有直接利害关系，故一审法院准许宁夏化工厂以第三人的身份参加诉讼符合法律规定，并非程序错误，瀛海集团关于一审程序存在错误的上诉主张不成立。

（二）法理精析

1. 第三人的概念与特征。诉讼虽然原则上只涉及双方当事人的私人利益，但是在社会生活中，个人不是孤立的社会主体，围绕某一单个主体所形成的法律关系是多种多样的，这些法律关系中难免会存在交叉重叠的现象，因此当事人希望通过诉讼所解决的纠纷就可能与当事人以外的人发生联系，影响案外人的利益。为了解决这一问题，民事诉讼制度中有了关于第三人的规定。

民事诉讼中的第三人是指原、被告之外的利害关系人，由于与案件的审理结果有法律上的利害关系或者对原、被告之间争议的诉讼标的享有独立的请求权，因而参加到原、被告之间已经开始的诉讼中的第三方当事人。我国现行《民事诉讼法》第 59 条第 1、2 款规定，对当事人双方的诉讼标的，第三人认为有独立请求权的，有权提起诉讼；对当事人双方的诉讼标的，第三人虽然没有独立的请求权，但案件的处理结果同他有法律上的利害关系的，可以申请参加诉讼，或由人民法院通知其参加民事诉讼。该规定为民事诉讼第三人的确定提供了法律上的根据和标准。根据第三人参加诉讼的依据不同，可以将第三人分为有独立请求权的第三人和无独立请求权的第三人两种类型。前者对原、被告所争议的诉讼标的有独立的请求权，后者仅与案件的处理结果有法律上的利害关系。第三人具有以下特征：

（1）对他人之间的诉讼标的有独立请求权，或者无独立请求权，但与案件的处理结果有法律上的利害关系。在这一点上，第三人不同于共同诉讼人、证人和鉴定人。共同诉讼人，不管是必要的共同诉讼人还是普通的共同诉讼人，他们都有相同的诉讼标的或同类的诉讼标的，即对同一诉讼标的或同类诉讼标的具有相同的权利和义务，而诉讼第三人既非与原告有共同的权利义务客体，也非与被告就同一诉讼标的共享权利和义务；另外，第三人与案件的处理结果有法律上的利害关系，而不同于证人和鉴定人，后者与案件的处理结果并无直接的利害关系。

（2）第三人参加诉讼的目的在于维护其自身的合法权益，并以此区别于诉讼代理人。如果参与诉讼不是为了维护其自身的合法权益，而是为了维护原告或被告一方的合法权益，则只能是诉讼代理人，而第三人在诉讼中处于当事人的地位，享有当事人的诉讼权利和义务。

（3）参加到他人之间已经开始的诉讼中，即第三人参加诉讼时，他人之间的诉讼已经开始，但尚未结束。第三人参加诉讼是以本诉的存在作为其前提和基础的，本诉则是指原、被告之间的诉讼。

2. 有独立请求权的第三人。有独立请求权的第三人，是指对原、被告之间争议的诉讼标的，认为有独立的请求权，因而参加到原、被告之间已经开始的诉讼中来的第三方当事人。引例中的张某就属于此种类型的当事人。

有独立请求权的第三人具有以下特征：

第一，对原、被告之间争议的诉讼标的认为有全部或部分的独立请求权。所谓"独立请求权"是指第三人认为案件中原告和被告之间争议的诉讼标的，其合法权益全部或部分是自己的，无论法院判决原告胜诉还是被告胜诉，都将损害第三人的合法权益。

第二，在本诉审理的过程中参加诉讼。有独立请求权的第三人参加诉讼须在本诉已经开始而尚未终结之时。只有这样，第三人才有机会在原、被告之间诉讼进行的过程中维护自己的权益。

第三，以起诉的方式参加诉讼。《最高人民法院关于适用〈中华人民共和国民事诉讼法〉若干问题的意见》（已失效）第65条规定："依照民事诉讼法第五十六条的规定，有独立请求权的第三人有权向人民法院提出诉讼请求和事实、理由，成为当事人……"由此可见，有独立请求权的第三人是以提出诉讼的方式参加诉讼的。

有独立请求权的第三人参加诉讼后，实际上形成了两个独立之诉的合并审理：①原告与被告之间已经开始但尚未结束的本诉；②有独立请求权第三人与本诉原告与被告之间的参加之诉。因此，有独立请求权的第三人实际上处于参加之诉的原告地位。

由于有独立请求权的第三人参加诉讼后，即形成本诉（原告诉被告）与有独立请求权的第三人参加之诉（有独立请求权的第三人以本诉原、被告为被告的诉）的合并审理，虽然有独立请求权的第三人参加之诉是以本诉为前提与基础的，但这并不能改变两个诉所具有的独立性，本诉原告与有独立请求权的第三人均可以独立地行使属于原告的全部诉讼权利。但是，应当注意《最高人民法院关于适用〈中华人民共和国民事诉讼法〉若干问题的意见》第160条规定，有独立请求权的第三人参加诉讼后，原告申请撤诉，人民法院在准许原告撤诉后，有独立请求权的第三人作为另案原告，原案原、被告作为另案被告，诉讼另行进行。

有独立请求权的第三人对本诉当事人争议的诉讼标的有独立的请求权，因此，为了维护自己的利益，他们往往具有较高的参与诉讼的积极性。但是，在司法实践中，不排除此种类型的诉讼当事人由于不可归责于自己的事由未能在本诉进行的过程中参加诉讼的可能性。因此，有必要赋予此种情况下的权利人事后的救济机会。正是基于此种考虑，2012年修正后的《民事诉讼法》第56条第3款规定，有独立请求权的第三人因不能归责于本人的事由未参加诉讼，但有证据证明发生法律效力的判决、裁定、调解书的部分或者全部内容错误，损害其民事权益的，可以自知道或者应当知道其民事权益受到损害之日起6个月内，向作出该判决、裁定、调解书的人民法院提起诉讼。人民法院经审理，诉讼请求成立的，应当改变或者撤销原判决、裁定、调解书；诉讼请求不成立的，驳回诉讼请求。

有独立请求权的第三人在诉讼中处于原告的诉讼地位，而在本诉中已经存在一个原告，这使有独立请求权的第三人与必要的共同诉讼看似相同，但是二者是有严格区别的，表现在以下几个方面：

（1）从诉讼标的的数量上看，必要的共同诉讼人参加诉讼时只存在一个诉讼标的，即原、被告之间发生争议的民事法律关系。必要的共同诉讼人是该民事法律关系的一方主体，或者享有共同权利，或者承担共同义务。而有独立请求权的第三人参加的诉讼有两个诉讼标的。

（2）从是否可以分开审理方面看，必要的共同诉讼是一种不可分之诉，不论当事人还是法官，都不能将必要共同诉讼的案件分开审理。而有独立请求权的第三人提起的诉讼，尽管与本诉有密切的联系，但是是可以分开审理的。如果有独立请求权的第三人没有参加到已经开始的本诉中来，也可以通过另行起诉的方式维护自己的权利。

（3）从对立关系方面看，有独立请求权的第三人参加诉讼后，对立关系变得更加复杂，既有本诉原、被告之间的对立，又有第三人同本诉原、被告之间的对立。必要的共同诉讼中的对立关系相对简单，必要共同诉讼人之间有共同的利害关系，在诉讼中他们只能与对方当事人对立。

（4）从诉讼地位方面看，必要的共同诉讼人在诉讼中可能处于原告的诉讼地位，也可能处于被告的诉讼地位；而有独立请求权的第三人在诉讼中只能处于原告的诉讼地位。

（5）从参加诉讼的时间方面看，必要的共同诉讼人可以在起诉的同时参加诉讼，也可以在诉讼程序开始后再追加进来；而有独立请求权的第三人只能在本诉开始后参加进来。

3. 无独立请求权的第三人。无独立请求权的第三人，是指对原、被告之间的诉讼标的虽然不能主张独立的请求权，但其与案件的处理结果有法律上的利害关系，为了维护自己的利益而参加到诉讼中去的诉讼参加人。在前述案例中，一审法院准许宁夏化工厂以第三人的身份参加诉讼，即是基于宁夏化工厂的利益会因本案的审理而受到影响，因此为了维护其合法权益，同时亦为了提高纠纷的解决效率，法院通知第三人参加诉讼的做法是正确的。

无独立请求权的第三人具有以下特征：

（1）与案件处理结果有法律上的利害关系。无独立请求权第三人参加诉讼的根据，不是对本案原告和被告争议的诉讼标的有独立的请求权，而是与案件处理结果有法律上的利害关系。所谓法律上的利害关系，是指作为当事人之间争议的法律关系，与第三人参加的另一法律关系有牵连。即另一法律关系的权利的行使、义务的履行，对当事人争议法律关系的权利的行使、义务的履行有直接、间接的影响。比如，甲因出国学习，将钢琴委托朋友乙代管，后钢琴被丙借去使用，并损坏。甲在回国后对乙提起诉讼，要求乙赔偿。甲与乙的案件的处理结果就将影响丙的利益，因为丙很可能在乙败诉后，被乙要求承担赔偿责任。所以在本案中丙可以作为无独立请求权的第三人参加诉讼。

同时应当指出，法律上的利害关系和事实上的利害关系并非完全一致，有法律上利害关系的公民、法人和其他组织，在事实上必然休戚相关、权益相连，但是有事实上的利害关系并非一定有法律上的利害关系，如某老太太被汽车撞伤，毫无疑问，案件的处理结果与其配偶、子女有事实上的利害关系，但与其配偶、子女并没有法律上的利害关系，既不能判令他们承担义务，也不能让他们享有权利。因此，这些案外人就不能以第三人身份参加诉讼。

（2）所参加的诉讼正在进行。与有独立请求权第三人参加诉讼的时间相同，无独立请求权的第三人也是在原、被告之间的诉讼进行的过程中参加诉讼的。

（3）自己申请参加诉讼或由人民法院通知其参加诉讼。无独立请求权的第三人参加诉讼的方式有两种：①第三人本人申请，经人民法院同意后参加诉讼；②由人民法院依职权通知其参加诉讼。

我国《民事诉讼法》并未明确规定无独立请求权的第三人的诉讼地位。但是《民诉法解释》第82条规定："在一审诉讼中，无独立请求权的第三人无权提出管辖异议，无权放弃、变更诉讼请求或者申请撤诉，被判决承担民事责任的，有权提起上诉。"

据此我们认为，虽然无独立请求权第三人参加诉讼的目的是维护自己的合法权益，避免人民法院对其作出不利的判决，但是无独立请求权第三人不是完全独立的诉讼当事人，不具有与当事人完全相同的诉讼地位。在诉讼进行过程中，无独立请求权的第三人无权对案件提出管辖权异议，无权放弃、变更诉讼请求或者申请撤诉。人民法院判决无独立请求权的第三人承担民事责任的，享有上诉权与对调解的同意与签收权。即如第一审判决责令无独立请求权第三人承担民事责任，则其有权上诉；当事人之间的调解协议涉及该第三人义务的，则需要征得该第三人的同意，调解书应当同时送达第三人。第三人在调解书送达前反悔的，人民法院应当及时判决。

同时，如果无独立请求权的第三人因不能归责于本人的事由未参加诉讼，但有证据证明发生法律效力的判决、裁定、调解书的部分或者全部内容错误，损害其民事权益的，可以自知道或者应当知道其民事权益受到损害之日起6个月内，向作出该判决、裁定、调解书的人民法院提起诉讼。人民法院经审理，诉讼请求成立的，应当改变或者撤销原判决、裁定、调解书；诉讼请求不成立的，驳回诉讼请求。

在我国民事诉讼中，无独立请求权的第三人与有独立请求权的第三人的区别包括以下几个方面：

第一，参加诉讼的根据不同。无独立请求权的第三人参加诉讼是由于案件处理结果与其有法律上的利害关系；而有独立请求权的第三人参加诉讼的根据则是其对原、被告的诉讼标的享有独立的请求权。

第二，诉讼地位不同。无独立请求权的第三人不是完全独立的当事人；有独立请求权的第三人处于原告的诉讼地位。

第三，享有的权利不同。无独立请求权的第三人只享有为维护其自身的民事权益而应有的权利，如参加庭审、提供证据等，只有在人民法院判决其承担实体义务时他才能享有上诉权；而有独立请求权的第三人则自始至终享有原告的一切权利。

第四，参加诉讼的方式不同。无独立请求权的第三人是以"通知参诉"或"申请参诉"的方式参加诉讼的；有独立请求权的第三人是以起诉方式参加诉讼的。《民诉法解释》第81条第1款规定："根据民事诉讼法第五十六条的规定，有独立请求权的第三人有权向人民法院提出诉讼请求和事实、理由，成为当事人；无独立请求权的第三人，可以申请或者由人民法院通知参加诉讼。"

同时，在第三人参诉方式上需要注意的是，根据《民诉法解释》第81条第2款规定，无论是有独立请求权的第三人还是无独立请求权的第三人，第一审程序中未参加诉讼的第三人，申请参加第二审程序的，人民法院可以准许。

拓展案例

广东省惠州市惠湖实业公司与中国工商银行巢湖分行等借款纠纷案[1]

1993年3月，巢湖工行为皖惠公司代理发行一年期有奖有息债券，债券到期后，皖惠公司无力偿付，于1994年与巢湖工行约定，将其中500万元到期债券转为贷款。此前，皖惠公司于1993年5月6日向巢湖工行借款50万元。皖惠公司未能偿还借款。1996年12月30日、1997年1月12日，双方就上述贷款还款事宜订立了两份还款协议。还款协议到期后，皖惠公司仍未偿还借款，巢湖工行向巢湖市中级人民法院起诉，请求判令皖惠公司依约偿还借款本息。

1993年6月16日，皖惠公司与乡企公司财贸开发部（以下简称"开发部"）签订一份《惠州财贸商贸中心大石湖新村商品楼宇买卖合同》，皖惠公司给开发部支付了部分房款5 467 616元，后因楼房中途停建，皖惠公司要求退房。开发部认为皖惠公司违约，不同意退房，于1997年11月1日向惠州市中级人民法院提起诉讼，经过两审，广东省高级人民法院以开发部不具备原告主体资格为由驳回起诉。

开发部系财贸集团与惠湖公司的联营企业，挂靠乡企公司，未经工商登记。本案在一审中，巢湖市中级人民法院将惠湖公司、乡企公司及财贸集团追加为第

---

〔1〕　案例来源，北大法宝：https://www.pkulaw.com/pfnl/a6bdb3332ec0adc44450e79b6bda738d882585ec761a05ffbdfb.html，最后访问日期：2021年4月24日。

三人参加诉讼，并判决惠湖公司返还巢湖工行 5 467 616 元及利息4 264 740.40元（利息自 1993 年 6 月 30 日至 1997 年 10 月 30 日，按月息 15‰计）。

　　[问题与思考]

　　1. 一审法院将惠湖公司、财贸集团、乡企公司列为本案第三人是否正确？

　　2. 无独立请求权的第三人在诉讼中是否享有当事人的全部权利？

　　[重点提示]

　　有独立请求权的第三人与必要共同诉讼人存在明显的区别。后者可能基于连带责任而产生。无独立请求权的第三人是当事人的一种类型，但是其诉讼权利受到一定程度的限制。

第四章

主管与管辖

知识概要

一、本章的基本概念、基本知识和基本理论

在民事诉讼中，主管和管辖主要涉及法院与其他国家机关、不同级别和地区的法院在解决民事纠纷时的分工与权限的问题。主管涉及民事诉讼的受案范围，管辖是在确定法院对民事案件有主管权限的基础上，法院内部的分工问题。管辖有法定管辖和裁定管辖两种类型。法定管辖可以分为级别管辖和地域管辖；裁定管辖则包括移送管辖、指定管辖和移转管辖。

人民法院的主管是指人民法院受理和解决一定范围内民事案件的权限，也就是确定人民法院和其他国家机关、社会团体之间解决民事纠纷的分工和职权范围。

级别管辖是划分上下级人民法院之间，受理第一审民事案件的分工和权限。我国人民法院分为四级，即基层人民法院、中级人民法院、高级人民法院和最高人民法院。此外还有专门法院，即军事法院、海事法院和铁路法院，构成了我国法院的体制。级别管辖，是按照人民法院的组织系统来划分上下级法院之间受理和审理第一审民事案件、经济纠纷案件的职权范围。

地域管辖是确定同级法院之间在各自的辖区受理第一审民事案件的分工和权限。根据我国民事诉讼法的规定，地域管辖分为一般地域管辖、特殊地域管辖和专属管辖。根据当事人所在地（住所地、经常居住地）确定管辖法院的，称为一般地域管辖或普通管辖；以诉讼标的所在地或者引起法律关系发生、变更、消灭的法律事实所在地为标准确定的管辖，称为特殊地域管辖。专属管辖是特殊地域管辖的一种，是根据案件的特定性质，法律规定必须由一定地区的人民法院管辖。

裁定管辖，是以人民法院作出的裁定来确定管辖法院的。根据我国民事诉讼法的规定，裁定管辖有三种：人民法院对已经受理的案件，发现无管辖权，依照法律规定将该案移交给有管辖权的人民法院审理，叫作移送管辖。指定管辖是指上级人民法院用裁定的方式将某一案件交由某一个下级人民法院管辖。由上级人民法院将确有必要并报请其上级人民法院批准的某个案件的管辖权转移给下级人民法院，或者经上级人民法院的同意或决定，下级人民法院将某个案件的管辖权转移给上级人民法院的，就称为移转管辖，或管辖权的转移。它是级别管辖的一种变通措施。

二、本章的重点、难点和疑点

本章应当重点掌握关于级别管辖、地域管辖、裁定管辖的具体法律及司法解释的规定。

第一节　主管

经典案例

大庆市振富房地产开发有限公司与大庆市人民政府债务纠纷案[1]

[基本案情]

1999年1月22日，大庆市政府为了招商引资，通过会议纪要的形式落实了将"万宝地区集中供暖锅炉房"建设项目承包给大庆市振富房地产公司的决定，并在会议纪要中对后者享有的政策优惠作出了详细的记载。1998年8月30日，振富房地产公司开始施工，1999年10月15日讼争工程竣工并投入使用。在优惠政策实施过程中，由于政府相关政策出台，取消了部分收费项目等因素，市政府需要对原有的置换项目政策进行重新核算和调整，市政府有关部门对讼争工程竣工结算款数额进行核算。后振富房地产公司与大庆市政府就优惠政策的落实以及工程款结算等问题发生争议。振富房地产公司诉至黑龙江省高级人民法院，要求大庆市政府落实会议纪要中承诺的优惠政策。黑龙江省高级人民法院受理了此案并作出了一审判决。后当事人不服上诉至最高人民法院。

[法律问题]

1. 本案是否属于我国《民事诉讼法》规定的法院主管的民事案件的范围？

---

〔1〕　案例来源，北大法宝：https://www.pkulaw.com/pfnl/a25051f3312b07f31f9caa21fa856c73cdc42586 6664e448bdfb.html，最后访问日期：2021年4月24日。

2. 如何处理法院与其他机关主管民事案件的关系？

[参考结论与法理精析]

（一）法院意见

法院经过审理后认为：第一，本案双方当事人在优惠政策制定和履行中地位不平等，不属于民法意义上的平等主体。本案振富房地产公司是响应"大庆市委五届三次全委（扩大会议）提出把城市基础设施建设、环境建设和招商引资作为今后工作重点"的号召，以向市政府书面请示报告和市政府主要领导批示同意的形式介入讼争供热工程建设的。此后，市政府在不通知振富房地产公司参加的情况下，单方召开市政府办公会议决定由振富房地产公司承建讼争项目并在市政府办公会议纪要（二）中制定了优惠政策明细，振富房地产公司接受政府办公会议决定后，其职责是按照政府行政文书确定的权利义务履行，并无与市政府平等协商修订市政府优惠政策文件的余地。讼争供热项目建成后，市政府优惠政策使用不足部分能否以现金抵顶，也是由市政府单方决定的，是由政府审计、计划、建设、开发等行政管理单位按照市政府领导行政命令单方审核确定下来的。讼争供热建设项目优惠政策的确定、振富房地产公司介入的形式以及讼争工程结算款的确定等诸多方面都是市政府单方决定的。尽管双方当事人之间在本案讼争建设项目上不存在领导关系、隶属关系，但上述案件事实表明，市政府在制定和执行优惠政策方面居于支配和主导地位。振富房地产公司虽然具有是否承担讼争项目建设的决定权，以及对优惠政策如何理解、如何执行的建议权，但从整体上讲，在介入方式、优惠政策制定及如何履行优惠政策等方面，振富房地产公司居于次要和服从的地位，双方当事人尚未形成民法意义上的平等主体之间的民事关系。

第二，本案双方当事人之间没有形成民事合同关系。《合同法》（现已废止）第2条第1款规定：本法所称合同是平等主体的自然人、法人、其他组织之间设立、变更、终止民事权利义务关系的协议。[1] 合同是双方或者多方当事人在平等自愿基础上形成的意思表示一致的民事法律行为，是以设立、变更、终止民事法律关系为目的的协议。市政府制定的办公会议纪要（二）明确了优惠政策原则和优惠政策方案，是本案讼争供热建设项目得以执行的主要依据，但该优惠政策是市政府单方制定的，未邀请振富房地产公司参加市政府办公会议并与之平等协商，也未征得振富房地产公司同意，市政府作出的单方意

---

〔1〕《民法典》第2条规定："民法调整平等主体的自然人、法人和非法人组织之间的人身关系和财产关系。"同时《民法典》第464条第1款规定："合同是民事主体之间设立、变更、终止民事法律关系的协议。"

思表示，没有振富房地产公司的意思配合。因此，市政府办公会议纪要等相关文件不是双方平等协商共同签订的民事合同。

综上，尽管本案双方当事人之间讼争的法律关系存在诸多民事因素，但终因双方当事人尚未形成民法所要求的平等主体关系，市政府办公会议关于优惠政策相关内容的纪要及其文件不是双方平等协商共同签订的民事合同，故本案不属于人民法院民事案件受理范围。此纠纷是市政府前届领导在兑现振富房地产公司优惠政策额度以及有关讼争项目遗留的未了事项，应当由大庆市本届政府领导继续解决。原审法院将此作为民事纠纷予以受理并作出实体判决不当，应予纠正。据此，最高人民法院撤销了黑龙江省高级人民法院的一审民事判决。

（二）法理精析

主管是指国家机关的职权范围。法院在民事诉讼中的主管，是指法院受理民事案件的权限范围。确定民事诉讼的主管，也就是划定法院在民事诉讼中的受案范围，明确哪些纠纷属于法院民事审判权的范围，哪些纠纷不属于民事审判权的范围，从而解决法院和其他国家机关、社会组织在解决民事纠纷上的分工和权限问题。

我国《民事诉讼法》第3条规定，人民法院受理公民之间、法人之间、其他组织之间以及他们相互之间因财产关系和人身关系提起的民事诉讼，适用本法的规定。这一规定是以发生争议的实体法律关系是否属于民事关系为标准来划定民事诉讼主管范围的。民事诉讼法是保证民法实施的程序法，所以法律将民事法律关系发生的争议作为法院民事诉讼主管的对象。在上述案件中，大庆市政府在项目的承包、施工、管理方面始终以行政管理主体的身份出现，期间并没有与振富房地产公司平等协商确定政策扶持力度和优惠范围，因此，可以认定该纠纷的主体并非处于平等的法律地位。其纠纷并不具有民事纠纷的特征，因此，不能按照民事诉讼程序解决。最高人民法院对于一审法院对该案无权主管的判断是正确的。

法院主管民事诉讼的范围与民事诉讼法对事的效力实际上是同一个问题，凡可以适用我国民事诉讼法审理的案件，都属于人民法院民事诉讼的主管范围。法院主管民事诉讼的范围参见本书民事诉讼法的效力部分。

在我国，法院并不是唯一有权处理民事纠纷的机关。除了法院以外，人民调解委员会、行政机关以及仲裁机关在各自权限范围内也可以处理民事纠纷。

人民调解委员会是群众性自治组织，其任务是调解民间的一般民事纠纷，性质严重、情节复杂、影响重大的民事案件一般难以由人民调解委员会调解。人民调解委员会调解纠纷的范围，人民法院均有权审理，不同之处在于只要有一方当事人提起民事诉讼，人民法院就应受理，而由人民调解委员会调解必须建立在双方自愿的基础上。对法院和人民调解委员会都有权处理的纠纷，双方当事人都同意交人民调解委员会调解的，由调解委员会调解，经调解达成协议的，当事人可以申请人民法院对调解协议进行司法确认，并作为强制执行的依据；一方向调解委员会申请调解，另一方向法院起诉的，由法院主管；调解不成当事人向法院起诉的，由法院主管；人民调解委员会无法处理的重大复杂的民事纠纷，由法院主管。

乡（镇）人民政府是我国的基层政府，乡（镇）政府设有司法助理员，司法助理员作为基层政府的司法行政工作人员，具体负责处理民间纠纷的工作。1990 年 4 月，司法部发布了《民间纠纷处理办法》，该办法规定基层政府处理纠纷的范围为《人民调解委员会组织条例》规定的民间纠纷，即公民之间有关人身、财产权益和其他日常生活中发生的纠纷。

法院与乡（镇）人民政府在主管问题上的关系是：

第一，乡（镇）人民政府主管范围，通常是一般的民事纠纷，其无法处理的重大复杂民事纠纷，由法院主管。

第二，在一方当事人申请乡（镇）人民政府处理，另一方当事人直接向法院提起诉讼的情况下，纠纷由法院主管。

第三，纠纷经乡（镇）人民政府处理后，当事人起诉到法院的，仍然作为民事案件由法院主管。

仲裁机构包括国内仲裁机构和涉外仲裁机构。法院与仲裁委员会在民事纠纷主管问题上的关系是：①法院主管的范围宽于仲裁委员会主管的范围。按照仲裁法的规定，仲裁委员会主管的范围是平等主体的公民、法人和其他组织之间发生的合同纠纷和其他财产权益纠纷，但婚姻、收养、监护、扶养、继承纠纷不属于其主管范围。而上述所有纠纷，均属于法院民事诉讼主管的范围。②对既属于仲裁委员会，又属于法院主管的纠纷，具体由谁主管取决于当事人的选择，当事人双方达成仲裁协议的，由仲裁委员会受理，排除法院管辖权；没有仲裁协议或者仲裁协议无效的，由法院主管。我国仲裁委员会实行一裁终局的制度，因此在作出裁决后当事人就同一纠纷再向法院起诉的，法院不予受理。③当事人在仲裁裁决被法院依法撤销或裁定不予执行，又未重新达成仲裁协议的情况下向法院提起民事诉讼，法院应当受理。

我国《民事诉讼法》在处理法院与劳动争议仲裁委员会的关系时，采取"劳动争议仲裁前置"的原则。劳动关系中虽然也包含着财产关系，但这种财产关系与民法所调整的平等主体间的财产关系有所不同，劳动关系专门由劳动法来调整。为了解决劳动争议，我国设立了劳动争议仲裁委员会。劳动争议仲裁委员会不同于民间性质的仲裁委员会，它由劳动行政部门的代表、同级工会的代表、用人单位方面的代表组成。

就对劳动争议主管的范围而言，法院与劳动争议仲裁委员会是相同的，但在序位上，劳动争议仲裁委员会主管优先于法院主管。劳动法为劳动争议设置了先裁后审的模式，劳动争议发生后，当事人可以向本单位劳动争议委员会申请调解，也可以直接向劳动争议仲裁委员会申请仲裁，当事人对仲裁裁决不服的，可以自收到裁决书之日起 15 日内向法院起诉。

在我国，某些行政机关也有处理民事纠纷的权力。其他行政机关，是指乡（镇）人民政府以外的行政机关。行政机关在履行对社会事务管理的职能时，也在其职权范围内处理部分民事权益纠纷，处理的方式包括行政调解、行政裁决、行政仲裁。

在法院和行政机关都有权处理民事争议的情况下，就产生了并行主管问题。我国是按照以下方式解决这一复杂问题的：

第一，法院主管优先，即一方当事人请求行政机关处理，另一方向法院提起民事诉讼的，由法院主管。

第二，双方当事人均请求行政机关处理的，由行政机关主管。但行政机关的处理要受司法最终解决原则的支配，行政机关的处理不是最终处理，当事人不服的，一般仍可以提起诉讼。

第三，行政机关的处理行为有的属行政行为性质，当事人不服处理可依据法律提起诉讼，属行政诉讼的主管范围。行政机关的处理行为有的属非行政行为性质，不属于行政诉讼主管范围。行政机关处理民事争议的方式包括调解、仲裁、裁决。这些方式的性质不同，前两种为非行政行为性质，后一种具有行政行为性质。《最高人民法院关于适用〈中华人民共和国行政诉讼法〉的解释》第 1 条第 2 款第 2 项规定，调解行为以及法律规定的仲裁行为不属于行政诉讼的受案范围。

此外，在法院已作为民事纠纷受理的案件中，有的可能会涉嫌经济犯罪，如当事人利用合同进行诈骗。对这类案件，法院经审理认为确有经济犯罪嫌疑的，应裁定驳回起诉，将有关材料移送公安机关或检察机关。如果是同一民事主体因不同的法律事实，分别涉及民事纠纷和经济犯罪嫌疑的，则民事纠纷由民事诉讼主管，经济犯罪嫌疑按《刑事诉讼法》的规定确定主管，法院应当将两者分开处理。在审理相关联的刑事案件和民事案件时，通常采用"先刑后民"的原则，先作出刑事裁判，其预决力及于民事案件。

拓展案例

徐某诉北京燕莎凯宾斯基饭店案[1]

1999 年 7 月 1 日，徐某在凯宾斯基饭店东花园休息，准备在饭店吃晚餐。但是饭店的两名保安却让徐某离开。第二天，徐某向饭店投诉。饭店有关人员称，该店店规是不让非住店客人使用东花园，并且花园南小门有一告示"酒店范围，仅供住店客人使用"的中文标志。

事发当晚徐某等人在该饭店消费 428 元，其中含 56 元的服务费。徐某认为作为饭店的消费者，他有权使用花园，因此饭店存在侵权行为，这表现在：首先，保安让他离开花园的行为是驱赶行为；其次，饭店在花园竖立 6 块牌子，5 块牌子有中英文两种标志，而这一块标明"仅供住店客人使用"的牌子则只有中文标志，这有明显的民族歧视；再者，他进行投诉时，有关方面的态度不好。

于是徐某将凯宾斯基饭店的上级单位燕莎中心告上法庭，要求其公开赔礼道歉，退还他在饭店用餐时交纳的服务费 56 元，赔偿精神损失费 5 万元。徐某声称，这是为了民族尊严的一次公益性诉讼。

[问题与思考]

1. 该案如果徐某仅以自己的"民族自尊心"受到伤害为由向法院起诉，是否属于法院主管的民事案件的受案范围？

2. 我国《民事诉讼法》在主管的规定上有哪些不足？

[重点提示]

根据我国《民事诉讼法》的规定，法院只受理平等民事主体因财产权和人身权纠纷提起的诉讼。宪法领域的权利受到侵权，不能通过民事诉讼程序获得救济。

---

〔1〕 案例来源，北大法宝：https://www.pkulaw.com/pfnl/a25051f3312b07f3588522fbe556e633935cd904d275ae91bdfb.html，最后访问日期：2021 年 4 月 24 日。

第二节　级别管辖

经典案例

赵某文与潘某阳财产侵权纠纷案[1]

[基本案情]

赵某文与潘某阳因财产侵权案件诉至陕西省高级人民法院，原告赵某文要求被告赔偿 5000 万元。陕西省高级人民法院受理后，被告潘某阳提出管辖权异议，理由是，根据《最高人民法院关于调整高级人民法院和中级人民法院管辖第一审民商事案件标准的通知》（法发〔2008〕10 号）第 1 条第 2 款规定，陕西省高级人民法院可管辖诉讼标的额在 1 亿元以上的第一审民商事案件，以及诉讼标的额在 5000 万元以上且当事人一方住所地不在本辖区或者涉外、涉港澳台的第一审民商事案件。其中"当事人一方住所地不在本辖区"，是指只有一方当事人不在本辖区，而本案双方当事人均不在陕西省高级人民法院辖区，因此，陕西省高级人民法院对此案没有管辖权。陕西省高级人民法院认为，本案诉讼标的额在 5000 万元，双方当事人住所地均不在陕西地区，根据《最高人民法院关于调整高级人民法院和中级人民法院管辖第一审民商事案件标准的通知》（法发〔2008〕10 号）第 1 条第 2 款规定，该院可管辖诉讼标的额在 1 亿元以上的第一审民商事案件，以及诉讼标的额在 5000 万元以上且当事人一方住所地不在本辖区或者涉外、涉港澳台的第一审民商事案件。该条款中"且当事人一方住所地不在本辖区"，不能单纯地理解为只有一方当事人不在本辖区的情形，因为该条并未排除当事人双方均不在本辖区的情形。当事人双方住所地均不在本辖区的诉讼标的额在 5000 万元以上的民商事案件由该院审理，更有利于摆脱地方保护主义的影响。另外，赵某文曾以法人名义就同一法律事实将潘某阳诉至该院，该院曾对此案进行过审理，结合本案实际情况，由该院审理此案更有利于查明案件事实，提高司法效率，依法保护当事人双方的合法权益，实现司法公正。因此，裁定驳回潘某阳对本案管辖权提出的异议。潘某阳不服，上诉至最高人民法院。

---

〔1〕　案例来源，北大法宝：https://www.pkulaw.com/pfnl/a25051f3312b07f3e98636e103c76ba44f90e79fa79e4074bdfb.html3，最后访问日期：2021 年 4 月 24 日。

[法律问题]

1. 该案的级别管辖异议应当如何处理？

2. 我国民事诉讼中划分级别管辖的标准是什么？

[参考结论与法理精析]

（一）法院意见

最高人民法院认为，本案是当事人不服高级人民法院就级别管辖异议裁定而提起的上诉，根据《最高人民法院关于审理民事级别管辖异议案件若干问题的规定》第 7 条的规定，本院应当依法审理并作出裁定。《最高人民法院关于调整高级人民法院和中级人民法院管辖第一审民商事案件标准的通知》（法发〔2008〕10 号）中所称的"当事人一方住所地不在本辖区"，是指原告或者被告一方当事人住所地不在本辖区，不包括原告、被告双方住所地均不在本辖区的情形。原告、被告双方住所地均不在本辖区的，应当仅按照诉讼标的额标准来确定级别管辖法院。在共同诉讼场合，原告之一或者被告之一住所地不在本辖区的，应当属于"当事人一方住所地不在本辖区"的情形。对于第三人住所地不在本辖区的，无论是有独立请求权的第三人还是无独立请求权的第三人，由于是参加他人之间的诉讼，故基于原被告管辖利益的衡量，不应列为"当事人一方住所地不在本辖区"的情形。本案诉讼标的额在 5000 万元以上，但当事人双方住所地均不在本辖区，根据《最高人民法院关于审理民事级别管辖异议案件若干问题的规定》第 1 条的规定，陕西省高级人民法院对本案无管辖权，应移送有管辖权的人民法院审理。因诉称的侵权行为地在陕西省神木县，陕西省高级人民法院应将本案移送陕西省榆林市中级人民法院审理。

（二）法理精析

1. 级别管辖的概念与标准。级别管辖，是指按照一定的标准，划分上下级法院之间受理第一审民事案件的分工和权限。

我国的法院有四级，并且每一级都受理一审民事案件，因此需要运用级别管辖对四级法院受理一审民事案件的权限进行分工。

我国民事诉讼法是根据案件的性质、繁简程度和案件影响的大小来确定级别管辖的。把性质重大、案情复杂、影响范围大的案件确定给级别高的法院管辖。在审判实务中，争议标的金额的大小也是确定级别管辖的重要依据。各地人民法院确定的级别管辖的争议标的数额标准不同。

2. 各级法院管辖的第一审民事案件。

（1）基层人民法院管辖的第一审民事案件。现行《民事诉讼法》第 18 条规定，基层人民法院管辖第一审民事案件，但本法另有规定的除外。由于民事诉讼法规定由其他各级法院管辖的案件为数较少，所以这一规定实际上把大多数民事案件都划归基层人民法院管辖。将大多数民事案件划归基层人民法院管辖是有充分理由的。基层人民法院是我国法院系统中最低一级法院，它们数量多、分布广，遍布各个基层行政区域，当事人的住所地、争议财产所在地、纠纷发生地，一般都处在特定的基层人民法院的辖区之内。由基层人民法院管辖一审民事案件，既便于当事人参与诉讼，又便于法院审理案件。

（2）中级人民法院管辖的第一审民事案件。依据《民事诉讼法》第19条的规定，中级人民法院管辖的一审民事案件有三类：

第一，重大的涉外案件。涉外案件是指具有涉外因素的民事案件。重大涉外案件是指争议标的额大，或者案情复杂，或者居住在国外的当事人人数众多的涉外案件。

第二，在本辖区有重大影响的案件。这是指案件的影响超出了基层人民法院的辖区，在中级人民法院辖区内产生了重大影响。

第三，最高人民法院确定由中级人民法院管辖的案件。这是指最高人民法院根据审判工作的需要，将某些案件确定由中级人民法院作为一审法院。目前这类案件主要有：①海事、海商案件。海事、海商案件由作为专门法院的海事法院管辖。我国已在广州、厦门、上海、武汉等地设立了海事法院，海事法院均为中级人民法院。②专利纠纷案件。专利纠纷案件有两类：一类是专利行政案件，属于行政诉讼的受案范围；另一类是专利民事案件，属于民事诉讼的受案范围。专利民事案件主要包括关于专利申请公布后，专利权授予前使用发明、实用新型、外观设计的费用的纠纷案件；关于专利侵权的纠纷案件；关于转让专利申请权或者专利权的合同纠纷案件。专利民事案件由省、自治区、直辖市政府所在地的中级人民法院，以及大连、青岛、各经济特区的中级人民法院管辖。③重大的涉港澳台民事案件。④诉讼标的金额大或者诉讼单位属省、自治区、直辖市以上的经济纠纷案件。

（3）高级人民法院管辖的第一审民事案件。高级人民法院的主要任务是对本辖区内中级人民法院和基层人民法院的审判活动进行指导和监督，审理不服中级人民法院判决、裁定的上诉案件。因此，高级人民法院管辖一审案件的数量是相当少的。从当前的情况看，各地一般都是把诉讼标的额大的民事案件作为在本辖区内有重大影响的案件，具体数额则是由各高级人民法院根据本地的情况作出规定后报最高人民法院批准。为了应对《民事诉讼法》修正后申请再审案件大量增加给高级人民法院和最高人民法院带来的压力，进一步加强最高人民法院和高级人民法院的审判监督和指导职能，完善全国四级法院的功能分层，理顺民商事案件的级别管辖秩序，2008年2月3日最高人民法院发布了《最高人民法院关于调整高级人民法院和中级人民法院管辖第一审民商事案件标准的通知》，依照诉讼标的额、诉讼标的额结合案件类型及其他因素两个标准，调整了第一审民商事案件的级别管辖标准。对各高级人民法院辖区内的中级人民法院立案标准，原则上划分了发达地区、一般地区和经济落后地区三个档次。这次调整的范围主要是普通民商事案件，不包括实行专门管辖的海事海商案件、集中管辖的涉外民商事案件和知识产权案件。以争议标的数额作为标准来划分级别管辖其优势显而易见，简明、确定、便于操作，无论是当事人还是法院都很容易判断某一具体案件应当由哪一级法院管辖，从而避免了认识不一和理解分歧，减少了管辖权争议的产生。2015 年 4 月 30 日，最高人民法院发布《最高人民法院关于调整高级人民法院和中级人民法院管辖第一审民商事案件标准的通知》，结合区域与诉讼标的两个标准，对高级人民法院和中级人民法院管辖第一审民商事案件作了进一步调整。2019 年 4 月 30 日，最高人民法院发布《最高人民法院关于调整高级人民法院和中级人民法院管辖第一审民事案件标准的通知》，主要采用标的额的标准，将中级人民法院管辖第一审民事案件的诉讼标的额上限调整为原则上为 50 亿元（人民币），高级人民法院除管辖其他在本辖区有重大影响的第一审民事案件之外，亦管辖诉讼标的额 50 亿元（人民币）以上（包含本数）的案件。当然，随着我国社会主义市场经济的发展，案件标的额虽大但案情简单的民事案件增多的趋势也日益明显，继续单纯地按照诉讼标的额划分级别管辖，将会增加当事人诉讼成本，也会对诉讼效率的提高产生一定影响。

（4）最高人民法院管辖的第一审民事案件。最高人民法院管辖的第一审民事案件有两类：一类是在全国有重大影响的案件，另一类是认为应当由本院审理的案件。

在前述案例中，双方争执的关于级别管辖的问题是由于对法律规定的语言理解分歧引起的。对此，《最高人民法院关于调整高级人民法院和中级人民法院管辖第一审民商事案件标准的通知》已经对此问题作出了专门的解释。

拓展案例

（2006 年司考卷三 19）甲公司研制开发出一项汽车刹车装置的专利技术，委托乙公司生产该刹车装置的专用零部件。乙公司在生产过程中擅自将该种零部件出售给丙公司，致使丙公司很快也开发出同种刹车装置并投入生产。甲公司随即提起专利侵权诉讼。

[问题与思考]

1. 该案应由哪级人民法院管辖？

2. 级别管辖错误时，当事人可以通过何种途径维护自己的权利？

[重点提示]

因专利纠纷提起的诉讼属于中级人民法院管辖的案件范围。发生级别管错误时，可以通过管辖权异议程序获得救济。

第三节　地域管辖

经典案例

阿拉山口公司诉宁夏秦毅公司买卖合同纠纷管辖权异议案[1]

［基本案情］

阿拉山口公司与宁夏秦毅公司因买卖合同纠纷诉至新疆维吾尔自治区高级人民法院。原、被告双方曾在合同中达成管辖权协议：合同执行中如发生纠纷，双方应友好协商解决，若协商不成，双方可向各自住所地人民法院起诉。原审期间，宁夏秦毅公司提出管辖权异议，认为上述有关协议管辖的约定违反了《最高人民法院关于适用〈中华人民共和国民事诉讼法〉若干问题的意见》第24条的规定，应当认定无效，请求将本案移送到作为合同履行地和被告所在地的宁夏回族自治区高级人民法院处理。新疆维吾尔自治区高级人民法院经审查认为，根据《最高人民法院关于合同双方当事人协议约定发生纠纷各自可向所在地人民法院起诉如何确定管辖权的复函》的规定，双方合同中有关协议管辖的约定有效，应以此确定本案管辖，该院遂依照《民事诉讼法》第38条的规定，裁定驳回宁夏秦毅公司的管辖权异议。宁夏秦毅公司不服新疆维吾尔自治区高级人民法院的上述民事裁定，向最高人民法院提起上诉称：原审将最高人民法院的复函作为确定本案管辖权的依据属适用法律不当；根据《最高人民法院关于适用〈中华人民共和国民事诉讼法〉若干问题的意见》第24条的规定，应当认定本案合同中关于"双方可向各自所在地人民法院起诉"的约定无效，请求将本案移送宁夏回族自治区高级人民法院管辖。

［法律问题］

1. 依据我国《民事诉讼法》的规定，合同纠纷应当如何确定管辖法院？

2. 本案当事人对合同纠纷管辖法院的约定是否有效？

［参考结论与法理精析］

（一）法院意见

最高人民法院经审查认为，按照本案合同中有关"合同在执行中如发生纠

---

〔1〕　案例来源，北大法宝：https://www.pkulaw.com/pfnl/a25051f3312b07f32b44972c5a0f09d41ed23635924ea404bdfb.html，最后访问日期：2021年4月24日。

纷，双方可向各自住所地人民法院起诉"的约定，虽然双方均有权提起诉讼，其住所地的人民法院亦分别享有管辖权，但根据《民诉意见》（已失效）第33条的规定，任何一方提起诉讼且为其住所地法院立案受理后，另一方住所地的人民法院便不得再重复立案，从而排斥了另一方住所地人民法院的管辖。故该项约定的实质是选择原告住所地人民法院管辖。该项约定不但不属于"选择《民事诉讼法》第25条规定的人民法院中的两个以上人民法院管辖"的情况，而且完全符合民事诉讼法有关协议管辖的规定，应当认定有效并据以确定本案的管辖。原审裁定驳回宁夏秦毅公司的管辖权异议的根据充分，适用法律正确，应予维持；宁夏秦毅公司的上诉理由均不成立，对其关于将本案移送宁夏回族自治区高级人民法院管辖的请求应予驳回。

（二）法理精析

1. 合同纠纷的法定管辖。按照我国《民事诉讼法》的规定，因合同纠纷提起的诉讼，由被告住所地或者合同履行地法院管辖。合同履行地，是指合同规定的履行义务的地点，主要是指合同标的物的交付地。合同履行地应当在合同中明确约定。对履行地约定不明确的合同，应当根据《民法典》第511条第3项确定履行地，即履行地点不明确，给付货币的，在接受货币一方所在地履行；交付不动产的，在不动产所在地履行；其他标的，在履行义务一方所在地履行。合同履行地在实践中是个相当复杂的问题，当事人之间、法院之间常常对如何确定合同履行地产生歧见，并由此引发管辖权争议。《民事诉讼法》施行以来，最高人民法院曾多次对如何确定合同履行地作出司法解释或批复。这些解释和批复所规定的合同履行地是：

（1）如果合同没有实际履行，双方当事人住所地又不在合同约定的履行地的，不依履行地确定管辖，诉讼由被告住所地法院管辖。

（2）购销合同的履行地按下列情况确定：①当事人在合同中明确约定履行地点的，以约定的履行地点为合同履行地。当事人在合同中未明确约定履行地点的，以约定的交货地为合同履行地。合同中约定的货物到达地、到站地、验收地、安装调试地等，均不应视为合同履行地。②当事人在合同中明确约定了履行地点或交货地点，但实际履行中以书面方式或双方一致认可的其他方式变更约定的，以变更后的约定确定合同履行地。③当事人在合同中对履行地点、交货地点未作约定或约定不明确的，或者虽有约定但未实际交付货物，且双方当事人住所地均不在合同约定的履行地，以及口头购销合同纠纷案件，均不依履行地确定管辖。

（3）加工承揽合同。以加工地为合同履行地，但合同中对履行地另有约定的除外。

（4）财产租赁合同、融资租赁合同。以租赁物使用地为合同履行地，但当事人在合同中对履行地另有约定的除外。

（5）补偿贸易合同。以接受投资一方主要义务履行地为合同履行地。

（6）借款合同。贷款方所在地为合同履行地，但当事人另有约定的除外。

（7）证券回购合同。凡在交易场所内进行的证券回购业务，交易场所所在地为合同履行地，在交易场所之外进行的证券回购业务，最初付款一方（返售方）所在地为合同履行地。

（8）名称与内容不一致的合同。当事人签订的合同虽具有明确、规范的名称，但合同约定的权利义务内容与名称不一致的，应当以该合同约定的权利义务内容确定合同的性质，从而确定合同的履行地；合同的名称与合同约定的内容不一致，而根据该合同约定的权利义务难以区分合同性质的，以及合同的名称与该合同约定的部分权利义务内容相符的，则以合同的名称确定合同的履行地。

最高人民法院还对联营合同的地域管辖作了如下规定：①法人型联营合同，由其主要办事机构所在地法院管辖；合伙型联营合同，由其注册地法院管辖；协作型联营合同，由被告所在地法院管辖。②主要办事机构所在地或注册地法院管辖确有困难的，如法人型联合体已经办理了注销手续，合伙型联营体应经工商部门注册登记而未办理注册登记，或者联营期限届满已经解体的，可由被告所在地法院管辖。

我国《民法典》还专门对供电、水、气、热力合同的履行地点作了规定。根据该法第650条的规定，这类合同的履行地点，按当事人的约定确定；当事人没有约定或约定不明确的，供电、供水、供气、供热力设施的产权分界处为履行地点。

2. 合同纠纷的协议管辖。协议管辖，又称合意管辖或约定管辖，是指双方当事人在民事纠纷发生之前或之后，以书面方式约定特定案件的管辖法院。当事人双方可以协议管辖法院，这是法律赋予当事人的重要诉讼权利。现行《民事诉讼法》第35条规定："合同或者其他财产权益纠纷的当事人可以书面协议选择被告住所地、合同履行地、合同签订地、原告住所地、标的物所在地等与争议有实际联系的地点的人民法院管辖，但不得违反本法对级别管辖和专属管辖的规定。"协议管辖既适用于国内民事诉讼，也适用于涉外民事诉讼。

据此规定，适用协议管辖，必须具备以下条件：

（1）协议管辖适用于合同纠纷和财产争议案件，对此以外的其他民事、经济纠纷不得协议管辖。

（2）协议管辖只适用于第一审人民法院管辖的合同纠纷案件，对第二审人民法院管辖的合同纠纷案件不得协议管辖。

（3）协议管辖是要式行为，当事人通过协议确立管辖法院必须以书面形式，口头协议无效。当事人既可以在合同中约定协议管辖，也可以以单独协议书或其他书面形式确定协议管辖。

（4）双方当事人可以在法律规定的范围内协议选择管辖法院。法律规定的可供当事人进行选择的人民法院包括：被告住所地、合同履行地、合同签订地、原告住所地、标的物所在地的人民法院。一般而言，当事人对管辖法院的选择必须是确定的、唯一的，但是前述案例中，当事人同时选择了双方当事人住所地法院作为管辖法院，此时不能认为当事人的协议是无效的。对此，1994 年《最高人民法院关于合同双方当事人协议约定发生纠纷各自可向所在地人民法院起诉如何确定管辖的复函》指出，合同双方当事人约定：发生纠纷各自可向所在地人民法院起诉。该约定可认为是选择由原告住所地人民法院管辖，如不违反有关级别管辖和专属管辖的规定，则该约定应为有效。若当事人已分别向所在地人民法院提起诉讼，则应由先立案的人民法院管辖；若立案时间难于分清先后，则应由两地人民法院协商解决；协商解决不了的，由它们的共同上级人民法院指定管辖。此外，《民诉法解释》第 30 条规定："根据管辖协议，起诉时能够确定管辖法院的，从其约定；不能确定的，依照民事诉讼法的相关规定确定管辖。管辖协议约定两个以上与争议有实际联系的地点的人民法院管辖，原告可以向其中一个人民法院起诉。"所以，本案法院对当事人的管辖权协议有效的认定是正确的。

（5）双方当事人协议选择管辖法院时，不得违反《民事诉讼法》对级别管辖和专属管辖的规定。

上述五个条件必须同时具备，缺一不可。

拓展案例

中国昊华化工（集团）总公司与中企国际
投资有限公司借款合同纠纷案[1]

昊华化工集团与中国工商银行宜阳县支行（以下简称"工行宜阳县支行"）在 2000 年签订的宜工银高保字第 01 号最高额保证合同第 11 条中约定"发生争议在乙方（即工行宜阳县支行）所在地法院通过诉讼方式解决"。后签订合同的债权人工行宜阳县支行通过债权转让的方式将该债权转让给中企

---

〔1〕 案例来源，北大法宝：https://www.pkulaw.com/pfnl/a25051f3312b07f3f92cbc0fa77a3081d97cab197fc87486bdfb.html，最后访问日期：2021 年 4 月 24 日。

国际，由后者与昊华化工集团之间形成了新的债权债务关系。在合同履行过程中，双方发生争议，中企国际向昊华化工集团住所地法院即北京市高级人民法院提起了诉讼。昊华化工集团请求裁定将本案移送河南省高级人民法院审理，理由是：债权转让属于原保证合同权利义务的概括转让。包括中企国际在内的所有受让人，在取得让与人原合同全部权利的同时，也应当承继履行让与人在原合同中的全部义务，其中就包括将合同争议提交让与人与债务人已合法、明确约定的地域法院管辖。原保证合同并未对争议解决条款的适用作出除外的约定。在债权转让书面协议中，包括中企国际在内的受让人也均未对原争议解决条款的适用持有异议或作出过不受该条款约束的意思表示，故应依法推定接受原保证合同争议解决条款的约束是受让人真实的意思表示。请求二审法院依法撤销北京市高级人民法院作出的民事裁定，将本案移送河南省高级人民法院审理。

[问题与思考]

合同权利义务关系转移后，合同中的管辖权协议对新的债权人或债务人是否有效？

[重点提示]

合同权利义务关系转移后，新的债权人或债务人继承了合同的全部权利与义务，在没有明确排除协议管辖条款的前提下，原协议应当具有拘束力。

第四节　侵权案件的地域管辖、管辖权转移与管辖权异议

经典案例

四维实业（深圳）有限公司、四维企业股份有限公司与艾利丹尼森公司、艾利（广州）有限公司、艾利（昆山）有限公司、艾利（中国）有限公司、南海市里水意利印刷厂、佛山市环市镇东升汾江印刷厂经营部侵犯商业秘密纠纷管辖权异议案[1]

[基本案情]

2004 年 4 月 8 日，四维公司、四维深圳公司以艾利丹尼森公司、艾利广州

_____

〔1〕 案例来源，北大法宝：https://www.pkulaw.com/pfnl/a25051f3312b07f3c39fc61bb06ffd1267046174af84f5b4bdfb.html，最后访问日期：2021 年 4 月 24 日。

公司、艾利昆山公司、艾利中国公司、里水印刷厂、汾江经营部侵犯其乳化型压克力感压胶外加增粘剂技术信息和经营信息等商业秘密为由，向广东省佛山市中级人民法院提起诉讼，要求艾利丹尼森公司等赔偿经济损失人民币 6000 万元等。2005 年 4 月 8 日，四维公司、四维深圳公司又向广东省佛山市中级人民法院递交《再次增加诉讼标的申请书》，变更赔偿请求为人民币 1.5 亿元。广东省佛山市中级人民法院向广东省高级人民法院请示，请求将该案移至广东省高级人民法院，被准许。另，江苏省高级人民法院 2005 年 11 月 8 日作出的（2004）苏民三初字第 003 号民事裁定书记载，艾利丹尼森公司、艾利中国公司以四维公司、四维深圳公司、上海四维企业有限公司等侵犯其压敏粘合剂技术信息和经营信息等商业秘密为由，向江苏省高级人民法院提起诉讼，江苏省高级人民法院 2004 年 10 月 13 日受理了该案。江苏省高级人民法院以该案与本案是基于同一法律事实而发生的纠纷，广东省佛山市中级人民法院立案时间早于江苏省高级人民法院，又因级别管辖原因移送到广东省高级人民法院等为由，裁定将该案移送至广东省高级人民法院。

在原审答辩期内，艾利丹尼森公司、艾利广州公司、艾利昆山公司、艾利中国公司向广东省高级人民法院提出管辖权异议。主要理由是，广东省佛山市中级人民法院对本案无管辖权，且广东省高级人民法院立案时间晚于江苏省高级人民法院对关联案件的立案时间，本案应当移送给江苏省高级人民法院审理。

原审法院认为：《民事诉讼法》第 29 条规定，因侵权行为提起的诉讼，由侵权行为地或者被告住所地人民法院管辖。第 22 条第 3 款规定，同一诉讼的几个被告住所地、经常居住地在两个以上人民法院辖区的，各该人民法院都有管辖权。本案为侵犯商业秘密纠纷，被告艾利广州公司的住所地在广东省广州市，被告艾利昆山公司和艾利中国公司的住所地在江苏省昆山市，被告里水印刷厂、汾江经营部的住所地在广东省佛山市。因此，上述被告住所地人民法院均有地域上的管辖权。由于部分被告的住所地在佛山市，故广东省佛山市中级人民法院受理本案，符合法律规定。又因本案争议标的较大，根据级别管辖的有关规定，广东省佛山市中级人民法院将本案移送广东省高级人民法院审理，因此，广东省高级人民法院依法享有本案的管辖权。

上诉人艾利丹尼森公司、艾利广州公司、艾利昆山公司、艾利中国公司对原审裁定不服，提出上诉称，根据《中华人民共和国反不正当竞争法》的规定，侵犯商业秘密的行为不包括侵权产品销售者的行为。而且，在四维公司、四维深圳公司的起诉状中，只在"诉讼请求"部分要求里水印刷厂、汾江经营部停止销售侵权产品，在"事实与理由"部分没有涉及对该两原审被告行为的指控。因此，广东省佛山市中级人民法院对本案没有管辖权。

[法律问题]

1. 我国《民事诉讼法》对侵权案件的地域管辖是如何规定的？

2. 本案中广东省佛山市中级人民法院在当事人变更诉讼请求后申请移送管辖的做法是否正确？

3. 移送管辖与管辖权的转移有何区别？

4. 本案的管辖问题应当如何处理？

[参考结论与法理精析]

（一）法院意见

最高人民法院二审认为，一般而言，使用商业秘密的行为实施地和结果发生地是重合的。亦即，使用商业秘密的过程，通常是制造侵权产品的过程，当侵权产品制造完成时，使用商业秘密的侵权结果即同时发生，不宜将该侵权产品的销售地视为使用商业秘密的侵权结果发生地。因此，虽然四维公司、四维深圳公司指控上诉人艾利丹尼森公司等将被控侵权产品销往佛山市，但佛山市并不是上诉人艾利丹尼森公司等使用商业秘密行为的侵权结果发生地，广东省佛山市中级人民法院亦不能据此具有本案的管辖权。关于四维公司、四维深圳公司指控的里水印刷厂、汾江经营部使用侵犯原告商业秘密所制造的侵权产品，因该行为不属于反不正当竞争法规定的侵犯商业秘密的行为，故此不能成为佛山市中级人民法院管辖本案的依据。

据此最高人民法院认为，根据民事诉讼法及其司法解释的有关规定，广东省佛山市中级人民法院对本案没有管辖权，广东省高级人民法院对本案有管辖权。但因本案与江苏省高级人民法院受理的（2004）苏民三初字第 003 号案件是当事人基于同一法律事实而发生的纠纷，且江苏省高级人民法院的立案时间早于广东省高级人民法院的立案时间，故根据《最高人民法院关于在经济审判工作中严格执行〈中华人民共和国民事诉讼法〉的若干规定》（已失效）第 2 条的规定，本案应移至江苏省高级人民法院合并审理。原审法院对本案管辖权的认定有误，应予纠正。

（二）法理精析

1. 侵权案件的地域管辖。按照我国《民事诉讼法》的规定，因侵权行为提起的诉讼，由侵权行为地或者被告住所地法院管辖。《民诉法解释》第 24 条规定，"侵权行为地"包括侵权行为实施地和侵权结果发生地。第 25 条规定："信息网络侵权行为实施地包括实施被诉侵权行为的计算机等信息设备所在地，侵权结果发生地包括被侵权人住所地。"第 26 条规定："因产品、服务质量不合格造成他人财产、人身损害提起的诉讼，产品制造地、产品销售地、服务提供地、侵权行为地和被告住所地人民法院都有管辖权。"一般情况下，侵权行为实施地和结果发生地两者相一致，在同一地点，但也存在两地不一致的情况。在两地不一致时，针对该侵权行为提起的诉讼可能存在三处管辖法院，侵权行为实施地、侵权结果发生地和被告住所地的法院都有管辖权。在本案中，原告在起诉时，将侵权产品的销售者里水印刷厂、汾江经营部作为共同被告，而此两被告住所地位于广东省佛山市辖区，所以我们认为，该案应当认定佛山市人民法院有管辖权。至于侵权产品的销售者里水印刷厂、汾江经营部是否实施了侵权行为，其销售行为是否属于侵害商业秘密的行为则应当在本案实体审理后，由审判庭作出评判。在立案阶段，实体法律关系的有无不应当成为法院是否可以行使管辖权的依据。

2. 移送管辖的条件及其与管辖权的转移的区别。移送管辖，是指法院在受理民事案件后，发现自己对案件并无管辖权，依法将案件移送到有管辖权的法院审理。移送管辖是为法院受理案件发现错误时提供的一种纠错办法，它只是案件的移送，而不涉及管辖权的转移。

在诉讼实务中，移送管辖通常发生在同级法院之间，用来纠正地域管辖的错误，但也可以用于纠正级别管辖的错误，发生在上下级法院之间。

根据现行《民事诉讼法》第 37 条的规定，移送管辖必须同时具备以下三个条件：①法院已受理了案件。②移送的法院对案件没有管辖权。③受移送的法院对案件有管辖权。

法院对符合上述三个条件的案件应当移送，但在下列三种情况下不得移送：

（1）受移送的法院即使认为本院对移送来的案件并无管辖权，也不得自行将案件移送到其他法院，而只能报请上级法院指定管辖。

（2）两个以上法院对案件都有管辖权时，应当由先立案的法院具体行使管辖权，先立案的法院不得将案件移送至另一有管辖权的法院。在前述案例中，原告在向佛山市中级人民法院起诉后，还曾向江苏省高级人民法院起诉，并被予以立案。但是，江苏省高院的立案时间晚于佛山市中级人民法院，所以本案应该由佛山市中级人民法院审理。

（3）管辖权的法院受理案件后，根据管辖恒定的原则，其管辖权不受行政区域变更、当事人住所地或居所地变更的影响，因此不得以上述理由移送案件。这表明确定管辖的时间标准为原告向法院提起诉讼之时。在前述案件中，佛山市中级人民法院在受理案件后，原告申请增加诉讼请求，使得案件争议标的金额超出了中级人民法院的管辖范围的，并不属于法院受理案件错误，因此佛山市人民法院没有必要移送高级人民法院管辖。但是如果该案佛山市中级人民法院认为案情复杂，审理有难度的，可以报请上级人民法院转移管辖权。

与移送管辖不同，管辖权的转移是指依据上级法院的决定或同意，将案件的管辖权从原来有管辖权的法院转移至无管辖权的法院，使无管辖权的法院因此而取得管辖权。管辖权转移在上下级法院之间进行，通常在直接的上下级法院间进行，是对级别管辖的变通和个别调整。管辖权转移与移送管辖虽然都属裁定管辖，但具有本质上的区别。具体而言，它们之间的不同表现在三个方面：首先是性质不同。管辖权转移是案件的管辖权发生了移位，而移送管辖移送的仅仅是案件而非管辖权。其次是作用不同。管辖权转移是对级别管辖的变通和微调，是为了使级别管辖有一定的柔性，以更好地适应复杂的案件情况。移送管辖是为了纠正移送法院受理案件的错误，尤其是在地域管辖上的错误，使民事诉讼法关于管辖的规定得到正确执行。最后是程序不同。管辖权转移包括因上级法院的单方决定而转移和因下级法院报请与上级法院同意双方行为而转移两种情形。移送管辖则仅表现为单方行为，移送法院作出移送裁定，无须经过受移送法院的同意。

综上，笔者认为，本案应当属于管辖权的转移问题，不应当按照移送管辖的程序来处理。

3. 管辖权异议。管辖权异议，是指当事人向受诉法院提出的该院对案件无管辖权的主张。

法院有时可能对管辖权作出错误判断而受理不属于本院管辖的案件。为了使当事人有机会向法院表达关于管辖权问题的不同意见，同时也为了使法院能够在充分听取当事人意见后对管辖问题作出审慎的决定，使法律关于管辖的规定得到正确适用，我国民事诉讼法对管辖权异议作出了规定。当事人提出管辖权异议，必须符合下列条件：

（1）提出异议的主体须是本案的当事人。在诉讼实务中，提出管辖权异议的当事人通常为被告。

第三人分为有独立请求权第三人和无独立请求权第三人两种。有独立请求权的第三人无权提出管辖权异议。有独立请求权第三人是参加诉讼的当事人，不是本诉的当事人，无权对本诉的管辖权提出异议。有独立请求权第三人如主动参加他人已开始的诉讼，应视为承认和接受受诉法院的管辖。并且，即使受诉法院对有独立请求权第三人提起的诉讼原本无管辖权，由于参加之诉与本诉之间的牵连关系，受诉法院也基于合并管辖取得了对参加之诉的管辖权。如果是受诉法院通知有独立请求权的第三人参加诉讼，该第三人如认为受诉法院对他的诉讼无管辖权，可以拒绝参加诉讼，以原告身份另行向有管辖权的法院提起诉讼，而不必提出管辖权异议。因此，无论在哪种情况下，有独立请求权的第三人均不宜作为管辖权异议的主体。

根据《民诉法解释》第 82 条的规定，无独立请求权第三人只是参加他人之间已开始的诉讼，在诉讼中支持所参加的一方，以维护自身利益。法院对案件有无管辖权，是依据原、被告之间的诉讼而确定的，无独立请求权第三人既非原告，又非被告，无权行使本诉当事人的诉讼权利，所以无权提出管辖权异议。

（2）管辖权异议的客体是第一审民事案件的管辖权。当事人只能对第一审民事案件的管辖权提出异议，只要是第一审案件，当事人既可以对地域管辖权提出异议，又能够对级别管辖权提出异议。对第二审民事案件不得提出管辖权异议。根据《民诉法解释》第 39 条第 2 款的规定，发回重审或者按第一审程序再审的案件，当事人提出管辖异议的，人民法院不予审查。对当事人对一审案件提出管辖权异议既可以针对地域管辖，也可以针对级别管辖，还可以既针对地域管辖又同时针对级别管辖。对地域管辖提出异议是当事人通行的做法，但如果当事人认为级别管辖有错误，也可以提出管辖权异议。根据《最高人民法院关于审理民事级别管辖异议案件若干问题的规定》，被告在提交答辩状期间提出管辖权异议，认为受诉人民法院违反级别管辖规定，案件应当由上级人民法院或者下级人民法院管辖的，受诉人民法院应当审查，并在受理异议之日起 15日内作出裁定：异议不成立的，裁定驳回；异议成立的，裁定移送有管辖权的人民法院。在管辖权异议裁定作出前，原告申请撤回起诉，受诉人民法院作出准予撤回起诉裁定的，对管辖权异议不再审查，并在裁定书中一并写明。如果被告以受诉人民法院同时违反级别管辖和地域管辖规定为由提出管辖权异议的，受诉人民法院应当一并作出裁定。

（3）提出管辖权异议的时间须在提交答辩状期间。根据现行《民事诉讼法》第 130 条的规定，当事人对管辖权有异议的，应当在提交答辩状期间提出，即在被告收到起诉状副本之日起 15 日内提出，按期提出的，法院才审查，逾期提出的，法院不予审查。当事人在管辖权异议的时间未提出管辖异议，并应诉答辩的，视为受诉人民法院有管辖权，但违反级别管辖和专属管辖规定的除外。

《民诉法解释》第 223 条第 1 款规定："当事人在提交答辩状期间提出管辖异议，又针对起诉状的内容进行答辩的，人民法院应当依照民事诉讼法第一百二十七条第一款的规定，对管辖异议进行审查。"受诉法院收到当事人提出的管辖权异议后，应当认真进行审查，经审查后，如果认为异议成立的，裁定将案件移送有管辖权的法院审理。如果认为异议不能成立，应当裁定驳回异议。裁定应当送达双方当事人，当事人不服的，可以在 10 日内向上一级法院提出上诉。

当事人未提出上诉或上诉被驳回的，受诉法院应通知当事人参加诉讼。当事人对管辖权问题申诉的，不影响受诉法院对案件的审理。

此外，在两个以上法院对案件都有管辖权时，法院如在立案前发现其他有管辖权的法院已先立案的，不得重复立案，如在立案后发现其他有管辖权的法院已先立案的，应将案件移送到先立案的法院。当事人基于同一法律关系或同一法律事实而发生纠纷，以不同诉讼请求分别向有管辖权的不同法院起诉的，后立案的法院在得知有关法院先立案的情况后，应当将案件移送先立案的法院合并审理。

拓展案例

（2004 年司考卷三 41）王某与李某因合同发生争议，王向李住所地法院提起诉讼，要求李履行合同。法院受理后，非合同当事人唐某认为自己对原、被告之间争议的合同标的物拥有所有权，要求参加诉讼。参加诉讼后，唐某认为受理法院无管辖权，便提出管辖权异议。

[问题与思考]

1. 本案唐某是哪种类型的当事人？

2. 唐某是否有权提出管辖权异议？

[重点提示]

对他人争议的标的物主张独立的请求权是有独立请求权第三人的主要特征。有独立请求权的第三人是以起诉的方式参加诉讼。其在诉讼中不得提出管辖权异议。

第五章

民事诉讼证据与证明

知识概要

一、本章的基本概念、基本知识和基本理论

民事诉讼证据是指能够证明民事案件真实情况的一切事实。根据民事诉讼法的规定，证据有以下几种：

1. 当事人陈述。当事人陈述，是指当事人在诉讼中就与案件有关的事实，向法院所作的陈述。

2. 书证。凡是用文字、符号、图画在某一物体上表达人的思想，其内容可以证明待证事实的一部或全部的，称为书证。

3. 物证。凡是用物品的外形、特征、质量等证明待证事实的一部或全部的，称为物证。

4. 视听资料。凡是利用录像、录音磁带反映出的图像和音响，或以电脑储存的资料来证明待证事实的证据，称为视听资料。

5. 电子数据。一般认为，电子数据主要是通过电子技术或数字技术和电脑等电子设备形成的，以电子形式存在于电脑硬盘、光盘等设备和材料内部，需要通过特定的技术、程序和设备转换为人们所能感知和理解的存在物（如图形、符号、文本等）。

6. 证人证言。诉讼参加人以外的其他人知道本案的有关情况，应由人民法院传唤，到庭所作的陈述，或者向人民法院提交的书面陈述，称为证人证言。

7. 鉴定意见。人民法院审理民事案件，对某些专门性问题，指定具有专业知识的人进行鉴定，从而作出科学的分析，提出结论性的意见，称为鉴定意见。

8. 勘验笔录。人民法院审判人员为了查明案情，对与争议有关的现场或者物品，亲自进行勘查检验，进行拍照、测量，将勘验情况和结果制成笔录，称为勘验笔录。

证明对象是指需要由证明主体依法借助证据查明的案件事实，亦称待证事

实。举证责任分担的原则是"谁主张，谁举证"，即每一方当事人对自己提出的主张有责任提供证据。在事实真伪不明时，负举证责任的当事人将承担不利的后果。最高人民法院通过司法解释确立了举证时效制度，法院可以指定举证时限，当事人也可以约定举证时限，当事人逾期举证，视为放弃举证，人民法院审理时不进行质证。

二、本章的重点、难点和疑点

民事诉讼证据是民事诉讼法的重要内容，也是民事诉讼理论和司法实践中的重点问题。当事人进行民事诉讼和人民法院公正地裁决民事纠纷，都必须以证据为基础，因此，证据制度在民事诉讼法中具有十分重要的作用，并且一直是各国诉讼法律制度的重要组成部分。本章内容在理论上有较大难度与深度，通过本章的学习，在基本了解民事诉讼证据相关理论的基础上，应重点掌握：证据的种类与分类、证明对象、证明责任、证明责任分配与倒置等。

第一节　证据的分类

经典案例

杨某某诉韩某某借款纠纷案[1]

［基本案情］

杨某某诉至法院称，2004 年 8 月 27 日和 9 月 7 日，朋友韩某某分别向他借款5000 元、6000 元，他如数汇去。9 月 14 日，韩某某第三次向他借款，被他拒绝，并向其提出还款要求，韩某某至今没有归还。于是，他起诉至法院。在两个人都没有借条或收据的情况下，杨某某把他的飞利浦手机作为证据提交给法院。

该手机存有十几条来自 139117373 × × 的短信息："2004 年 8 月 27 日15：05，那就借点资金援助吧。2004 年 8 月 27 日 15：08，你真给啊？你不怕我骗你啊。2004 年 8 月 27 日 15：13，你怎么这么实在！我需要五千……你要是资助就得汇到我卡里！2004 年 8 月 27 日 16：43，谢谢你的信任。""2004 年 9 月 7日 14：01，我还需要六千，如果多了再退回给你。2004 年 9 月 7 日 15：01……我想我会尽快归还你的。"

---

〔1〕 案例来源，搜狐网：http：//news. sohu. com/20050715/n226325270. shtml，最后访问日期：2012年 4 月 24 日。

[法律问题]

1. 该案中的手机短信是直接证据还是间接证据？

2. 法院采纳间接证据定案的标准是什么？

[参考结论与法理精析]

（一）法院意见

在庭审中，法官曾当着双方拨打了139117373××的手机号，接听者正是韩某某，她也承认从去年7、8月便一直使用该号码，但第二次开庭又矢口否认。法院认为她没有相应的证据，也不能证明第一次承认是在受胁迫或重大误解下作出的，最后认定该号码就是她所使用。

依据《电子签名法》的规定，电子签名是指数据电文中以电子形式所含、所附用于识别签名人身份并表明签名人认可其中内容的数据。移动电话短信息即符合电子签名、数据电文的形式。

法院经过对这些短信息生成、储存、传递数据电文方法的可靠性；保持内容完整性方法的可靠性；用以鉴别发件人方法的可靠性进行审查，最后认定了这些短信息内容作为证据的真实性。

（二）法理精析

1. 以证据与案件事实的关系为标准，证据可以分为直接证据与间接证据。直接证据，是指能够直接、单独证明案件主要事实的证据。在证据法理论上，事实分为主要事实、间接事实和辅助事实。构成法律要件的事实称为"主要事实"；证明主要事实的事实称为"间接事实"；用于证明证据能力或证据力的事实称为"辅助事实"。直接证据与间接证据的区分取决于证据与案件主要事实的关系。

"直接"意味着证据证明案件主要事实的逻辑推理过程是直接推理而不是间接推理；"单独"意味着依据一个证据就能认定案件的主要事实。例如，原告为了证明借贷关系的存在，向法庭出示了借条，借条上有被告人的亲笔签名。该借条可以直接、单独地证明原告与被告之间存在借贷关系，因此属于直接证据。

间接证据，是指单独一个证据不能直接证明案件主要事实，必须与其他证据结合才能证明案件主要事实的证据。比如，原告为了证明借贷关系的存在向法庭出示了3份证据：①原告在借款当日去银行提款的存折；②证人看见在原告提款的当日，被告在银行门前等原告，原告出门后将一个报纸包交给了被告的证人证言；③被告的邻居王某证明被告是用借款盖起了3间房屋。该案中原告的每一个证据都不能单独、直接地证明借贷关系存在，必须与其他证据相结合才能起到证明作用，这样的证据就是间接证据。

在前述案例中，杨某某提供给法庭的手机短信，从内容上看，单独的一条短信是不足以直接、单独证明案件主要事实的。因此，这些短信在分类上应当属于间接证据。

2. 直接证据与间接证据的特点。由于直接证据能够单独、直接地证明案件事实，所以在诉讼中使用直接证据具有简化证明的环节和推理过程、运用便利、省时省力的优点。但是，并不是在所有的案件中都存在直接证据，直接证据在证据来源上并不丰富。而且由于绝大多数直接证据体现为当事人陈述或证人证言等言词证据的形式，因此，直接证据容易受证据提供者的主、客观因素的影响，造成证据失实。

间接证据与案件主要事实的联系是间接的。任何一个间接证据，都只能从某一个侧面证明案件事实的一个部分，而不能直接证明案件的主要事实。而且，单独的一个间接证据无法起到证明案件主要事实的作用，只有若干间接证据组合起来，形成一个完整的证据链条，才能证明案件的主要事实。但是，间接证据所具有的优点也是不容忽视的，一般而言，间接证据在来源上更丰富，收集的渠道更多，而且，在没有直接证据的情况下，若干间接证据组成的证据体系同样可以证明案件的主要事实。

3. 直接证据与间接证据的运用。在司法实践中，应当针对直接证据与间接证据的各自特点，将两种证据结合起来使用。

应当重视对直接证据的收集和审查、判断。同时，应当对直接证据的合法性加以审查，当事人用法律禁止的或侵犯他人合法权益的方法取得的直接证据不能在诉讼中使用。总之，只有被证明具有客观性、关联性和合法性的直接证据才能作为认定事实的依据。

在间接证据的使用方面必须注意遵循以下规则：①单个间接证据不能单独证明案件事实；②间接证据本身必须真实可靠并且必须与案件事实具有关联性；③各个间接证据之间必须协调一致，相互印证，不存在矛盾；④运用间接证据组成的证据体系进行推理时，所得出的结论应当是肯定的、唯一的。

上述案例中的间接证据，虽然单独不足以证明借款法律关系存在，但是经过法院调查，这些手机短信均来自韩某某的手机，所有的短信结合在一起，可以比较完整地证明借款法律关系的真实性，符合间接证据的采纳标准，法院运用手机短信证明案件事实的判决是正确的。

拓展案例

案例一：2002 年 12 月 29 日，谢某购买杨某某的奶牛，当时付定金 5000 元，剩余款向杨某某出具欠条，并约定在 2003 年 1 月 20 日付清。次日，杨某某将两头奶牛送至谢某所在村。由于谢某没有按期支付剩余款，杨某某遂诉至法院，称谢某购买其 2 头牛，大牛 14 000 元，小牛 10 000 元，已付 5000 元，要求谢某支付欠款 19 000 元。杨某某为证明其主张举证了谢某签名的欠条。该欠条注明"今有谢某欠杨某某牛款 19 000 元，限 2003 年元月 20 日付清。如违约，把大牛返回，5000 元定金作废"。

谢某主张只购买了一头牛，价格是 14 000 元，现尚欠杨某某 9 000 元，欠条是杨某某书写的内容，有其签名，但欠条中"19 000 元"的"1"是添加的。谢某为证明其主张举证了证人李某、王某、盛某的证言。证人李某证实：与谢某是同村人，在同一天也购买了杨某某一头牛，第二天杨某某送了 2 头牛，其牵走一头，谢某牵走一头，谢某与杨某某交易时其不在场；证人王某、盛某证明：在 2002 年 12 月 30 日，杨某某送了 2 头牛到该村，李某牵走一头，谢某牵走一头。

诉讼中，杨某某自认李某与谢某在同一天也购买其一头牛，但主张第二天送的 2 头牛均被谢某牵走；同时自认欠条内容是其书写的。法院根据谢某的申请委托有关鉴定机构对欠条进行鉴定，结论是不具备鉴定条件。

[问题与思考]

1. 本案法院应当如何认定事实？

2. 实物证据与言词证据各有哪些优缺点？

[重点提示]

言词证据主要表现为证人证言、当事人陈述。此种证据具有明显的主观性，易存在虚假、失实的成分。对于言词证据真实性的审查应结合案件中的其他证据作出判断。

案例二：A 公司欲向银行贷款 2000 万元，银行要求 A 公司提供担保，A 公司找到 B 公司作保证人。A 公司将 B 公司愿意承担保证责任的书面文件（上有 B 公司的公章）传真给银行，银行在收到保证书后即放款。后 A 公司无力偿还贷款，银行要求 B 公司承担保证责任，因此发生纠纷诉至法院。在诉讼过程中，银行称当时是由 B 公司直接向其以发传真的方式提供担保的。B 公司则称当时 B 公司是将传真发给 A 公司，再由 A 公司发给银行的，而且 A 公司传真给银行的保证合同与 B 公司传真给 A 公司的合同不同，B 公司的传真件上明确写明该文件属于意向书，而且必须得到 A 公司的反担保后才生效，但是在 A 公司给银行的传真中却没有该部分内容。显然 A 公司为了获得银行的担保有意删除了这部分内容。A 公司则称，当时是由 B 公司将担保书以传真形式发给 A 公司的，A 公司再发送给银行，不存在作假的情况。如何认定该担保合同的效力？

[问题与思考]

1. 本案中的担保法律关系是否成立？

2. 原始证据与传来证据的划分标准是什么？

[重点提示]

原始证据与传来证据的划分标准是证据是否直接来源于案件事实,是否经过复制、复印、转抄等中间环节。按照这一分类标准,传真证据应当属于传来证据。其使用应当遵循传来证据的使用规则。我国《民事诉讼法》和《最高人民法院关于民事诉讼证据的若干规定》(以下简称《证据规定》)确立了原始证据和传来证据的一般规则:原始证据优先规则和补强证据规则。

第二节　证明责任

经典案例

取款纠纷案[1]

[基本案情]

原告(外籍)是某世界知名跨国公司(以下代称"A 公司")在中国大陆区的总裁,被告是 A 公司为原告雇佣的专职司机。被告在 A 公司期间,除了完成她的本职工作以外,还应原告的要求,替原告办理一些私人取款的事务。为此原告向银行出具了以被告为代理人的宽泛内容的授权,授权内容包括:被告作为原告的代理人可以对其信用卡账户的资金采取提取现金、转账、透支以及清户的安排。相关银行接受了这些授权。之后,当原告需要提取现金时,他总是通过口头的方式提前将需提取的现金的金额、银行通知被告,被告则根据这些口头的指令向特定的银行办理取款手续。然后,被告将提取的现金当面交接给原告,并同时将当日银行的交易凭证交付原告,原告在收到款项后,没有向被告签发收条,被告也未要求原告这么做。再之后,在下一个月的 20 日,原告还会收到银行方面寄交的反映包括该交易在内的对账单,这样的取款事务在双方之间进行了十余次,涉及多家银行,没有出现过任何差错和争议。

由于原告方面的原因,原告通知 A 公司另外招聘一个司机以取代被告的位置。为此,原告和 A 公司将这种安排通知了被告,被告接受了。但被告提出,能否由原告为她出具一封推荐信。在信中,原告对被告的工作给予了充分的肯定。

---

〔1〕 王启阳:"公平责任在证明责任分配中的运用",载首都律师网:http://www.bjlawyer.net.cn/ShowArticle.shtml? ID=2008617175549 77110.htm,最后访问日期:2021 年 4 月 24 日。

被告离开 A 公司，在下一个月的 20 日，原告和往常一样收到银行寄交的对账单，此时他发现有一笔发生在上月 21 日人民币 13 万元的取款。按原告的陈述，对于这笔钱他没有指令被告去提取，被告也没有将款项交给他。取款的时间发生在被告同意离开公司之前。被告承认提取了这笔钱，但表示，这是按照原告的指令办理的，而且这笔钱也于当日交给了原告。为此原告提起诉讼，要求被告返还人民币 13 万元。

庭审中，双方均无法直接证明各自所主张的关键事实，即该款项的提取是否基于原告的指令；该款项是否已交给原告。

[法律问题]

1. 按照我国现行立法，该案应当如何分配证明责任？

2. 我国现行立法关于证明责任分配的规则存在哪些不足？

[参考结论与法理精析]

（一）法院意见

该案的一审法院认为，就被告是否已将其所提取的该笔钱款交付原告，双方存在争议。在均无法举证的情况下，将举证责任分配给被告。由于被告对自己所称的已完成付款义务没有提供证据，故应当承担对其不利的后果。据此，原审法院依照《证据规定》第 2 条、《合同法》第 404 条的规定判决：被告返还原告人民币 13 万元。被告不服提出上诉。

二审法院认为，原告向银行出具授权被告签发支票、转账及取款的委托书后，双方构成委托的法律关系。之后，被告按照原告的旨意，十余次从银行提取钱款并交付原告，双方间没有钱款交接的任何书面凭证。鉴于双方的委托关系，被告最后一次从银行的取款行为，应当视为仍系原告的意思表示，被告没有实施超越授权的行为。但本案双方争议的焦点是原告否认收到该笔钱款，则应当从委托行为的开始、持续、终止及在授权期限内双方针对钱款交接行为的行事方式予以综合考量。原告基于对被告的信任，对其出具包括从银行提款的授权，在前十余次的钱款交接中，双方均没有出具任何的书面凭证，故认定双方间就提取钱款后的钱款交接已经形成了固定的行事方式。在该种行事方式形成过程中，被告系接受原告的雇佣，要求被告对该行事方式提出异议，即要求被告在交付钱款之后向其老板（即原告）索要收据是苛刻的，故该行事方式的形成，原告始终处于主导者的地位。将被告接受委托后，从银行十余次提款、交付行为作为一个整体，被告难以出具最后一次提款之后，将钱款交付原告的证据。整个委托授权的过程中，双方形成了固定行事方式，将最后一次提款、交付行为与整个行为予以割裂，从而认定被告对本案承担举证责任，则对被告有失公允。另根据本案的实际，原告基于双方间的信任主导确立的行事方式，客观上使被告始终处于一种风险的状态，在双方未就原有行事方式予以变更的情况下，贸然确定被告侵吞原告的钱款，会对被告的社会评价带来严重的影响。依据"遇疑问时有利于被告"的处理原则，对被告未将提取的钱款交付原告的事实不予认定，从而对原告返还钱款的请求不予支持。

（二）法理精析

1. 证明责任分配的一般规则。大陆法系国家的诉讼法理论从当事人的举证行为与事实真伪不明时败诉风险的承担的双重角度理解证明责任。举证行为，也即主观上的证明责任或形式上的证明责任，指当事人向法院提供证据证明待证事实的行为。事实真伪不明时败诉风险的承担指实质上的证明责任，也称客观上的证明责任，是指在民事诉讼过程中有可能出现事实真伪不明的状态，这与当事人的举证行为并没有直接联系，即使证据完全由法院而不是当事人收集，也同样可能出现待证事实真伪不明的情况，此时，法官必须确定由哪一方当事人承担因事实真伪不明而产生的实体法上的不利后果，以判决其承担不利的诉讼结果，这才是证明责任的实质。

尽管现代的绝大多数大陆法系国家的学者承认证明责任具有双重含义，但是，一般认为，在这两重含义中，客观证明责任才是证明责任的核心和本质。

当作为裁判基础的案件事实处于真伪不明时，必然有一方要承担由此而带来的不利后果，那么这一后果应当由谁来承担呢，这就是证明责任分配所要解决的问题。所谓证明责任的分配，是指法院在诉讼中按照一定的规范或标准，将事实真伪不明时所要承担的不利后果在双方当事人之间进行划分。

目前学界关于举证责任分配的探讨以德国学者罗森贝克提出的法律要件说最具影响力。他认为，法律要件事实可以分为法律关系发生的要件事实，妨碍法律关系发生的要件事实，法律关系的消灭、变更、受制的要件事实。该说认为，主张权利的人，应就该权利赖以存在的实体法上规定的要件事实，承担证明责任；主张权利不存在的当事人，应就存在权利妨碍要件、权利消灭或受制的要件事实，承担证明责任。规范说自产生后一直处于通说地位，但是该学说的主要问题在于，某一命题可能因为表述的不同而同时属于权利发生规范和权利妨碍规范。比如，某人有行为能力是合同成立的一般要件，应由主张合同成立的当事人承担证明责任。但是如果对方当事人主张其在签合同时没有行为能力，某人没有行为能力同时又是法律行为无效的特别要件，应由主张无行为能力的当事人负证明责任，这就可能产生对同一事实只是由于表述的不同由双方当事人共同承担证明责任的现象。

在举证责任的分配方面，我国现行《民事诉讼法》第 67 条第 1 款规定："当事人对自己提出的主张，有责任提供证据。"有学者将这一规定理解为"谁主张，谁举证"原则。

但是，民事诉讼法对证明责任的这种规定并没有把握证明责任分配的核心问题，按照我们对证明责任的理解，证明责任所要解决的问题是当案件事实处于真伪不明的状态时，由哪一方当事人承担败诉的责任。从字面语义来理解，"谁主张，谁举证"仍停留在行为责任的层面来理解证明责任，并没有涉及败诉风险的负担问题。并且，当事人在诉讼过程中提出的主张可以分为肯定的主张与否定的主张两类，某一事实可能因为当事人陈述的角度不同而同时属于肯定主张和否定主张，在这种情况下，根据"谁主张，谁举证"的原则就无法确定证明责任的分配。比如，原告主张其与被告之间存在合同关系，而被告则主张不存在合同关系。在该案中，双方当事人对同一事实分别从肯定和否定的角度提出了自己的主张，按照"谁主张，谁举证"原则，双方当事人都应当对自己所主张的事实承担证明责任，这显然是不合理的。

需要注意的是，《民事诉讼法》第 67 条"谁主张，谁举证"的规范，不应仅从字面意义来理解推测，而应当从立法背景理解其内在逻辑。20 世纪 80 年代后期在"超职权主义"的诉讼模式下，法院职权与当事人诉权之间的矛盾、程序公正与实体公正之间的选择困境、新类型案件的现实压力等因素促成了中国民事审判方式改革。民事审判方式改革大致包括三个阶段，第一个阶段即为举证责任制度改革，明确"谁主张，谁举证"，重点在于强化当事人提供证据的责任。1988 年在第十四次全国法院工作会议上，任建新院长提出，"过去法院在审理民事案件和经济纠纷案件中，往往忽略了当事人的举证责任，承担了大量调查、收集证据的工作"。举证责任制度的改革减轻了法官及法院调查取证的负担，成为整个民事审判方式改革的起点。因此，"谁主张，谁举证"提出的逻辑起点，在于职权主义诉讼模式向当事人主义诉讼模式转型过程中，解放法官的调查取证负担，核心在于调整法院和当事人之间的举证分配关系，而非当事人双方彼此之间的举证责任分配。理解以上背景有助于理解"谁主张，谁举证"的真正要旨。"谁主张，谁举证"并非严格真正意义上的客观证明责任分配规范。

举证责任分配规则演变	
《民事诉讼法》（1991）	第 64 条第 1 款　当事人对自己提出的主张，有责任提供证据。
《证据规定》（2001）	第 2 条　当事人对自己提出的诉讼请求所依据的事实或者反驳对方诉讼请求所依据的事实有责任提供证据加以证明。 没有证据或者证据不足以证明当事人的事实主张的，由负有举证责任的当事人承担不利后果。

	第4条 下列侵权诉讼，按照以下规定承担举证责任： 1. 因新产品制造方法发明专利引起的专利侵权诉讼，由制造同样产品的单位或者个人对其产品制造方法不同于专利方法承担举证责任； 2. 高度危险作业致人损害的侵权诉讼，由加害人就受害人故意造成损害的事实承担举证责任； 3. 因环境污染引起的损害赔偿诉讼，由加害人就法律规定的免责事由及其行为与损害结果之间不存在因果关系承担举证责任； 4. 建筑物或者其他设施以及建筑物上的搁置物、悬挂物发生倒塌、脱落、坠落致人损害的侵权诉讼，由所有人或者管理人对其无过错承担举证责任； 5. 饲养动物致人损害的侵权诉讼，由动物饲养人或者管理人就受害人有过错或者第三人有过错承担举证责任； 6. 因缺陷产品致人损害的侵权诉讼，由产品的生产者就法律规定的免责事由承担举证责任； 7. 因共同危险行为致人损害的侵权诉讼，由实施危险行为的人就其行为与损害结果之间不存在因果关系承担举证责任； 8. 因医疗行为引起的侵权诉讼，由医疗机构就医疗行为与损害结果之间不存在因果关系及不存在医疗过错承担举证责任。 有关法律对侵权诉讼的举证责任有特殊规定的，从其规定。 第5条 在合同纠纷案件中，主张合同关系成立并生效的一方当事人对合同订立和生效的事实承担举证责任；主张合同关系变更、解除、终止、撤销的一方当事人对引起合同关系变动的事实承担举证责任。 对合同是否履行发生争议的，由负有履行义务的当事人承担举证责任。 对代理权发生争议的，由主张有代理权一方当事人承担举证责任。 第6条 在劳动争议纠纷案件中，因用人单位作出开除、除名、辞退、解除劳动合同、减少劳动报酬、计算劳动者工作年限等决定而发生劳动争议的，由用人单位负举证责任。 第7条 在法律没有具体规定，依本规定及其他司法解释无法确定举证责任承担时，人民法院可以根据公平原则和诚实信用原则，综合当事人举证能力等因素确定举证责任的承担。
《民事诉讼法》（2012）	第64条第1款 当事人对自己提出的主张，有责任提供证据。 第65条第1款 当事人对自己提出的主张应当及时提供证据。

《民诉法解释》2015	第 90 条　当事人对自己提出的诉讼请求所依据的事实或者反驳对方诉讼请求所依据的事实，应当提供证据加以证明，但法律另有规定的除外。 在作出判决前，当事人未能提供证据或者证据不足以证明其事实主张的，由负有举证证明责任的当事人承担不利的后果。 第 91 条　人民法院应当依照下列原则确定举证证明责任的承担，但法律另有规定的除外： 1. 主张法律关系存在的当事人，应当对产生该法律关系的基本事实承担举证证明责任； 2. 主张法律关系变更、消灭或者权利受到妨害的当事人，应当对该法律关系变更、消灭或者权利受到妨害的基本事实承担举证证明责任。 第 108 条　对负有举证证明责任的当事人提供的证据，人民法院经审查并结合相关事实，确信待证事实的存在具有高度可能性的，应当认定该事实存在。 对一方当事人为反驳负有举证证明责任的当事人所主张事实而提供的证据，人民法院经审查并结合相关事实，认为待证事实真伪不明的，应当认定该事实不存在。 法律对于待证事实所应达到的证明标准另有规定的，从其规定。
新《证据规定》（2019）	删去旧《证据规定》第 2 条、第 4 条、第 5 条、第 6 条、第 7 条。

2001 年最高院制定的旧《证据规定》是我国民事诉讼规范中最早的关于客观举证责任的规定，其第 2 条第 1 款规定了主观举证责任，第 2 款规定了客观证明责任即当事人不能证明的后果责任。此外，旧《证据规定》第 4 条、第 5 条、第 6 条分别规定了特殊侵权案件、合同案件和劳动争议案件的证明责任分配，并在第 7 条就举证责任的确定作了兜底性规定，赋予了法官确定举证责任分配的权利。严格按照举证责任理论来说，客观举证责任不应由法官行使自由裁量权确定。这一规定也在其后的新《证据规定》中被删除。

2012 年《民事诉讼法》全面修正，第 64 条第 1 款只强调了主观举证责任，但未规定客观举证责任。2015 年，最高院为落实《民事诉讼法》而出台了《民诉法解释》，其第 90 条、第 91 条、第 108 条对举证责任尤其是客观举证责任的内涵作出了更加明确的界定。这一规定将我国民事诉讼法举证责任分配的基本框架搭建了起来。2015 年我国《民诉法解释》第 91 条规定："人民法院应当依照下列原则确定举证证明责任的承担，但法律另有规定的除外：（一）主张法律关系存在的当事人，应当对产生该法律关系的基本事实承担举证证明责任；（二）主张法律关系变更、消灭或者权利受到妨害的当事人，应当对该法律关系变更、消灭或者权利受到妨害的基本事实承担举证证明责任。"该条规定采用了法律要件分类说中规范说的观点为理论依据，将举证责任分配的基础确定为"法律关系的基本事实"，即权利及法律关系的构成要件所依赖的事实。根据此条规定，待证的基本事实主要有两类，一类是法律关系产生的事实，一类是法律关系变更、消灭或权利受到妨害的事实。在出现待证事实真伪不明时，裁判者要对真伪不明的待证事实进行归类，确定对该事实负有举证责任的当事人，并据此判决由其承担不利后果。当前我国已经初步形成了关于证明责任分配的一般规则体系，这一体系基本上是建立在法律要件分类说的基础之上，并适当借鉴了其他关于证明责任分配的学说。

2019 年最高院发布的新《证据规定》中删除了旧《证据规定》中关于举证责任的规定，删除的部分大多已在其他法律中得到规定，或可以融合在其他规则中。具体来说，旧《证据规定》第 2 条、第 4 条、第 5 条、第 6 条、第 7 条都是关于举证责任及分配规则的规定。这些规定中，第 2 条的内容已经被《民诉法解释》第 90 条吸收；第 4 条关于举证责任倒置的规定，第 5 条、第 6 条关于合同纠纷和劳动争议案件举证责任分配的规定，均能够通过适用《民诉法解释》第 91 条关于举证责任分配规则的规定解决，没有重复规定的必要。旧《证据规定》第 7 条是关于法官分配举证责任的规定，《最高人民法院关于修改〈关于民事诉讼证据的若干规定〉的决定》（以下简称《修改决定》）没有保留，主要考虑：举证责任分配具有法定性，实体法律规范本身包含了法律对举证责任分配的内容，原则上举证责任由法律分配而非由法官分配，只有在极为特殊的情况下，按照法律分配的举证责任会导致明显不公平的结果时，才允许法官根据诚实信用原则、公平原则等因素分配举证责任。这也是旧《证据规定》第 7 条的本意。但在对旧《证据规定》实施情况的调研中，我们发现审判实践中随意适用第 7 条的情况比较普遍，仅应在极为特殊情形下适用的法官分配举证责任的规定存在滥用的风险。为此，《修改决定》不再保留该条内容。实践中如果出现按照实体法律规定确定举证责任分配可能导致明显不公平情形的，由于涉及《民诉法解释》第 91 条适用问题，可以通过向最高人民法院请示、由最高人民法院批复的方式解决，而不能在个案中随意变更法律所确定的举证责任分配规则。

2. 证明责任分配的特殊规则根据证明责任分配的一般原则，多数情况下可以达到公平合理地分配证明责任的目标。但是，在一些特殊的情况下，根据证明责任分配的一般原则分配证明责任可能产生不公正的结果。为了解决这一问题，产生了证明责任分配的特殊规则。《民诉法解释》第 91 条当中所提及的但书，指的就是证明责任分配的特殊规则。其中所谓"法律另有规定"，主要指的是有关实体法的相关规定。例如，关于过错责任的推定，我国《民法典》第 1165 条第 2 款规定："依照法律规定推定行为人有过错，其不能证明自己没有过错的，应当承担侵权责任。"关于产品责任，《民法典》第 1202 条规定："因产品存在缺陷造成他人损害的，生产者应当承担侵权责任。"关于医疗损害责任，《民法典》第 1218 条规定："患者在诊疗活动中受到损害，医疗机构或者其医务人员有过错的，由医疗机构承担赔偿责任。"关于环境污染和生态破坏责任，《民法典》第 1230 条规定："因污染环境、破坏生态发生纠纷，行为人应当就法律规定的不承担责任或者减轻责任的情形及其行为与损害之间不存在因果关系承担举证责任。"关于高度危险责任，《民法典》第 1240 条规定："从事高空、高压、地下挖掘活动或者使用高速轨道运输工具造成他人损害的，经营者应当承担侵权责任；但是，能够证明损害是因受害人故意或者不可抗力造成的，不承担责任。被侵权人对损害的发生有重大过失的，可以减轻经营者的责任。"关于建筑物和物件损害责任，《民法典》第 1253 条规定："建筑物、构筑物或者其他设施及其搁置物、悬挂物发生脱落、坠落造成他人损害，所有人、管理人或者使用人不能证明自己没有过错的，应当承担侵权责任。所有人、管理人或者使用人赔偿后，有其他责任人的，有权向其他责任人追偿。"

在《民法典》之外，证明责任的特殊分配规则散见于其他民商事实体法律规范之中。关于著作权侵权责任的承担，我国《著作权法》第 59 条第 1 款规定："复制品的出版者、制作者不能证明其出版、制作有合法授权的，复制品的发行者或者视听作品、计算机软件、录音录像制品的复制品的出租者不能证明其发行、出租的复制品有合法来源的，应当承担法律责任。"关于专利侵权责任的承担，我国《专利法》第 66 条第 1 款规定："专利侵权纠纷涉及新产品制造方法的发明专利的，制造同样产品的单位或者个人应当提供其产品制造方法不同于专利方法的证明。"此外，在新《证券法》第六章投资者保护中，首次在立法中明确区分普通投资者和专业投资者，并规定了普通投资者举证责任倒置条款，具体为第 89 条第 2 款："普通投资者与证券公司发生纠纷的，证券公司应当证明其行为符合法律、行政法规以及国务院证券监督管理机构的规定，不存在误导、欺诈等情形。证券公司不能证明的，应当承担相应的赔偿责任。"此条款之内容可谓第一次在法律层面明确了普通投资者与证券公司发生纠纷时的举证责任倒置规定。

拓展案例

小木诉蔡某抚养费纠纷案[1]

李某与蔡某于 2008 年相识、相恋后开始同居生活，李某于 2010 年 2 月怀孕，该年 6 月李某与蔡某解除同居关系，11 月李某生下一子小木（化名）。其后，蔡某拒不承认是小木生父，拒付抚育费，且与他人成婚。2013 年 1 月，李某向法院起诉蔡某，请求法院依法判令被告蔡某支付抚育费。

在案件审理过程中，蔡某抗辩其非小木生父，李某遂向法院申请亲子鉴定，蔡某拒不作亲子鉴定且无相反证据。法官审理认为李某虽无明确证据证明蔡某是小木生父，但其间李某与蔡某同居，李某怀孕及生育小木的时间可推定蔡某系小木生父可能性较大，在李某申请作亲子鉴定的情况下，蔡某无相反证据拒绝作亲子鉴定，遂作出一审判决，判令被告蔡某支付小木抚育费每月 350 元直至成年。

[问题与思考]

1. 何为证明妨碍？其与证明责任的分配的关系为何？

2. 该案法院根据《最高人民法院关于适用〈中华人民共和国婚姻法〉若干问题和解释（三）》第 2 条第 2 款的规定，当事人一方起诉请求确认亲子关系，并提供必要证据予以证明，另一方没有相反证据又拒绝做亲子鉴定的，人民法院可以推定请求确认亲子关系一方的主张成立，所作的判决是否正确？

[重点提示]

民事诉讼证明妨害（以下简称"证明妨害"）乃指不负担证明责任的一方当事人，基于故意或过失，以作为或不作为，妨害负担证明责任的当事人对欲证事实的证明陷于不能，该妨害证明之人将被课以一定的不利益的制度。发生证明妨害时，对某事实负有举证责任的当事人不再承担举证责任，法院可以直接推定待证事实成立。

---

〔1〕　案例来源，法律教育网：http://www.chinalawedu.com/new/201302/caoxinyu2013022610555046303709.shtml，最后访问日期：2021 年 4 月 24 日。

第三节 证明标准

经典案例

顾某诉上海工艺美术商厦产品质量纠纷案[1]

[**基本案情**]

1999 年 1 月 23 日上午 10 点，顾某在上海工艺美术商厦购买一颗标签上注明"天然黄水晶球"的工艺品。当时顾某要求鉴定，但售货小姐表示："你去鉴定吧，有什么问题找我们。"于是顾某以 2944 元将该球买下，售货小姐将发票、信誉卡交给顾某。信誉卡上写明"假一赔百"。随后顾某立即前往城隍庙的豫园上海珠宝测试鉴定处鉴定。鉴定书上写明："球重 289.8 克，直径 58.6 毫米，方解石。"据此，当日下午 1 点，顾某要求商家按信誉卡"假一赔百"进行赔偿，但与商家交涉未果。同年 4 月 27 日顾某一纸诉状将上海工艺美术商厦告到法院，要求赔偿 29.44 万元以及鉴定费、交通费等。

顾某认为，被告以假充真，原告用将近 3000 元买到的却是价值无几的方解石，被告的行为明显构成欺诈，要求被告根据与自己的"假一赔百"的承诺进行赔偿。

被告认为，顾某拿到豫园商城鉴定的那个方解石球并不是商厦出售的同一物品，因为顾某带着球独自离开商厦 3 个小时，顾某对商厦售出的黄水晶球掉了包，此球并非顾某从商厦购买的水晶球。

[**法律问题**]

1. 本案法院应当如何判决？

2. 民事诉讼的证明标准与刑事诉讼的证明标准有何区别？

[**参考结论与法理精析**]

（一）法院意见

一审法院在判决书中指出：根据法律规定"谁主张，谁举证"的原则，顾某必须拿出证据来证明"此球系彼球"。由于顾某没能拿出令人信服的证据，判决顾某败诉。顾某不服，上诉至上海市第二中级人民法院。二中院仍认为顾某

---

〔1〕 案例来源，找法网：http://china.findlaw.cn/xfwq/xiaofeiweiquanlunwen/53189_3.html，最后访问日期：2021 年 4 月 24 日。

拿不出令人信服的证据证明"此球就是彼球",二审法院宣布维持原判。

(二) 法理精析

1. 证明标准的域外立法。所谓证明标准是指在诉讼中依据法律规定当事人运用证据证明案件事实及人民法院认定案件事实所应达到的程度。证明标准的确立,在民事诉讼中具有重要的意义。对于当事人而言,提出的证据是否达到了法律规定的证明标准,是衡量待证事实是否已经得到证明还是依然处于真伪不明状态的依据,也是当事人的事实主张是否能够得到法院支持的依据。对人民法院而言,证明标准对法院的裁判行为起着重要的指导作用,决定着法院在当事人提出的证据达到了何种可信程度时才能据以认定案件事实。

英美法系国家在证明标准的立法上的特征是依据案件的不同性质,设立二元乃至多元的证明要求和标准,即对刑事案件与民事案件规定不同的证明标准。对刑事案件采取"排除合理怀疑"(beyond reasonable doubt) 的证明标准。所谓合理怀疑,指的是陪审员对控告的事实缺乏道德上的确信,对有罪判决的可靠性没有把握时所存在的心理状态。因为,控诉一方只证明一种有罪的可能性(即使是根据或然性的原则提出一种很强的可能性) 是不够的,而必须将事实证明到道德上确信的程度——能够使人信服,具有充分理由,可以作出判断确信的程度。[1]

英美法系国家在民事诉讼中采取"盖然性占优"(proof on a balance of probabilities) 的证明标准。按照英美法系国家学者的理解,要求占优势的盖然性是指:"凡于特定事实之存在有说服负担之当事人,必须以证据之优势确立其存在。法官通常解说所谓证据之优势与证人多寡或证据数量无关,证据之优势乃在其使人信服的力量(convincing force)。有时并建议陪审团,其心如秤(mental scales),以双方当事人之证据分置于其左右之秤盘,从而权衡何种有较大之重量。"[2]

在民事案件中,又依其性质不同区分为普通民事案件与特殊民事案件,分别规定不同的证明标准。对某些特殊类型的民事案件,如口头信托、口头遗嘱、以错误或欺诈为理由请求更正文件等事实,确立了比普通民事案件更高的证明要求,主张的一方当事人必须以明确的及令人信服的证据(clear and convincing evidences) 证明自己的主张。

在美国,一般认为,对民事案件的证明只要达到"证据优势"(preponder-

---

〔1〕 〔英〕W. 塞西尔·特纳:《肯尼刑法原理》,王国庆、李启家等译,华夏出版社 1989 年版,第 574 页。

〔2〕 〔美〕Edmund M. Morgan:《证据法之基本问题》,李学灯译,世界书局 1982 年版,第 48 页。

ance of evidence）就可以了。所谓"证据优势"是指某一事实的证据分量和证明力比反对其事实存在的证据更具有说服力，或者比反对证明其真实性的证据的可靠性更高。也就是说，在民事诉讼中，负有证明责任的当事人，其最终所要证明的结果只要能够达到一般常人认为具有某种合理的盖然性的程度就可以了，无须达到排除合理怀疑的证明标准。[1]美国证据法规则和证据理论中将证明标准从高到低分为排除合理怀疑、清楚和有说服力的证据、优势证据、合理根据、有理由的相信、有理由的怀疑、怀疑几个等级，对不同的案件适用不同的标准。在民事诉讼中，对一些诸如解除父母监护权、民事欺诈、不正当影响、因欺诈或错误宣告合同无效或变更合同，或者对口头遗嘱的证明等问题，适用较高的证明标准。[2]澳大利亚联邦《1995 年证据法》规定，法院在确定所满意的证明程度时，必须考虑诉因或抗辩的性质，诉讼标的性质及所起诉事项的严重性。[3]

在大陆法系国家，实行自由心证的证据制度。所谓"自由心证"是指关于法院认定用于判决基础的事项，应遵从法官基于在审理中出现的一切资料和状况，自由形成的具体的确信的原则。[4]自由心证在证明标准的问题上体现为"高度盖然性标准"，即依据日常经验可能达到的那样高度，疑问即告排除，产生近似确然性的可能。[5]

从法、德、日等国的刑事诉讼理论和实践来看，大陆法系国家刑事诉讼的证明标准，是排除了任何疑问的高度盖然性。这与英美法系的"排除合理怀疑"证明标准的要求在实质上是一致的。在大陆法系国家，这种"高度盖然性"证明标准不仅适用于刑事诉讼，也适用于民事诉讼，但在"盖然性"的程度要求上，二者实际上是有所不同的，即刑事案件比民事案件的要求更高。

在大陆法系国家的民事诉讼中，对不同的证明对象还规定了不同的证明标准。以德国和日本为例，在证明标准上有"证明"和"疏明"之分。"证明"是指当事人提出的证据可以使法官对待证事实达到确信的程度，这是一种较高的证明标准，适用于对终局性的实体权利义务关系的证明。"疏明"是指当事人对自己所主张的事实虽然没有达到证明的程度，但是提出的证据足以使法官达到大致确信的程度。一般而言，适用疏明标准的待证事实主要限于与当事人的实体权利义务无关的程序性事项。

---

〔1〕　［日］兼子一、竹下守夫：《民事诉讼法》，白绿铉译，法律出版社1995 年版，第181 页。

〔2〕　Mueller, Kipkpatrick, *Evidence*, New York：Aspen Law & Bussness Press，1999，p. 122.

〔3〕　何家弘、张卫平主编：《外国证据法选译》（上），人民法院出版社2000 年版，第276 页。

〔4〕　［日］兼子一、竹下守夫：《民事诉讼法》，白绿铉译，法律出版社1995 年版，第108 页。

〔5〕　刘善春、毕玉谦等：《诉讼证据规则研究》，中国法制出版社2000 年版，第632 页。

2. 我国关于证明标准的学说演进。

（1）客观真实说。客观真实是我国诉讼法所确认的证明标准。我国《民事诉讼法》第 67 条第 3 款规定，"人民法院应当按照法定程序，全面地、客观地审查核实证据"；《刑事诉讼法》第 200 条第 1 项规定，"案件事实清楚，证据确实、充分，依据法律认定被告人有罪的，应当作出有罪判决"；《行政诉讼法》第 89 条第 3 项也规定，"原判决认定基本事实不清、证据不足的，发回原审人民法院重审，或者查清事实后改判"。总之，诉讼法提出的证明要求是"事实清楚，证据确实、充分"。由此可见，客观真实说所坚持的是一元制的证明标准。我们从前面两大法系国家在证明标准问题上的规定不难看出，它们都有一个共同的特征，即对民事诉讼与刑事诉讼的证明标准采取区别对待的原则，刑事诉讼的证明标准高于民事诉讼的证明标准。就民事诉讼而言，英美法系的"盖然性占优"标准与大陆法系的"高度盖然性"标准之间在本质上是相同的，即在不必极端苛求客观真实的前提下，二者均承认可依优势证据原则来对事实作出判断。这与我国的一元制证明标准形成了鲜明的对比。

此后，有人提出应将实践作为诉讼证明的标准，"因为实践既是人们有意识有目的的活动，又是客观的物质性活动，既具有'普遍性的品格'，又具有'直接现实性的品格'，它是把主客观联系起来的桥梁和纽带"。[1]的确，我们常说"实践是检验真理的唯一标准"。笔者在此无意否定此论断的正确性，但要提出两点疑问：①马克思曾说过，"人的思维是否具有客观的真实性，这不是一个理论的问题而是一个实践的问题。人应该在实践中证明自己思维的真理性"。[2]在这一论述中，实践显然应被看作是检验真理的手段和程序，而非标准。②以实践作为检验真理的手段或途径必须在"认识—实践—再认识—再实践"这样一个循环往复的过程中实现。而诉讼证明却必须受时间限制不能无限进行下去。虽然我们规定了审级和再审制度可以使这种反复的认识、实践在一定程度内得以实现，但在作出一审判决时，法官如何能够预测到以后的实践并将它作为此刻判决的标准呢？显然将实践作为诉讼证明的标准不具有现实可操作性。

（2）相对真实。相对真实的标准是在承认认识的绝对性与相对性的基础上产生的，也是通行于许多国家的证明标准。在民事诉讼中，无论是英美法系国家的"盖然性占优"标准。还是大陆法系国家的"高度盖然性"标准，都体现了一种主观与客观事实无限接近但又不等于客观事实这样一种思想，因而二者

---

〔1〕 中共中央马克思恩格斯列宁斯大林著作编译局编译：《马克思恩格斯选集》第 1 卷，人民出版社 1999 年版，第 55 页。

〔2〕 文正邦：《当代法哲学研究与探索》，法律出版社 1999 年版，第 480 页。

无本质差别，均属于相对真实说的一种具体模式。造成表述上差异的原因主要在于英美法系强调诉讼是双方当事人之间的对抗，法官处于超然地位，并最终裁判哪一方当事人所欲证明的案情更有说服力。而大陆法系强调的是法官不仅是裁决者，也是认识者，只有使法官对案件的认识达到相当的高度，当事人才能获得有利的判决。从这一点上看，优势证据标准比较适合于强调对抗的英美法系的诉讼制度，而高度盖然性标准更合适于强调法官职权的大陆法系。

（3）法律真实。我们认为，民事诉讼的证明标准应当是高度盖然性或者"盖然性占优势"，刑事诉讼的证明标准一般要求为证明需达到一种使法官确信的状态或者能够排除一切合理怀疑，二者有所不同。民事诉讼涉及的一般是民事财产权和人身权争议，而刑事诉讼则涉及人身自由甚至剥夺人的生命，所以，刑事诉讼的证明标准应当高于民事诉讼，这是由两种诉讼不同的性质决定的。民事诉讼中，证据一般由当事人自己收集，如果民事诉讼也要求很高的证明标准这会使民事权利很难得以维护和实现。

所谓法律真实，是指裁判人员运用证据认定的案件事实达到了法律所规定的视为真实的标准，在诉讼证明的过程中，法官运用证据、逻辑推理和经验法则，对案件事实的认定符合实体法和程序法的规定，达到从法律的角度认为是真实的程度。

新《证据规定》第85条第1款规定："人民法院应当以证据能够证明的案件事实为根据依法作出裁判。"也就是说，在坚持证据裁判主义的原则下，本案所能运用的所有证据所证明的案件事实是什么，裁判就怎么认定。在没有证据的情况下，根据举证责任来裁判。这一规定明确了"法律真实"的证明要求。

3. 我国的民事诉讼证明标准体系。通常而言，证明标准大小的理论比为：排除合理怀疑（85%～99%）＞高度盖然性（75%～84%）＞较大盖然性（51%～74%）＞一般盖然性（50%）。

（1）高度盖然性证明标准。《民诉法解释》第108条第1、2款规定："对负有举证证明责任的当事人提供的证据，人民法院经审查并结合相关事实，确信待证事实的存在具有高度可能性的，应当认定该事实存在。对一方当事人为反驳负有举证证明责任的当事人所主张事实而提供的证据，人民法院经审查并结合相关事实，认为待证事实真伪不明的，应当认定该事实不存在。"对于一般的民事案件，《民诉法解释》第108条从本证和反证对比的角度出发进行了规定，本证需要达到高度盖然性，负有举证证明责任的当事人提供的证据，人民法院经审查并结合相关事实，确信待证事实的存在具有高度可能性的，应当认定该事实存在。反证当事人只需使得本证对待证事实的证明陷于真伪不明状态，将法官对本证中形成的内心确认拉到高度盖然性之下即可。

（2）排除合理怀疑证明标准。按照《民诉法解释》第 109 条和新《证据规定》第 86 条第 1 款的规定，对于欺诈、胁迫、恶意串通事实的证明，以及对口头遗嘱或者赠与事实的证明，当事人提供证据使得待证事实存在的可能性能够"排除合理怀疑"，才认定该事实存在。最高人民法院第 68 号指导案例认为，涉嫌虚假诉讼的民事案件可要求达到排除合理怀疑的证明标准。对欺诈、胁迫、恶意串通事实的认定往往会导致合同无效或可撤销，从而影响法律秩序的稳定性和市场交易安全。民事实体法规范中，对欺诈、胁迫、恶意串通事实的认定往往会导致合同无效或可撤销，从而影响法律秩序的稳定性和市场交易安全。因此基于对这种民商立法目的的追求，需要对这些事实赋予更高的证明标准。对口头遗嘱、赠与事实证明标准的提高，主要考虑这两类事实在现实生活中属于"非常态"的行为。就口头遗嘱而言，其属于危急情况下所采取的立遗嘱方式而不是通常方式，这种遗嘱是否是遗嘱人的真实意思，很有可疑。就赠与事实而言，在市场经济社会中，以有对价的交易为常态，以单纯的赠与为非常态。故在赠与事实产生争议时，有必要提高对待证事实的证明标准。

（3）较大可能性证明标准。一个案件中所涉及到的证据往往多种多样，待证事实按内容也可以分为实体性事实和程序性事实，当事人不可能将案件中的全部事实都予以证明。在程序性事项上，国外一般采用"疏明"证明标准。我国法院在处理程序事项时，实际上已采取类似"疏明"的标准了，最高人民法院在总结实践做法和域外经验后，在新《证据规定》第 86 条第 2 款新增规定了与诉讼保全、回避等程序事项有关的事实，采取"可能性较大"的证明标准。从"证明"与"疏明"的对比来看，证明往往针对那些与当事人实体权利义务直接相关的事实进行，且其证明标准高；而疏明则是针对那些与当事人实体利义务无直接关联的事实，如间接事实、辅助事实、程序性事项，是指法官根据有限的证据可以大致推断案件事实为真的诉讼证明。如《民事诉讼法》第 103 条关于保全的规定，当事人需要提出申请说明理由，这里的申请说明就是"疏明"，法官并不会以高度盖然标准去证实。当事人向法院主张的程序性事项是其行使诉讼权利的表现，法院在保障当事人诉讼权利的同时，也要注意防止当事人滥用权利。针对诉讼疏明事项进行审查时，应以"较大可能性"为标准，只要法官在内心上就此事项达到了该标准，疏明就算完成。如当事人无法疏明或不能提供证据或说明的，可以认定该事实不存在。但是，这不意味着对"疏明"事项的举证责任就全部分配给了主张一方，法院可以从本证和反证的角度去考量，可以要求另一方当事人予以辅助，当法官对该事实的认定高于真伪不明后，就可以认定该事实存在。

拓展案例

韩某诉田某借款纠纷案[1]

小章和小韩曾一起在某保险公司上班，之后小章跳槽至某银行并结识了新同事小田。小田因家里有事急需用钱，便在小章的介绍下多次向小韩借款共计23万元。在偿还了1万元欠款后，小田一直未按时还款。在小韩的要求下，3人一起签订了一份还款协议，约定：小章保证小田按时还款，否则承担连带清偿责任。此后小韩仍未获得还款，便起诉至法院要求小田和小章连带偿还欠款。近日，北京市第一中级人民法院作出终审判决，判决小田向小韩偿还借款22万元，同时小章对上述借款承担连带清偿责任。

小韩诉称：2010年11月28日~2011年5月19日，小田陆续向自己借款合计23万元。扣除2011年5月10日偿还的1万元外，小田仍欠自己22万元。2011年11月22日，自己与小田、小章就上述借款一起签订了一份还款协议，约定还款日最迟不得晚于当年11月25日，同时小章也作为担保人签字，答应承担连带保证责任。但直至起诉之日2人均未还款，故小韩起诉至法院要求保护自己的债权。小韩同时提交了借条和还款协议等证据在案佐证。

小田辩称：对小韩起诉的欠款金额无异议，同意偿还，但是自己暂时无偿还能力。小章辩称：对小韩起诉的欠款金额无异议，但是自己不应承担连带还款的责任，因为在签订还款协议时受到了小韩和小田的威胁恐吓，承担保证责任不是自己的真实意愿，还款协议应属无效。自己还曾于协议签订后第二天去派出所报过案。

法院审理后认为，综合各方当事人对借款事实的陈述以及相关借条、还款协议等证据，可以认定小田和小韩之间存在合法的借款合同关系。小田作为债务人应当及时还款，否则应承担违约责任。关于小章辩称受胁迫签订还款协议一节，鉴于小章曾以上述情节向公安机关报案，但公安机关答复系民事纠纷不予受理，在其他当事人否认的情况下，现有证据不足以证明小章在签订还款协议时受到胁迫，故法院不予采信小章的该项抗辩主张，小章亦应遵照还款协议承担担保责任。故作出上述判决。

---

[1]　案例来源，中国法院网：http://www.chinacourt.org/article/detail/2012/11/id/789677.shtml，最后访问日期：2021年4月24日。

［问题与思考］

1. 本案法院对于事实的认定是否正确？

2. 本案被告在签订借款协议时是否受到威胁的证明责任应当由哪一方当事人负担？

［重点提示］

债权人出具的载有担保人签字的协议足以证明存在担保法律关系。担保人以意思表示不真实为由主张担保法律关系不存在，应当对此事实承担证明责任。

第四节　举证时限

经典案例

仲某诉王某借款纠纷案[1]

［基本案情］

现年 47 岁的江苏男子王某，曾经向他人借款，朋友仲某为其作担保。但王某并未如期还款，连累仲某代其还钱。仲某还款后，遂向王某追偿。2012 年 11 月，仲某向东莞市第二人民法院起诉王某，要求其支付 44 万多元及逾期付款利息。王某则称其已还款给仲某 29 万多元。是否确实存在还款事实，是该案的争议焦点。该案开庭时间定在 2012 年 12 月 12 日。主审法官依法指定王某于 2012 年 12 月 10 日（含当日）前进行举证，但王某于开庭当日才提交证据。

法院为查明案情，安排本案于 2013 年 1 月 14 日第二次开庭。二次开庭上，王某补充提交了案外人出具的说明、账户明细查询等证据，对其首次当庭提交的证据银行转账单进行补充说明。法院本着负责的态度，为查明案情，不得不第三次组织开庭质证。

在首次庭审中，王某申请法院向银行调查其于 2012 年 9 月份通过无卡存款形式向仲某汇款 19 600 元。但在二次庭审中，王某却当庭自行提交了 2012 年 9 月存款 19 600 元的两张银行客户通知书作为证据。

对于明明自己拥有证据却不按时提交，王某摆出了几个理由：代理律师在首次开庭前两天才接受委托，未能及时在两天内整理证据，故只好首次开庭时

---

[1]　案例来源，中国法院网：http://www.chinacourt.org/article/detail/2013/03/id/929573.shtml，最后访问日期：2021 年 4 月 24 日。

当庭举证。首次开庭后，代理律师告诉过他要补充证据，但他自己没有再找，故未能二次庭审前提交证据。至于那两张银行客户通知书，之前他放在抽屉里没找到，直到二次庭审前两天才找到。

［法律问题］

1. 本案当事人逾期提交的证据是否可以采纳？

2. 我国民事诉讼法对于举证时限的问题是如何规定的？

［参考结论与法理精析］

（一）法院意见

法院认为，王某逾期提交的证据均形成于举证期限届满前，均可在举证期限届满前取得并提交法庭。王某陈述的理由，均不成为逾期提交的正当理由。考虑到该部分证据对案件处理有较大影响，法院予以采纳作为证据。但王某逾期举证的行为导致本案需多次开庭，造成诉讼迟延，应当予以处罚。法院遂作出决定，对王某罚款 5000 元。

（二）法理精析

举证时限是指负有举证责任的当事人应当在法律规定的或法院指定的期限内提出证据，否则就可能承担不利的法律后果的一项制度。举证时限是与证据适时提出主义原则相联系的，按照证据适时提出主义的要求，当事人必须在诉讼过程中的适当阶段提出证据，逾期将承担不利的后果。因此，举证时限制度与证据适时提出主义原则只是从不同角度对一个问题的描述。在民事诉讼中，之所以要对当事人提出证据的时间加以限定主要是出于维护双方当事人之间的平等对抗关系，缩短诉讼周期，提高诉讼效率的考虑。

1. 由于片面追求客观公正，旧《证据规定》施行前，我国民事诉讼法对证据提出的期限原本采行证据随时提出主义。在司法实践中，当事人可以在一审、二审甚至再审程序中提出证据。这极大地破坏了当事人之间的平等对抗关系，损害了民事诉讼程序的安定性，造成了诉讼程序的拖延和司法资源的浪费。这一问题已经引起理论及司法实践部门的充分重视。因此旧《证据规定》确立了"证据适时提主义"，对当事人行使举证权的期间以及举证期间届满后提出证据的效力问题作了详细规定，但是对严格的证据失权制度的坚持产生了新的问题，即当事人辩论权利与法官在审理案件时的"真实发现"与程序正义之间的关系未能平衡。故 2012 年的《民事诉讼法》第 65 条第 2 款进一步规定："……当事人逾期提供证据的，人民法院应当责令其说明理由；拒不说明理由或者理由不成立的，人民法院根据不同情形可以不予采纳该证据，或者采纳该证据但予以训诫、罚款。"这种趋向在其后 2015 年《民诉法解释》第 101 条及 2017 年《民事诉讼法》第 139 条中均实质得以承继。

根据民事法律程序类型的不同，新《证据规定》分别规范了不同程序的举证时限，以期达到诉讼效率与裁决过程中查明案件事实诉求的平衡。

（1）普通程序的举证时限。法院指定举证时限的情况下，在《民诉法解释》发布前按照旧《证据规定》，普通程序的一审案件举证期限不少于 30 日，二审案件无举证时限，若提供新证据，除不开庭应当在人民法院指定的期限内提出以外，其他应当在开庭前或开庭审理时提出。后《民诉法解释》对此进行了调整，规定一审普通案件的举证期限不得少于 15 日，第二审案件提供新证据的，举证期限不得少于 10 日，新《证据规定》对此基本保持一致。

（2）简易程序的举证时限。现行《民事诉讼法》第 164 条规定，简易程序案件应当在立案 3 个月内审结。司法实践中，当简易程序中当事人未能协商确认举证时限时，若套用普通程序的最低举证时限往往给法官后续审理进度带来不小压力。面对近年来争讼案件激增的现状，新《证据规定》第 51 条第 2 款明确，适用简易程序审理的案件举证时限不得超过 15 日，这符合简易程序灵活高效的立法初衷。

（3）小额程序的举证时限。《民诉法解释》第 274 条例举了可适用小额诉讼程序的类型，针对这类金钱给付案件，小额程序是简易程序的"再简化"版本。但在举证时限方面，《民诉法解释》并未有进一步安排，新《证据规定》即对此进行了补充，小额诉讼案件的举证期限一般不得超过 7 日。

（4）二轮举证的举证时限。在缩短庭前准备阶段法院指定的举证时限同时，《民诉法解释》与新《证据规定》均为当事人提供了嗣后反驳或补正证据的机会，即二轮举证。在相应举证期限届满后，当事人提供反驳证据或者对已经提供证据的来源、形式等方面瑕疵进行补正的，法院可酌情再次确定举证期限，且该期限并不受新《证据规定》第 51 条第 2 款的限制。

（5）特殊情形下的举证时限。在最新举证时限制度中，有两类新增特殊情形下的举证时限值得我们关注：当事人提出管辖权异议时的举证时限、存在新参加诉讼当事人时的举证时限。

2. 新《证据规定》施行前，当事人提出管辖权异议后举证时限的处理由《最高人民法院关于适用〈关于民事诉讼证据的若干规定〉中有关举证时限规定的通知》（法发［2008］42 号，以下简称《举证时限规定》）第 3 条及《民诉法解释》第 99 条第 2 款拼凑而成，即驳回管辖权异议裁定生效后，第一审普通程序案件应当重新指定不少于 15 日的举证期限。但实践中，当事人利用管辖权异议程序拖延诉讼的情况并不鲜见，法官指定不少于 15 日期限这样开放式的规定一直多有争议。新《证据规定》第 55 条对此明确进行了调整，当事人提出管辖权异议的，举证期限中止，自驳回裁定生效起恢复计算。除了限制法官自由裁量权边界，该规定的法理依据亦十分清晰：法官在收到管辖权异议后方搁置案件实体审理，先行解决程序问题，直至驳回。此期间并无碍于当事人筹备完成己方的举证责任，重新给定举证期限不仅可能破坏证据规则的平衡，亦无助于案件公正高效审理。

《举证时限规定》第 5 条规定，法院追加当事人或有独立请求权第三人时，应指定举证期限，且期限及于其他当事人。新《证据规定》第 55 条修正之处在于将主体扩展为当事人、有独立请求权第三人与无独立请求权的第三人。其初衷在于无独立请求权的第三人若提交证据，亦可能影响到原当事人的举证安排，故应纳入重新指定举证时限的范围。

（1）确定举证时限的方式。根据《证据规定》，民事诉讼中举证时限的确定有人民法院指定与当事人协商约定两种方式。相较于旧《证据规定》，新《证据规定》删除了原第 34 条规定，被视为取消了我国举证时限制度中的证据失权。相应地，这也从逻辑上决定"新证据"的概念不复存在，旧《证据规定》第 41 至 46 条被一并予以删除。

人民法院在向当事人送达案件受理通知书和应诉通知书的同时，还应当向当事人送达举证通知书。举证通知书应当载明举证责任分配原则与要求、可以向人民法院申请调查取证的情形、人民法院根据案件情况指定的举证期限以及逾期提供证据的法律后果。由人民法院指定举证期限的，指定的期限不得少于30 日。但是，在适用简易程序审理的案件中，法院对举证期限的指定，可以少于 30 日。举证期限自当事人收到案件受理通知书和应诉通知书的次日起计算。

但是，按照《举证时限规定》，下列情况不受《证据规定》中"法院指定举证时限不得少于 30 日"的规定的限制。

第一，人民法院在征得双方当事人同意后，指定的举证期限可以少于 30日。前述规定的举证期限届满后，针对某一特定事实或特定证据或者基于特定原因，人民法院可以根据案件的具体情况，酌情指定当事人提供证据或者反证的期限，该期限不受"不得少于 30 日"的限制。

第二，适用简易程序审理的案件，人民法院指定的举证期限不受《证据规定》第 33 条第 3 款规定的限制，可以少于 30 日。简易程序转为普通程序审理，人民法院指定的举证期限少于 30 日的，人民法院应当为当事人补足不少于 30 日的举证期限。但在征得当事人同意后，人民法院指定的举证期限可以少于 30 日。

第三，当事人在一审答辩期内提出管辖权异议的，人民法院应当在驳回当事人管辖权异议的裁定生效后，依照《证据规定》第 33 条第 3 款的规定，重新指定不少于 30 日的举证期限。但在征得当事人同意后，人民法院可以指定少于30 日的举证期限。

第四，在第二审人民法院审理中，当事人申请提供新的证据的，人民法院指定的举证期限，不受"不得少于30日"的限制。

第五，发回重审的案件，第一审人民法院在重新审理时，可以结合案件的具体情况和发回重审的原因等情况，酌情确定举证期限。如果案件是因违反法定程序被发回重审的，人民法院在征求当事人的意见后，可以不再指定举证期限或者酌情指定举证期限。但案件因遗漏当事人被发回重审的，人民法院应当为新参加诉讼的当事人指定举证期限。该举证期限适用于其他当事人。如果案件是因认定事实不清、证据不足发回重审的，人民法院可以要求当事人协商确定举证期限，或者酌情指定举证期限。上述举证期限不受"不得少于30日"的限制。

举证期限也可以由当事人协商一致确定，但是当事人协商确定举证期限的，应当经人民法院认可。

（2）逾期举证的法律后果。为了督促当事人积极在时限届满前举证，加快诉讼程序的进程。举证时限制度总是与某些不利后果联系在一起，根据《民事诉讼法》第68条的规定，当事人逾期提供证据的，人民法院应当责令其说明理由；拒不说明理由或者理由不成立的，人民法院根据不同情形可以不予采纳该证据，或者采纳该证据但予以训诫、罚款。在本案中，由于当事人没有正当理由，逾期提交证据，该行为扰乱了诉讼的正常秩序，但是法院认为该证据对于案件的正确判决有重要意义，所以采纳了当事人的证据，同时对当事人处以罚款的做法是正确的。

（3）举证时限的延长与重新指定。举证时限的延长指当事人由于客观原因无法在举证时限届满前提交证据，因此向法院提出申请，经法院审查后允许当事人延长举证时限。在一般情况下，举证时限确定后，当事人和人民法院不得随意变更，但是，在司法实践中，当事人在收集证据的过程中有可能遇到一些意想不到的困难，使当事人难以在举证时限期间内提交证据。因此，出于充分保障当事人权利的考虑，作为一种变通性规定，允许当事人在特殊情况下，向法院申请延长举证期限。但是，当事人的申请必须在举证期限届满前向法院提出。逾期提出申请，法院将不予受理，法院经审查后可以适当延长举证期限，并通知其他当事人。

举证期限的重新指定是指法院指定举证期限后，因出现了特殊情形，法院为当事人重新指定举证期限。新《证据规定》第52条新增了对《民事诉讼法》第65条第2款"提供证据确有困难"的解释：当事人在举证期限内提供证据存在客观障碍，属于《民事诉讼法》第65条第2款规定的"当事人在该期限内提供证据确有困难"的情形。与举证时限的延长不同，举证时限的重新指定发生在第一次指定的举证期限届满之后。根据《证据规定》第 53 条的规定，在诉讼过程中，当事人主张的法律关系性质或者民事行为效力与人民法院根据案件事实作出的认定不一致的，人民法院应当将法律关系性质或者民事行为效力作为焦点问题进行审理。当事人变更诉讼请求的，人民法院应当准许并可以根据案件的具体情况重新指定举证期限。

拓展案例

苏某诉欧阳某某民间借贷纠纷案[1]

　　原告苏某与被告欧阳某某于 2007 年 4 月 20 日～2007 年 8 月 17 日期间分别签订了 5 份共计金额为 300 000 元的借款协议，上述协议内还明确约定了："若乙方（被告）未按时向甲方（原告）归还欠款及利息或部分归还甲方欠款及利息，则乙方自愿按欠款总额 4‰/天向甲方另行支付违约金并承担甲方主张权利时所发生的全部费用损失（包含诉讼费、律师费等）。"在协议签订后，原告按约向被告支付了借款且实际借款金额为 302 000 元，被告欧阳某某每次均向原告出具了书面的借条，并以其名下的望城坡商贸城 C－2 栋第 5 缝（现涧塘 19 栋）的房屋作为借款抵押，并办理了相应房屋抵押登记手续。但截至今日，被告却严重违反协议的约定未按期向原告归还款项，仅向原告归还了借款 4000 元，尚欠本金 298 000 元。故原告诉至法院请求依法判决：①被告向原告归还借款本金 298 000 元；②判令被告支付截至 2008 年 8 月 26 日的违约金 480 792 元；③判令被告按照协议约定向原告支付自诉讼之日起至实际归还之日止的违约金；④判令被告承担原告为实现债权所发生的费用 20 000 元；⑤判令被告承担本案的全部诉讼费用。

　　原告为证明自己的主张，在举证期限内向法院提交了一系列证据材料，被告在举证期限内未向法庭提交证据，而在庭审时当庭提交一份原告收取被告房屋产权证收条的证据，拟证明被告已向原告归还 10 万元借款的事实。经质证，原告提出：①该证据已超过举证时限；②该证据只是原告收到被告交付房屋产权证的凭证，并不是归还借款的凭证。

　　[问题与思考]

　　1. 有关举证时限的规定，英美法系与大陆法系的立法有何区别？

　　2. 结合本案的情况，对我国《民事诉讼法》关于举证时限的规定加以评析。

---

〔1〕 案例来源，http：//www.110.com/panli/panli_230362.html，最后访问日期：2002 年 4 月 24 日。

[重点提示]

英美法系国家的诉讼程序被明确地区分为审前程序与审理程序两个部分。由于陪审团单独负责事实的认定，因此在民事诉讼中严格贯彻集中审理原则，严禁当事人在开庭审理后提交新证据。大陆法系国家没有审前程序与审理程序的严格划分。因此对举证时限的规定没有英美法系国家严格。

第五节　证据规则

经典案例

北京北大方正集团公司、北京红楼计算机科学技术研究所与北京高术天力科技有限公司、北京高术科技公司侵犯计算机软件著作权纠纷案

[基本案情]

原告北大方正、红楼研究所拥有方正 RIP 软件、方正文和软件的著作权，被告高术天力公司曾是北大方正集团的激光照排机销售商，该机使用的正是北大方正的 RIP 软件和文和软件。1999 年由于产生分歧，双方终止代理关系。此后，北大方正通过调查获悉被告非法制作并销售上述软件，遂派员以普通用户的身份会同公证人员取证。2000 年 6 月起，北大方正员工以个人名义多次和高术天力公司员工联系商谈购买激光照排机及安装 RIP 软件事宜。在原告支付了 39 万元的货款之后，高术天力公司员工进行了激光照排机的安装、调试工作，并在主机中安装了一套盗版方正软件。应北大方正的邀请，北京国信公证处先后 4 次进行现场公证。依靠这种方法获得证据后，北大方正于 2001 年 11 月诉至北京市第一中级人民法院，要求对方承担侵权责任。

[法律问题]

1. 本案原告采用秘密公证、陷阱取证的方法取得的证据是否可以采纳？

2. 如何理解民事诉讼中证据的合法性问题？

[参考结论与法理精析]

（一）法院意见

北京一中院经审理后认为，"陷阱取证"方式并没有被法律所明确禁止，法院予以认可，判决被告赔偿原告经济损失一百余万元。被告不服，上诉至北京市高院。

北京市高院认为，该案中当事人用"陷阱取证"的方式取得的证据不具

有法律效力。原告所要求的支付四十余万元的取证费用的请求应当驳回。同时，法院认为，本案中被告的损失是能够查明的——即一套软件的市场销售价13万元。原审法院关于销售盗版软件的数量难以计算，从而对赔偿数额予以酌定的做法是错误的。因此判决被告侵权行为成立，向原告支付赔偿金13万元。

原告不服终审判决，向最高人民法院申请再审。最高人民法院再审后认为，就本案而言，北大方正通过公证取证的方式，不仅取得了高术天力公司现场安装盗版方正软件的证据，而且获取了其向其他客户销售盗版软件、实施同类侵权行为的证据和证据线索，其目的并无不正当性，其行为并未损害社会公共利益和他人合法权益。加之计算机软件著作权侵权行为具有隐蔽性较强、取证难度大等特点，采取该取证方式，有利于解决此类案件取证难的问题，起到了威慑和遏制侵权行为的作用，也符合依法加强知识产权保护的法律精神。此外，北大方正采取的取证方式亦未侵犯高术公司、高术天力公司的合法权益。北大方正申请再审的理由正当，应予支持。

据此，本案涉及的取证方式合法有效，对其获取证据所证明的事实应作为定案根据。二审法院关于"此种取证方式并非获取侵权证据的唯一方式，且有违公平原则，一旦被广泛利用，将对正常的市场秩序造成破坏"的认定不当。

（二）法理精析

民事诉讼证据的合法性是指，证据收集、提供的程序必须符合法律规定，证据必须经过法庭质证才能作为认定案件事实的依据。收集证据的程序对证据的合法性的影响体现在非法证据排除规则上，也就是说，法律并不明确规定合法的证据应当具备的条件，而是通过非法证据的排除来达到保证取证行为合法性的目的。一般而言，在刑事诉讼中非法证据特指由司法人员违反法定程序或方式而收集到的证据。由于这类违法收集证据的行为易给当事人的人身、财产权利造成损害，因而各国刑事诉讼立法对司法机关违法取证的行为均持否定态度。但是，对于通过违法程序收集到的证据，立法发展的趋势却日趋理智，其中最明显的表现就是将非法证据分为三类，分别适用不同的规则：①对非法取得的口供或非任意性自白，由于严重侵犯了公民受宪法保护的基本人权，因此两大法系诸国对此类证据均持否定态度，不允许采纳为定案依据；②对于非法取得的物证，采取灵活的政策，或原则上承认其效力（法国），或由法官自由裁量之（英国、德国）；③对以非法取得的证据为线索获得的其他证据的可采性问题，逐步趋于放松对这类证据使用的限制，即使是曾实行"毒树之果"排除规则的美国近年来也不断通过判例法修订原来的规则，增加了许多例外规定。[1]

在民事诉讼领域，各国对当事人用违法方式取得的证据采取了更为宽容的态度。英国对待非法取得的证据最初的原则是：该证据的可采性取决于它与案件是否存在关联性，1897 年在 Rattray v. Rattray 案中法院就采纳了原告从邮局盗窃来的信件作为证明被告有通奸行为的证据，事后原告被追究了刑事责任，但这并没有影响证据的可采性，审理该案的上诉法院认为："近年来，法律的政策是采纳几乎所有的有助于查清案件事实并实现司法公正的证据。"[2]这一判决对英国在民事诉讼中对待非法证据的态度产生了重要的影响，它成为法院处理相同问题时经常引用的一个判例。但是，不断有人对这一判例所确认的原则提出异议，最终在 1963 年的 Duke of Argyll v. Duchess of Argyll 案中，法院对非法取得的证据的态度才略有转变，审理该案的法官认为："这里没有绝对的规则，应当根据每个案件的特定情况决定是否采纳某一用非法手段取得的证据，这些应当考虑的具体情况包括：相关证据的性质、使用该证据的目的、取得该证据的方式、采纳该证据是否会对被取证方造成不公正以及该证据的采纳是否会对法院查明事实作出公正的判决有所帮助。"[3]这样，在英国的民事诉讼中，在决定非法取得的证据的可采性时，实际上采取了利益衡量的方式，由法官根据实际情况作出裁决。美国对待普通公民通过违法手段取得的证据也并不绝对地禁止，除非该证据的取得方式使证据的可靠性受到影响，法院不予采纳的仅是警察或其他司法机关违反宪法第四修正案的规定取得的证据，而公民个人的非法取证行为显然不属于该修正案规范的范围，因此是可以采纳的。[4]

大陆法系的主要国家中，只有意大利的民事诉讼法规定，一方当事人以非法手段从对方当事人处取得的并且属于对方当事人所有的书证是不可采的。但是，用违法的手段（比如秘密录音方式）取得的供述证据却是可采的。[5]在大陆法系的另一些国家，比如德国，在确立非法证据排除规则时采取了相当性原则。德国最高法院虽然在审理民事和刑事诉讼中曾有过排除秘密获取的录音带的案例，但是为了避免非法证据排除规则被过度使用而成为实现司法公正的障碍，德国法院采取了相应的限制措施。如果采纳违宪获取的证据是保护他人权益唯一而合理的方式，以及按照法院的裁量，是保护更为紧要的基本价值唯一

---

〔1〕　王以真："试论美国刑事诉讼中排除规则的修改"，载《国外法学》1985 年第 4 期。

〔2〕　Fiona E. Raitt, *Evidence*, Sweet&Maxwell, 2001, p. 335.

〔3〕　Fiona E. Raitt, *Evidence*, Sweet&Maxwell, 2001, p. 335.

〔4〕　周叔厚：《证据法论》，三民书局股份有限公司 1995 年版，第 883 页。

〔5〕　Mauro Cappelletti, Joseph M. Perillo, *Civil Procedure in Italy*, Martinus Nijhoff, 1965, pp. 198 - 199, pp. 220 - 221.

合理的方式，德国法院有权采纳违宪取得的证据。[1]

刑事诉讼非法证据排除规则的发展趋势以及各国在民事诉讼中对非法取得的证据的态度应当引起我们的充分重视。首先，在民事诉讼中双方当事人是地位平等的民事主体，不存在刑事诉讼中控辩双方力量对比悬殊的情况，因此，法律应当将规范的重心置于保障、促进双方当事人积极地行使调查取证权上，而不是保护处于劣势一方当事人的权利免受对方侵犯。其次，我国目前司法改革的一个基本方向就是使法院从调查取证的负担中摆脱出来，主要由当事人收集证据。但是从实践情况来看，由于法律对当事人的调查取证权缺少切实的保障，加上我国公民整体的法律素质较低，造成了许多当事人对法院的取证权仍存有很大的依赖心理，这就需要我们在制定非法证据排除规则时充分考虑这些现实因素，如果规定得过于严格难免会增加取证的难度，挫伤当事人举证的积极性。最后，我们还应当对非法证据排除规则所可能造成的负面影响有一个清醒的认识，一方面，过于严格的排除规则会减少法官据以作出判决可以依据的信息，不利于实体真实的实现；另一方面，排除某一非法证据意味着对该证据投入的司法资源没有得到相应的回报，显然也不利于诉讼效率的提高。

综上所述，笔者认为，在民事诉讼中对待非法取得的证据应当坚持以下几个原则：

1. 明确界定应当排除的"非法证据"的界限。刑事诉讼所涉及的案件的性质决定了必须对司法机关的调查取证行为加以严格约束，因此超越法定的职权或违反法定程序所取得的证据都属于"非法证据"。民事诉讼一般只涉及普通民事主体之间的纠纷，法律对普通民事主体的行为要求是，只要他们的行为没有违反法律禁止性规定就是合法的。这一点从《证据规定》中对证据的合法性要求中可以看出来。但是，在上述法律文件中关于当事人用侵犯他人合法权益的方法取得的证据不能作为认定案件事实的依据的规定，尚有不妥之处：一方面，我国法律明确赋予公民的权利是多种多样的，包括民主权利、人身权和财产权，如果认为当事人的取证行为侵犯了上述任何一项权利都应认定由此取得的证据不能采纳，显然是对民事诉讼证据的合法性提出了相当高的要求，也似乎与立法者的初衷不符；[2]另一方面，当事人的违法取证行为又有不同的类型，有些违法行为不仅严重侵犯了公民受法律保护的基本人权而且违法行为本身使证据的证明力受到影响，比如用肉体折磨或精神虐待的方式取得的证据，另外一些

---

〔1〕 ［意］莫卡·卡佩莱蒂等：《当事人基本程序保障权与未来的民事诉讼》，徐昕译，法律出版社2000年版，第56～59页。

〔2〕 见"最高人民法院民一庭负责人就民事诉讼证据的司法解释答记者问"，载最高人民法院民事审判一庭编：《民事诉讼证据司法解释及相关法律规范》，人民法院出版社2002年版，第34页。

违法取证行为虽然侵犯了他人的合法权益但并没有影响到证据的证明力，比如用私自录音的方式录取的证人证言或用盗窃的方式取得的证据等。笔者认为，对这两种不同的"非法证据"应在效力上有所区别，对前一种"非法证据"应当绝对地排除适用，因为它不仅在取得程序上不合法，而且证据本身的可靠性亦难以保障。对后一种类型的"非法证据"，由于还有可以利用的证据价值，因此应当由法官根据实际情况决定是否予以采纳。

还有必要说明的一点是，调查取证权是我国《民事诉讼法》明确赋予当事人的一项基本的程序性权利，不是任何法律、法规或规范性文件都可以对这一权利作出禁止性规定的。对当事人取证权的限制性解释只能通过较高级别或同级的法律作出。因此，笔者对最高人民法院在 1995 年所作的未经对方当事人同意私自录制的谈话不得作为证据使用的批复的法律效力有所怀疑。

2. 法官在行使取舍非法证据的自由裁量权时，应当采取利益衡量的原则。也就是说，对于绝大多数"非法证据"，虽然存在违法取证的行为，但是只要证据的可靠性并没有受到影响，因此，法律并不绝对地规定这些证据是不可采纳的，法官也不能仅仅因为该证据在取得程序上不合法就拒绝采用，法律将这类证据采纳与否的决定权交给法官，法官在判断是否采纳某一非法证据时应综合考虑案件的性质、当事人取证的难易程度、该非法证据对于正确认定案件事实的重要程度以及非法取证行为给被取证方造成的损害等各种因素。

3. 应当区别对待非法取证的行为和通过非法取证行为获得的证据。这也是其他国家民事诉讼制度在对待该问题上共同的立场。以美国为例，虽然美国宪法中规定了公民享有通信自由权，但是在 1969 年的 State v. Holiday 一案中，法院还是采纳了电信公司通过窃听方式取得的证据。[1]对非法取得的证据的宽容态度并不意味着对当事人侵害他人合法权益的取证行为应当听之任之。对于后者，许多国家的法律都规定，被取证方可以通过另外的诉讼程序要求取证方承担相应的民事或刑事责任。

也许会有人担心在民事诉讼中对非法证据采取宽容的态度会纵容当事人的非法取证行为。对此，笔者认为，对当事人非法取证的行为追究法律责任的做法本身就可以对这种非法取证的行为起到有效的威慑作用。而且在司法实践中，当事人之所以甘愿冒险用违法手段收集证据的主要原因往往在于他们无法通过正常的方法获得该证据。这就要求我们在立法上拓宽当事人获得证据的渠道、降低举证难度、切实保证取证权的落实，只有这样才能从根本上减少非法取证行为的发生。

---

〔1〕　Stuckey, *Evidence*, 1974 2nd Ed. , p. 319.

　　总之，程序本身所具有的特殊性决定了在民事诉讼中对证据的合法性必然要作出与刑事诉讼不同的解释。这种解释总体而言更为宽松和灵活，体现了民事诉讼所追求的价值目标的多样性，同时也使当事人和法官拥有了更多的行为空间和选择余地。

　　在本案中，涉及陷阱取证的合法性问题。这种取证方法最早产生于刑事诉讼中。所谓侦察圈套就是由侦察人员设置圈套或者诱饵，暗示或诱使侦察对象暴露犯罪意图并实施犯罪行为，待犯罪行为实施或结果发生后，拘捕被诱惑者。这种手段的特点是使用诈术，即侦查人员隐蔽身份与意图。在我国司法实践中，侦查圈套经常会在涉及毒品犯罪的案件中使用。这种方式对帮助侦查机关破案的作用是巨大的。但是，必须认识到，侦查圈套的使用是存在潜在危害的，如果使用不当，很可能损害国家的威信，违背执法、司法机关的道德责任，违反宪法基本原则。应当如何正确使用侦查圈套这种侦查手段又尽量减少其负面效应呢？国外立法的经验是对这种侦查方法设定一个底线要求——不能诱导他人犯罪。具体而言，通过诱惑侦查区别行为人的犯罪意图是暴露还是产生。如果行为人已经有犯罪意图，诱惑侦查只是使这一意图暴露出来，或只是使其实施具体的犯罪行为，这样的诱惑侦察叫"机会提供型诱惑侦查"。反之，对没有犯罪意图的人实施诱惑侦查，引诱其形成犯意，被称为"犯罪诱发型诱惑侦查"。后者应当属于违法取证。从前述案例可见，对于此种取证方法在民事诉讼中的运用，也应当把握一个原则，即不得诱使他人从事违约或侵权行为。本案原告使用的陷阱取证的方法并没有违背取证的基本原则，也并没有使对方当事人的利益受到不正当的影响，因此最高人民法院的再审判决是正确的。

拓展案例

　　2003 年 3 月，李某给高某做会计工作，高某将部分植树活承包给李某种植，完工后，高某一直未和李某结算劳务费。2004 年 1 月 15 日，李某邀请高某到饭店喝酒。在高某喝醉后，李某要求高某为他写下劳务费的欠条，高某不从。李某就威胁高某："给你扒光衣服，冻死你！"当时正值寒冬季节，高某充满了恐惧感，就给李某写下了欠劳务费 9130 元的欠条。后来，李某将高某诉至法院要求高某支付劳务费。

　　[问题与思考]

　　1. 本案的欠条是否可以作为定案根据？

　　2. 民事诉讼中排除非法证据的标准是否应当与刑事诉讼中排除非法证据的标准有所区别？为什么？

[**重点提示**]

程序本身所具有的特殊性决定了在民事诉讼中必然要对证据的合法性作出与刑事诉讼不同的解释。但是如果违法行为不仅严重侵犯了公民受法律保护的基本人权而且违法行为本身使证据的证明力受到影响，比如用肉体折磨或精神虐待的方式取得的证据，应该不允许被采纳。

第六章

诉讼保障制度

知识概要

一、本章的基本概念、基本知识和基本理论

《民事诉讼法》规定了多方面的诉讼保障措施，以保障人民法院、当事人和其他诉讼参加人正常进行诉讼活动，实现诉讼目的，包括财产保全、先予执行、对妨害民事诉讼的强制措施、期间、送达、民事诉讼代理制度、诉讼费用制度等。这些民事诉讼保障制度对于实现当事人诉讼目的、保障诉讼程序正常推进具有重要意义，是构成民事诉讼制度的重要组成部分。

按照我国现行《民事诉讼法》，民事保全是指人民法院为保证将来生效判决能切实执行，或者为了及时有效避免当事人或者利害关系人的合法权益受到难以弥补的损害，在诉讼过程中，或者诉讼开始前，根据当事人或利害关系人的申请，或者必要时依职权对当事人争议的财产或者与本案有关的财产进行保全、责令其作出一定行为或者禁止其作出一定行为的法律制度。

民事保全制度分为财产保全与行为保全两种类型。其中，财产保全，是指人民法院在利害关系人起诉前或者当事人起诉后，为保障将来的生效判决能够得到执行或者避免财产遭受损失，对当事人的财产或者争议的标的物，采取限制当事人处分的强制措施。

行为保全，与财产保全相区别，是指针对行为采取的保全措施，即根据一方当事人申请责令另一方当事人为一定行为或不为一定行为的一种临时性救济措施。

人民法院审理请求给付财物的案件，在作出判决、交付执行之前，因权利人难以甚至无法维持生活、工作和生产，及时裁定义务人先行给予一定款项或特定物，立即交付执行，这种制度称为先予执行。

二、本章的重点、难点和疑点

通过本章的学习，在基本了解民事诉讼保障制度体系的基础上，应重点掌握：财产保全和先予执行的条件、期间的计算、送达的方式、代理权限范围和诉讼费用的分配原则等。

第一节 保全与先予执行

经典案例

刘某维护名誉权案[1]

[基本案情]

2013 年 3 月 21 日，刘某登录都昌在线网"民众呼声"版块时，惊奇地发现有一题为《这样贪污成风作风败坏的领导，上级难道不知道?》的网帖，文中称刘某存在工作作风腐败，经常收受他人好处费以及与下属存在不正当男女关系等九类劣迹行为，帖中涉及的人名、工作等内容均与刘某相符。

刘某气愤难耐，次日便到都昌县人民法院以发帖人"要网名干嘛"为被告申请预立案，并请求法院禁止"要网名干嘛"在都昌在线网继续刊登该涉讼网帖，以防影响进一步扩大。

[法律问题]

1. 刘某在本案中的申请是否有法律依据?

2. 我国的保全制度包括哪些内容?

[参考结论与法理精析]

(一) 法院意见

法院预立案后，依法对刘某提出的诉前禁令申请以及所提供的证据材料进行了审查。经审查，法院认定刘某所提供的证据能够初步证明涉讼网帖存在侵害刘某的名誉权，对该网络侵权行为有权利提出诉前禁令，但应当对该保全行为提供担保。在刘某提供担保后，法院当日对该网络侵权行为作出诉前禁令，并向都昌在线网送达了该禁令以及协助执行通知书。都昌在线网签收法院送达的上述诉讼文书后，立即对该涉讼网帖进行了屏蔽。

(二) 法理精析

本案涉及我国的保全制度。广义而言，民事诉讼保全制度包括财产保全、

---

〔1〕 案例来源，中国法院网：http://www.chinacourt.org/article/detail/2013/03/id/931647.shtml，最后访问日期：2021 年 4 月 24 日。

证据保全和行为保全等。保全是指人民法院采取法定措施对财产、证据、行为等特定事物的法律特性和法律价值予以保存和保护。狭义上的民事诉讼保全制度，包括财产保全和行为保全。修正前的《民事诉讼法》没有对行为保全作出规定。我国的《专利法》《著作权法》《海事诉讼特别程序法》，以及《最高人民法院关于对诉前停止侵犯专利权行为适用法律问题的若干规定》（2001 年 7 月 1 日施行）、《最高人民法院关于诉前停止侵犯注册商标专用权行为和保全证据适用法律问题的解释》（2002 年 1 月 22 日施行）对于特定行为的保全进行了规定，但是由于这些法律和司法解释均有明确的适用范围，无法普遍适用于民事诉讼程序。2012 年《民事诉讼法》修正时，增加了行为保全制度的规定，2015 年《民诉法解释》根据司法实践的需要，增加了执行前保全的制度，丰富、完善了我国的保全制度体系。

按照我国现行《民事诉讼法》，民事保全是指人民法院为保证将来生效判决能切实执行，或者为了及时有效避免当事人或者利害关系人的合法权益受到难以弥补的损害，在诉讼过程中，或者诉讼开始前，根据当事人或利害关系人的申请，或者必要时依职权对当事人争议的财产或者与本案有关的财产进行保全，责令其作出一定行为或者禁止其作出一定行为的法律制度。

民事保全制度分为财产保全与行为保全两种类型。其中，财产保全，是指人民法院在利害关系人起诉前或者当事人起诉后，为保障将来的生效判决能够得到执行或者避免财产遭受损失，对当事人的财产或者争议的标的物，采取限制当事人处分的强制措施。

行为保全，与财产保全相区别，是指针对行为采取的保全措施，即根据一方当事人申请责令另一方当事人为一定行为或不为一定行为的一种临时性救济措施。

1. 财产保全。人民法院对民事经济案件，为保证将来判决发生法律效力后得到全部执行，而对当事人的财产或争执的标的物采取一定的强制性措施，称为财产保全。

诉讼中的财产保全是指当事人起诉以后，人民法院在审理民事经济案件的过程中，对于可能因当事人一方的行为或者其他原因，使判决不能执行或者难以执行的案件，根据当事人的申请或者依职权对当事人的财产或者争议的标的物采取一定强制性措施。

诉讼中的财产保全必须具备以下条件：①案件具有给付内容，即属于给付之诉。②由于当事人的行为或者其他原因，有可能使判决将来不能执行或者难以执行。③采取保全措施可以根据当事人的申请，如果当事人没有申请，人民法院在必要的时候也可以依职权进行。④采取保全措施，可以责令申请人提供担保；申请人不提供担保的，驳回申请。诉前财产保全是指利害关系人因情况紧急，不立即申请财产保全将会使其合法权益受到难以弥补的损害的情况下，在起诉前申请人民法院对一定财产或争议标的物采取强制性措施。

诉前财产保全必须具备以下条件：①利害关系人的争议属于财产争议。②由于义务人的行为或者其他原因，如不立即采取保全措施，将会使权利人的合法权益受到难以弥补的损害。③诉前财产保全必须有利害关系人的申请，人民法院不主动提出。④申请人应当提供担保，不提供担保的，驳回申请。

根据《民事诉讼法》的规定，财产保全限于请求的范围，或者与本案有关的财物。

财产保全措施，是对财产保护的办法。根据《民事诉讼法》的规定，财产保全采取查封、扣押、冻结或者法律规定的其他方法。因物争讼的，对财物应采用查封、扣押的保全方法，以限制被申请人的使用、转移、隐匿或损坏等。已被查封、扣押的财物，人民法院不得因另案重复查封；在财物被查封、扣押期间，被申请人提供担保的，人民法院应作出裁定，解除查封、扣押的措施。

因金钱之债争讼的，可以采用冻结的保全方法，将被申请人在银行、信用社的存款冻结一部分或者全部，以限制被申请人或他人的支取；有义务协助人民法院冻结存款的单位，应积极协助执行，冻结的存款，因其他案件的需要，又重复冻结的，根据民事诉讼法中不得重复冻结的规定，协助单位有权拒绝。人民法院冻结财产的，应当通知被申请人。

财产保全采用法律规定的其他方法，指查封、扣押、冻结之外的法律有规定的方法。比如，已查封、冻结的不宜长期保存的，与本案有关的物品，还可以拍卖或者变卖，保存价款。

2. 行为保全。我国 1991 年颁布的《民事诉讼法》，只规定了财产保全，但未规定行为保全。2012 年《民事诉讼法》修正时，明确增加了对行为保全制度的规定，完善了我国的保全制度体系。

（1）申请。当事人或利害关系人申请行为保全，应该符合以下三个条件：①申请人必须具备申请行为保全的正当理由，即可能因当事人一方的行为或者其他原因，使判决难以执行或者造成当事人其他损害或不立即申请保全将会使其合法权益受到难以弥补的损害的；②行为保全应向有管辖权的法院申请；③必须是当事人或利害关系人提出申请，在诉讼进行的过程中，人民法院也可以依职权采取行为保全措施。

（2）管辖。由于行为保全针对的是被申请人的行为，因此，对于诉前申请行为保全的，应当向对案件有管辖权的人民法院申请。诉讼中申请行为保全的，则应当由受诉法院管辖。

（3）担保。诉前申请行为保全的，利害关系人应当提供担保。诉讼过程中申请行为保全的，由法院依个案的具体情况判断是否需要提供担保。

（4）审查与复议。法院对请求进行审查，决定是否给予行为保全的裁定。法院的审查包括形式审查和实质审查。形式审查是指对申请人提交的材料是否齐备所进行的审查；实质审查主要是对行为保全的条件是否具备所进行的审查。经过审查，法院作出准予或不准予行为保全的裁定。对准予采取行为保全的，应采取相应的保全措施，如停止侵害、排除妨碍、限制活动等。申请人或被申请人对裁定不服的，可申请复议一次，复议期间不停止裁定的执行。

（5）行为保全的撤销及错误的救济。被申请人对行为保全措施提出复议，经法院审查复议理由成立，或者被申请人提供担保，或者作出保全裁定的人民法院认为保全的条件不再具备的，可以撤销行为保全裁定。申请人由于错误申请导致被申请人损失的，申请人应当承担损害赔偿责任。被申请人可以据此提出赔偿要求。

3. 人格权禁令。《民法典》新增人格权禁令制度。《民法典》第997条规定："民事主体有证据证明行为人正在实施或者即将实施侵害其人格权的违法行为，不及时制止将使其合法权益受到难以弥补的损害的，有权依法向人民法院申请采取责令行为人停止有关行为的措施。"关于人格权禁令的性质，学界有不同的理论观点。第一种观点认为，《民法典》第997条属于实体法上独立的请求权基础规范，申请人格权禁令只是一种除请求判决之外的人格权保障措施，程序的具体实现途径则准用相关领域的其他法律规定。[1]第二种观点认为，人格权禁令属于诉前行为保全。[2]第三种观点认为，人格权禁令制度并不归属于诉前禁令的体系之中，因为其颁发依据是实体法而非程序法，但是理论上仍将诉前行为保全作为人格权禁令制度的理论分析工具，以诉前行为保全作为研究人格权禁令制度申请和审查规则的基本框架。[3]笔者认为，《民法典》上人格权禁令制度具有部分诉前行为保全的性质，仅从法律规定来看，人格权禁令与行为保全，尤其是诉前行为保全的立法目的是一致的：《民事诉讼法》第104条规定有"不立即申请保全将会使其合法权益受到难以弥补的损害的"要件，《民法典》第997条规定有"不及时制止将使其合法权益受到难以弥补的损害

---

〔1〕　黄薇主编：《中华人民共和国民法典人格权编解读》，中国法制出版社2020年版，第40~45页。

〔2〕　杨立新："我国民法典人格权立法的创新发展"，载《法商研究》2020年第4期。

〔3〕　王利明："论侵害人格权的诉前禁令制度"，载《财经法学》2019年第4期。

的"要件。但是人格权禁令制度不同于行为保全,针对《民法典》上人格权禁令制度,应设计独立的一套程序规则。在前述的案例中,申请人刘某在发现有人实施侵权行为后,可以在起诉前向法院申请裁定网站删除有侵权内容的帖子,以停止侵权行为。法院在本案中采取的措施即属于行为保全。然而值得注意的是,如果本案刘某以发帖人"要网名干嘛"为被告起诉,法院应当以被告不明确为由,裁定不予受理。关于起诉的条件,请参阅本书相关部分。

拓展案例

(2004 年司考卷三案例四)位于某市甲区的天南公司与位于乙区的海北公司签订合同,约定海北公司承建天南公司位于丙区的新办公楼,合同中未约定仲裁条款。新办公楼施工过程中,天南公司与海北公司因工程增加工作量、工程进度款等问题发生争议。双方在交涉过程中通过电子邮件约定将争议提交某仲裁委员会进行仲裁。其后天南公司考虑到多种因素,向人民法院提起诉讼,请求判决解除合同。

法院在不知道双方曾约定仲裁的情况下受理了本案,海北公司进行了答辩,表示不同意解除合同。在一审法院审理过程中,原告申请法院裁定被告停止施工,法院未予准许。开庭审理过程中,原告提交了双方在履行合同过程中的会谈录音带和会议纪要,主张原合同已经变更。被告质证时表示,对方在会谈时进行录音未征得本方同意,被告事先不知道原告进行了录音,而会议纪要则无被告方人员的签字,故均不予认可。一审法院经过审理,判决驳回原告的诉讼请求。原告不服,认为一审判决错误,提出上诉,并称双方当事人之间存在仲裁协议,法院对本案无诉讼管辖权。

二审法院对本案进行了审理。在二审过程中,海北公司见一审法院判决支持了本公司的主张,又向二审法院提出反诉,请求天南公司支付拖欠的工程款。天南公司考虑到二审可能败诉,故提请调解,为了达成协议,表示认可部分工程新增加的工作量。后因调解不成,天南公司又表示对已认可增加的工作量不予认可。二审法院经过审理,判决驳回上诉,维持原判。

[问题与思考]

1. 一审法院未依原告请求裁定被告停工是否正确?为什么?

2. 在我国民事诉讼中,先予执行适用的范围与条件是什么?

[重点提示]

先予执行是裁判生效前的执行。其适用有严格的案件范围的限制和适用条件的要求。是否可以裁定先予执行取决于法律规定的条件是否成就。

第二节　对妨害民事诉讼行为的强制措施

经典案例

王某伪造证据实施妨害行为案[1]

[基本案情]

在一起金融借款合同纠纷案中，王某用自己名下房产为借款人提供抵押担保。诉讼中，王某提出该房产为夫妻共同财产，他仅以抵押财产的 1/2 承担担保责任为由提出抗辩主张，并向法院提交了结婚档案。法官经细致比对，发现该结婚档案中结婚登记日期与原告某银行提交的档案材料中王某结婚证上的登记日期不一致，遂到相关机构调取了王某结婚档案原件，确定其提交的结婚档案为虚假证据。法庭上，王某对此未能给予合理解释，并认可法院调取证据材料的真实性，明确表示放弃原抗辩主张。法院经审查认为，王某提供虚假结婚档案，属于伪造重要证据，妨碍人民法院审理案件的行为。

[法律问题]

1. 对于王某伪造证据的做法，法院是否可以采取强制措施？

2. 我国《民事诉讼法》规定的强制措施有哪些类型？

[参考结论与法理精析]

（一）法院意见

法院认为王某的行为已经构成妨害民事诉讼的行为，因此根据《民事诉讼法》第 110 条第 1 款第 1 项、第 115 条第 1 款之规定，作出罚款 1 万元的处罚。

（二）法理精析

1. 妨害民事诉讼的行为的构成。对妨害民事诉讼的强制措施，是指在民事诉讼中，对有妨害民事诉讼秩序行为的行为人采用的排除其妨害民事诉讼行为的一种强制措施。妨害民事诉讼的行为的构成要件如下：

（1）行为主体。根据《民事诉讼法》的规定，妨害民事诉讼的行为主体，既可以是案件的当事人，也可以是其他诉讼参与人，还可以是案外人。因为对

---

〔1〕　案例来源，中国法院网：http://www.chinacourt.org/article/detail/2012/12/id/808271.shtml，最后访问日期：2021 年 4 月 24 日。

妨害民事诉讼的强制措施是针对妨害民事诉讼秩序的行为的，因此，无论是谁，只要其行为妨害了民事诉讼秩序，就可以对其采取强制措施，而不论其是否是案件的当事人或其他诉讼参与人。

（2）行为人实施了妨害民事诉讼的行为。行为人在诉讼中实施了具体的妨害民事诉讼秩序的行为，该行为在客观上妨碍和干扰了民事诉讼的正常进行，引起了妨害民事诉讼秩序的后果。行为可能表现为作为，如伪造证据或毁灭证据、指使他人做伪证等；也可能是不作为，如被告经传票传唤无正当理由拒绝到庭、有义务协助人民法院采取保全措施的人员拒绝协助人民法院开展工作等。

（3）行为人实施妨害民事诉讼的行为主观上是故意的。所谓主观上的故意，是指行为人在主观上希望或放任妨害民事诉讼结果的发生，也就是说，行为人明知自己的行为有可能造成妨害民事诉讼秩序的结果且追求或放任这种结果的发生。如果行为人是因为过失而造成妨害民事诉讼秩序的结果的，如因为大意或疏忽而丢失了证据等，不构成妨害民事诉讼的行为。

（4）行为人实施妨害民事诉讼秩序的行为一般是在诉讼过程中。如果是在诉讼之前或在诉讼结束之后，行为人所实施的在形式上与妨害民事诉讼秩序类似的行为，虽然有可能也是违法的，但一般不能认为该行为构成妨害民事诉讼秩序。而根据最高人民法院的有关司法解释，在个别特殊情况下，在诉讼外实施的行为，符合一定情形的，也构成妨害民事诉讼的行为，即在人民法院执行完毕后，被执行人或者其他人对已执行的标的有妨害行为的，人民法院应当采取措施，排除妨害，并可以依照现行《民事诉讼法》第116条的规定处理。

同时具备了上述四个要件，就构成妨害民事诉讼，人民法院可以对行为人依法采取强制措施。

2. 妨害民事诉讼行为的种类。根据《民事诉讼法》及《民诉法解释》的相关规定，下列行为属于妨害民事诉讼行为：

（1）当事人拒不到庭或到场的行为。其一，是指必须到庭的被告，经法院两次传票传唤，无正当理由拒不到庭的行为。所谓必须到庭的被告，是指负有赡养、抚育、扶养义务和不到庭就无法查清案情的被告。其二，必须到庭才能查清案件基本事实的原告，经法院两次传票传唤，无正当理由拒不到庭的行为。其三，执行程序中，在法院决定对被执行人、被执行人的法定代表人、负责人或实际控制人调查询问时，上述人员也必须到法院指定的场所，如拒不到场，也构成妨害诉讼。

（2）违反法庭规则的行为。是指诉讼参与人或者其他人未经法院准许进行录音、录像、摄影；未经法院准许以移动通信等方式现场传播审判活动的；以及其他扰乱法庭秩序，妨害审判活动进行的行为。

（3）扰乱法庭秩序的行为。是指诉讼参与人或者其他人哄闹、冲击法庭；

侮辱、诽谤、威胁、殴打审判人员等严重扰乱法庭秩序的行为。

（4）伪造、毁灭重要证据的行为。这种妨害行为有两种具体表现形式：一是故意以编造、涂改等方式制造假证据；二是故意将证据销毁，使对方当事人和法院无法收集。

（5）妨害证人作证的行为。是指以暴力、威胁、贿买方法阻止证人作证或者指使、贿买、威胁他人作伪证的行为。

（6）妨害法院对财产采取强制措施的行为。是指被告人隐藏、转移、变卖已被查封、扣押的财产或责令其保管的财产，转移被冻结的财产。

（7）侵害司法人员、诉讼参与人、协助执行人的行为。是指对司法工作人员、诉讼参加人、证人、翻译人员、鉴定人、勘验人、协助执行人进行侮辱、诽谤、诬陷、殴打或者打击报复的行为。

（8）阻碍司法人员执行职务的行为。包括：①在人民法院哄闹、滞留，不听从司法工作人员劝阻的；②故意毁损、抢夺人民法院法律文书、查封标志的；③哄闹、冲击执行公务现场，围困、扣押执行或者协助执行公务人员的；④毁损、抢夺、扣留案件材料、执行公务车辆、其他执行公务器械、执行公务人员服装和执行公务证件的；⑤以暴力、威胁或者其他方法阻碍司法工作人员查询、查封、扣押、冻结、划拨、拍卖、变卖财产的；⑥以暴力、威胁或者其他方法阻碍司法工作人员执行职务的其他行为。

（9）拒不履行生效裁判的行为。包括：①在法律文书发生法律效力后隐藏、转移、变卖、毁损财产或者无偿转让财产、以明显不合理的价格交易财产、放弃到期债权、无偿为他人提供担保等，致使人民法院无法执行的；②隐藏、转移、毁损或者未经人民法院允许处分已向人民法院提供担保的财产的；③违反人民法院限制高消费令进行消费的；④有履行能力而拒不按照人民法院执行通知履行生效法律文书确定的义务的；⑤有义务协助执行的个人接到人民法院协助执行通知书后，拒不协助执行的。

（10）恶意串通进行虚假诉讼侵害他人合法利益的行为。该类行为损害的他人合法利益包括案外人的合法权益、国家利益、社会公共利益。该类行为既可能发生于法院正在审理的案件，也可能发生于法院正在审理案件之外的案件。《民诉法解释》第190条规定，第三人根据《民事诉讼法》第56条第3款的规定提起撤销之诉，经审查，原案当事人之间恶意串通进行虚假诉讼的，审理第三人撤销之诉的法院可以将原当事人虚假诉讼的行为视为妨害民事诉讼的行为而采取相应的强制措施。

（11）恶意串通规避强制执行的行为。是指被执行人与他人恶意串通，通过诉讼、仲裁、调解等方式逃避履行法律文书确定的义务的行为。

（12）拒不履行协助义务的行为。该类行为既包括积极的作为，也包括消极的不作为。消极的不作为包括有义务协助调查、执行的单位实施的下列行为：①有关单位拒绝或者妨碍人民法院调查取证的；②有关单位接到人民法院协助执行通知书后，拒不协助查询、扣押、冻结、划拨、变价财产的；③有关单位接到人民法院协助执行通知书后，拒不协助扣留被执行人的收入、办理有关财产权证照转移手续、转交有关票证、证照或者其他财产的；④其他拒绝协助执行的。积极的作为包括有关单位接到人民法院协助执行通知书后实施的下列行为：①允许被执行人高消费的；②允许被执行人出境的；③拒不停止办理有关财产权证照转移手续、权属变更登记、规划审批等手续的；④以需要内部请示、内部审批，有内部规定等为由拖延办理的。

（13）其他妨害民事诉讼的行为。根据《民诉法解释》第 189 条以及《民事证据规定》第 33 条、第 42 条、第 63 条、第 78 条、第 98 条的规定，下列行为也属于妨害民事诉讼的行为：①冒充他人提起诉讼或者参加诉讼的；②证人签署保证书后作虚假证言，妨碍人民法院审理案件的；③伪造、隐藏、毁灭或者拒绝交出有关被执行人履行能力的重要证据，妨碍人民法院查明被执行人财产状况的；④擅自解冻已被人民法院冻结的财产的；⑤接到人民法院协助执行通知书后，给当事人通风报信，协助其转移、隐匿财产的；⑥鉴定人故意作虚假鉴定的；⑦鉴定意见被采信后，鉴定人无正当理由撤销鉴定意见的；⑧当事人故意作虚假陈述妨碍人民法院审理的；⑨当事人及其诉讼代理人对证人的询问与待证事实无关，或者存在威胁、侮辱证人或不适当引导等情形的；⑩证人故意作虚假陈述，诉讼参与人或者其他人以暴力、威胁、贿买等方法妨碍证人作证，或者在证人作证后以侮辱、诽谤、诬陷、恐吓、殴打等方式对证人打击报复的；⑪当事人或者其他诉讼参与人伪造、毁灭证据，提供虚假证据，阻止证人作证，指使、贿买、胁迫他人作伪证，或者对证人、鉴定人、勘验人打击报复的。

3. 对妨害民事诉讼强制措施的种类及适用程序。我国《民事诉讼法》规定了五种对妨害民事诉讼的强制措施，即拘传、训诫、责令退出法庭、罚款、拘留。适用这五种对妨害民事诉讼的强制措施必须由人民法院作出决定。

（1）拘传。拘传是指人民法院依法强制被告及有关人员到庭诉讼或到场接受讯问的措施。根据《民事诉讼法》第 112 条及《民诉法解释》第 484 条等有关规定，拘传的适用对象只能是必须到庭的被告、未成年人的法定代理人以及必须到场的被执行人、被执行人的法定代表人负责人或实际控制人。《民事诉讼法》规定，上述人员须经两次传票传唤，无正当理由拒不到庭时，方可适用拘传。正当理由，是指当事人无法预见和难以克服的，不可抗力的事由或事实。适用拘传措施，必须经院长批准，并应当发拘传票，直接送达被拘传人。在拘传前，应向被拘传人说明拒不到庭的后果，经批评教育仍拒不到庭的，可以拘传其到庭。

（2）训诫。训诫是一种较轻的强制措施，是指人民法院以批评教育的方式，责令妨害民事诉讼行为人改正或不得再犯的措施。根据《民事诉讼法》第113条的规定，训诫的适用对象仅限于违反法庭规则且情节轻微，不必适用责令退出法庭、罚款、拘留强制措施的诉讼参与人或其他人。法庭规则是人民法院开庭时全体诉讼参与人及其他人员必须遵守的纪律和秩序。法庭规则由书记员开庭审理时宣布，对违反法庭规则的人，合议庭或独任审判员可以对其直接采取训诫的强制措施并记录在案，由违反法庭规则的被训诫人签字或盖章。

（3）责令退出法庭。责令退出法庭是指人民法院在开庭审理中，对违反法庭规则的人，命令其离开法庭或依法强制其离开法庭，防止其继续实施妨害民事诉讼行为的措施。责令退出法庭的强制力度强于训诫但弱于罚款和拘留，其适用对象是违反法庭规则且情节轻微，尚不必适用罚款、拘留强制措施的诉讼参与人和其他人。审判人员可以视行为人的具体情况，直接适用责令退出法庭的强制措施，也可以先适用训诫，再适用责令退出法庭的强制措施。责令退出法庭的强制措施可以由合议庭或独任审判员决定，并记录在案。

（4）罚款。罚款是指人民法院依法决定妨害民事诉讼行为人交纳一定数额的金钱，对其行为予以惩罚，以防止其继续实施妨害民事诉讼行为的强制措施。对个人的罚款金额，为人民币10万元以下；对单位的罚款金额，为人民币5万元以上100万元以下。罚款必须经院长批准，罚款应当出具决定书，被罚款人对决定不服的，可以向上一级人民法院申请复议一次，复议期间不停止执行。上级人民法院应在收到复议申请后5日内作出决定，并将复议结果通知下级人民法院和被罚款人。上级人民法院复议时认为强制措施不当，应当制作决定书，撤销或变更下级人民法院的罚款决定。情况紧急的，可以在口头通知后3日内发出决定书。

（5）拘留。拘留又称司法拘留，是指人民法院依法在一定期限内限制妨害民事诉讼行为人的人身自由，以防止其继续实施妨害民事诉讼行为的强制措施。拘留由合议庭或独任审判员提出处理意见，报请院长批准后执行。人民法院决定拘留，应当制作决定书，并将此决定书正式通知或出示给行为人。当事人对拘留不服的，可以向上一级人民法院申请复议一次，但是，复议期间不停止决定的执行。同时，对于被拘留人在拘留后承认并改正错误、表现较好的，人民法院可以决定提前解除拘留。罚款和拘留可以单独适用，也可以合并适用。

（6）其他强制措施。除了上述五种强制措施以外，《民诉法解释》第176条补充规定了人民法院可以暂扣诉讼参与人或者其他人违法进行录音、录像、摄影、传播审判活动的器材，并责令其删除有关内容；拒不删除的，人民法院可以采取必要手段强制删除。

在上述案例中，当事人故意伪造证据的行为已经构成妨害民事诉讼的行为，法院依法采取强制措施的做法是正确的。

拓展案例

案例一：在一起解散公司纠纷案中，在案件前期的审理过程中被告公司向法庭提交了一份公司章程作为证据。庭审中，原告齐某的代理律师曾对该证据的合法性提出过异议，但对证据的真实性及内容没有异议，且被告公司亦没有提供反驳证据进行抗辩。然而在整个庭审程序终结、双方当事人的举证期限早已届满并等待法庭宣判的情况下，被告公司才到工商登记部门核查自身档案，此时才发现其提交法庭的公司章程系公司设立之前股东之间所签订的一份文件，并非公司股东后来更改签署并向工商登记部门备案的公司章程，且两份章程的内容存在重大差异。如不在宣判前赶快弥补先前的举证失误，该案的判决结果可能对其明显不利。在充分听取了被告公司的逾期举证理由后，法官认为被告补充提交的证据确实与案件的审理存在利害关系，为了减少当事人的讼累，查清案件事实，虽最终给予了被告补充举证的机会，但鉴于被告的行为已违反了新修正的《民事诉讼法》之规定，依法对被告公司当庭予以了训诫处罚。

[问题与思考]

1. 依据我国《民事诉讼法》，当事人延期举证的行为可能引起哪些法律后果？

2. 民事诉讼中的强制措施与刑事诉讼中的强制措施有何区别？

[重点提示]

相比于刑事诉讼，民事诉讼中的强制措施在适用对象方面更加广泛；具体强制措施的种类与刑事诉讼明显不同；民事诉讼的强制措施以排除妨碍民事诉讼的行为为目的。

案例二：2008 年 6 月 24 日，天津市坤迪科工贸有限公司（以下简称"坤迪公司"）与杨某某签订《房屋租赁合同》，将天津市德利得物流有限公司（以下简称"德利得公司"）委托其托管的房屋出租给杨某某，并约定杨某某预先支付400 万元后合同生效，后杨某某未按约定履行。2008 年 6 月 28 日，双方当事人再次签订《房屋租赁合同》，合同标的物与 6 月 24 日合同相同，但房屋状况描述、租赁期限、租金数额、转租权利等合同重要条款发生了重大变化，该合同约定"以前述特别约定为前提条件"，但合同本身未注明特别约定的具体内容。杨某某将涉诉房屋转租给第三人天津市九龙港餐饮有限公司（以下简称"九龙港公司"）及赵某某，后该转租合同经法院生效判决解除。

原告认为 6 月 28 日签订的合同系被告伪造，并列举了合同在内容、形式上与 6 月 24 日合同的重大差距和诸多疑点，以及公安机关对原告单位文件柜被撬一案的立案证明。后公安机关对此但无定案结论，不能证实 6 月 28 日合同的订立与之有关联性。后杨某某在另一民事案件中作为证人接受询问，称与原告只签订过一个合同。

[问题与思考]

1. 若杨在另案中做伪证，那么法院可否对杨采取强制措施？

2. 当事人在民事诉讼中做伪证是否会导致承担刑事责任？

[重点提示]

民事诉讼中强制措施适用的前提是当事人或其他诉讼参与人在诉讼过程中实施了妨碍诉讼进行的行为。如果不是在诉讼过程中实施的妨碍行为，则不能视为妨碍诉讼进行的行为。

第三节　送达

经典案例

长城公司昆明办事处诉昆明新人人金实酒楼有限公司、昆明新人人又一村饮食有限责任公司借款合同纠纷案[1]

[基本案情]

长城公司昆明办事处与海鲜酒楼、金实酒楼及又一村公司因债权债务纠纷协商解决未果，长城公司昆明办事处遂诉至法院。一审法院审理认为：省农行、长城公司昆明办事处与海鲜酒楼签订的《协议》以及长城公司昆明办事处与昆明新人人金实酒楼有限公司、昆明新人人又一村饮食有限责任公司及金实酒楼签订的《债务协议》《补充协议》以及《抵押（担保）合同》系依据国家法律和相关政策的规定自愿签订，系各方当事人真实意思表示，且《抵押（担保）合同》的抵押双方也到房产登记部门办理了抵押登记，上述四份合同均合法有效。被告不服，提起上诉。

上诉人称，一审审理期间，一审法院于 2007 年 2 月 28 日向上诉人（原审被告）昆明新人人海鲜酒楼有限责任公司送达了于 2007 年 4 月 2 日进行证据交换，

---

〔1〕　案例来源，《最高人民法院公报》2008 年第 9 期，最高人民法院（2007）民二终字第 210 号判决书。

2007 年 4 月 3 日开庭审理的诉讼文书，并要求上诉人将上述诉讼文书转交本案另外两被告（即昆明新人人金实酒楼有限公司、昆明新人人又一村饮食有限责任公司），在上诉人明确表示无法转交上述开庭诉讼文书后，一审法院将上述开庭文书留置于上诉人处，视为对其余两被告的送达。2007 年 4 月 2 日，上诉人就此向一审法院提出了书面异议，上诉人认为，一审被告金实酒楼、一审被告新人人又一村饮食有限责任公司系独立法人，有各自不同的投资主体和法人资产结构，其注册地址和经营场所均不与上诉人注册地址和经营场所一致，一审法院将诉讼文书留置于上诉人处视为对其余两被告的送达，明显不当，剥夺了当事人的诉讼权利，同时也剥夺了上诉人对本案实体问题与本案其他被告相互质证、甄别的计划，并影响了裁判者对全案的审查和判断。

[法律问题]

1. 对于不同的当事人，但法定代表人为同一人的，法院将法律文书送达给其中一个当事人，要求其转交给其他当事人的，是否构成审判程序违法？

2. 我国《民事诉讼法》及司法解释等法律规范包含的送达方式有哪些？

[参考结论与法理精析]

（一）法院意见

最高人民法院作为本案的二审法院，经审理认为：海鲜酒楼与金实酒楼的法定代表人为同一人，两个公司法定代表人的法定职权与义务基本相同。因此，一审法院通过向海鲜酒楼送达开庭传票等法律文书后转交金实酒楼或者留置送达，并不影响当事人的诉讼权利，更未造成当事人实体权利的损害，上诉人关于"审判程序违法"的上诉理由不能成立，本院予以驳回。

（二）法理精析

民事诉讼中的送达，是指人民法院依法定的程序和方式将诉讼文书和法律文书送交当事人及其他诉讼参与人的行为。

送达具有以下特征：①送达是人民法院的职权行为，因此，当事人向人民法院送交诉讼文书的行为不是送达；②送达应当依法定的程序和方式进行，未按法定的程序和方式进行送达不产生送达的法律后果；③送达的对象是当事人以及诉讼参与人，送交的是诉讼文书和法律文书。

送达方式，是指人民法院进行送达所采用的方法。《民事诉讼法》第 88～95 条、《民诉法解释》第 130～141 条、《关于进一步加强民事送达工作的若干意见》（以下简称《加强民事送达意见》）、《民事诉讼程序繁简分流改革试点实施办法》（以下简称《繁简分流试点办法》）、《人民法院在线诉讼规则》（以下简称《在线诉讼规则》）对送达方式作了规定，规定的具体送达方式有以下几种：

1. 直接送达。直接送达是指由人民法院的送达人员将须送达的诉讼文书、法律文书直接交给受送达人或他的同住成年家属、代收人、诉讼代理人的送达方式。根据《民事诉讼法》的有关规定和最高人民法院的有关司法解释，送达时，受送达人本人不在的，可交给他的同住成年家属签收（离婚诉讼中，向一方当事人送达时，在受送达人不在的情况下，不可以交给在身份上既是该方当事人的成年家属又作为另一方当事人的人代收）；受送达人指定了代收人的，可交给代收人签收。向法人或者其他组织送达诉讼文书，应当由法人的法定代表人、其他组织的主要负责人或者办公室、收发室、值班室等负责收件的人签收或盖章。受送达人有诉讼代理人的，人民法院既可以向受送达人送达，也可以向诉讼代理人送达。向上述受送达人以外的人送达，视为直接送达。

人民法院直接送达文书，可以在当事人的住所进行，也可以在当事人住所外的其他地方进行。《民诉法解释》第 131 条第 2 款规定，人民法院可以在当事人住所地以外向当事人直接送达诉讼文书。当事人拒绝签署送达回证的，采用拍照、录像等方式记录送达过程即视为送达，审判人员、书记员应当在送达回证上注明送达情况并签名。此外，根据《民诉法解释》第 131 条第 1 款的规定，也可以通知当事人到法院领取，当事人到法院后，拒绝签署送达回证的，审判人员、书记员在送达回证上注明情况并签字后，视为送达。

2. 留置送达。留置送达是指在向受送达人或有资格接受送达的人送交需送达的诉讼文书、法律文书时，受送达人或有资格接受送达的人拒绝签收，送达人依法将诉讼文书、法律文书留放在受送达人住所的送达方式。《民事诉讼法》第 86 条规定："受送达人或者他的同住成年家属拒绝接收诉讼文书的，送达人可以邀请有关基层组织或者所在单位的代表到场，说明情况，在送达回证上记明拒收事由和日期，由送达人、见证人签名或者盖章，把诉讼文书留在受送达人的住所；也可以把诉讼文书留在受送达人的住所，并采用拍照、录像等方式记录送达过程，即视为送达。"根据《民诉法解释》第 130 条第 1 款的规定，向法人或者其他组织送达诉讼文书，应当由法人的法定代表人、该组织的主要负责人或者办公室、收发室、值班室等负责收件的人签收或签章，拒绝签收或者盖章的，适用留置送达。如果受送达人拒绝接受诉讼文书，有关基层组织或者所在单位的代表及其他见证人不愿在送达回证上签字或盖章的（未签字、盖章不影响留置送达的效力），由送达人在送达回证上记明情况，把诉讼文书留在受送达人住所，即视为送达。为了提高留置送达的效率，修正后的《民事诉讼法》规定，人民法院也可以不通知有关基层组织或者所在单位的代表到场见证，而是采用拍照、录像的方式记录留置送达的过程，同样能够产生送达的法律效力。受送达人指定诉讼代理人为代收人的，向诉讼代理人送达时，若其拒绝签收，适用留置送达。但是，调解书应当直接送达当事人本人，不适用留置送达。当事人如果拒绝签收，即视为调解未能成立。当事人本人因故不能签收的，可由其指定的代收人签收。

3. 电子送达。为了提高送达的效率，减轻法院送达工作的负担，修正后的《民事诉讼法》规定，经受送达人同意，人民法院可以采用传真、电子邮件等能够确认其收悉的方式送达诉讼文书，但判决书、裁定书、调解书除外。由此可见，采用电子方式送达诉讼文书应当以当事人同意为前提。同时，对于重要的法律文书，如判决书、调解书，不应采用此种送达方式。人民法院采用传真、电子邮件等方式送达诉讼文书，以传真、电子邮件等到达受送达人特定系统的日期为送达日期。《民诉法解释》第 135 条第 1 款规定，电子送达可以采用传真、电子邮件、移动通信等即时收悉的特定系统作为送达媒介。《民诉法解释》第 136 条规定，受送达人同意采用电子送达的，应当在送达地址确认书中予以确认。

2017 年颁布的《加强民事送达意见》对电子送达的细节作出了规定。当事人同意电子送达的，应当在送达地址确认书中提供并确认接收民事诉讼文书的传真号、电子信箱、微信号等电子送达地址。当事人委托诉讼代理人的，诉讼代理人确认的送达地址视为当事人的送达地址。在严格遵守《民事诉讼法》和《民诉法解释》关于电子送达适用条件的规定的前提下，积极主动探索电子送达及送达凭证保全的有效方式、方法。有条件的法院可以建立专门的电子送达平台，或以诉讼服务平台为依托进行电子送达，或者采取与大型门户网站、通信运营商合作的方式，通过专门的电子邮箱、特定的通信号码、信息公众号等方式进行送达。采用传真、电子邮件方式送达的，送达人员应记录传真发送和接收号码、电子邮件发送和接收邮箱、发送时间、送达诉讼文书名称，并打印传真发送确认单、电子邮件发送成功网页，存卷备查。采用短信、微信等方式送达的，送达人员应记录收发手机号码、发送时间、送达诉讼文书名称，并将短信、微信等送达内容拍摄照片，存卷备查。可以根据实际情况，有针对性地探索提高送达质量和效率的工作机制，确定由专门的送达机构或者由各审判、执行部门进行送达。在不违反法律、司法解释规定的前提下，可以积极探索创新行之有效的工作方法。对于移动通信工具能够接通但无法直接送达、邮寄送达的，除判决书、裁定书、调解书外，可以采取电话送达的方式，由送达人员告知当事人诉讼文书内容，并记录拨打、接听电话号码、通话时间、送达诉讼文书内容，通话过程应当录音以存卷备查。

2020 年，最高人民法院发布《繁简分流试点办法》，针对审判实践的需要，进一步完善了电子送达机制，具体表现为三个方面。其一，在遵循"当事人同意"的基本适用条件下，建立"默示同意"规则，对事前约定和事后认可均可视为同意电子送达。《繁简分流试点办法》第 24 条规定，经受送达人同意，人民法院可以通过中国审判流程信息公开网、全国统一送达平台、传真、电子邮件、即时通信账号等电子方式送达诉讼文书和当事人提交的证据材料。具备下列情形之一的，人民法院可以确定受送达人同意电子送达：①受送达人明确表示同意的；②受送达人对在诉讼中适用电子送达已作出过约定的；③受送达人在提交的起诉状、答辩状中主动提供用于接收送达的电子地址的；④受送达人通过回复收悉、参加诉讼等方式接受已经完成的电子送达，并且未明确表示不同意电子送达的。其二，扩大电子送达适用范围。经当事人明确表示同意，可以电子送达判决书、裁定书、调解书。《繁简分流试点办法》第 25 条前半段规定，"经受送达人明确表示同意，人民法院可以电子送达判决书、裁定书、调解书等裁判文书"。这里的"同意"，应当是"明示同意"，不能是"默示同意"。其三，明确电子送达生效标准。对当事人主动提供或确认的电子地址，采取"到达主义"，送达信息到达该电子地址即为有效送达；对人民法院向主动获取的受送达人电子地址进行送达的，采取"收悉主义"。《繁简分流试点办法》第 26 条规定，人民法院向受送达人主动提供或者确认的电子地址进行送达的，送达信息到达电子地址所在系统时，即为送达。受送达人同意电子送达但未主动提供或者确认电子地址，人民法院向能够获取的受送达人电子地址进行送达的，根据下列情形确定是否完成送达：①受送达人回复已收到送达材料，或者根据送达内容作出相应诉讼行为的，视为完成有效送达；②受送达人的电子地址所在系统反馈受送达人已阅知，或者有其他证据可以证明受送达人已经收悉的，推定完成有效送达，但受送达人能够证明存在系统错误、送达地址非本人使用或者非本人阅知等未收悉送达内容的情形除外。完成有效送达的，人民法院应当制作电子送达凭证。电子送达凭证具有送达回证效力。

2021 年最高人民法院发布《在线诉讼规则》，从构建在线诉讼程序规则的视角出发，进一步完善电子送达制度。此后最高人民法院又发布《〈人民法院在线诉讼规则〉理解与适用》，对《在线诉讼规则》进行规范解释。《〈人民法院在线诉讼规则〉理解与适用》指出，《在线诉讼规则》第 29 ~ 32 条明确了电子送达的总体机制、适用条件、适用范围和生效标准等，实践中需把握好以下四个方面：其一，关于电子送达的适用条件。《在线诉讼规则》坚持以当事人同意作为电子送达的前提，同时对"同意"的方式予以拓展，建立了电子送达默示同意规则，将同意扩展至事前的约定、事中的行为和事后的认可，在充分保障当事人诉讼权利基础上，鼓励和引导当事人选择电子送达，稳妥有序扩大电子送达的适用。其二，关于电子送达适用文书范围。电子送达的文书范围应该严格遵守现行法律规定，除经全国人大常委会授权开展民事诉讼程序繁简分流改革试点的法院外，其他法院尚不能电子送达判决书、裁定书、调解书。目前，最高人民法院正根据试点情况，积极推进民事诉讼法修改工作。各地法院需根据修法情况，在有明确法律依据之后，才能电子送达裁判文书。其三，关于电子送达的主要方式和平台载体。为确保电子送达规范性和便捷性相统一，《在线诉讼规则》明确了电子送达发出端应当是人民法院统一的送达平台，确保送达过程可查询、可验证、可追溯，形成有效的电子送达凭证。电子送达的到达端可以是多样化的电子地址，包括受送达人的电子邮件、即时通信账号、诉讼平台的专用账号等。实践中要注意避免分散和多头送达，同一内容材料原则上只应采取一种送达方式，以便确定送达生效时间，便于当事人行使后续诉讼权利。《在线诉讼规则》同时明确了人民法院电子送达的附随职责，适用电子送达后应尽量通过短信、电话、即时通信工具等方式作出提示和通知，以充分保障当事人知情权，提升电子送达有效率。其四，关于电子送达的生效标准。《在线诉讼规则》明确了两种送达生效的标准和情形：对当事人主动提供或确认的电子地址，采取"到达主义"。对人民法院向主动获取的受送达人电子地址进行送达的，采取"收悉主义"。关于"收悉主义"的适用，首先应把握"收悉主义"的两个适用条件：一是需满足当事人已同意适用电子送达，只是未提供有效电子送达地址或者提供的地址有错误；二是应当向能够确认为受送达人本人的电子地址送达，如经过实名认证的、曾经完成过有效送达的、近期内活跃使用的电子地址等。人民法院对此应有一个查明和判断过程，而非向任意一个可获取的电子地址送达。其次是把握"收悉主义"的送达生效时间。既然采取"收悉主义"，就不宜再按到达特定系统作为送达生效时间，而应当以确认收悉的时间点作为标准，具体包括回复收悉时间、作出相应诉讼行为时间、系统反馈已阅知时间。上述时间点均存在时，应当以最先发生的时间作为送达生效时间。这种判断标准既符合受送达人接受信息的客观状况，也有利于及时确定送达效力，开展后续审判工作。

4. 委托送达。委托送达是指受诉法院直接送达确有困难，而委托其他法院将需送达的诉讼文书、法律文书送交受送达人的送达方式。委托送达，应当是在进行送达的人民法院自己进行直接送达有困难时采用；进行委托的法院只能委托其他法院，而不可以委托其他机构或组织。在程序上，委托法院应当出具委托函，并附需要送达的诉讼文书、法律文书和送达回证。接受委托的法院将有关的诉讼文书、法律文书送交受送达人的，视为委托法院进行了送达，受送达人在送达回证上签收的日期为送达日期。

5. 邮寄送达。邮寄送达是指受诉法院在直接送达有困难的情况下，通过邮局以挂号信的方式将需送达的诉讼文书或法律文书邮寄给受送达人的送达方式。

根据最高人民法院的有关司法解释，邮寄送达，应当附有送达回证。挂号信回执上注明的收件日期与送达回证上注明的收件日期不相符的，或者送达回证没有寄回的，以挂号信回执上注明的收件日期为送达日期。

6. 转交送达。转交送达是指受诉人民法院基于受送达人的有关情况而将需送达的诉讼文书、法律文书交有关机关、单位转交受送达人的送达方式。根据民事诉讼法有关规定，适用转交送达的情况有三种：①受送达人是军人的，通过其所在部队团以上单位的政治机关转交；②受送达人是被监禁的，通过其所在监所或劳动改造单位转交；③受送达人被采取强制性教育措施，通过其所在强制性教育机构转交。前述代为转交的机关、单位收到诉讼文书后，必须立即交受送达人签收，以在送达回证上的签收日期，为送达日期。负责转交的机关、单位在收到诉讼文书、法律文书后，必须立即交受送达人签收，受送达人在送达回证上注明的签收日期为送达日期。

7. 公告送达。公告送达是指受诉法院在受送达人下落不明或采取上述方法均无法送达时，将需送达的诉讼文书、法律文书的主要内容予以公告，公告经过一定期限即产生送达后果的送达方式。公告送达实际上是一种推定送达，即公告后受送达人有可能知道公告内容，也可能不知道公告的内容，但法律规定均视为送达。按照我国《民事诉讼法》的规定，自发出公告之日起，经过60日，即视为送达。人民法院采取公告的方式送达，应当在案卷中记明公告送达的原因和公告送达的经过。

送达作为民事诉讼中连接法院与当事人及其他诉讼参与人的桥梁与纽带，对于保障民事诉讼程序的顺利进行具有重要的意义。我国《民事诉讼法》对送达的方式与程序都作出了比较明确、严格的规定，法院应该依据法律的规定实施送达行为。然而在司法实践中，可能出现由于法院送达行为不规范而导致的无效送达或瑕疵送达。对于不规范的送达行为将产生何种程序法上的后果，我国《民事诉讼法》并没有作出明确的规定。对此，我们认为，应当根据案件的具体情况区别对待：如果法院的不规范送达行为导致当事人丧失了参与诉讼的机会，此时应当认定程序严重违法，当事人可以据此提起上诉或申请再审；相反，如果法院的送达行为虽然存在瑕疵，但是该瑕疵并没有实际影响当事人的程序参与权，在这种情况下，二审法院不宜以程序严重违法为由，将案件发回重审，以免造成不必要的拖延。前述案件中的情况便是如此，因两被告的法定代表人实为一人，所以一审法院要求一名被告转交诉讼文书的行为并没有影响其对程序的知情权与参与权，因此二审法院对于该问题的认定是正确的。

送达的效力，是指诉讼文书或法律文书送达后所产生的法律后果。送达的效力因所送达的诉讼文书或法律文书的内容不同，而有不同的体现。送达的法律效力有以下几方面的表现：

第一，判决书、调解书的效力开始发生。比如，二审判决书，一审、二审的调解书送达后，判决书、调解书发生法律效力。

第二，有关的诉讼期限开始计算。例如一审判决书送达后，当事人上诉期限从送达的次日起开始计算。

第三，当事人及其他诉讼参与人知晓应在何时参加某一诉讼活动，若不参加，将承担相应的法律后果。例如被告接到传票传唤，无正当理由不到庭，法院可缺席判决；被告必须到庭的，可强制其到庭。

第四，标志着有关诉讼法律关系的产生或消灭。比如，人民法院向被告送达起诉状副本，标志着人民法院与被告产生了诉讼上的法律关系；法院向当事人送达了二审判决，标志着人民法院与当事人诉讼上的法律关系消灭。

拓展案例

山东省建设第三安装有限公司与安阳市永正钢板仓工程
有限责任公司承揽合同纠纷上诉案[1]

上诉人山东省建设第三安装有限公司因与被上诉人安阳市永正钢板仓工程有限责任公司承揽合同纠纷一案，不服河南省安阳市文峰区人民法院（2012）文民二初字第 10 号民事判决，向安阳市中级人民法院提起上诉。上诉人双方纠纷截止到上诉人提起上诉之日，除收到留置送达的原审判决书外，与该案相关的起诉状、应诉通知书、举证通知书、开庭传票以及等法律文书从未送达到上诉人，造成上诉人无法行使相应的诉讼权利，直接影响了案件的公正审理。

［问题与思考］

1. 证据是否应当在开庭前向当事人"送达"？

2. 本案一审法院的做法是否正确？

［重点提示］

送达是民事诉讼程序中连接法院与当事人的桥梁与纽带。起诉状、答辩状、开庭通知、法院判决、裁定等都属于送达的对象。但是证据并不属于法院送达的范围。

---

〔1〕 案例来源，北大法宝：https://www.pkulaw.com/pfnl/a6bdb3332ec0adc432b902577a552e6ee50aa4b30b70d81fbdfb.html，最后访问日期：2021 年 4 月 24 日。

第一审普通程序

知识概要

一、本章的基本概念、基本知识和基本理论

第一审程序由第一审普通程序及简易程序构成。第一审普通程序是人民法院审理第一审民事诉讼案件通常适用的程序，在整个审理程序中具有基础地位。

二、本章的重点、难点和疑点

本章的重点是：通过本章案例，应当掌握第一审普通程序的特点、起诉的条件、庭审流程，以及诉讼中止与诉讼终结、撤诉与延期审理的适用条件。

本章的难点和疑点是：

1. 起诉的条件以及法院对当事人起诉的审查。
2. 对撤诉制度的理解和适用。
3. 对判决效力的理解和适用。

第一节　起诉与受理

经典案例

辽宁省某县国税局与郎某人身损害赔偿纠纷案

[基本案情]

1994 年 9 月 10 日，郎某在辽宁省某县国税局所有的住宅楼下经过时，被其楼上掉下的玻璃扎伤头部，致使头骨损坏并暴露于外，生命垂危，后被某中级人民法院鉴定为四级伤残。由于郎某颅骨缺损，还需要在成年后作颅骨修补手术。郎某于 1995 年向法院提起诉讼要求国税局承担民事责任，后来撤诉。此后

郎某及其家人以借钱看病为名，要求国税局给付生活费、护理费等各种费用，截至 2000 年年底共从某国税局获得各种费用大约 20 万元。但郎某及其家人还不满意，除要求支付郎某的后续治疗费以及每日的生活费、护理费等外，还要求国税局给郎某安排工作、解决住房。国税局不答应郎某的要求，郎某及其家人就到国税局哭闹、纠缠领导，严重妨碍了国税局的办公秩序。

为确定双方之间的权利义务关系，国税局于 2002 年 7 月向某法院提起诉讼，要求法院确定被告的治疗费用等相关费用，以确定国税局的赔偿范围。一审法院在受理案件后，认为国税局为侵权法律关系中的赔偿义务主体，并不享有起诉权利，作为原告不适格，裁定驳回起诉。国税局不服该裁定，向某中级人民法院提出上诉。某中级人民法院认为，民事诉讼原告通常是权利受侵害的公民、法人或其他组织，为了保护自己的或其管理的他人的民事权益，而以自己的名义向法院提起诉讼，要求被告方承担责任，从而引起民事诉讼程序的发生。而本案郎某的权益受到侵害，国税局的权益未受到侵害，因此，国税局不能作为原告提起诉讼，因此裁定驳回上诉，维持原裁定。

[法律问题]

1. 法院裁定驳回原告起诉的依据是什么？该裁定是否正确？

2. 我国现行法律如何规定起诉条件？

[参考结论与法理精析]

（一）法院意见

本案一审法院以原告不适格为由裁定驳回国税局起诉，二审法院以国税局作为赔偿义务主体无权作为原告提起诉讼为由裁定驳回上诉，维持原裁定，可见两级法院作出裁定的依据均涉及原告的起诉资格问题。依据（2012 年）《民事诉讼法》第 119 条，仅适格的当事人才可在具体案件中起诉或应诉，成为原告或被告并接受法院判决的约束。认定当事人是否"适格"的标准即当事人是否与本案存在直接利害关系，"与本案有直接利害关系"是指作为原告的公民、法人或其他组织应当是发生争议的民事法律关系的主体之一。在司法实践中，直接利害关系有两种类型：一种是"实体权利义务主体"，原告自己所享有的民事权益受到他人侵犯或者与他人发生争议，即原告请求人民法院行使审判权所解决的是与自己的民事权益直接相关的民事法律关系争议；另一种是"非实体权利义务主体"，指原告自己依法管理、支配的民事权益受到他人侵犯或者与他人发生争议，即原告请求人民法院行使审判权所解决的是与自己管理、支配的民事权益直接相关的民事法律关系争议。[1]

---

[1] 江伟、姜启波主编：《新民事诉讼法精解与适用指引》，人民法院出版社 2012 年版，第 172 页。

言及本案，郎某被县国税局所在楼掉落的玻璃扎伤头部，二者之间存在侵权法律关系，即使国税局为侵权法律关系的义务主体。依照文义解释，法律并未规定义务主体不能提起诉讼，本案法院以义务主体主动起诉不符合起诉条件为由裁定驳回起诉，事实上造成了对民事主体诉权的侵害和剥夺。此外，从诉的性质分析，本案是一起确认之诉，即县国税局的诉讼请求为确认双方之间的赔偿数额，依诉的利益理论，[1]本案也是符合诉的利益的，法院应当依法受理。

（二）法理精析

1. 起诉条件。起诉条件又称起诉要件，是指发生起诉效果的必要前提，也即，诉的提起因适法所必须具备的前提条件。这些前提条件包括诉状所必须依法载明的事项、依法交纳的诉讼费用等。一旦欠缺这些要件，即使存在起诉行为，这种起诉行为也不能产生预期的法律效果。起诉只有符合有关起诉要件而不存在何种欠缺，才能够使诉讼系属于法院。[2]比较法上对起诉的条件有形式上的要求，以下区分两大法系国家与地区的立法分别介绍之。

（1）英美法系典型国家起诉条件之立法考察。美国民事诉讼的提起，仅需当事人按照法律规定的方式提交起诉状，即可启动民事诉讼程序。《美国联邦民事诉讼规则》（Federal Rules of Civil Procedure）规定，民事诉讼始自原告向法院提交起诉状。[3]起诉状应包括：①该法院享有管辖权的依据；②原告寻求的救济判决的请求；③原告有权获得救济的对于诉讼请求简要明确的陈述。[4]原告提交起诉状之时或者之后，可向书记官提交传票并要求书记官在传票上署名，加盖法院印章。若传票形式符合要求，书记官应当署名，加盖法院印章，将传票发还给原告后由原告向被告送达。[5]从上述规定来看，美国的起诉制度

---

〔1〕 诉的利益可理解为当事人需要运用民事诉讼予以救济的必要性，不同种类的诉的利益不同，可以认为，"当原告的权利或法律上的地位现实地处于不安之状态，且作为消除这种不安之方法对于解决纠纷时有效且合适之时，才能认可确认利益的存在"。

〔2〕 毕玉谦："民事诉讼起诉要件与诉讼系属之间关系的定位"，载《华东政法学院学报》2006 年第 4 期。

〔3〕 RULE 3. COMMENCEMENT OF ACTION：A civil action is commenced by filing a complaint with the court.

〔4〕 RULE 8. GENERAL RULES OF PLEADING：（a）Claim for Relief. A pleading that states a claim for relief must contain：① a short and plain statement of the grounds for the court's jurisdiction，unless the court already has jurisdiction and the claim needs no new jurisdictional support；② a short and plain statement of the claim showing that the pleader is entitled to relief；and ③ a demand for the relief sought，which may include relief in the alternative or different types of relief.

〔5〕 RULE 4. SUMMONS：（b）Issuance. On or after filing the complaint，the plaintiff may present a summons to the clerk for signature and seal. If the summons is properly completed，the clerk must sign，seal，and issue it to the plaintiff for service on the defendant.

非常简单。一方面，原告只要向法院提交起诉状且诉状内容符合法律要求，并在提交诉状同时或之后提交传票即可；另一方面，法院对案件的受理，也仅是由书记官对传票的形式进行审查，审查后加盖法院印章即由原告向被告送达。

英国以新《民事诉讼规则》（The Civil Procedure Rules 1998）对起诉条件作了规定。依该规则，无论向高等法院还是郡法院起诉皆适用统一的规则，提起诉讼的方式也统一为诉状格式。按照该规则，法院基于原告之申请签发诉状格式时，即为起诉。[1]诉状格式须：①准确陈述诉讼请求的性质；②确定原告请求的性质；③如原告提起给付金钱之诉的，依本规则第16.3条之规定载明金额；④以及载明有关诉讼指引规定的其他事项。[2]由此可见，英国的起诉制度与美国相似，同样规定只要提交符合法律要求的诉状就可以进入诉讼程序，而不需法院对诉状记载的内容是否真实或当事人是否适格等实质问题进行审查。

（2）大陆法系典型国家及地区起诉条件之立法参考。《德意志联邦共和国民事诉讼法》第253条规定：①起诉，以书状之送达为之。②诉状应当记明下列各点：当事人与法院；提出的请求的标的与原因以及一定的申请。③在法院管辖决定于诉讼标的的价额，而诉讼标的并不是一定的金额时，诉状应记明诉讼标的的价额，并且要声明，是否有不能把案件交付独任法官的原因。④除此之外，关于准备书状的一般规定，[3]也适用于诉状。⑤应该送达的诉状和当事人的其他声明与陈述，都应该用书面提出，并且按照其送达或通知所要的份数，附具缮本提交给法院。

法国制以专门的《民事诉讼法典》（Code de Procédure Civile，CPC）对民事诉讼进行规范，其中关于起诉条件的规定包括以下方面：①诉讼的提起：原告应当通知对方当事人，他将通过"提起诉讼的请求"启动诉讼程序；原告或被告，应当完成一定的手续，以便法院受理诉讼。②"提起诉讼的请求"的形式，包括五种：传唤状、共同诉状、（提出）诉状、（向法院书记室提交）诉之声明、

〔1〕　RULE 7.2 HOW TO START PROCEEDINGS：Proceedings are started when the court issues a claim form at the request of the claimant.

〔2〕　RULE 16.2 CONTENTS OF THE CLAIM FORM：The claim form must—（a）contain a concise statement of the nature of the claim；（b）specify the remedy which the claimant seeks；（c）where the claimant is making a claim for money，contain a statement of value in accordance with rule 16.3；and（d）contain such other matters as may be set out in a practice direction.

〔3〕　包括记明当事人及其法定代理人的姓名、身份或职业、住所与当事人的地位，作为申请所根据的事实关系，对于对方当事人所主张事实的陈述，当事人用于证明或反驳事实主张的证据方法，以及对于对方当事人提出证据方法的陈述，等等。

当事人自愿出庭。其中，传唤状是一种"原告用以传唤对方当事人到法官前进行诉讼的执达员文书"，这是一种将当事人传唤至法院进行诉讼的传统方式。传唤状上应当记载的事项规定在法典第56条中，同时规定"传唤状即相当于陈述"。若传唤状未写明应载事项，会被法院宣告无效或要求进行补充。

《日本民事诉讼法》第133条第1款规定，提起诉讼，应当向法院提出诉状。第2款规定诉状应记载下列事项：当事人及法定代理人；请求的目的及原因。除此之外，《日本民事诉讼法》还规定，诉状由原告直接向法院的事务窗口提交，值日的法院书记官将诉状转给按事先规定的案件分配方式确定的法官。法官接到诉状后，仅仅对诉状是否符合法律规定的要求进行审查，而不会对诸如当事人适格、是否属于法院主管、是否属于一事再理、是否具有诉的利益等属于实体判决要件（诉讼要件）的问题进行审查。

对照前述国家和地区的立法规范以及起诉条件的概念来看，我国现行《民事诉讼法》第122条规定的起诉条件，严格意义上并不符合起诉条件概念的内涵。

立案审查制度特点在于，在起诉条件中设置有关实体法律关系的审理内容，换言之，即将实体判决要件作为诉讼开始的条件。该制度的积极意义在于，法院可在起诉阶段将对案件进行初步甄选，将不符合实体判决要件的案件排除在诉讼程序之外，一方面可减少当事人诉累，另一方面也可节约审判资源。然而，这种将实质审理置入起诉条件的做法，弊端也是极其突出的，主要表现在"起诉难"现象突出、不能保障当事人充分行使诉讼权利以及法院在裁判处理上的逻辑混乱。这也是我国从立案审查制转向立案登记制的原因，下文将简要介绍比较法上的诉讼要件，以期为起诉制度提供有益思考。

2. 比较法之诉讼要件理论。

（1）诉讼要件的内涵。诉讼要件，是指法院对本案实体权利义务争议问题继续进行审理并作出实体判决的要件。"作出实体判决的要件"也就是法院对当事人的实体请求或实体权利义务争议作出裁决的前提条件。显然，这里的"诉讼要件"并不是指诉讼开始的要件，而是可以对本案实体权利义务争议进行判决的要件，其法律效果在于，如果不具备对本案实体请求或实体权利义务争议判决的要件，也就不能够对原告的实体请求或实体权利义务争议作出判决。由于"诉讼要件"并不等于诉讼开始的要件，因此在这些国家或地区，即使欠缺所谓的"诉讼要件"也并不影响诉讼的成立，并不影响法院对案件审理的开始。[1]

---

〔1〕 张卫平："起诉条件与实体判决要件"，载《法学研究》2004年第6期。

（2）诉讼要件的构成。在大陆法系国家的诉讼理论中，一般认为诉讼要件主要涉及三个方面，[1]即法院、当事人和诉讼标的，诉讼要件在这三方面的要求大致是：首先，法院对纠纷、事件享有审判权（即我国诉讼理论上的主管问题），要求案件属于法院的主管范围，同时法院还要对该案件享有管辖权；其次，"当事人"要具备当事人资格，具备相应的诉讼行为能力，否则应由其法定代理人代理其进行诉讼；最后，原告对诉讼标的享有诉的利益。[2]前文已对管辖及当事人理论等进行介绍，本章重点对诉的利益进行分析。

（3）诉的利益理论。诉的利益是指当民事权利受到侵害或者与他人发生民事纠纷时，需要运用民事诉讼予以救济的必要性与实效性。

在很长的一段时间内，由于长期受权力本位与国家本位的立法和司法理念之影响，我国在民事诉讼受案问题上历来显得过于保守，司法的功能未能得到有效的发挥，再加之诉讼政策的不合理性以及法院在社会中"自主性"的缺失，致使许多本应受理的案件长期被拒之门外，当事人的诉权得不到应有的尊重和保护。立案登记制施行后，法院兑现了"有案必立，有诉必理"的承诺，"起诉难"得到了有效解决。这一重大变革必将推进司法审判领域的法治化进程，推动司法改革向深水区迈进，进而提升我国司法公正度与司法权威。随着立案登记制的推行，民事诉讼法中诉权理论在民事诉讼法学中的地位会逐渐降低或者甚或随着司法改革的推进不排除诉权理论从课本中消失的可能性。

拓展案例

邱某某诉海口市宏大房地产开发公司买卖纠纷案[3]

邱某某因海口市宏大房地产开发公司拖欠工程款诉至（原）海口市新华区人民法院，法院经审理查明，原告系铁道部第二工程局海南锦海公司第五工程

---

〔1〕 陈计男认为："诉之利益之本质为利用民事诉讼者，须就其利用有正常之利益及必要性始可，此乃制度内在上必然的要求，法院基于此方能集中精力于真正有必要为本案判决之事件，同时对于不必要之诉讼，亦可基此予以排除，以保护相对人之利益及司法资源的浪费。此种'正当利益及必要性'，即为广义的诉的利益。"诉之利益包括主体的正当利益及客体的正当利益。主体的正当利益即当事人适格；客体的正当利益的一般要件为：①请求须为适于裁判上主张之具体的权利关系存否之主张；②须未被禁止起诉；③无其他诉讼障碍事项；④可依基于特别目的所定之特别救济手段，简易行使其权力者，该权利之行使如认依特别救济程序较合目的性时，应认无诉讼利益。

〔2〕 郑金玉："我国民事诉讼实践中的诉讼要件问题"，载《甘肃政法学院学报》2009 年第 3 期。

〔3〕 海南省海口市中级人民法院（2001）海中法民终字第 403 号裁定书。

处（以下简称"五处"）的负责人，该五处为该公司内设行政机构，不具有法人资格。法院认为，1992 年原告以五处名义与被告达成的口头承包海口市道客村 388 号商住楼主体工程的协议，属代理行为。该工程竣工验收结算后，双方因工程款发生争议，原告以其个人名义起诉被上诉人不符合主体资格。虽然锦海公司已将原告以五处名义承包上述工程的债权债务全部转让给原告，但根据《中华人民共和国民法通则》第 91 条"合同一方将合同权利、义务全部或者部分转让第三人的，应当取得合同另一方的同意，并不得牟利，依照法律规定应当由国家批准的合同，须原批准机关批准。但是，法律另有规定或者原合同另有约定的除外"的规定，锦海公司将债权债务转移给原告时，未通知原告，其转让协议违反了上述规定。原告与被告并无法律上的直接利害关系，裁定驳回上诉人的起诉。

邱某某不服上诉至海南省海口市中级人民法院。中院经审查认为，从上诉人提交的 1990 年 11 月的"授权委托书"来看，上诉人是锦海公司五处在道客村项目上的"代理人"，而按上诉人与被上诉人 1993 年 1 月的"协议约定书"的内容，道客村项目系上诉人承包，由上诉人以五处名义催收工程款，债权债务行使的权利移交上诉人承担。上诉人在道客村项目上的身份前后不一，导致不同的法律后果：前者上诉人实施行为所产生的法律后果应由锦海公司承担；后者由于五处并非注册登记的其他组织，上诉人作为"承包人"独立承担权利义务。由于时间上的先后，上诉人"承包人"的身份实际已否定了"代理人"的身份。1994 年 4 月被上诉人向上诉人发出关于"一揽子"解决道客村和金盘工程项目问题的"通知"，又将被上诉人认为是不同权利义务承担者的不同项目问题要求上诉人一并解决，经证实，即使锦海公司将道客村项目的权利义务转移给上诉人，被上诉人亦是明知和认可的。况且在双方关于金盘项目的另案中，双方关于"一揽子"解决问题的协议确已签订（尽管因上诉人未签字而被认定为未生效）。同时，锦海公司关于道客村项目为上诉人个人行为，债权债务与其无关的"证明书"则进一步证明上诉人以五处名义承包被上诉人道客村项目之行为为上诉人个人行为。故上诉人系与本案有直接利害关系的公民，其作为诉讼主体参加诉讼符合《中华人民共和国民事诉讼法》第 108 条（2021年修正版第 122 条）规定的起诉条件。原审以上诉人不具备原告诉讼主体资格而驳回其起诉不当。依照《中华人民共和国民事诉讼法》第 154 条之规定，裁定如下：①撤销（原）海口市新华区人民法院（2000）新民初字第 718 号民事裁定。②指令（原）海口市新华区人民法院对本案进行审理。

[问题与思考]

1. 我国民事诉讼应当如何对起诉制度进行完善？

2. 司法实践中如何适用驳回起诉?

[重点提示]

应根据起诉条件、诉讼要件、主管、管辖、当事人等相关规定及理论进行分析。

第二节 一事不再理与既判力

经典案例

上海原顺化工有限公司诉无锡创越生物有限公司买卖合同案[1]

[基本案情]

上海原顺化工公司(以下简称"原顺公司")与无锡创越生物有限公司(以下简称"创越公司")自2003年2月至2003年3月止发生化工原料的业务往来。其间,原顺公司供货后,创越公司支付了部分货款,结欠货款1 118 197元未付。经催讨未果后,原顺公司即于2003年7月29日诉至无锡市锡山区人民法院,法院经审理后于2003年8月15日作出判决:创越公司支付原顺公司货款1 118 197元及自2003年3月15日起至本判决书生效之日止按同期银行贷款利率计算的利息,于判决书生效后10日内履行。该判决书生效后,创越公司未按照判决书确定的付款义务自觉履行。后双方于2003年9月26日就上述判决内容的履行方式自行达成和解协议,约定:创越公司确认结欠原顺公司货款1 118 197元及利息60 803元,合计1 179 000元;原顺公司同意创越公司分期归款,即于2004年4月份开始逐月归本息131 000元,直至还清为止。事后,原顺公司未在法定申请执行期限内向法院申请强制执行;而创越公司按照和解协议的约定分别于2004年4月27日还款121 000元,于2004年6月3日还款141 000元,于2004年10月28日还款140 815.79元,共计还款402 815.19元。

因创越公司未能按约继续履行,原顺公司于2005年5月24日诉至无锡高新技术产业开发区人民法院,要求创越公司立即给付货款776 184.21元,并承担货款本金715 381.21元自2004年10月29日起至判决生效之日止按银行同期同类贷款利率计算的利息。创越公司辩称,上述债权债务关系已经无锡市锡山区人民法院作出的(2003)锡民二初字第1100号民事判决确认,虽然原、被告之

---

[1] 江苏省无锡市高新技术开发区人民法院(2005)新民二初字第0215号判决书。

间就履行上述生效判决达成了和解协议，但和解协议仅是对已被法院生效判决确定的债权债务关系履行方式的一种重新约定。虽然被告没有按照协议履行，但原顺公司在丧失申请法院强制执行权利后再次依和解协议提起诉讼，显然违反了民事诉讼"一事不再理"的基本原则，故请求法院驳回原顺公司的诉讼请求。

[法律问题]

1. 原顺公司与创越公司达成庭外和解协议后再次起诉，是否违反民事诉讼"一事不再理"原则？

2. 无锡高新技术产业开发区人民法院作出的判决是否违反既判力理论？

[参考结论与法理精析]

（一）法院意见

无锡高新技术产业开发区人民法院认为：当事人的合法权益受法律保护。原、被告之间的买卖合同纠纷已于 2003 年 8 月经无锡市锡山区人民法院判决，对被告结欠原告货款 1 118 197 元的事实予以确认并判令被告在判决生效后 10 日内履行，但因原、被告于判决生效后经协商自愿于庭外对判决内容的履行达成了分期付款的和解协议，且被告亦已按此协议部分履行，故原告未在法定期限内申请法院强制执行。现在由于已经超过了法定申请执行期限，因此原告已经失去了按照判决书确定的内容向法院申请执行的权利。但现原告是基于被告未按约履行庭外和解协议这一新的事实和法律关系提起的诉讼，与原告的前一次诉讼不是同一事实、同一理由、同一诉讼标的，本院依法受理并不违反"一事不再理"的原则，因此被告的这一辩称理由不能成立。当事人有权在法律规定的范围内处分自己的民事权利和诉讼权利，且对在申请执行期限内当事人未申请执行，但双方当事人庭外自行和解的情况，目前我国的法律法规未作出明确的禁止性规定。本案原、被告达成的还款协议，以服从法院生效判决确定的权利义务关系为前提，原告同意被告延长还款期限，系其对自身权利的自由处分行为，出自双方当事人真实意思表示，内容合法，不损害他人、国家和社会公共利益，故本院基于民事行为当事人意思自治的原则对双方于 2003 年 9 月 26 日达成的和解协议予以允许和支持。原、被告就无锡市锡山区人民法院作出的（2003）锡民二初字第 1100 号民事判决书的判决内容签订和解协议时，被告确认尚欠原告货款 1 118 197 元及利息 60 803 元，合计 1 179 000 元。现被告在支付部分欠款后尚欠 776 184.21 元的事实清楚，本院予以确认。现原告依据和解协议要求被告立即给付欠款 776 184.21 元的诉讼请求，本院予以支持。被告未能按约履行的行为已构成违约，理应承担相应的违约责任，故现原告要求被告承担相应的银行利息的诉讼请求，本院予以支持。

综上，无锡高新技术产业开发区人民法院作出如下判决：创越公司应于本判决发生法律效力之日起 10 日内向原顺公司支付 776 184.21 元，并承担其中 715 381.21 元自 2004 年 10 月 29 日起至判决生效之日止按银行同期同类贷款利率计算的利息。案件受理费 13 065 元、诉讼保全费 4 520 元、其他诉讼费用 3 517 元，合计 21 102 元（已由原顺公司预交），由创越公司负担。创越公司应于本判决发生法律效力之日起 10 日内将其应负担的诉讼费用直接支付给原顺公司。

（二）"一事不再理"原则简述

一事不再理，是民事诉讼的一项基本制度和国际惯例，也是各国民事诉讼法确立的一项重要原则。溯其历史渊源，可及古罗马法"诉讼消耗"理论。古罗马人从古代朴素的物理世界观出发，将诉权看作物质，认为诉权的行使也如物质运动，必然带来消耗。[1] 诉讼消耗，系指一个诉权或请求权的行使，皆有其对应的诉讼系属[2]在起作用。同一诉权或请求权仅拥有一次诉讼系属，而不得有二次诉讼系属存在。诉权行使发挥作用的内在动力源自诉讼系属的消耗，任何诉权经过完整诉争（诉讼或仲裁）过程而行使完毕，无论结果如何，其对应之诉讼系属消耗殆尽。换言之，一请求权的第二次诉讼会因其诉讼系属缺失而无法成立。此乃罗马法上一事不再理原则。[3]

至现代，论及"一事不再理"原则，一般认为其内容包括两层含义：一是诉讼系属效力，即一诉已经提起或正在诉讼中，该诉就不得再次提起。同一诉讼案件禁止重复起诉，不限于同一法院起诉的情形，向其他法院重复起诉亦受禁止。二是指既判力的消极效力，即对一诉已经作出了终局判决，不得再次提起或重新审判。[4]

我国《民事诉讼法》并未系统规定"一事不再理"原则，但《民诉法解释》（2020 年修正）第 247 条通过对重复起诉的明确规定事实上明确了"一事不再理"原则，当事人就已经提起诉讼的事项在诉讼过程中或者裁判生效后再次起诉，同时符合下列条件的，构成重复起诉：①后诉与前诉的当事人相同；

---

〔1〕 袁秀挺："民事诉讼一事不再理原则新论"，载《法治论丛》2007 年第 5 期。

〔2〕《中华法学大辞典》："诉讼系属，又称诉讼拘束，指因诉讼的提起，法院就该诉讼事件形成判决程序状态。亦即诉讼因起诉而系属于法院，或称诉讼程序已经开始。在诉讼已经开始而尚未终结之间，称为在诉讼系属中，诉讼系属是由于起诉而产生的。"《北京大学法学百科全书·民事诉讼法学》："诉讼系属，亦称诉讼拘束。当事人向法院提起诉讼，经法院受理后至诉讼终结之间诉讼上发生的拘束。"诉因原告提出诉状于法院，使特定当事人间就特定权利或法律关系之事件，于两造当事人之参与下，开始由特定法院予以审判之状态，谓之诉讼系属（德语称 Rechtsh ngigkeit）。详见本书"起诉与受理"一章。

〔3〕 杨永波、张悦："一事不再理原则在我国民事诉讼中的适用"，载《法律适用》2005 年第 9 期。

〔4〕 张昌："论民事诉讼中的一事不再理制度"，载《民事程序法研究》2008 年。

②后诉与前诉的诉讼标的相同；③后诉与前诉的诉讼请求相同，或者后诉的诉讼请求实质上否定前诉裁判结果。当事人重复起诉的，裁定不予受理；已经受理的，裁定驳回起诉，但法律、司法解释另有规定的除外。

（三）"一事不再理"原则与诉讼标的理论

基于"一事不再理"原则，法院审判实践中如何确定此诉与彼诉的界限，即识别"一事"，至关重要。辨别一诉与他诉是否为同诉，通常依诉的构成要素为之，其中又以诉讼标的为最重要标尺。因此，欲合理考量"一事不再理"原则，须对诉讼标的学说进行梳理。

1. 诉讼标的学说的历史发展。

（1）罗马法时期的诉讼标的理论。罗马法时期的诉讼标的表现为诉权制度，"一事"的标准主要通过诉权这一外在媒介来评价。罗马法时期的诉权与现代民事诉讼法上的诉权概念不同，罗马法时期的诉权是指法律赋予当事人就某一特定请求享有的诉讼权利，从实质效果来看，此时的诉权实际上是一种实体法权利，它是实体法权利本身，而非现代意义上的诉讼法上的权利。然而，随着诉讼实际运行的复杂化和诉讼法学的发展，将诉讼标的确认为实体法上的请求权则会出现一些矛盾，如在消极的确认之诉中，起诉人本身并无实体法上的权利，但却为何会有诉讼存在？因此，有学者认为显然有一种区别于实体法上的请求权又独立存在于诉讼上的请求权，这种诉讼上的请求权才是诉讼标的。[1]

（2）实体法说（传统诉讼标的理论说）。德国学者赫尔维希首次将诉讼标的与实体法上之请求权加以区分，在此基础上，实体法说（传统诉讼标的理论）逐渐形成。依此学说，诉讼标的系以实体法上之请求权为识别基准，故一个实体法上之请求权即构成一个诉讼标的。[2]据此，凡实体法上发生竞合的若干请求权，即使给付目的相同，亦可成为若干独立的诉讼标的。举例言之，假以乘客甲乘坐的出租车与乙驾驶的小轿车发生碰撞而致甲车祸受伤，甲可以侵权行为产生的请求权起诉侵权人乙，亦可以违约行为产生的请求权起诉出租车公司赔偿。依实体法说，该案中出现两个基于不同请求权的诉讼标的，甲即可基于两个诉讼标的分别提出两个诉讼，又可同时主张两个请求权而提起一个诉讼。在前一情形中，若法院不支持甲基于一请求权提起的诉讼而判决甲败诉，则甲以另一请求权再度提起诉讼，不构成重复起诉。在后一情形下，若甲同时主张该二请求权而为起诉，则产生诉的合并。

---

〔1〕　江伟、韩英波："论诉讼标的"，载《法学家》1997 年第 2 期。

〔2〕　陈计男：《民事诉讼法论》（上），三民书局 2006 年版，第 230 页。

　　（3）诉讼法说（新诉讼标的理论说）。根据传统诉讼标的理论，一个实体法上的请求权即构成一个诉讼标的。若一个自然事实符合多个法律构成要件从而产生多个请求权时（即请求权竞合），意味着同一事件将可能经过数个审判从而产生数个裁判，则数个裁判的效力如何？传统诉讼标的理论在请求权竞合情形下的障碍使得盛行50年之久的实体法说日渐式微，而与传统诉讼标的理论相对而言的新诉讼标的理论（诉讼法说）随之兴起。此说对于传统诉讼标的理论直接以实体法上之请求权作为识别基准加以批评，主张诉讼标的的概念应由诉讼法本身构成。新诉讼标的理论纯粹从诉讼法的立场出发，意将诉讼标的的概念与实体法彻底分离，以达到解决请求权竞合的问题。

　　新诉讼标的理论说主要分为二分肢说与一分肢说。二分肢说由罗森贝克和尼克逊提出，其认为诉讼标的须依原告之声明及事实加以确定。二分肢说所谓的事实是指未经实体法评价的自然事实，因此，即使该事实依实体法评价符合多个法律事实的构成要件，但事实也只有一个，原告的声明亦只有一个，从而诉讼标的也只有一个。就前例而言，受伤乘客甲虽拥有基于违约的请求权和基于侵权的损害赔偿请求权，但本案只存在一个事实关系，且只有一个要求赔偿损失的声明，故只存在一个诉讼标的。二分肢说在一定程度上缓解了请求权竞合的问题，因为无论是基于什么请求权，只要属于同一个事实，诉的声明相同，就只有一个诉讼标的。然而，二分肢说虽解决了实体法说在请求权竞合问题上之障碍，但仍无法解决基于数个事实、有数个实体法上的请求权而给付目的仅一个时，该一个给付目的却可以受多次判决的问题。[1]据此，一分肢说随之产生。

　　一分肢说由伯特赫尔和施瓦布共同完成。1949年，伯特赫尔发表《婚姻诉讼的诉讼标的》一文，认为婚姻诉讼的诉讼标的，仅依原告诉的声明即可确定，因为在婚姻诉讼中，诉讼标的非当事人请求裁判离婚或者撤销婚姻的理由，而是裁判离婚、撤销婚姻或解除婚姻状态的请求。后来，伯氏又将理论扩展至撤销租赁强制执行异议之诉（形成之诉）和解除契约之诉（确认之诉）。1954年，施瓦布于其《民事诉讼标的研究》一书中，提出审判请求说，将伯氏的一分肢说扩至整个民事诉讼领域。他认为，原告起诉的目的在于请求法院对其声明进行裁判，因此诉讼标的的内容，应依原告声明加以确定。[2]概言之，该说认为无论原告提出几个事实，只要其诉讼声明单一，诉讼标的就单一。但一分肢说也亦存在其理论缺陷，集中表现为：①无法判断相同的当事人之间以金钱或者种

---

〔1〕　江伟、段厚省："请求权竞合与诉讼标的理论之关系重述"，载《法学家》2003年第4期。

〔2〕　江伟、段厚省："请求权竞合与诉讼标的理论之关系重述"，载《法学家》2003年第4期。

类物给付为要求的两个诉的诉讼标的是否同一。如原告请求同一被告返还两笔借款而提起的两个诉讼，如果不借助事实，不能判断前后两诉是否同一。②在处理既判力的问题上，一分肢说认为凡在前诉中主张的事实，即使未经过法院判断，也具有排除后诉中提出的事实效力，这实际上对诉讼中的事实、理由具有预决的效力。

（4）新实体法说。依传统诉讼法标的理论，同一基础事实下可能有数实体法上之请求权发生而构成数诉讼，这是传统诉讼标的理论最受批评的地方。而新诉讼标的理论扩大了诉讼标的的范围，亦受到批评，因此有学者主张诉讼标的的仍应与实体法相关联，从而解决了传统诉讼标的的理论下产生的在同一事实下因实体法关系不同构成多个诉讼的弊端，并重新检讨请求权的再构成，透过此项检讨以解决多个诉讼之整合，这种主张即为新实体法说。新实体法说下，亦存在不同意见，如请求权多重构造说、请求权规范竞合说、全规范统和说。[1]

（5）统一的诉讼标的的否定说。以上各学说，均试图建立一个适用于所有诉讼形态的统一的诉讼标的的概念及其识别标准。实践证明这种努力十分艰难，因为各学说均未达到致理论上的完美状态。因此，终于有人提出要推翻统一的诉讼标的的概念。德国学者乔依格发表《辩论主义、职权主义与诉讼标的》一文，表示要推翻统一诉讼标的的概念。他先将民事诉讼分为辩论主义与职权主义两大模式，然后各依这两大模式分别讨论确定给付之诉、确认之诉和形成之诉的诉讼标的的和识别标准。在他之后，另一学者鲍姆戈塔于 1974 年也提出了不同于统一诉讼标的理论的观点，其认为诉讼标的的概念应依诉讼形态不同而有所不同。但是，分析德国二学者所谓的统一诉讼标的的否定说，实质上是一分肢说与二分肢说的混合，即他们认为，除诉的声明应成为诉讼标的的构成要素之一外，事实是否能够成为诉讼标的的的另一构成要素，应视不同的诉讼类型确定。

2. 我国诉讼标的的学说。上述学说主要为德国诉讼标的的理论的各个流派观点。日本的民事诉讼理论与德国有着脉络相承的关系，其诉讼标的的理论亦受到德国诉讼标的的理论的影响，因此在日本，关于诉讼标的的理论，大体上也都可以分为新旧两派。而就我国国内看来，占主流地位的诉讼标的的学说仍是传统诉讼标的的

---

[1]　陈计男：《民事诉讼法论》（上），三民书局 2006 年版，第 231 页。依此书观点，请求权多重构造说，着眼于请求权机能的多样性，请求权应就各种机能而予以特定识别；请求权规范竞合说，认为就某生活事项，虽包含有数请求权规范，但从诉讼目的考量后，认为实质上仅有单一法律效果时，即成立以数请求规范为基础之单一请求权；全规范统合说，即基于同一事实关系、属同一法体系而本质的目的相类似之规范，就同一给付可并发数请求权时，应成立单一的具体请求权。

理论说。从国内既有的判例及教科书[1]来看，倾向于将诉讼标的表述为"当事人双方发生争议而请求法院予以裁判的民事法律关系"。故立法及实务在"一事"的判断上，皆着眼于民事法律关系。

依此观点分析本节案例，不难判断原顺公司与创越公司达成庭外和解协议后再次起诉，并未违反民事诉讼"一事不再理"原则，盖前后两诉并非"一事"。具体而言，后诉与前诉基于的法律关系（事实）不同，不同的法律事实则形成不同的民事法律关系。前后诉虽在法律事实上有延续性，但双方当事人就生效判决达成和解协议是前诉判决后发生的事实，且在后诉中原告起诉的根据是基于该和解协议，故前后诉中涉及的法律事实并不相同，由此形成的法律关系亦不相同。因此，原告以和解协议这一新的法律事实而形成的债权债务关系作为起诉的依据，既符合《民事诉讼法》规定的关于民事诉讼的受理条件，也不违背"一事不再理"的原则。

（四）"一事不再理"原则与既判力理论

1. "一事不再理"原则与既判力理论的关系。既判力在大陆法系法学理论中，属说明判决效力范畴，大陆法系的学者一般认为，判决生效后即具有确定力。确定力分为形式上的确定力和实质上的确定力，既判力就是指判决实质上的确定力，即"形成确定的终局判决内容的判断的通用力"。其功能是，作为诉讼标的之法律关系于确定的终局判决经过裁判的，当事人不得就该法律关系再行起诉，或在其他诉讼中提出相异主张；作为国家机关的法院也必须尊重自身所作出的裁判，不得作矛盾裁判。[2]

既判力理论中有关既判力的消极功能与"一事不再理"原则存在诸多交集，故在此进行讨论。既判力的消极功能是指判决确定后，当事人不得就同一诉讼标的再行起诉，如再行起诉应予驳回，这种既判力禁止反复的效果就称为既判力的消极功能，也可称为既判力的消极作用。主张既判力的人只要能证明后诉的诉讼请求乃前诉的既判事项，只要后诉请求的原因非为新生事由，不管两次诉讼的原因是否相同，法院应据既判力驳回起诉。由于既判力的消极功能与"一事不再理"原则含义上的相似性，故有的学者认为一事不再理原则应为既判

---

[1] 宋朝武主编的《民事诉讼法学》认为，"诉的标的，又称为诉讼标的，按照我国学界通说的观点，它是指当事人之间发生争议，并要求人民法院作出裁判的民事法律关系"，见宋朝武主编：《民事诉讼法学》，中国政法大学出版社 2008 年版，第 66 页；江伟主编的《民事诉讼法》认为，"在我国立法和实务中，诉讼标的，是指当事人之间争议的请求法院审判的民事实体法律关系或者民事实体权利"，见江伟主编：《民事诉讼法》，中国人民大学出版社 2008 年版，第 29 页；常怡主编的《民事诉讼法学》认为，"诉的标的，是指当事人之间发生争议，并要求人民法院作出裁判的民事法律关系。民事上的法律关系，是民事权利义务关系"，见常怡主编：《民事诉讼法学》，中国政法大学出版社 2001 年版，第 163 页。

[2] 江伟主编：《民事诉讼法》，中国人民大学出版社 2008 年版，第 317～318 页。

力功能的表现，不应视其为存在于既判力以外的另一项独立的制度；有的学者认为，一事不再理两层含义中对后诉的拘束力作用，经过不断发展后乃最终形成了既判力理论，二者存在继受关系；也有学者认为一事不再理与既判力的功能不同，前者指判决一经确定，该案诉权消灭，甚至法院对该案的裁判权也消灭，法院不得就同一事件再为审判，而既判力理论所重视的是禁止法院就同一事件为前后矛盾的判决，并非一事不再理。[1]

应当承认，此二者在概念上并无鸿沟，但侧重点实有差异。"一事不再理"原则针对当事人诉权而设置，侧重于起诉阶段的评价；既判力理论则侧重于诉讼结束阶段的评价，立足于国家审判权之界定。因此，理解既判力相关理论对于正确理解"一事不再理"原则实有裨益，又因构成既判力制度核心的是既判力的范围（或曰既判力的界限），故下文对此着重阐述。

2. 既判力的范围。既判力所具有的确定性及不可争性并非绝对，其效果仅存于一定范围，故论及既判力，须明确其效用范围。既判力的范围包括主观范围、客观范围及时间范围。

（1）既判力的主观范围。既判力的主观范围指既判力作用的主体范围。原则上既判力只对提出请求及与请求相对立的当事人有拘束力，当事人之外的第三人不受当事人间诉讼结果的既判力拘束，大陆法系学者将之称为既判力相对性原则。在这一点上，我国《民事诉讼法》与大陆法系做法无异。

（2）既判力的客观范围。既判力的客观范围是指判决中哪些判断产生既判力的问题。按照大陆法系的一般观点，既判力原则上以判决主文中的判决事项为限，判决理由没有既判力。

我国《民事诉讼法》对于既判力的客观范围无直接和明确规定，但从司法解释有关规定来看，我国并未赋予判决理由以既判力。《民诉法解释》第 93 条第 5 项规定，已为人民法院发生法律效力的裁判所确认的事实，当事人无需举证证明。鉴于事实确认属于判决理由的内容，从该规定中似乎可以得出判决理由具有既判力。但是，《证据规定》第 9 条在重申这一规则的同时，又规定当事人有相反证据足以推翻的除外。这一规定的含义是：当事人主张的事实已经法院生效裁判所确认，可以免除主张该事实的当事人的举证责任；但是如果对方当事人有相反证据足以推翻该裁判所确认的事实的，不能免除当事人的举证责任。显然，只要反对生效裁判确认事实的当事人提出足以推翻该事实的证据，同时主张该事实的当事人又提不出足以证明该事实成立的证据，审理后诉的法院就可以作出判决推翻前诉生效裁判确认的事实。可见，生效判决对事实的认

---

〔1〕　江伟主编：《民事诉讼法》，中国人民大学出版社 2008 年版，第 318 页。

定，并不具有预决效力。也就是说，判决理由并不具有既判力。既然判决理由没有既判力，那么既判力的客观范围只能限于判决主文中的判断。[1]

（3）既判力的时间范围。裁判中的实体权利义务关系随着时间的推移可能会变更或消灭，因此判决必须明确，该判决是针对什么时间点对权利义务作出的判断。大陆法系国家通说认为该时间点为事实审言词辩论终结时，在此之前，当事人可陈述事实；在此之后，原则上不得提出新的事实。这就是既判力的时间范围，又称既判力基准时。既判力的基准时产生这样的意义：一般只允许当事人在后诉中就基准时之后发生的事实展开争议，禁止当事人在后诉中对前诉确定的判决中具有既判力的判断进行争议，也不允许当事人根据前诉基准时之前存在的事实，再次提出主张或抗辩。如果当事人提出了基准时之前的事由，法院应当拒绝审理。既判力具有阻挡或排除当事人在后诉中提出该种事实的权利，称为"排除效力"或"遮断效力"。[2]

观及我国《民事诉讼法》，并无法条明确规定基准时点，但由于在庭审阶段当事人可随时提出新证据，且法庭辩论结束后当事人有最后发言的权利，法院此时还可以进行调解，依此可知我国既判力并不以言词辩论终结为基准时。

依既判力理论分析本案例，前诉判决对原、被告有既判力，双方当事人固不得以前诉庭审结束前的相同事由再次争议。然而，原、被告以服从生效判决所确定的权利义务关系为前提达成分期付款的和解协议，是双方当事人真实意思表示，内容合法，且双方达成的和解协议并已部分履行发生于前诉判决生效后，是新的事由，故不应受前诉判决既判力的约束，故原告可再次诉至法院，法院亦应依法作出判决。

拓展案例

案例一：   礼来公司诉华生公司侵害发明专利权纠纷案[3]

2013 年 7 月 25 日，礼来公司向江苏省高级人民法院（以下简称"江苏高院"）诉称，礼来公司拥有涉案 91103346.7 号方法发明专利权，涉案专利方法制备的药物奥氮平为新产品。华生公司使用落入涉案专利权保护范围的制备方法生产药物奥氮平并面向市场销售，（2008）苏民三终字第 0241 号（以下简称

---

〔1〕 翁晓斌："我国民事判决既判力的范围研究"，载《现代法学》2004 年第 6 期。

〔2〕 谭兵、李浩主编：《民事诉讼法学》，法律出版社 2009 年版，第 336～337 页。

〔3〕 最高人民法院（2015）民三终字第 1 号判决书。

"前案"）判决认定华生公司侵权成立，判令其停止侵权并赔偿礼来公司经济损失人民币 50 万元。但是，在前案起诉日（2003 年 9 月 29 日）至涉案专利权有效期届满日（2011 年 4 月 24 日）期间，华生公司的侵权行为一直在持续。为此，礼来公司提起本案诉讼，请求法院判令：①华生公司赔偿礼来公司经济损失人民币151 060 000元、礼来公司为制止侵权所支付的调查取证费和其他合理开支人民币288 00元；②华生公司在其网站及《医药经济报》刊登声明，消除因其侵权行为给礼来公司造成的不良影响；③华生公司承担礼来公司因本案发生的律师费人民币 1 500 000元；④华生公司承担本案的全部诉讼费用。华生公司主张本案系重复起诉，违反了"一事不再理原则"。2003 年 9 月 29 日，伊莱利利公司向江苏省南京市中级人民法院（以下简称"南京中院"）起诉华生公司侵害本案涉案专利权，该院于 2008 年 4 月 7 日作出（2004）宁民三初字第 029 号民事判决，驳回伊莱利利公司的诉讼请求。伊莱利利公司不服，提起上诉。江苏高院于 2011 年 12 月 19 日作出（2008）苏民三终字第 0241 号终审判决，撤销一审判决，判令华生公司停止使用涉案专利权利要求 1 中的方法（a）生产奥氮平，并赔偿伊莱利利公司经济损失人民币 50 万元。

案例二：杨宽诉金瑞房地产公司居间合同纠纷案[1]

2009 年 4 月 4 日，杨某起诉至江苏省东海县人民法院（以下简称"东海县法院"），称其促成了连云港金瑞房地产开发有限公司（以下简称"金瑞公司"）与徐州市颖都房地产开发有限公司（以下简称"颖都公司"）的合作，完成了居间事务，杨某按照金瑞公司的《承诺》应获得 1050 万元的居间报酬，但金瑞公司仅支付了 26.5 万元，故请求判令金瑞公司给付剩余居间报酬中的 98 万元。东海县法院经审理查明，2008 年 4 月 18 日杨某以与本案相同的事实和理由起诉至灌云县人民法院，请求判令金瑞公司向杨某支付居间报酬中的 10 万元，后于 4 月、6 月，将诉讼请求分别变更为 498 万元、180 万元。该案审理过程中双方达成调解协议并经（2008）灌民二初字第 282 号民事调解书确认，金瑞公司给付杨某 26.5 万元，余款杨某自愿放弃。后金瑞公司向杨某支付了 26.5 万元。

东海县法院经审理认为，杨某未能举证证明《协议》系由其促成；《承诺》已作废，不能作为主张居间报酬的依据；未促成合同成立的居间人可以主张从事居间活动支出的必要费用，但是，杨某在（2008）灌民二初字第 282 号案件（以下简称"前案"）中经调解获得 26.5 万元，足以抵销其支出的费用，故对此

---

〔1〕　江苏省高级人民法院（2012）苏商申字第 256 号裁定书。

问题不再理涉。据此,一审法院裁定驳回杨某的起诉。

该案涉及主张权利的一方当事人在调解协议中承诺"放弃余款"的,应视为"放弃其可能主张的所有的余款"。其基于相同的事实和理由再次以诉讼方式向对方主张部分给付的,属于重复诉讼,违反"一事不再理"原则,亦有违诉讼诚信,不应予以支持。

[问题与思考]

1. 当事人针对不同时间段的侵权行为提起诉讼是否符合"一事不再理"原则?

2. 既判力主观范围的相对性是否存在例外情形?

[重点提示]

根据"一事不再理"原则的适用条件以及既判力主观范围的扩张进行分析。

第三节　撤诉与缺席判决

经典案例

北京儒鼎时代法律咨询服务有限公司诉程爱华法律服务合同案[1]

[基本案情]

北京儒鼎时代法律咨询服务有限公司(以下简称"儒鼎时代公司")成立于2003 年,其经营范围包括法律咨询、经济信息咨询、企业管理信息咨询、技术咨询(中介除外)、公关顾问、公关策划、投资顾问(中介除外)、科技开发、技术转让、技术服务等。程某某因与其妻子离婚纠纷一案向儒鼎时代公司咨询,后双方对咨询费用发生争议,儒鼎时代公司将程某某诉至北京市朝阳区人民法院。

一审中,儒鼎时代公司诉称,程某某于2008 年4 月28 日向其咨询离婚相关事宜,双方约定咨询费9000 元,但其为程某某提供咨询服务后程某某未支付该款。对此,程某某辩称双方不存在咨询服务合同关系,也没有约定咨询费9000元,尽管确实去过儒鼎时代公司咨询,但后来发现该公司人员不具有律师资格,该公司也不具有国家颁布的合格的行政许可书,认为该公司的服务不合法。他还认为,儒鼎时代公司曾因本次事件多次起诉又撤诉,且均采用同一事实和理

---

〔1〕　北京市第二中级人民法院(2009)二中民终字13791 号判决书。

由，儒鼎时代公司的行为既浪费人民法院的司法资源，又浪费自己的时间和精力。

儒鼎时代公司在庭审结束后向朝阳区人民法院提交书面撤诉申请书，称"经过慎重考虑，依据《中华人民共和国民事诉讼法》之规定，依法申请撤诉"，但未说明正当理由。

[法律问题]

1. 朝阳区人民法院是否应当允许儒鼎时代公司撤诉？

2. 我国民事诉讼法规定的撤诉条件是什么？

[参考结论与法理精析]

（一）法院意见

本案经朝阳区人民法院一审审理查明：原告儒鼎时代公司的经营范围包括法律咨询等，被告程爱华曾经至原告处接触过原告工作人员。庭审中，原告称双方约定被告因咨询应向原告支付咨询费9000元，对此被告予以否认，原告亦未提交相应证据予以证明。本案中原告儒鼎时代公司申请撤回起诉，但并未说明正当理由。朝阳区人民法院认为，当事人应正确行使诉讼权利。因原告儒鼎时代公司此前就涉案事件多次起诉又均撤诉，本次诉讼又未说明合理理由而申请撤诉，其撤诉申请不符合法律规定，故法院依法不予准许。综上，依据《民事诉讼法》第131条（2021年修正版第148条）之规定，裁定如下：不准许原告北京儒鼎时代法律咨询服务有限公司撤回起诉。

此后，朝阳区人民法院继续审理此案，作出（2009）朝民初字第11261号判决书，判决驳回原告北京儒鼎时代法律咨询服务有限公司的诉讼请求。

一审判决作出后，儒鼎时代公司不服，上诉至北京市第二中级人民法院，北京市第二中级人民法院于2009年9月28日作出（2009）二中民终字13791号判决：驳回上诉，维持原判。

（二）撤诉制度简述

处分原则为民事诉讼法的特有原则，是民法中当事人意思自治原则的体现和延伸，指当事人可以自主决定行使民事权利和诉讼权利的方式和内容。[1]案件进入诉讼程序后，当事人撤回已成立的诉讼，为当事人在诉讼阶段行使处分权的具体表现。确立撤诉制度，不仅为当事人处分其诉讼权利提供了更加完善的制度层面的保障，也使法院在当事人自愿的基础上审结民事案件，避免诉讼无意义地进行，更加合理、有效地配置了有限的司法资源。[2]

---

〔1〕　宋朝武主编：《民事诉讼法学》，中国政法大学出版社2008年版，第88页。

〔2〕　夏蔚、李爽主编：《民事诉讼法学》，中国人民公安大学出版社2005年版，第186页。

1. 撤诉的概念与种类。撤诉是指人民法院立案后宣判前，当事人将已经成立之诉撤销。根据《民事诉讼法》有关撤诉的规定，参照不同的标准，可将撤诉作以下分类：

以撤诉的形式为标准，[1]可分为申请撤诉和人民法院按撤诉处理。这是有关撤诉的最主要分类。申请撤诉是指撤诉申请人起诉后自愿向法院申请撤回起诉，它是当事人对自己诉权的积极处分，我国现行《民事诉讼法》第148条第1款及第180条对原告申请撤诉的情形作了规定；人民法院按撤诉处理为法院的职权行为，指原告未向法院提出撤回起诉申请时，当事人某种行为符合法律规定时，法院依照该法律规定将案件按撤诉处理，它是当事人对自己诉权的消极处分。人民法院按撤诉处理的主要情形分别规定在《民事诉讼法》第146条及《民诉法解释》第199、213、235、236条，包括：①原告或上诉人未在法院指定期间交纳诉讼费用的；原告或上诉人接到法院预交案件受理费的通知后，既不预交费用，也不申请缓交、减交或者免交，以及申请缓交、减交或者免交未获准许后仍不交费的。②原告经传票传唤后，无正当理由拒不到庭的，或者未经法庭许可中途退庭的。③无民事行为能力的原告的法定代理人，经法院传票传唤无正当理由拒不到庭的。④有独立请求权第三人经法院传票传唤无正当理由拒不到庭的，或者未经法庭许可中途退庭的。

有独立请求权的第三人参加诉讼后，原告申请撤诉，人民法院在准许原告撤诉后，有独立请求权的第三人作为另案原告，原案原告、被告作为另案被告，诉讼另行进行。无独立请求权第三人拒不到庭或者未经法庭许可中途退庭的，不影响案件的审理。

以撤诉的审级为标准，可分为原告撤回起诉与上诉人撤回上诉。二者的意义皆在于结束诉讼程序，但后者的意义还包括上诉人对一审判决结果的接受。

以撤诉的主体为标准，分为原告撤回起诉、被告撤回反诉以及有独立请求权第三人撤回参加之诉。本诉为原告向被告提起的诉讼；反诉是本诉的被告以原告为被告，向受理本诉的人民法院提出的与本诉具有牵连关系的，目的在于抵销或者吞并本诉原告诉讼请求的独立的反请求的诉讼；有独立请求权第三人

---

[1]　对申请撤诉和法院按撤诉处理的分类标准，存在不同观点。如江伟主编的《民事诉讼法》认为，"依当事人撤诉行为的积极和消极形态为标准"，见江伟主编：《民事诉讼法》，中国人民大学出版社2008年版，第292页；常怡主编的《民事诉讼法学》直接认为，"从程序上分类"，见常怡主编：《民事诉讼法学》，中国政法大学出版社2001年版，第286页。但这些分类标准的实质皆大同小异，对此不再进行区分。本书直接采纳宋朝武主编的《民事诉讼法学》观点，见宋朝武主编：《民事诉讼法学》，中国政法大学出版社2008年版，第316页。

参加之诉是指认为对原、被告之间争议的诉讼标的有全部或部分独立请求权的人，在本诉审理过程中，向法院提出的以本诉原、被告为被告的诉讼。相应地，原告撤回起诉即原告在法院终结一审程序前将其起诉予以撤销的行为；被告撤回反诉是本诉被告撤销反诉的行为；撤回第三人参加之诉，是指有独立请求权的第三人撤销参加之诉的行为。

2. 申请撤诉的条件。人民法院将案件按撤诉处理，仅发生在当事人行为符合特定法律条件之时，法院不得依自由裁量权恣意判断，因上文已对人民法院将案件按撤诉处理的情形予以列举，故在此仅对原告申请撤诉的条件进行说明：

（1）主体条件。申请人是法律规定有撤诉权的人，包括：原告及其法定代理人及其特别授权的委托诉讼代理人、有独立请求权第三人及其法定代理人及其特别授权的委托诉讼代理人、提起反诉的被告及其法定代理人和其特别授权的委托诉讼代理人、二审程序中的上诉人。

（2）时间要件。申请撤诉的时间发生在法院立案后，判决宣告前。判决一经宣告，非经法定程序，便不得随意撤销。其目的在于：一是维护诉讼的正常有序进行；二是因为撤诉将会产生终结诉讼程序的后果，宣判后原告再提出撤诉申请已经没有实际意义。[1]

（3）形式要件。原告申请撤诉，应该向法院递交撤诉申请书，按照简易程序审理的案件，也可以口头申请撤诉。

（4）实质要件。撤诉的申请应当自愿、合法。一方面，当事人基于自己的真实意思表示而申请撤诉，不存在受到其他当事人或利害关系人的欺诈、胁迫等情形；另一方面，当事人申请撤诉应当合法，即当事人主观上不得出于规避法律或损害他人合法权益等非法目的，撤诉也不得造成对国家、集体和他人合法权益的损害。

观及本案，一审人民法院对原告儒鼎时代公司的撤诉申请进行审查后，认为原告未对撤诉申请提出合理理由，同时，结合儒鼎时代公司曾多次起诉的事实，认定其在诉讼程序中不诚信，有滥用诉讼权利之虞，据此作出不准许原告北京儒鼎时代法律咨询服务有限公司撤回起诉的裁定，表明当事人处分权并非不受限制，当事人应当在法律规定的范围内行使民事权利和诉讼权利。

（5）撤诉是否准许，必须由法院作出裁定。当事人向人民法院申请撤诉，人民法院应对当事人是否有违反法律的行为进行审查。经审查，符合条件的，人民法院作出准许裁定，案件审理终结；当事人有违反法律的行为需要依法处

---

〔1〕　夏蔚、李爽主编：《民事诉讼法学》，中国人民公安大学出版社 2005 年版，第 187 页。

理的，人民法院作出不准许撤诉的裁定，案件继续进行，当事人继续参加诉讼，如果经传票传唤仍然拒不到庭，则可以进行缺席判决。

除以上条件外，有学者建议增加"撤诉应经被告同意"，即如果被告已经就原告的起诉进行答辩，则撤诉须经被告的同意。理由是，现行《民事诉讼法》规定原告申请撤诉是否准许由人民法院裁定，但哪些情形不应准许没有规定，因而在审判实践中对撤诉几乎无限制。一般认为，起诉一经撤回，即视为未起诉，当事人撤诉或人民法院按撤诉处理后，当事人以同一诉讼请再次起诉的，人民法院应予受理，这使得原告有机会滥用诉权，浪费被告的人力和财力，也违背当事人诉讼权利平等原则。[1]而这种观点在大陆法系国家中立法例也并不鲜见，如《日本民事诉讼法》第261条第2款规定："撤回诉讼，如果是在对方当事人对于本案已经提出准备书状或在辩论准备程序中已经陈述或者已经开始口头辩论后提出的，非经对方当事人同意，不发生效力。"法国新《民事诉讼法典》第395条规定："撤回起诉，仅在经被告接受时，始为完全。"此外，德国、美国对此也持相似观点。

3. 撤诉的法律后果。人民法院准许当事人撤诉或依职权将案件按撤诉处理的，应当以裁定方式作出，裁定一经作出即发生法律效力，并产生以下法律后果：

（1）本案诉讼程序结束。诉讼程序的终结，对当事人而言，其不得请求法院恢复原诉讼程序的审理，对法院而言，亦无须对原诉讼程序进行审理和裁判。

（2）视同当事人自始未起诉，当事人仍然具有依照法律规定起诉的权利。对于民事诉讼中原告撤回起诉以后又以同一诉讼请求和理由对同一当事人再次起诉，人民法院能否再行受理，我国民事诉讼在审判实践中解决这一问题的法律依据有最高人民法院下达的《最高人民法院关于民事诉讼当事人撤诉后再次起诉人民法院能否受理问题的批复》，言明原告以暂因证据不足为由申请撤诉，在第一审人民法院裁定准许其撤诉后，原告在诉讼时效期间内又提出新的证据再行起诉，人民法院应予受理。《民事诉讼法》第127条第5项规定："对判决、裁定、调解书已经发生法律效力的案件，当事人又起诉的，告知原告申请再审，但人民法院准许撤诉的裁定除外。"以及《民诉法解释》第214条第1款规定："原告撤诉或者人民法院按撤诉处理后，原告以同一诉讼请求再次起诉的，人民法院应予受理。"据此可以认为原告撤诉后，在法定期限内，如符合法律规定的起诉条件就可以再次提起诉讼。

---

[1] 杨荣馨主编：《中华人民共和国民事诉讼法（专家建议稿）立法理由与立法意义》，清华大学出版社2012年版，第155～156页。

（3）原告负担有关的诉讼费用。根据国务院颁发的《诉讼费用交纳办法》的相关规定，原告撤诉的，诉讼费用由其负担，法院减半收取诉讼费用。

此外，各学说普遍认为，撤诉还会产生诉讼时效重新起算的法律效果，即从法院准予撤诉的裁定作出之日起，诉讼时效就应当重新开始计算。然而，有学者认为，撤诉并非对所有类型案件都产生诉讼时效中断的法律效果，譬如债权人起诉后又撤诉的案件，不应产生诉讼时效期间的中断。[1]其理由主要有二：一是世界各主要国家均规定，债权人起诉后又撤诉不产生诉讼时效期间的中断。以德、瑞、法等国为代表，认为原告须于一定期间内（例如 6 个月）再提起诉讼，即溯及于前诉之时发生中断的效力；以日本为代表，认为诉状副本已送达被告人，可认为按诉讼外请求或催告而中断的效力。二是基于诉讼法的一元论观点，该观点认为诉讼是一个过程，为保证在诉讼的过程中，诉讼时效不至于由于诉讼期间的经过而完成，为法院以后在作出支持债权人请求裁判的情况下得到强制执行的理论依据，因此法律规定在起诉时诉讼时效中断。在这种学说的指引下，债权人撤回起诉，法院也将不再对债权人的权利是否存在作出评判，因此时效的中断也就显得没有必要。

（三）撤诉与缺席判决

撤诉与缺席判决通常都被归为开庭审理中的特殊情形，法院缺席判决的情形主要规定在《民事诉讼法》第 146～148 条以及《民诉法解释》第 235、241、403 条中，在此不再赘述。[2]但有一点值得讨论，除第 146 条、第 148 条规定的对原告适用缺席判决的情外，即原告既未申请撤诉、被告也未提起反诉，原告未到庭参加诉讼或不听劝阻中途离庭的，能否对原告适用缺席判决？

举例说明：[3]原告甲向法院起诉称，被告乙于 2004 年 1 月 20 日向其借现金 700 元，约定 3 月 20 日归还。借款到期后被告乙拒绝还款，故要求被告归还借款 700 元。开庭时，被告乙答辩称，欠原告甲 700 元属实，但该款是在与甲赌博时所欠，要求法院不支持甲的诉讼请求，并向法院提交了相关证据。原告甲见胜诉无望，不听劝阻中途离开法庭，致使案件无法继续审理。

对于该案应如何处理，主要有两种意见，第一种意见是严格遵照《民事诉讼法》第 143 条规定，裁定本案按原告自动撤诉处理。第二种意见是：对原告

---

〔1〕　常怡主编：《民事诉讼法学研究》，法律出版社 2010 年版，第 472 页。

〔2〕　法院适用缺席判决的情形：①原告经传票传唤无正当理由拒不到庭的，或者未经法庭许可中途退庭，被告反诉的；②被告经传票传唤，无正当理由拒不到庭的，或者未经法庭许可中途退庭的；③宣判前，原告申请撤诉，人民法院裁定不准许撤诉的，原告经传票传唤，无正当理由拒不到庭的。

〔3〕　郑军："从一起借贷纠纷案谈缺席判决制度的完善"，载中国法院网：http://www.chinacourt.org/article/detail/2004/04/id/112723.shtml，最后访问日期：2021 年 4 月 24 日。

进行缺席判决。理由如下：《民诉法解释》第 176 条规定，其他扰乱法庭秩序，妨害审判活动进行的。人民法院可以适用《民事诉讼法》第 110 条规定处理。原告先是隐瞒事实到人民法院进行恶意诉讼，后见事情败露中途离庭，目的是逃避处罚。对本案而言，被告欠原告 700 元属实，但该款系双方在赌博时所欠，依法应不予保护，本案如以原告自动撤诉处理，原告就达到了规避法律、逃避制裁的目的。因此，本案不应按原告自动撤回起诉处理，而应以缺席判决方式驳回原告的诉讼请求，还应视双方情节轻重予以民事制裁，这样既能表明国家法律对该种行为的鲜明态度，体现法律的指引和评价作用，又可树立法律的权威。

拓展案例

汉川市马鞍乡农村合作基金会接管中心诉胡某某、刘某某借款纠纷抗诉案[1]

1995 年，刘某某与其姐夫汪某某合伙开办了湖北省克力电缆厂（以下简称"电缆厂"），聘请胡某某任会计。1996 年，电缆厂委派胡某某到原汉川市马鞍乡榔头农村合作基金会（以下简称"榔头农基会"）借款。之后，胡某某以自己的名义，先后两次从榔头农基会借款合计 8 万元交给电缆厂。1998 年 12 月 31 日，汪某某从合伙企业中退出，退伙时，汪与刘约定，上述贷款本息由刘某某负责偿还。1999 年 7 月，原榔头农基会主任谢某某和会计黄某某到电缆厂收取 8 万元的贷款利息时，刘某某与谢某某协商，将胡某某以个人名义贷款的 8 万元本金及到期利息 25 600 元转为新贷款，并办理了 105 600 元贷款手续。刘某某在"借款人"一栏签了自己的名字，胡某某在"担保人"一栏签名。

1999 年 8 月 21 日，刘某某向榔头农基会还款 9000 元。2000 年 7 月，汉川市政府成立农村合作基金会接管中心，清理基金会遗留债权债务。同年 8 月 2 日，刘某某向接管中心偿还本金 18 000 元，并将自己的房产证（房产价值约为 6 万元）抵押给接管中心。之后，汉川市马鞍乡成立了汉川市马鞍乡人民政府农村合作基金会接管中心（以下简称"接管中心"），专门接管、清理乡内原设立的各农村合作基金会的债权债务。2003 年 3 月，马鞍乡人民政府农村合作基金会接管中心以刘某某、胡某某贷款 105 600 元，已偿付本金 9000

---

〔1〕　案例来源，北大法宝：https://www.pkulaw.com/pfnl/a25051f3312b07f3d69f497104ff5f142789c92a696e85b2bdfb.html，最后访问日期：2021 年 4 月 24 日。

元、18 000 元后，尚欠本金 78 600 元及利息拒不偿还为由，起诉至汉川市人民法院。

2003 年 9 月 24 日，汉川市人民法院作出（2003）川民初字第 1035 号民事判决认为：胡某某、刘某某因经营需要向榔头农基会申请贷款，借款合同违反了国家关于农村合作基金会是社区内为农业、农民服务的资金互助组织，资金用于农村生产的有关规定，属无效合同。胡某某、刘某某依该合同取得的财产，应当予以返还。接管中心要求胡某某、刘某某按合同约定清偿借款本息的理由，本院不予支持。但胡某某、刘某某长期占用接管中心资金给其造成损失，应予酌情赔偿。依照《中华人民共和国民事诉讼法》第 130 条、《中华人民共和国合同法》第 58 条之规定，判决：胡某某、刘某某返还接管中心 105 600 元，并按银行同期资金贷款利率从借款之口起至还款之日止赔偿接管中心的经济损失（已返还的 27 000 元及相应的损失予以冲减）。

胡某某不服，向检察机关申诉。孝感市人民检察院于 2004 年 8 月 10 日作出孝检民行抗字（2004）5 号民事抗诉书，认为汉川市人民法院（2003）川民初字第 1035 号民事判决认定事实的主要证据不足，适用法律错误，且审判严重违反法定程序，影响了案件的正确判决。

经查，汉川市人民法院在审理此案过程中，仅向原、被告发过一次开庭传票，传票确定的开庭日期为 2003 年 8 月 13 日。而在 2003 年 8 月 13 日，原、被告双方都未到庭参与诉讼（有检察机关对原告代理人吴某某的调查笔录证实）。根据《中华人民共和国民事诉讼法》第 129 条（2021 年修正版第 146 条）之规定：原告经传票传唤，无正当理由拒不到庭的，或者未经法庭许可中途退庭的，可以按撤诉处理。但是，汉川市人民法院违反以上规定，在原告、被告都没有到庭的情况下，没有将该案作撤诉处理，而是缺席继续审理此案，并伪造开庭笔录，让他人代替原告方代理人在开庭笔录上签名。由于原审法院在审理过程中严重违反法定程序，影响案件的正确裁判。

2004 年 9 月汉川市人民法院裁定再审此案。再审中，接管中心提出撤回起诉申请。2005 年 1 月 12 日，汉川市人民法院作出裁定，裁定准许接管中心撤诉。

[问题与思考]

1. 撤诉后再起诉的条件有哪些？

2. 撤诉当事人的程序利益应如何保护？

[重点提示]

参照《民诉法解释》的相关内容进行分析；结合《民事诉讼法》相关规定及对法院所有的裁定应否赋予当事人的上诉权进行分析。

第四节　诉讼中止、诉讼终结与延期审理

经典案例

张某 1 与张某 2 建设工程施工合同纠纷案[1]

[**基本案情**]

2006 年春，经陈某某介绍，张某 2 就其位于金桥办事处朝阳路金庄学校东邻的土地一块与张某 1 签订了建设工程施工合同，合同约定由张某 1 为其承建院墙和库房，总工程价款为 230 000 元。2007 年 5 月，张某 1 依约完成施工任务，陈某某对工程质量进行验收后，张某 2 即接收工程投入使用。合同履行过程中，张某 2 共支付原告工程款 100 000 元，余下欠款 130 000 元于 2007 年 11 月 15 日向张某 1 出具欠条一份。因该 130 000 元一直拖欠未还，遂张某 1 于 2008 年 5 月 27 日将张某 2 诉至河南省长葛市人民法院。

张某 1 起诉不久后，2008 年 7 月 22 日，张某 2 另案起诉，要求确认双方之间建设工程施工合同的效力，请求张某 1 赔偿其房屋质量不合格损失，并主张本案的判决结果应属于前案诉讼中止的法定情形，人民法院应对本案作出裁判后再行审理前案。

经审理，一审人民法院认为：从事建筑活动的建筑施工企业和从事建筑活动的专业技术人员应当依法取得相应的资质等级证书和执业资格证书，方可在其资质等级许可的范围内从事建筑活动。原告张某 1 作为从事建筑活动的合同一方当事人不具备法定的从业条件，故原、被告之间的建设工程施工合同为无效合同。《合同法》第 58 条规定，合同无效或者被撤销后，因该合同取得的财产，应当予以返还；不能返还或者没有必要返还的，应当折价补偿。原、被告之间属建设工程施工合同关系，履行合同的过程就是将劳动和建筑物材料物化在建筑产品的过程；合同性质决定合同无效后不能适用恢复原状的返还原则而应适用折价补偿的返还原则。原告张某 1 施工工程竣工后，被告张某 2 未经验收即擅自使用并为原告出具竣工结算手续，故被告张某 2 应按照结算款项支付原告工程价款。

本案系建设工程施工合同纠纷，确认合同效力属本案审理范围之内，且本

---

〔1〕 河南省许昌市中级人民法院（2008）许民二终字第 145 号判决书。

案立案在被告张某 2 另案起诉之前，工程质量赔偿之诉的审理结果，亦非本案判决的依据，故被告张某 2 另案起诉不是引起本案诉讼中止的情形，被告张某 2 该辩论理由本院不予采纳，原告张某 1 所诉应予支持。据此，一审法院作出（2008）长民二初字第 00656 号民事判决书，判决被告张某 2 支付原告张某 1 工程款 130 000 元。

张某 2 不服一审判决，向河南省许昌市中级人民法院提起上诉，上诉称：①争诉的建设工程施工合同无效，被上诉人请求支付工程款没有法律依据；②一审判决在另案诉争建设工程是否合格尚未作出裁判的情况下，支持被上诉人诉讼请求明显程序违法。

[法律问题]

1. 张某 2 另案提起的施工工程质量赔偿之诉是否属于一审法院诉讼中止情形？

2. 法院诉讼中止的条件是什么？与延期审理的适用条件有何区别？

[参考结论与法理精析]

（一）法院意见

河南省许昌市中级人民法院认为，因张某 1 作为从事建筑活动的合同当事人不具备有资质的从业条件，故双方之间的建设工程施工合同应确认为无效合同。但依据《最高人民法院关于审理建设工程施工合同纠纷案件适用法律问题的解释》第 2 条的规定，建设工程施工合同无效，但建设工程竣工验收合格，承包人请求参照合同约定支付工程价款的，应予支持。本案在双方约定的施工工程竣工后，张某 2 未经有关部门验收即使用并为张某 1 出具竣工结算欠条一份"今欠建筑款 13 万元"，确定了支付工程价款的数额，系双方真实意思的表示，故应按照双方约定的价款 130 000 元支付张某 1 工程款。

张某 2 对张某 1 另案提起施工工程质量赔偿之诉，还在一审法院立案审理过程中，该案的判决结果，不是引起本案诉讼中止的法定情形，且执行时可以行使抵消权，故张某 2 的上诉理由不能成立。

综上，河南省许昌市中级人民法院于 2009 年 1 月 7 日作出（2008）许民二终字第 145 号判决书，判决驳回上诉，维持原判。

（二）诉讼中止的含义及具体适用

诉讼中止是指在诉讼进行过程中，由于某种法定情形的出现而使诉讼活动难以继续进行，受诉人民法院裁定暂时停止本案诉讼程序的制度。通常情况下，民事诉讼程序一经开启，就应依照法定程序不停顿地进行下去，直至案件审结。但在诉讼过程中，也可能出现某些特定情形，致使诉讼程序无法进行下去，人民法院只能暂时停止诉讼，待原因消除后，再恢复原诉讼程序。

　　诉讼中止并非一贯简单的技术性操作问题，它是与复杂的诉讼现象相联系的。在诉讼进行过程中，会出现当事人主观意志以外的使诉讼无法进行下去的情形。此时，当事人希望有一种制度能够明确告知在这种情况之下所能采取的诉讼行为，以及此时前面已经进行过的程序的效力，并且要求能够周全而平等地保障资金的诉讼权利，尽可能地实现诉讼的公正和效率。对于法院而言，也需要一种制度使审判工作顺利而合理地进行。一方面使审判工作最大程度地取得民众的信任，建立威信；另一方面便于自己合理地控制诉讼程序的进行，避免积案。这是诉讼中止制度产生的现实需求。[1]

　　我国关于诉讼中止的情形主要规定在《民事诉讼法》第 153 条、《民诉法解释》第 41、55 条、《最高人民法院关于审理民间借贷案件适用法律若干问题的规定》（2020 年第二次修正）第 7 条以及《最高人民法院关于审理专利纠纷案件适用法律问题的若干规定》（2020 年修正）第 4 ~ 8 条，具体情形如下：

　　1. 一方当事人死亡，需要等待继承人表明是否参加诉讼的。对于自然人而言，其民事诉讼权利能力始于出生，终于死亡，若作为一方当事人的自然人在诉讼中死亡，则其诉讼诉讼权利能力随之消灭，亦不再具有当事人资格。一方当事人死亡，有继承人的，人民法院需要等待继承人表明是否继承财产，承担诉讼，在此之前，诉讼程序暂时停止。值得注意的是，需要等待继承人的情况仅发生在因财产关系发生争议的案件中，因身份关系提起的诉讼，不发生等待继承人参加诉讼的问题，如离婚案件中，一方当事人死亡，婚姻关系就自然解除。[2]

　　2. 一方当事人丧失诉讼行为能力，尚未确定法定代理人的。无民事行为能力人及限制民事行为能力人为民事诉讼上的无诉讼行为能力人，无诉讼行为能力人进行诉讼必须由其法定代理人代理。若诉讼中一方当事人丧失了诉讼行为能力，则诉讼不能继续进行，必须在确定法定代理人后，由其代为进行。由于确定法定代理人需要一段时间，此时诉讼程序只能暂时停止。

　　3. 作为一方当事人的法人或者其他组织终止，尚未确定权利义务承受人的。对于法人和其他组织而言，其民事诉讼权利能力始于依法成立，终于解散或撤销，若作为一方当事人的法人或其他组织在诉讼中因合并、分立、撤销、解散等而终止，则意味着其诉讼权利能力消灭，不能作为本案的当事人继续进行诉讼。在此情况下，如果有权利义务承受人的，则由其权利义务承受人承担诉讼，由于确定权利义务承受人需要一定的时间，故人民法院只能裁定诉讼中止。

---

　　[1]　易萍、李丽："民事诉讼中止制度研究"，载陈光中等主编：《诉讼法理论与实践——司法理念与三大诉讼法修改》，北京大学出版社 2006 年版。

　　[2]　王胜明主编：《中华人民共和国民事诉讼法释义》，法律出版社 2012 年版，第 357 页。

4. 一方当事人因不可抗拒的事由，不能参加诉讼的。该情形所言"不可抗拒的事由"，是指当事人不能预见、不可避免且不能克服的情形，如突发自然灾害、爆发战争等。当事人因这些事由不能参加诉讼并不是其主观故意，而是客观原因所致，因此，为了充分保护当事人行使诉权，法院应当裁定中止诉讼。

5. 本案必须以另一案的审理结果为依据，而另一案尚未审结的。审判实践中，有些民事案件比较复杂，案件之间的法律关系或事实情况相互牵连（这种牵连关系主要是指某一民事案件与其他的民事案件或者刑事案件、行政案件[1]有牵连关系），一个案件的事实认定或者法律适用，要以另一个案件的审判结果为依据，如果不等另一案件审结而急于裁判，就有可能出现两个案件事实矛盾，适用法律失当的裁判。这不仅不利于保护当事人的合法权益，使已有的纠纷更加复杂，还有损法院判决、裁定的严肃性。因此遇到这种情况就应当中止诉讼。例如，他人对作为主要遗产的房屋的所有权案件正在进行中，继承遗产的诉讼就不能审理下去，需要等待该房屋所有权确定。在这种情况下，继承案件应中止，待房屋所有权案件审结后，再恢复诉讼。[2]

然而，本条规定仍然过于原则，这使得人民法院在民事案件的实际审理中，如遇与刑事案件、行政案件出现交叉时，往往无统一的裁判标准，进而引发了实践上的一定混乱。尽管该问题的研究尚无统一定论，但通常认为在以下情形中，人民法院应中止民事诉讼的审理，等待另一案的审理结果：

（1）民事与行政交叉案件中，当事人因行政机关的具体行政行为提起行政（赔偿）诉讼的同时或之后提起的民事诉讼，审理该民事诉讼的人民法院应裁定诉讼中止。

民事案件与行政案件交叉，通常表现形式有三：一是以民事诉讼为主，对涉及相关联的行政争议由法院认定；二是以行政诉讼为主，对行政纠纷的解决是民事纠纷解决的前提和基础；三是行政争议和民事争议相互交织，而针对特定的争议，既可通过行政诉讼解决，也可通过民事诉讼解决，也可以同时提起。在第二种情况中，往往是由于行政机关的具体行政行为引起的，在提起行政（赔偿）诉讼的同时或之后，要求法院审理平等主体之间的民事纠纷。这类案件一般来说，具有以下特征和表现形式：一是此类案件同时存在着行政争议和民事争议，但行政争议处于主导地位；二是行政和民事争议在事实上具有内在的

---

〔1〕　有学者认为行政案件不仅包括行政诉讼，还包括行政复议案件。陈锡军："綦江：证据特性是区分中止审理和延期审理的关键"，载重庆法院网：http://cqfy.chinacourt.org/article/detail/2012/03/id/657061.shtml，最后访问日期：2021 年 4 月 22 日。

〔2〕　王胜明主编：《中华人民共和国民事诉讼法释义》（最新修正版），法律出版社 2012 年版，第 358 页。

联系性；三是行政争议的解决是民事争议解决的前提。因此，此类民事诉讼须由人民法院裁定诉讼中止，等待行政审判作出后再对民事诉讼继续审理。

（2）刑事与民事交叉案件中，民事诉讼的处理结果必须以刑事诉讼的处理结果为前提时，审理该民事诉讼的人民法院应裁定诉讼中止。根据《民诉法解释》第93条第1款第5项，已为人民法院发生法律效力的裁判所确认的事实，当事人无需举证证明，除非有相反证据足以推翻。因此，当作为民事判决定案依据的主要事实，须通过刑事审判予以查明与认定时，由于刑事诉讼的证明标准高于民事诉讼的证明标准，故已为刑事诉讼认定的事实理应成为民事诉讼中的免证事实。换言之，当刑事案件查明和最终认定的事实，将对民事诉讼案件的处理产生影响时，应先行中止民事诉讼，刑事诉讼优先进行。对此，我国《最高人民法院关于审理民间借贷案件适用法律若干问题的规定》（2020年第二次修正）第7条等作了规定。

6. 其他应当中止诉讼的情形。主要包括以下情形：

（1）在诉讼中，当事人的利害关系人提出该当事人患有精神病，要求宣告该当事人无民事行为能力或者限制民事行为能力的，应由利害关系人向人民法院提出申请，由受诉人民法院按照特别程序立案审理，原诉讼中止。

（2）对申请日在2009年10月1日前（不含该日）的实用新型专利提起侵犯专利权诉讼，原告可以出具由国务院专利行政部门作出的检索报告；对申请日在2009年10月1日以后的实用新型或者外观设计专利提起侵犯专利权诉讼，原告可以出具由国务院专利行政部门作出的专利权评价报告。根据案件审理需要，人民法院可以要求原告提交检索报告或者专利权评价报告。原告无正当理由不提交的，人民法院可以裁定中止诉讼或者判令原告承担可能的不利后果。

侵犯实用新型、外观设计专利权纠纷案件的被告请求中止诉讼的，应当在答辩期内对原告的专利权提出宣告无效的请求。

（三）诉讼中止与相似概念界定

1. 诉讼中止与诉讼终结。诉讼终结，[1]是指在诉讼进行过程中，由于某种法定事由的出现，致使本案诉讼程序无法或没有必要继续进行时，受诉人民法院裁定结束本案诉讼程序的制度。通常情形下，诉讼程序因当事人撤诉、人民法院作出裁判等结束，而诉讼终结是诉讼程序的非正常结束。

诉讼终结与诉讼中止的根本区别在于，诉讼终结导致本案诉讼的永久性结

---

〔1〕　现行《民事诉讼法》第154条规定了诉讼终结的适用情形：①原告死亡，没有继承人，或者继承人放弃诉讼权利的；②被告死亡，没有遗产，也没有应当承担义务的人的；③离婚案件一方当事人死亡的；④追索赡养费、扶养费、抚育费以及解除收养关系案件的一方当事人死亡的。

束，再无恢复可能；诉讼中止则仅为诉讼程序的暂时停止，一旦中止诉讼的原因消除，诉讼程序通常还要继续进行。

2. 诉讼中止与延期审理。延期审理，[1]是指人民法院已经确定开庭审理的日期后，或者在开庭审理的过程中，由于出现某种法定事由使开庭审理不能如期进行，或者已经开始的庭审无法继续进行，从而决定推延审理的一种诉讼制度。

诉讼中止与延期审理虽然都是因诉讼过程中发生特殊情况而导致诉讼无法顺利进行，但二者存在明显的区别：①延期审理只是开庭审理的延期，其他诉讼活动并不停止，而诉讼中止则导致整个诉讼程序的暂时停止；②由于延期审理的法定事由一般发生于诉讼之中，对于何时恢复开庭审理，受诉法院可以根据情况加以确定，而诉讼中止的法定事由主要发生于诉讼之外，何时恢复诉讼具有不可预测性，受诉法院无法控制。[2]尽管二者区别明显，但由于诉讼中止事由中第4项与延期审理情形中第1项的内容在一定范围内存在重合，这导致了一些实务操作上的难题，在此引一例[3]作说明：

原告甲诉被告乙偿还借款本金1万元及相应利息，法院受理后向被告乙送达了起诉状副本及开庭传票，并确定了公开审理期日。但在开庭前一个星期左右，该地区遭到特大暴雨袭击，致使经过该地区的某江的水位迅速上涨。该市政府组成防汛指挥部，要求沿江各镇组织开展防洪救灾工作，被告乙所在的某镇正处于防洪的第一线。在防洪工作中，被告乙作为镇干部被安排值班及全天候待命抗洪。开庭前一天，被告乙电话通知法院的案件承办人，称最近一段时间要抗洪，无法按期来法院应诉，希望法院能推迟案件的开庭时间。案件承办人得知该情况后，迅速向合议庭汇报，合议庭在决定该案是延期审理还是中止诉讼上产生了分歧。有人认为这种情况应该适用《民事诉讼法》第149条的"必须到庭的当事人和其他诉讼参与人有正当理由没有到庭的"，因此应该决定本案延期开庭审理。有人则认为应适用《民事诉讼法》第153条的"一方当事人因不可抗拒的事由，不能参加诉讼的"，因而该案应该中止诉讼。最后合议庭决定采纳后一种意见，裁定本案中止诉讼。一个月后，被告乙某电话通知案件承办人，抗洪工作已基本完成，他随时可以参加诉讼。合议庭遂通知双方当事人继续进行诉讼，并定于3天后开庭。

---

〔1〕　现行《民事诉讼法》第149条规定了可以延期开庭审理的情形：①必须到庭的当事人和其他诉讼参与人有正当理由没有到庭的；②当事人临时提出回避申请的；③需要通知新的证人到庭，调取新的证据，重新鉴定、勘验，或者需要补充调查的；④其他应当延期的情形。

〔2〕　江伟主编：《民事诉讼法》，中国人民大学出版社2008年版，第295页。

〔3〕　张卫平主编：《民事诉讼法案例教程》，中国法制出版社2003年版，第258页。

应当认为，本案中法院选择裁定中止的做法是妥当的。被告乙某的情形既可以认为是一种"正当理由"，也可以认为是一种"不可抗拒的事由"，而前者在逻辑上包括了后者。从总体上分析，如果某一"正当理由"对诉讼程序的影响（主要指时间上的拖延）不大，而且可以预见，则适宜采取延期审理的方式，审理期限并不停止计算；如果某一"正当理由"上升到"不可抗拒"的程度，而且时间上的持续也无法预见，则适宜采取中止诉讼的方式，以便停止整个审理期限的计算。就本案而言，因当地发生洪水，被告乙被安排值班且全天候待命抗洪，不能参加诉讼。虽然被安排值班及全天候待命抗洪是一种人为的命令，从严格的意义上分析，不是一种"不可抗拒的事由"，如果法院坚持要求被告参加庭审，被告还是能够参加庭审的，但这是一种脱离实际而且非理性的要求。况且，法院无法预期洪水什么时候会退，也无法预期被告鄢某到底要抗洪多长时间。[1] 因此，法院应选择中止诉讼程序。

拓展案例

沈阳飞行船数码喷印设备有限公司诉青岛引航电气科技有限公司、济南江山企业策划有限公司侵害发明专利权纠纷一案[2]

原告沈阳飞行船数码喷印设备有限公司与被告青岛引航电气科技有限公司、济南江山企业策划有限公司侵害发明专利权纠纷一案，山东省济南市中级人民法院于 2021 年 3 月 30 日立案，被告青岛引航电气科技有限公司于 2021 年 4 月 19 日对涉案名称为"一种同步单双面数码喷绘机及其绕布方法"（专利号：ZL201410100501.7）的发明专利权向国家知识产权局提出了宣告无效的请求，并予以受理。被告青岛引航电气科技有限公司据此向本院提出本案中止诉讼的申请。山东省济南市中级人民法院经审查认为，本案的审理须以国家知识产权局专利的无效宣告请求审查结果为依据，在审查决定书作出之前，本案中止诉讼。

[问题与思考]

发明专利侵权诉讼是否应当中止审理？

[重点提示]

根据《最高人民法院关于审理专利纠纷案件适用法律问题的若干规定》（2020 年修正）以及相关法理进行分析。

---

〔1〕 张卫平主编：《民事诉讼法案例教程》，中国法制出版社 2003 年版，第 258 页。

〔2〕 山东省济南市中级人民法院（2021）鲁 01 知民初 3 号裁定书。

第八章

简易程序

知识概要

一、本章的基本概念、基本知识和基本理论

简易程序是我国一审民事案件的主要审理程序，根据数据统计，一审民事案件适用简易程序审理的占一审民事案件总量的 70% ~ 80%。本章主要从简易程序的概念、特点、适用范围以及简易程序向普通程序转化这几个方面来阐释简易程序。

二、本章的重点、难点和疑点

本章的重点是我国简易程序的适用范围。

本章的难点和疑点是：

1. 对简易程序简易性的理解。

2. 对小额程序的适用和理解。

第一节　简易程序的适用范围

经典案例

张某诉上海某出租汽车有限公司、第三人某财产保险股份
有限公司上海分公司机动车交通事故责任纠纷案[1]

[基本案情]

2011 年 6 月 22 日 14 时 35 分许，被告上海某出租汽车有限公司员工张某驾

---

〔1〕　引自上海市浦东新区人民法院（2012）浦民一（民）初字第 32917 号民事判决书。

驶被告所有的牌号为沪×轿车由南向北行驶至上海市浦东新区巨野路出口出羽山路约 300 米时停车开门，与驾驶自行车行驶至上述地点的原告张某相撞，造成原告受伤、自行车被损坏的道路交通事故。事故发生后，上海市公安局浦东分局交通警察支队出具道路交通事故责任认定书，认定被告上海某出租车员工张某对该交通事故负全部责任。2011 年 11 月 8 日，复旦大学上海医院院司法鉴定中心对原告张某伤残等级进行鉴定，出具了为原告张某因交通事故致左锁骨骨折，左上肢功能障碍构成十级伤残，张某受伤后可予以休息 5 个月，营养 3 个月，护理 3 个月，并且在做完固定取出术后，可再予休息 1 个月，营养 2 周，护理两周的鉴定意见。原、被告，第三人对于案件事实均不存在争议，被告上海某出租汽车有限公司、第三人某财产保险股份有限公司上海分公司对于原告张某所主张的住院伙食补助费、营养费、护理费、交通费和律师费无异议，但对于原告张某主张的其他损害赔偿项目及数额存在争议，当事人不能达成和解，故原告张某向上海市浦东新区人民法院提起诉讼，上海市浦东新区人民法院于 2012 年 10 月 12 日受理该案。

［法律问题］

1. 本案应该使用何种审理程序？
2. 本案的具体审理过程应当如何？

［参考结论与法理精析］

简易程序的概念有广狭义之分。《布莱克法律辞典》关于简易程序的解释是以相对快速简单的方式解决争议或处理案件的没有陪审团的程序。《美国法律辞典》认为简易程序是使特定的法律问题可以快捷地得到解决的简化程序。《法学辞典》的解释则是，简易诉讼程序是指相对于通常诉讼程序而言，以简易、迅速处理为目的的诉讼程序。[1] 根据我国《民事诉讼法》等相关法律规定，简易程序指的是基层人民法院及其派出法庭审理一审民事案件时，对于事实清楚、权利义务关系明确、争议不大的案件，或是对于那些除上述规定的"事实清楚、权利义务关系明确、争议不大"之外的、由基层人民法院及其派出法庭审理的、并且当事人约定适用简易程序审理的民事案件所适用的审理程序。简单而言，简易程序指的是基层人民法院及其派出法庭审理简单的民事案件，以及非简单的民事案件的当事人基于程序选择权所适用的简便易行的诉讼程序。[2] 可见我国关于简易程序的定义在外延上小于上述关于简易程序定义的外延，采取的是狭义的简易程序概念，特别程序、督促程序等不包括在简易程序中。民事诉讼

---

〔1〕　章武生："民事简易程序比较研究"，载《现代法学》2003 年第 1 期。

〔2〕　宋朝武主编：《民事诉讼法学》，中国政法大学出版社 2018 年版，第 308 页。

需要国家、社会投入大量的人力、物力，并且每年诉讼案件数量不断增大，为了节省诉讼资源，减轻法官办案压力，有必要提高诉讼效率。简易程序即是在诉讼资源有限的前提下，顺应公正高效的诉讼要求的一种审理程序。简易程序是与普通程序相对应、并列存在的独立审理程序。简易程序在起诉方式、传唤当事人的方式、审理程序、审限裁判文书等方面作了简化，与普通程序相比，简易程序更为体现了诉讼效率与诉讼经济原则，可以节约有限的司法资源，便利当事人进行民事诉讼和人民法院审理民事案件。据有关数据显示，适用简易程序审理的民事案件占一审民事案件总量的70%～80%，因而简易程序是我国一审民事案件的主要审理程序。

普通程序严谨的程序设计可以体现法院审理案件的严肃性和公正性，但是因为繁琐的诉讼程序制约着普通程序审理案件效率的提高。在民事诉讼中，有些民事案件很简单，若对于这类简单的民事案件也必须适用普通程序进行审理的话，会造成诉讼成本与诉讼收益的不平衡，不利于诉讼效率的实现。一个国家的司法资源有限，只有对不同类型的案件适用不同的审理程序，才能实现诉讼资源的效用最大化。因此，对于简单的民事案件，法律应当规定简易程序的强制适用。现行《民事诉讼法》（本部分下同）第160条规定，基层人民法院和它派出的法庭审理事实清楚、权利义务关系明确、争议不大的简单的民事案件，适用本章关于简易程序的规定。基层人民法院和它派出的法庭审理前款规定以外的民事案件，当事人双方也可以约定适用简易程序。由此可见，在我国适用简易程序的案件类型是事实清楚、权利义务关系明确、争议不大的一审民事案件，适用简易程序的法院只能是基层人民法院及其派出法庭，其他各级人民法院在审理一审案件时，只能适用普通程序。"事实清楚、权利义务关系明确、争议不大"是我国法定的判断一审民事案件是否使用简易程序的标准，但是在这个标准之外，法律允许当事人约定适用简易程序。约定适用简易程序的，必须是一审案件，且由基层人民法院或其派出法庭审理的案件。就本案来看，本案的原告张某，被告上海市某出租车公司和第三人某财产保险股份有限公司上海分公司对于案件的事实不存在争议，因而本案事实清楚。被告上海某出租汽车有限公司承认侵害了原告的健康权，第三人某财产保险股份有限公司上海分公司认可自己的保险责任，因此本案的权利义务关系明确。原告、被告和第三人三方均认可原告主张的住院伙食费、营养费、护理费、交通费和律师费，只是三方对于其他的损害赔偿项目及金额存在争议，故就本案而言，当事人之间的争议并不大，没有原则性的争议。总结来说，本案符合"事实清楚、权利义务关系明确和争议不大"的简易程序的法定适用标准，并且本案由上海市浦东新区人民法院一审管辖，因此上海市浦东新区受理本案后，应当适用简易程序。

　　简易程序与普通程序相比，其程序更加简便，审理期限更短，对于当事人来讲，可以节约诉讼成本，更好地维护利益。在某些情形下，事实清楚、权利义务关系明确、争议不大的民事案件在受理时，法院不一定能够判定案件为事实清楚、权利义务关系明确、争议不大的简单案件而适用简易程序。在这种情形下，为了尽早解决纠纷，节省诉讼成本，当事人可以协商约定适用简易程序。《最高人民法院关于适用简易程序审理民事案件的若干规定》（2020 年修正）第1 条规定，基层人民法院根据《民事诉讼法》第 157 条规定审理简单的民事案件，适用本规定，但有下列情形之一的案件除外：①起诉时被告下落不明的；②发回重审的；③共同诉讼中一方或者双方当事人人数众多的；④法律规定应当适用特别程序、审判监督程序、督促程序、公示催告程序和企业法人破产还债程序的；⑤人民法院认为不宜适用简易程序进行审理的。就本案而言，本案不属于该规定中的任何一种情形。在本案中，若是上海市浦东新区人民法院没有适用简易程序的话，为了尽快解决纠纷，原告张某和被告上海市某出租车公司可以约定适用简易程序。

　　简易程序是普通程序的简化，根据《民事诉讼法》第 161 条第 1 款的规定，对简单的民事案件，原告可以口头起诉。本案的案情清楚，双方的争议不大，属于简单的民事案件，原告张某可以以口头的方式向上海市浦东新区人民法院提起诉讼。上海市浦东新区人民法院受理该案后，应当由审判员组成独任庭对案件进行审理。根据《民事诉讼法》第 162 条的规定，基层人民法院和它派出的法庭审理简单的民事案件，可以用简便方式传唤当事人和证人、送达诉讼文书、审理案件，但应当保障当事人陈述意见的权利。根据《最高人民法院关于适用简易程序审理民事案件的若干规定》第 18 条的规定，以捎口信、电话、传真、电子邮件等形式发送的开庭通知，未经当事人确认或者没有其他证据足以证明当事人已经收到的，人民法院不得将其作为按撤诉处理和缺席判决的根据。由此可见，适用简易程序的案件在传唤当事人和证人、送达诉讼文书的方式上更为灵活简便。上海市浦东新区人民法院可以捎口信、电话、传真、电子邮件等形式传唤当事人和证人，送达诉讼文书。《最高人民法院关于适用简易程序审理民事案件的若干规定》第 22 条规定，当事人双方同时到基层人民法院请求解决简单的民事纠纷，但未协商举证期限，或者被告一方经简便方式传唤到庭的，当事人在开庭审理时要求当庭举证的，应予准许；当事人当庭举证有困难的，举证的期限由当事人协商决定，但最长不得超过 15 日；协商不成的，由人民法院决定。相较而言，普通程序的举证期限通常情形下不低于 15 日。根据《证据规定》（2019 年修正）第 20 条第 1 款的规定，当事人及其诉讼代理人申请人民法院调查收集证据，应当在举证期限届满前提交书面申请；第 25 条第 2 款规定，当事人根据《民事诉讼法》第 81 条第 1 款的规定申请证据保全的，应当在举证期限届满前向人民法院提出；第 69 条第 1 款规定，当事人申请证人出庭作证的，应当在举证期限届满前向人民法院提交申请书。但是适用简易程序审理的民事案件，申请证据保全、申请法院调查取证和申请证人出庭，均不受普通程序的期间规定。在本案中，本案的举证期限应当不超过 15 日，并且在举证期限内可以申请证据保全，申请法院调查取证，申请证人出庭作证。

《民事诉讼法》第 163 条规定，简单的民事案件由审判员一人独任审理，并不受该法第 139 条、第 141 条、第 144 条规定的限制。《民事诉讼法》第 139 条规定，人民法院审理民事案件，应当在开庭 3 日前通知当事人和其他诉讼参与人。公开审理的，应当公告当事人姓名、案由和开庭的时间、地点。适用简易程序审理的案件不受此条规定的限制。《民事诉讼法》第 141 条规定，法庭调查按照下列顺序进行：①当事人陈述；②告知证人的权利义务，证人作证，宣读未到庭的证人证言；③出示书证、物证、视听资料和电子数据；④宣读鉴定意见；⑤宣读勘验笔录。因为适用简易程序的案件事实清楚，权利义务关系明确，并且当事人之间的争议不大，因而在法庭调查环节较普通程序而言更为灵活，不必受"当事人陈述—证人证言—书证、物证、视听资料、电子数据—鉴定意见—勘验笔录"的顺序约束。《民事诉讼法》第 144 条规定，法庭辩论按照下列顺序进行：①原告及其诉讼代理人发言；②被告及其诉讼代理人答辩；③第三人及其诉讼代理人发言或者答辩；④互相辩论。法庭辩论终结，由审判长或者独任审判员按照原告、被告、第三人的先后顺序征询各方的最后意见。简易程序的事实清楚，争议不大，因而在法庭辩论环节，不必按普通程序"原告及诉讼代理人—本告及诉讼代理人—第三人及诉讼代理人—互相辩论"的顺序进行，在法庭辩论过程中，可以更加灵活，针对案件焦点进行辩论，法官的自由裁量空间更大。

先行调解是简易程序的一大特点。所谓先行调解，指的是在开庭审理前，对案件进行调解。《最高人民法院关于适用简易程序审理民事案件的若干规定》（2020 年修正）第 14 条规定，下列民事案件，人民法院在开庭审理时应当先行调解：①婚姻家庭纠纷和继承纠纷；②劳务合同纠纷；③交通事故和工伤事故引起的权利义务关系较为明确的损害赔偿纠纷；④宅基地和相邻关系纠纷；⑤合伙合同纠纷；⑥诉讼标的额较小的纠纷。但是根据案件的性质和当事人的实际情况不能调解或者显然没有调解必要的除外。本案属于交通事故纠纷，并且原告张某、被告上海市某出租车公司及第三人某财产保险股份有限公司上海分公司之间的争议不大，事实清楚，当事人之间的权利义务关系清楚，因而本案属于该条规定的第三种情形，即"交通事故引起的权利义务关系较为明确的损害赔偿纠纷",因而本案属于法定的先行调解的案件。上海市浦东新区人民法院在受理该案后,在开庭审理前,应当组织当事人进行调解,以求促进当事人自愿达成调解协议,解决民事纠纷。若是在期间内达不成调解协议的,上海市浦东新区人民法院应当及时判决,不能久调不决。简易程序相较于普通程序,它的审理过程更为简化,审理期限更短。但是制作裁判文书是案件审理的关键步骤之一,制作一个完善的裁判文书,人民法院需要花费大量的时间,为了进一步地简化简易程序,《最高人民法院关于适用简易程序审理民事案件的若干规定》(2020 年修正)第 32 条规定了裁判文书简化,适用简易程序审理的民事案件,有下列情形之一的,人民法院在制作裁判文书时对认定事实或者判决理由部分可以适当简化:①当事人达成调解协议并需要制作民事调解书的;②一方当事人在诉讼过程中明确表示承认对方全部诉讼请求或者部分诉讼请求的;③当事人对案件事实没有争议或者争议不大的;④涉及自然人的隐私、个人信息,或者商业秘密的案件,当事人一方要求简化裁判文书中的相关内容,人民法院认为理由正当的;⑤当事人双方一致同意简化裁判文书的。就本案而言,本案的原告、被告、第三人对于案件事实均不存在争议,被告上海某出租汽车有限公司、第三人某财产保险股份有限公司上海分公司对于原告张某所主张的住院伙食补助费、营养费、护理费、交通费和律师费无异议,因而本案符合该条规定的"一方当事人在诉讼过程中明确表示承认对方部分诉讼请求和当事人对案件事实没有争议或者争议不大"的情形,在制作裁判文书时,上海市浦东新区人民法院可以简化裁判文书事实认定或裁判理由部分。

在本案中,就原告张某诉被告上海某出租车有限公司、第三人某财产保险股份有限公司上海分公司机动车交通事故责任纠纷一案,上海市浦东新区人民法院受理后,依法适用简易程序,公开开庭进行了审理。上海市浦东新区人民法院根据本案当事人的陈述、上海市公安局浦东分局交通警察支队出具的道路交通事故责任认定书、复旦大学上海医院院司法鉴定中心出具的鉴定意见、医院出具的医疗收据等证据材料,查明本案的事实为被告上海某出租汽车有限公司员工张某驾驶被告所有的牌号为沪×轿车由南向北行驶至上海市浦东新区巨野路出口出羽山路约 300 米时停车开门,与驾驶自行车行驶至上述地点的原告张某相撞,造成原告张某左锁骨骨折,左上肢功能障碍构成十级伤残,自行车被损坏的道路交通事故,由被告上海某出租车员工张某对该交通事故负全部责任。上海市浦东新区人民法院认为公民的生命健康权依法受法律保护,机动车发生交通事故致人伤亡、财产损失的,致害方应当承担赔偿责任,案件发生时,上海市某出租汽车有限公司的职工张某是履行职务行为,因而职员张某致使原告张某受损的行为,应当由被告上海市某出租汽车有限公司承担赔偿责任。被告上海市某出租汽车有限公司向第三人某财产保险股份有限公司上海分公司投保了交强险，案发时，正在保险期间，因此第三人某财产保险股份有限公司上海分公司应当在机动车交通事故责任强制保险的范围内承担赔偿责任。因为原告、被告和第三人对于原告主张的住院伙食补助费、营养费、护理费、交通费、律师费没有异议，因此，上海市浦东新区人民法院对于原告的该种主张予以确认。对于当事人存在争议的其他赔偿项目及赔偿数额，根据当事人提交的证据，上海市浦东新区人民法院作出判决书，判令第三人某财产保险股份有限责任公司上海分公司在判决生效之日起 15 日内赔偿原告张某的护理费 560 元、误工费 2500 元、交通费 100 元，合计 3160 元；被告上海市某出租汽车有限公司在判决生效之日起 15 日内赔偿原告张某医疗费 9461.99 元、住院伙食补助费 100 元、营养费 420 元、律师费 1000 元，合计人民币 10 981.99 元；本案的案件受理费由被告上海市某出租汽车有限公司承担。

总的来说，原告张某诉被告上海市某出租汽车有限公司、第三人某财产保险股份有限公司上海分公司机动车交通事故责任纠纷一案，事实清楚、权利义务关系明确、当事人之间争议不大，是典型的依法应当适用简易程序的民事案件。并且属于因交通事故引起的权利义务较为明确的案件类型，依法应当在开庭审理前先行调解。由于当事人对于案件事实没有争议，被告上海市某出租汽车有限公司、第三人某财产保险股份有限责任公司上海分公司部分承认原告张某诉讼请求，因而，法院在制作裁判文书时，为了进一步节省诉讼资源，提高诉讼效率，可以简化判决书中关于事实认定或判决理由部分。

拓展案例

丁某某诉宝山村委会风险投资合同案[1]

1984 年 5 月，宝山村委会兴建宝山村宝山煤矿时，因开发中资金紧缺，于 1989 年 7 月 18 日邀约廖某某入股共同开发，二被告各占 50% 的股份。2003 年 12 月 18 日，宝山村委将该矿以 90 000 元转让给刘某林，煤矿转让后，冯某某等 281 位村民以村委会的行为未经村民会议讨论通过，且出售价格过低，严重侵犯了村民的合法权益为由，于 2004 年 6 月向重庆市第二中级人民法院起诉宝山村委会及刘某林、廖某某，要求解除转让协议，在该案中由于村委会、廖某某无

---

〔1〕 案例来源，北大法宝：https://www.pkulaw.com/pfnl/a25051f3312b07f3334315cff42e923224b636e49452e8c3bdfb.html，最后访问日期：2021 年 4 月 24 日。

资金支付诉讼费、律师费及差旅费，遂与丁某某协商并签订协议，协议约定："甲方村委会、廖某某与刘某林煤矿转让协议纠纷一案，由于甲方暂无资金参与诉讼，经甲、乙双方协商，由乙方丁某某出资，双方达成如下协议条款：①甲方起诉刘某林，请求法院将宝山煤矿返还甲方。②乙方负责诉讼费、律师费、差旅费等费用开支。③若法院判决宝山煤矿返还给甲方，煤矿返还后，再由乙方与甲方签订承包协议。④若煤矿不能返还，法院判决刘某林折价补偿，乙方将折价补偿款的60%分成，作为乙方投资的报酬，若法院判决刘某林不赔偿，乙方无权找甲方收取任何费用。⑤若任何一方违约，将向守约方支付5万元违约金，并赔偿损失。"协议签订后，丁某某按协议履行了义务。2005年11月22日，重庆市第二中级人民法院作出（2005）渝二中法民初字第25号民事判决书，判决刘某林因《宝山煤矿转让协议》所取得的财产，由刘某林补偿二被告财产折价款473 602元。判决生效后，村委会、廖某某未按协议约定支付丁某某应分的补偿款360 000元，遂丁某某于2006年1月25日起诉至法院，请求判令二被告及时支付应分补偿款360 000元，并承担本案的诉讼费用。

一审法院认为，宝山村冯某某等281名村民对宝山村委会转让煤矿的行为未经村民会议讨论通过，出售价格过低，侵犯了村民的合法权益为由起诉村委会及刘某林、廖某某，由于宝山村委会及廖某某无资金支付诉讼费、律师费及差旅费，遂与原告签订由原告支付上述费用的协议，该协议是宝山村委会对原告丁某某的承诺，根据《村民委员会组织法》的规定，村民委员会是村民自我管理、自我教育、自我服务的基层群众性自治组织，重大事项须经村民会议讨论决定方可办理。本案中被告宝山村委会与原告丁某某达成附条件的风险投资协议，是处分集体财产的行为，并涉及全体村民利益，其在未召开村民会议讨论决定的情况下与原告达成协议，该协议违反了《村民委员会组织法》的规定，侵犯了村民的权利，损害了村民的利益，故该协议对宝山村委会的部分应属无效。无效后，宝山村委会应返还原告垫支的诉讼费用和支付代理费等费用，至于原告主张被告支付差旅费的请求，由于原告未提供证据加以证明，不作认定。廖某某系完全民事行为能力人，与丁某某达成的附条件的民事法律行为是对自己权利的处分，符合法律规定，该部分应属有效，应按协议约定支付原告丁某某补偿款60%的一半。因此，法院判决：①原告丁某某与被告忠县石子乡宝山村民委员会、廖某某签订的协议部分有效，部分无效。即与忠县石子乡宝山村民委员会部分无效，与廖某某部分有效。②廖某某应按协议约定支付丁某某补偿款60%（360 000元）的一半，即180 000元。③忠县宝山村民委员会返还丁某某垫支的诉讼费用共计6551元、律师代理费76 000元。④驳回原告的其他诉讼请求。

廖某某不服提起上诉，就程序问题，称原审适用简易程序违法。请求二审法院判决撤销原判第2项，认定丁某某与廖某某、宝山村委会签订的协议无效。

二审经审理查明，本案原审第三人一方人数众多，且争议较大，根据《中华人民共和国民事诉讼法》第142条和《最高人民法院关于适用简易程序审理民事案件的若干规定》第1条第3项的规定，原审适用简易程序审理不当，上诉人该上诉理由成立。但上诉人未主张其因此诉讼权利的行使受到影响的事实，且若发回重审将增加各方当事人讼累，有悖诉讼经济与效率原则，故可由二审法院在查明事实的基础上判决。此外，上诉人称原审审判人员欺骗廖某某放弃鉴定申请等行为无证据证明，其上诉理由不能成立。

[问题与思考]

简易程序适用的限制情形。

[重点提示]

可以从本案是否符合简易程序的适用标准的角度来回答上述问题。

第二节 简易程序向普通程序的转化

经典案例

李某兴诉张某金、张某石、陆某芳、张某娇借款纠纷案[1]

[基本案情]

2001年9月3日，原告李某兴持借据、国有土地使用证、购房合同等证据向广东省四会市人民法院提起针对被告张某金、张某石、陆某芳、张某娇的民事诉讼。四会市人民法院经审查，认为原告李某兴的起诉合乎法律规定，决定立案受理，并确定适用简易程序，由审判员莫某军独任审判，书记员梁某均担任书记员。2001年9月27日法官莫某军按照民事诉讼简易程序的相关规定，开庭审理了该案，原被告双方均到庭参加诉讼。原告李某兴提供的借据的内容显示"今借李某兴现金一万元整做购房之用（张某金与陈某新购住房一套），现定于今年八月底还清，逾期不还，将予收回住房。此致。借款人张某金、父张某石、母陆某芳、妹张某娇，2001年5月1日"。其中，原被告双方确认该借条上"张某石、陆某芳、张某娇"的签名均为三人本人所签，但是因为张某金不在

---

〔1〕 引自广东省四会市人民法院（2001）四民初字第645号民事判决书。

场，故张某金的签名是由张某娇代签。原告李某兴主张被告四人逾期未按约定还款，请求法院判令被告归还借款及利息，并由被告承担案件受理费。被告人张某娇辩称，借条是因 2001 年 4 月 26 日其装有房产证的手袋被一名叫冯某雄的人抢走，其后冯某雄带李某兴到张家强迫其一家人签的。经过法官莫某军审理，四会市人民法院作出民事判决，判令被告张某石、陆某芳、张某娇于判决生效之日起 10 日内还清原告李某兴的借款一万元整及利息，并互负连带清欠债责任；被告张某金不负还款责任。原被告双方均没有上诉。2001 年 11 月 8 日，李某兴向四会市人民法院申请执行。四会市人民法院于同月 13 日向被告张某石等送达了执行通知书，责令其于同月 20 日之前履行判决，同月 14 日中午，被告张某石、陆某芳在四会市人民法院围墙外服毒自杀。

[法律问题]

1. 本案是否应当适用简易程序进行审理？

2. 若适用简易程序对本案进行审理时，发现本案不适宜适用简易程序，法官应当如何处理？

[参考结论与法理精析]

（一）法理分析

简易程序与普通程序是并行的民事案件的审理程序。简易程序适用的范围是基层人民法院及其派出法庭审理的"事实清楚、权利义务关系明确、争议不大"的一审民事案件，及由基层人民法院及其派出法庭审理的除上述事实清楚、权利义务关系明确、争议不大的一审民事案件以外的当事人选择适用简易程序进行审理的一审民事案件。总结起来，简易程序因为其程序的简化，主要适用于简单的民事案件。简易程序和普通程序相比，程序更加简化，普通程序在查明事实真相、保障当事人的程序权利和案件的实体真实上优于简易程序。简易程序与普通程序是我国法律规定的审理第一审民事案件的独立并行的两种审理程序。

就一个具体案件而言，一旦确定使用何种程序审理，在通常情形下，为保障程序的稳定性和安定性，审理程序不会发生变更。但是由于简易程序的适用范围的标准过于笼统，实践中操作性不强，且普通程序在查明事实和保障当事人程序权利及案件实体公正优于简易程序，因此在适用简易程序审理案件的过程中，为了保障当事人的程序权利和追求诉讼公正，在特殊情形下，有必要将简易程序变更为普通程序。我国法律规定的简易程序转化为普通程序的情形有以下两类：第一类是根据当事人的程序异议而由简易程序转化为普通程序；第二类是人民法院依职权将简易程序变更为普通程序。为了查明事实真相，解决纠纷，适用简易程序审理的一审民事案件应当转化为普通程序。当事人在诉讼过程中可以提出程序异议，人民法院应当对程序异议进行审理，异议成立的，把简易程序转化为普通程序，异议不成立的，裁定驳回。在适用简易程序审理民事案件的过程中，人民法院发现案件不宜适用简易程序审理的，应当决定转化为普通程序；在简易程序 3 个月的审理期限内不能审结的案件，人民法院应当在审理期限届满前决定将案件转化为普通程序。就本案而言，本案是民间借贷，属于给付之诉，诉讼标的额是 1 万元整，属于诉讼标的额较小的民事案件，故四会市人民法院决定适用简易程序，由莫某军法官独任审判，对本案进行审理。在审理的过程中，被告张某娇等认为借条是在李某兴的威胁下签订的，实际上向李某兴借款 1 万元的事实并不存在。可见在该案中，原告李某兴与被告张某金、张某娇、陆某芳、张某石之间对于案件的事实真相的争议极大，本案的当事人对于双方权利义务的分配之间存在严重分歧。故本案不属于"事实清楚、权利义务关系明确、争议不大"的简单民事案件，因而本案不属于法定适用简易程序的民事案件，原告李某兴、被告张某金、张某石、张某娇、陆某芳之间也没有达成适用简易程序的诉讼契约，故本案不应当适用简易程序进行审理。在该案已经适用简易程序进行审理的情形下，本案发生了不宜适用简易程序进行审理的情况，法官莫某军应该向当事人阐明当事人拥有的程序异议权，让当事人决定是否提起程序异议，若当事人提出程序异议，应当将案件由简易程序转化为普通程序；在当事人不提起程序异议时，法院发现该案件不宜适用简易程序的，应当决定将案件转化为普通程序，重新对案件进行开庭审理，以查明事实真相。总之，本案不应继续适用简易程序审理，应当将简易程序转化为普通程序。但是在本案中，本案适用的审理程序是简易程序，四会市人民法院并没有将案件转化为普通程序，这是不符合法律规定的。处理本案的正确做法是将本案由简易程序转入普通程序，组成合议庭重新开庭对本案进行审理。

（二）深度分析

1. 简易程序与普通程序的比较。诉讼资源的有限性与诉讼需求的不断增长，需要新的纠纷解决方式来缓解两者之间的矛盾。从立法先进的国家的民事诉讼法来看，开发新的纠纷解决方式，加强简易程序、小额诉讼程序的作用，提倡诉讼中和解，是世界各国民事诉讼法发展的趋势。[1]从我国民事诉讼法的发展来看，进一步完善民事诉讼中简易程序的适用是我国民事诉讼法的一大趋势，人民法院审理一审案件适用简易程序占了较大比重。普通程序与简易程序是我国民事诉讼案件审理的两大程序，简易程序是普通程序的简化，两者之间在程序上存在很大的差异，但是两者之间又存在相互促进的关系。普通程序的完善，

---

〔1〕 章武生：《民事简易程序研究》，中国人民大学出版社 2002 年版，第 1～2 页。

有助于我国民事审判方式的整体转型，职业法官队伍的培养，以及审判作风的根本改观。普通程序在民事诉讼中具有的核心地位将会产生巨大的辐射效应，从而对简易程序的规范化、正当化产生推动作用。简易程序的健全，使大多数民事案件能够以基本令人满意的方式迅速解决，为社会化解了矛盾，为国家节省了资源，因此也会有利于普通程序的重点建设[1]。

简易程序与普通程序相比，主要有以下几个特点：

（1）两者的适用范围不一样。普通程序是审理一审案件最基本的程序，简易程序主要适用于事实清楚、权利义务关系明确和争议不大的简单民事案件，并且在简易程序的适用上，法律赋予当事人程序选择权，某些基层人民法院适用普通程序的民事一审案件，当事人协议选择适用简易程序，人民法院可以适用简易程序进行审理。

（2）起诉方式上简易程序更加灵活方便。为了方便当事人进行诉讼，各个国家和地区在简易程序的起诉程序上都规定了简化起诉的方式，规定可以以言词的方式进行起诉。如《日本民事诉讼法》第271条规定，在简易法院诉讼，可以口头提起；第272条规定，当事人双方可以随意到法院出庭，就诉讼进行口头辩论。在此种情况下，提起诉讼以口头陈述进行。我国也规定了民事诉讼简易程序简化的起诉方式。现行《民事诉讼法》第161条第1款规定，对简单的民事案件，原告可以口头起诉。这样更符合简易程序简便的特点。

（3）简化具体的审理过程。审理过程是案件的核心，简易程序的简易性主要体现在简化了具体的审理过程。从世界范围来看，简易程序的审理过程都作了相关简化的规定。《日本民事诉讼法》第270条规定，在简易法院，应根据简易的程序迅速地解决纠纷。在询问证人方面，法官可以不经过宣誓询问证人；对证人及当事人的询问，以法官认为适当的顺序进行，法院认为适当时，根据日本最高法院规则，法院和当事人双方与证人通过声响的收发通信进行同时通话的方法询问证人。简易程序具体审理程序的简化在我国的法律上也有体现。依据我国《民事诉讼法》的规定，适用简易程序审理时，不受《民事诉讼法》第136条、第138条、第141条规定的限制。适用简易程序审理案件，不必像普通程序一样，在开庭前将开庭日期公告，限期通知当事人及其他诉讼参与人开庭的具体日期。在法庭调查和法庭辩论方面，不必严格依照普通程序的法庭调查和法庭辩论的顺序，独任审判员可以根据案件审理的需要，自行决定法庭调查和法庭辩论的顺序。《民事诉讼法》和相关法律规定，适用简易程序审理的简单民事案件可以用简便方式传唤当事人、证人，如可以以打电话、捎口信等简

---

〔1〕　章武生：《民事简易程序研究》，中国人民大学出版社2002年版，第34页。

单方式。但是由于我国法律关于简易程序的规定相较于普通程序的规定而言，条文很少，许多具体操作程序法律都没有明确规定。笔者认为，由于我国适用简易程序审理的案件大多是事实清楚、权利义务关系明确、争议不大的简单民事案件，在实践中，适用简易程序的具体审理过程可以进一步简化。如在调查证据方面，法院如果预料证人或鉴定人的陈述可以信任，证人或鉴定人可以通过具结，以书状陈述代替出庭作证；适用简易程序审理的民事案件，除个别复杂案件外，应以一次辩论终结为原则，以免除当事人往返法院的劳累，并促进诉讼的迅速终结。[1]

（4）在裁判文书的制作上，简易程序规定了裁判文书简化的规则。裁判文书是人民法院审理案件的集中体现，制作裁判文书应当依据一定的规则，体现文书的规范性。我国现行《民事诉讼法》第155条第1款规定，判决书应当写明判决结果和作出该判决的理由。判决书内容包括：①案由、诉讼请求、争议的事实和理由；②判决认定的事实和理由、适用的法律和理由；③判决结果和诉讼费用的负担；④上诉期间和上诉的法院。但是简易程序审理的案件，当事人之间的争议往往不大，如果要求法院依照普通程序的规定，制作规范化的裁判文书，有浪费司法资源的嫌疑，不符合简易程序简便性和效率性的特点，因此，法律规定了简易程序中的裁判文书简化制度。《最高人民法院关于适用简易程序审理民事案件的若干规定》（2020年修正）第32条规定了裁判文书简化，适用简易程序审理的民事案件，有下列情形之一的，人民法院在制作裁判文书时对认定事实或者判决理由部分可以适当简化：①当事人达成调解协议并需要制作民事调解书的；②一方当事人在诉讼过程中明确表示承认对方全部诉讼请求或者部分诉讼请求的；③当事人对案件事实没有争议或者争议不大的；④涉及自然人的隐私、个人信息，或者商业秘密的案件，当事人一方要求简化裁判文书中的相关内容，人民法院认为理由正当的；⑤当事人双方一致同意简化裁判文书的。简化裁判文书的规定体现了简易程序便捷性的特点，可以减轻人民法院的办案压力，节省诉讼资源。

简易程序作为与普通程序并行的民事案件审理程序，其存在有特殊的价值。不同的案件适用不同的审理程序进行审理，既符合案件的特点，也有利于推动我国民事诉讼制度的完善。简易程序的扩大适用，可以缓解诉讼需求与诉讼资源供给之间的矛盾，减轻法官办案的压力。但是简易程序毕竟比较简化，只适用于简单的民事案件，法官在实践审理案件的过程中，不能随意适用简易程序。

---

〔1〕　参考徐胜萍："完善我国民事诉讼简易程序"，载《华中师范大学学报（人文社会科学版）》2002年第2期。

在发现案件不宜适用简易程序进行审理时，有必要把简易程序转化为普通程序。

2. 简易程序与普通程序的转化问题。简易程序是普通程序的简化，上文已经对比了简易程序和普通程序的区别，简易程序在起诉方式、传唤证人和当事人、审理程序、审理期限方面在普通程序的基础上作了简化。普通程序可以充分地保护当事人的程序权利，简易程序对普通程序进行了简化，在追求诉讼效率的同时，可能对当事人的某些程序权利造成损害，因而要限制简易程序的适用范围，应当赋予当事人的程序异议权以维护当事人的程序权利，平衡诉讼效率和诉讼公正。我国法律关于简易程序适用范围的规定采取的是法定概括式和反向排除式的规定，以"事实清楚、权利义务关系明确、争议不大"作为适用简易程序的标准，这个标准具有抽象性和模糊性，在实践中不宜操作，法官在判断具体案件时，有可能对复杂的、不宜适用简易程序的案件适用了简易程序。同时这种标准具有模糊性，给法官留有极大的自由裁量空间，某些法官为了一些原因，随意地适用简易程序，损害当事人的程序利益。在这种情形下，当事人的程序异议权就显得尤为重要。

简易程序和普通程序是我国法律规定的审理第一审民事案件的独立的两种审理程序。就一个具体案件而言，一旦确定适用何种程序审理，在通常情形下，审理程序不会再发生变更，以保障程序的稳定性和安定性。但是由于简易程序的适用范围的标准存在上述问题，因此在适用简易程序审理案件的过程中，为了保障当事人的程序权利和追求诉讼公正，在特殊情形下，有必要将简易程序变更为普通程序。[1]

我国法律关于简易程序转化为普通程序的规定主要体现在以下几个条文上面。《民诉法解释》第 258 条规定，适用简易程序审理的案件，审理期限到期后，双方当事人同意继续适用简易程序的，由本院院长批准，可以延长审理期限。延长后的审理期限累计不得超过 6 个月。人民法院发现案情复杂，需要转为普通程序审理的，应当在审理期限届满前作出裁定并将合议庭组成人员及相关事项书面通知双方当事人。案件转为普通程序审理的，审理期限自人民法院立案之日计算。《最高人民法院关于适用简易程序审理民事案件的若干规定》（2020 年修正）第 3 条规定，当事人就适用简易程序提出异议，人民法院认为异议成立的，或者人民法院在审理过程中发现不宜适用简易程序的，应当将案件转入普通程序审理。第 13 条规定，当事人一方或者双方就适用简易程序提出异议后，人民法院应当进行审查，并按下列情形分别处理：①异议成立的，应当将案件转入普通程序审理，并将合议庭的组成人员及相关事项以书面形式通知

---

〔1〕　参考许少波："论民事简易程序向普通程序之转换"，载《法学评论》2007 年第 5 期。

双方当事人；②异议不成立的，口头告知双方当事人，并将上述内容记入笔录。转入普通程序审理的民事案件的审理期限自人民法院立案的次日起开始计算。第 26 条规定，审判人员在审理过程中发现案情复杂需要转为普通程序的，应当在审限届满前及时作出决定，并书面通知当事人。《民事诉讼法》第 170 条规定，人民法院在审理过程中，发现案件不宜适用简易程序的，裁定转为普通程序。总结起来，根据我国法律的规定，简易程序转化为普通程序的类型有两大类。第一类是根据当事人的程序异议而由简易程序转化为普通程序；第二类是人民法院依职权将简易程序变更为普通程序。后者可分为两种情形：一是人民法院在审理案件的过程中，发现案件不宜适用简易程序的，将审理程序变更为普通程序；二是人民法院在简易程序规定的审理期限内不能审结案件，在期限之前，由简易程序转化为普通程序。

对于第一类程序转化，即依据当事人的程序异议而由简易程序转换为普通程序。这种情况下，由于并非所有的当事人都熟知诉讼法，所以并非所有的当事人都知道程序异议权，为了维护当事人的程序权利，法官有必要对当事人拥有对简易程序进行异议的权利进行阐明。在当事人行使程序异议权时，法官应当对程序异议进行审理，异议成立的，把案件由简易程序转化为普通程序，异议不成立的，裁定驳回当事人的异议。

在法院依职权将简易程序转化为普通程序的第一类情形下，即法院在审理过程中，发现案件不宜适用简易程序进行审理，为避免职权主义的痕迹过于严重，应当征询当事人的意思，若是当事人一致同意适用简易程序，则在当事人之间达成了一个诉讼契约，当事人自由地行使了自己的程序处分权，法院应当尊重当事人的意思自治，仍适用简易程序对案件进行审理，这样既可以保障程序的安定性和稳定性，同时有利于当事人对案件审理产生认同感，有助于纠纷的解决。但是在这种情形下，该类案件不应当是法律明确规定排除在简易程序适用范围之外的，即不属于起诉时被告下落不明的案件，不属于发回重审的案件，不是共同诉讼一方或双方人数众多的案件，也不是法律规定适用特别程序、审判监督程序、督促程序、公示催告和企业破产还债程序这四种程序审理的案件，也不在人民法院认为不宜适用简易程序进行审理的案件的范围之内。若是法院在审理过程中发现案件不应当适用简易程序进行审理，并且双方当事人或者一方当事人不同意继续适用简易程序进行审理的，人民法院应当决定把案件由简易程序转化为普通程序。法院依职权把简易程序转化为普通程序的第二种情形下，即人民法院在规定的审理期限内不能审结案件，人民法院决定把案件由简易程序转化为普通程序。简易程序的审理期限是 3 个月，经当事人同意和院长批准可延长，但累计不得超过 6 个月，因此在运用简易程序审理的案件在 6

个月内无法审结，有必要转化为普通程序。适用简易程序的应当是比较简单的民事案件，在通常情形下可以在 3 个月的审理期限内审结，若是一个案件在 6 个月内不能审结，则该案件并非简单的民事案件，也不宜适用简易程序进行审理。在该种情形下，人民法院在 6 个月内不能审结案件的，决定由简易程序转化为普通程序的时间应当在 6 个月的审理期限届满之前。

简易程序和普通程序是两类相互独立的审理程序，简易程序在诉讼程序上更为简化，那么由简易程序转化为普通程序的效力应当如何呢？一个案件由简易程序转化为普通程序后，是否还需要重新立案、答辩、规定新的期限，重新开庭审理呢？即原来依照简易程序实施的诉讼行为是否对后来的普通程序有效呢？[1]我国现行的法律作出了解答。简易程序是普通程序的简化，两者相比，普通程序在查明事实真相、保证司法公正、保障当事人的诉讼权利方面优于简易程序，因此由普通程序转换为简易程序时，原来按照普通程序所实施的诉讼行为理应对转换后的简易程序发生效力，由简易程序转换为普通程序后，原来按照简易程序所实施的诉讼行为似乎不应当对转换后的普通程序具有任何约束力，[2]但是如果这样的话，原来按照简易程序进行的民事诉讼行为无效的话，则会造成诉讼资源的浪费，不符合诉讼经济和诉讼效率的要求。因此，一个案件由简易程序转化为普通程序时，按照简易程序进行的诉讼行为应当对后续的诉讼行为有约束力。因此，对于本案而言，若将本案转入普通程序进行审理，当事人在简易程序中的诉讼行为对普通程序是继续有效的。

一个案件由简易程序转化为普通程序，是否应当重新立案呢？立案主要是保障当事人的起诉权利，适用简易程序或是适用普通程序对案件进行审理对立案并没有实质的影响，因此，案件由简易程序转化为普通程序对于立案而言，不产生实质影响，故不应当重新立案。《最高人民法院关于适用简易程序审理民事案件的若干规定》（2020 年修正）第 13 条第 2 款规定，转入普通程序审理的民事案件的审理期限自人民法院立案的次日起开始计算。既然审理期限从立案的次日起计算，可见原来的立案是有效的，不必再立案一次。

简易程序是法官独任审判，而普通程序是合议庭进行审判，这里存在一个问题，即原来独任审判的审判员是否可以参加普通程序的合议庭。简易程序中的独任审判员对案件已经有一定的了解，若其参加后来普通程序的合议庭，则有利于案件的快速审理，但是也存在这样一种风险，即独任审判员由于对案件已经有所了解，极有可能形成先入为主的观点，这对案件的公正审理不利。而

---

〔1〕 许少波："论民事简易程序向普通程序之转换"，载《法学评论》2007 年第 5 期。
〔2〕 许少波："论民事简易程序向普通程序之转换"，载《法学评论》2007 年第 5 期。

独任法官不允许参加普通程序的合议庭，则会对审判人员造成更大的压力。我国法律并没有规定简易程序的审判员是否可以参加普通程序的合议庭，但是由于我国司法资源有限和司法资源需求的不断增加，为了缓解法官的办案压力，在实践中，简易程序的审判员应当被允许参加普通程序的合议庭，但是该审判员应当尽量避免先入为主的观念。因此对于本案而言，若将该案件转入普通程序进行审理的话，应当组成合议庭进行审理，原简易程序的法官莫某军可以参加合议庭进行审理。

　　案件由简易程序转化为普通程序后，对于需不需要再重新开庭审理这个问题的答案是肯定的。之所以把案件由简易程序转化为普通程序，是因为普通程序更能查清案件事实，更能体现司法的公正。而开庭审理是查明事实的主要方式，简易程序在开庭审理环节极大地简化了，不似普通程序在法庭辩论、法庭调查环节有严格的限制，把简易程序转换为普通程序，在一定意义上来讲，它的主要价值即是可以通过重新开庭审理，重新进行法庭辩论和法庭调查，一方面可以期待运用严密的公正的程序保证查明案件的事实，获得民事诉讼的公正，另一方面可以充分保障当事人的诉讼权利，有利于当事人接受诉讼结果，有利于解决纠纷。基于此原因，在实践中，案件由简易程序转化为普通程序后，有必要再开庭进行审理，重新进行法庭辩论和法庭调查。同时，《民诉法解释》第269条第3款规定，转为普通程序前，双方当事人已确认的事实，可以不再进行举证、质证。

　　总结起来，因为简易程序适用范围的标准的模糊性和抽象性，及简易程序不似普通程序那般可以充分地保障当事人的程序权利和诉讼公正，因此在特定的情形下，简易程序应当转化为普通程序，同时依简易程序进行的民事诉讼行为应当对后续的普通程序产生一定的影响。

拓展案例

张某某诉潘某某、阳光财产保险股份有限公司河南省分公司机动车交通事故责任纠纷一案[1]

　　河南省原阳县人民法院于2021年4月1日受理原告张某某诉被告潘某某、阳光财产保险股份有限公司河南省分公司机动车交通事故责任纠纷一案，在使用简易程序审理的过程中，被告潘某某申请鉴定，法院应如何处理。

---

〔1〕引自河南省原阳县人民法院（2021）豫0725民初1577号民事裁定书。

［问题与思考］

1. 法院采取简易程序审判案件，在诉讼期间进行鉴定程序导致未在 3 个月内审结案件的，应如何处理？

2. 简易程序向普通程序转化后审限如何计算？

［重点提示］

从简易程序的审限进行分析。

第九章

小额诉讼程序

知识概要

一、本章的基本概念、基本知识和基本理论

从狭义上来讲，小额诉讼程序指的是为了平衡司法资源供求之间的矛盾，基于对民事案件进行繁简分流处理，减轻人民法院办案负担，实现司法的大众化，通过简易化的努力使一般民众普遍能够得到具体的程序保障的考量而设置的一种新型程序。[1]小额诉讼程序与简易程序、普通程序是三者并列的独立诉讼程序。[2]与普通程序与简易程序相比，小额诉讼程序的特点为适用于基层人民法院及其派出法庭审理的诉讼标的额较小的民事案件，具体来讲，从2021年修正的《民事诉讼法》第165条的规定来看，小额诉讼程序的适用主体是基层人民法院及其派出法庭；适用的案件范围是"事实清楚、权利义务关系明确、争议不大"的简单民事案件，并且案件的标的额应当在各省、自治区、直辖市上年度就业人员年平均工资30%以下；从审理程序来看，小额诉讼程序的审理过程比普通程序和简易程序更为简便，可以在夜间或只是休息日开庭审理，原则上一次开庭审理终结。最后，小额诉讼程序的最大特点是实现一审终审制，不得上诉。

二、本章的重点、难点和疑点

本章的重点是我国民事诉讼法规定的小额程序的适用范围。

本章的难点和疑点是小额程序的性质及审理特点。

---

〔1〕　范愉："小额诉讼程序研究"，载《中国社会科学》2001年第3期。

〔2〕　最高人民法院民事诉讼法修改研究小组编著：《〈中华人民共和国民事诉讼法〉修改条文理解与适用》，人民法院出版社2012年版，第340页。

沈某某与陈某某、周某某民间借贷纠纷案[1]

［基本案情］

2010 年 11 月 15 日，被告陈某某由被告周某某提供连带责任保证，向原告沈某某借得人民币 10 000 元，且两被告均在出具给原告的借据上签字予以确认。该借据约定，借款期限自 2010 年 11 月 15 日起至 2010 年 12 月 14 日止，逾期按每月借款的 2% 计收违约金及其他合理费用。被告周某某的保证期间至清偿全部借款及违约金完毕之日止。上述借款期限届满后，两被告至今分文未付。原告经多次催讨未果后，于 2012 年 11 月 14 日向提杭州市萧山区人民法院提起诉讼，要求判令被告陈某某返还借款 10 000 元，支付违约金 3450 元（从 2010 年 12 月 15 日起按月利率 1.5% 计算至 2012 年 11 月 13 日止），共计 13 450 元；被告周某某对被告陈某某的上述付款义务承担连带责任。2012 年 12 月 24 日杭州市萧山区人民法院立案受理本案，并依法由审判员唐伟利适用小额诉讼程序于 2013 年 1 月 9 日公开开庭进行了审理，并当庭宣告判决。本案的主要证据有原告出具的载有两被告签字的借据。

［法律问题］

1. 小额诉讼程序的适用条件是什么？
2. 小额诉讼程序的审理过程有何特点？

［参考结论与法理精析］

（一）法理分析

依据 2012 年《民事诉讼法》第 162 条的规定，基层人民法院和它派出的法庭审理符合《民事诉讼法》第 157 条第 1 款[2]规定的简单的民事案件，标的额为各省、自治区、直辖市上年度就业人员年平均工资 30% 以下的，实行一审终审。可见小额诉讼程序的适用主体应当是基层人民法院及其派出法庭。本案依法由杭州市萧山区人民法院进行审理，该人民法院是基层人民法院，符合小额诉讼程序的适用主体。本案属于比较简单的借款纠纷，本案的事实清楚，双方当事人对于案件的基本事实争议不大，因而本案属于"事实清楚、权利义务关系明确、争议不大"的简单民事案件。本案属于给付之诉，诉讼标的额为 13 450

〔1〕 引自浙江省杭州市萧山区人民法院（2013）杭萧义商初字第 11 号民事判决书。
〔2〕 2012 年《民事诉讼法》第 157 条第 1 款：基层人民法院和它派出的法庭审理事实清楚、权利义务关系明确、争议不大的简单的民事案件，适用本章规定。

元，根据《2012 年浙江省全社会单位在岗职工年平均工资统计公报》的统计，2012 年浙江省全社会单位在岗职工年平均工资为 40 087 元，其中不含私营经济的单位在岗职工年平均工资为 50 813 元，可见本案诉讼标的额在 2012 年浙江省就业人员平均工资 25% ~30% 之间。综上所述，本案可以适用小额诉讼程序进行审理。杭州市萧山区人民法院适用小额诉讼程序，由审判员唐伟利独任审判是正确的。

　　小额诉讼程序相较于简易程序，诉讼程序更为简便。我国台湾地区的小额诉讼程序的相关文书可以表格化，开庭时间可以在夜间或者是休息日进行，并且法院在经过双方当事人同意或者是调查证据所需的时间、费用与当事人请求不相当的情况下，可以不调查证据而审酌情况后认定案件事实。我国还没有相关的法律条文对小额诉讼程序的具体审理程序进行规定，法院在适用小额诉讼程序时，可以在休息日或者是晚上开庭审理案件，实现小额诉讼的法律文书格式化。适用小额诉讼程序审理案件，可参考简易程序的审理程序，在传唤当事人时，可以捎口信、电话、传真、电子邮件等方式随时传唤当事人、证人，不受开庭前 3 日前必须进行传唤或者通知当事人及其他诉讼参与人的限制，并且原则上一次性开庭审结，裁判文书也可以简化。因此，萧山区人民法院在审理本案时，可以用简便的方式传唤当事人、证人等诉讼参与人，可以在休息日或夜间开庭审理，并且一次开庭审理终结，在制作判决书时，可以简化判决文书的内容。法律并没有规定小额诉讼程序的审理期限，鉴于小额诉讼程序相较于简易程序更为简便，因此，小额诉讼程序的审理期限不得超出简易程序 3 个月的审理期限，并且不可延长。萧山区人民法院在审理本案时，应当在 3 个月内审理完结。

　　（二）深度分析

　　小额诉讼程序是《民事诉讼法》在 2012 年修正时新增加的审理程序。在实践中运用小额诉讼程序时，应当注意小额诉讼程序的适用范围。从比较法的角度来看，德国小额诉讼程序适用于诉讼标的额在 1200 马克（约 600 欧元）以下的财产权和非财产权案件；日本的小额诉讼程序适用于标的额不超过 60 万日元的案件；英国小额诉讼程序适用的标的额在 5000 英镑以下。从各国的法律规定来看，其主要是根据标的额来确定是否适用小额诉讼程序。我国也采纳这一标准，规定小额诉讼程序适用于标的额为各省、自治区、直辖市上年度就业人员年平均工资 30% 以下的简单民事案件。因为具有人身性质的案件不适宜用金钱价值来衡量，也无法用金钱来衡量，离婚、收养等具有人身性质的案件一般不适用小额诉讼程序进行审理。[1]因此在判

---

　　〔1〕　最高人民法院民事诉讼法修改研究小组编著：《〈中华人民共和国民事诉讼法〉修改条文理解与适用》，人民法院出版社 2012 年版，第 358 页。

断一个案件是否适用小额诉讼程序时，除了从诉讼标的额进行判断外，还应该考虑案件的性质，人身性质的案件一般不宜适用小额诉讼程序进行审理。《繁简分流试点办法》第 5 条第 1 款、第 2 款扩大了小额诉讼程序的适用范围，其规定，"基层人民法院审理的事实清楚、权利义务关系明确、争议不大的简单金钱给付类案件，标的额为人民币五万元以下的，适用小额诉讼程序，实行一审终审。标的额超出前款规定，但在人民币五万元以上、十万元以下的简单金钱给付类案件，当事人双方约定适用小额诉讼程序的，可以适用小额诉讼程序审理"。

简易程序相较于普通程序，程序更为简化，因此适用简易程序审理案件对当事人程序权利可能会有一些损害。在特殊情形下，人民法院在适用简易程序审理案件时，发现案件不适宜用简易程序进行审理可以决定将案件转而适用普遍程序。因而，我国法律规定了两类简易程序转化为普通程序的情形：一是根据当事人的程序异议而由简易程序转化为普通程序；二是人民法院依职权将简易程序变更为普通程序。小额诉讼程序相较于简易程序而言，程序更为简化，并且实行一审终审制。《日本民事诉讼法》规定，适用小额诉讼程序，被告可以申请将小额诉讼程序转化为普通程序，法院在法定情形下，也可以依职权作出决定将案件转化为普通程序。参考日本的相关规定，适用小额诉讼程序应当慎重，应当赋予当事人程序异议权，并且在特殊情形下，人民法院应当主动将小额程序转化为其他诉讼程序。根据我国法律的规定，小额诉讼程序是强制适用的，因此当事人应当享有程序异议权，人民法院对当事人的异议应当进行审查，异议成立的，将小额诉讼程序转为简易程序或是普通程序。在人民法院在审理案件的过程中，发现案件不宜适用简易程序的，将审理程序变更为简易程序或者是普通程序。人民法院在适用小额诉讼程序的 3 个月审理期限内不能审结案件，在期限到来之前，应当将案件由小额诉讼转化为简易程序或普通程序。

对于小额程序的救济程序，日本赋予当事人在受到裁判文书之日起 2 周内提出异议申请，异议成立的，法院应当以普通程序审理案件。根据我国现行《民事诉讼法》第 165 条的规定，小额诉讼程序实现一审终审，因此人民法院适用小额诉讼程序作出的裁决，是终审的裁决，即使当事人不服也不可以上诉。当事人应当运用再审程序对案件进行救济。

拓展案例

某股份有限公司信用卡中心诉顾某信用卡纠纷案

因顾某拖欠某股份有限公司信用卡费，故某股份有限公司信用卡中心诉至法院，请求法院判令被告偿还至 2013 年 3 月 12 日止的透支款人民币 7209.48 元。法院于 2013 年 4 月 26 日受理后，依法适用简易程序（小额诉讼）于 2013 年 5 月 14 日公开开庭进行了审理。被告顾某经本院传票传唤，无正当理由拒不到庭。法院依法缺席审理。

法院基于庭审查明的事实，认定信用卡费用确为被告所拖欠，依法判决被告顾某应于本判决生效之日起 10 日内归还原告某股份有限公司信用卡中心透支款人民币 6819.34 元。

本判决为终审判决。

[问题与思考]

我们目前的立法对小额诉讼程序的救济有何不足？

[重点提示]

现阶段，我国小额诉讼程序实现一审终审制，可申请再审但不可上诉，分析这种救济模式存在的问题。

第十章

第二审程序

知识概要

一、本章的基本概念、基本知识和基本理论

第二审程序是上一级人民法院依当事人上诉，对下一级人民法院作出的尚未发生法律效力的第一审判决或裁定进行审理和裁判的程序。我国为两审终审制国家，故第二审程序又可称上诉审程序、终审程序。

二、本章的重点、难点和疑点

本章的重点是当事人提起上诉的条件、程序及法院对二审案件的审理方式。

本章的难点和疑点是：

1. 法院对当事人上诉的审查。

2. 对二审裁判方式的理解和适用。

3. 对二审裁判效力的理解。

第一节　第二审程序的启动

经典案例

郑州市财务开发公司、中国长城资产管理公司郑州办事处与郑州市财政局、郑州市人民政府、中国工商银行河南省分行营业部债券认购款返还纠纷上诉案[1]

[基本案情]

1990 年 7 月 18 日起，郑州市人民政府办公室通过下发郑政办文 [1990] 50

---

〔1〕　本案例引自最高人民法院（2006）民二终字第 85 号判决书。

号《关于解决我市一九九零年重点技改、基建项目资金缺口问题的会议纪要》、郑政办文［1991］35 号《关于解决郑州轻型汽车厂、中原制药厂发行建设债券问题的会议纪要》等文件，分别发行债券 1300 万元及建设债券 4000 万元。根据此二文件，财务开发公司与中国工商银行郑州市支行（以下简称"郑州市工行"）签订协议书，先后约定郑州市工行转给财务开发公司购买债券款 300 万元及建设债券款 1000 万元。建设债券发行没有出具书面债券，财务开发公司收到郑州市工行建设债券的购券款后没有开具收据。后财务开发公司共偿付郑州市工行建设债券本金 1040 万元（工行营业部诉请兑付建设债券本金为 200 万元，未提交其余 60 万元还款凭证），利息 65 万元。

1993 年 11 月 27 日，财务开发公司发行短期融资债券，郑州市工行共向其认购了 3000 万元短期融资债券。财务开发公司收到郑州市工行的上述债券资金后，向郑州市工行出具了面值 3000 万元短期融资债券的书面债券，债券上均加盖财务开发公司印章。债券到期后，工行营业部现持有面值 3000 万元的书面短期融资债券均未获兑付。

2004 年 5 月 28 日，工行营业部向河南省高级人民法院提起诉讼，请求判令财务开发公司、郑州市财政局、郑州市人民政府兑付建设债券、短期融资债券共计 3200 万元，并承担全部诉讼费用。

一审审理过程中，长城郑州办与中国工商银行河南省分行签署《债权转让协议》，将工行河南省分行对债务人财务开发公司所欠 3200 万元贷款本金转让给长城郑州办。2005 年 10 月 22 日，双方在《河南商报》发出《债权转让通知暨债务催收联合公告》称：中国工商银行河南省分行（含各分支行）将其对公告清单所列借款人享有的主债权及担保合同项下的全部权利，依法转让给长城郑州办。长城郑州办作为债权受让方，要求公告清单所列债务人及其担保人从公告之日起立即向长城郑州办履行义务或承担责任。该公告中包括本案财务开发公司的 3200 万元。

一审河南省高级人民法院审理后判决：①本案所涉建设债券、短期融资债券发行购买行为无效；②限财务开发公司于判决生效后 10 日内返还工行营业部建设债券购券款 200 万元及兑付短期融资债券 3000 万元。

长城郑州办不服该民事判决，向最高人民法院提起上诉，但被上诉人财务开发公司答辩称，长城郑州办与工行营业部未就本案债权转让进行公告，亦未通过其他法定形式通知财务开发公司，故长城郑州办并未取得本案债权，其不具备本案诉讼主体资格。被上诉人郑州市人民政府亦答辩称，长城郑州办与工行营业部的"债权转让"并未通知一审法院和相对人，亦未公告，长城郑州办不具备上诉的诉讼主体资格，请求二审法院驳回长城郑州办上诉。

[法律问题]

1. 本案长城郑州办是否符合上诉条件，是否具有上诉人资格？

2. 当事人提起上诉应当符合什么条件？我国在上诉条件的设置上与其他国家有何区别？

[参考结论与法理精析]

（一）法院意见

最高人民法院审理后认为：工行河南省分行与长城郑州办签订的将本案债权转让给长城郑州办的协议，是双方当事人的真实意思表示，且工行河南省分行与长城郑州办之间的债权转让，是根据国家有关国有商业银行股份改制并发行上市的政策而发生的，目的是剥离商业银行的不良资产和债权，因而协议合法有效。债权转让之后的同年 10 月 22 日，工行河南省分行与长城郑州办联合在《河南商报》上公告，通知债权转让事项并要求所有债务人从公告之日起，立即向长城郑州办履行义务。根据《合同法》第 80 条的规定，工行河南省分行与长城郑州办之间的债权转让合法有效，长城郑州办自联合公告之日起享有本案债权。虽然债权转让行为发生在一审判决之前，但因公告通知在一审判决之后，故对一审判决不服提起上诉的民事主体只能是新的债权人长城郑州办。此时，债权转让已对本案债务人发生法律效力，作为新的债权人长城郑州办有权对债务人主张自己的合法权益，债务人也应在对工行营业部债务范围内对长城郑州办承担相应民事责任。财务开发公司上诉及郑州市人民政府、郑州市财政局答辩认为长城郑州办不具有上诉人资格的理由不能成立，本院不予支持。

（二）上诉的条件

根据处分原则，当事人有权对一审结果表示不服而提起上诉，即我国第二审程序由当事人启动。[1]但当事人上诉必须符合法定的条件，才有可能被第二审法院接受。上诉的条件可分为上诉的实质要件与形式要件。

上诉的实质要件是指法律规定当事人可以对哪些裁判进行上诉。可以上诉的裁判包括：各级人民法院适用第一审普通程序和简易程序审理后作出的第一审判决、第二审法院发回重审后作出的判决、依照第一审程序对案件进行再审后作出的判决，以及不予受理的裁定、管辖权异议的裁定、驳回起诉的裁定。

上诉的形式要件是指当事人行使上诉权必须具备的形式要素及条件。上诉的形式条件有：

---

〔1〕 现行《民事诉讼法》第 171 条规定了当事人的上诉权："当事人不服地方人民法院第一审判决的，有权在判决书送达之日起十五日内向上一级人民法院提起上诉。当事人不服地方人民法院第一审裁定的，有权在裁定书送达之日起十日内向上一级人民法院提起上诉。"

1. 拥有上诉权的主体是在第一审程序中承担实体权利义务的当事人。具体包括：第一审程序中的原告、被告、共同诉讼人、诉讼代表人、有独立请求权第三人、判决承担民事义务的无独立请求权第三人，以及上述当事人的继承人或者诉讼承担人。

就本案而言，工行河南省分行与长城郑州办之间基于合法目的进行了债权转让，且在《河南商报》上对债权的转让进行了公告。《合同法》第 80 条第 1 款规定："债权人转让权利的，应当通知债务人。未经通知，该转让对债务人不发生效力。"故公告时，二者的债权转让已对本案债务人发生法律效力。因此，长城郑州办作为本案实体权利的当事人以及一审判决结果的实际承担者，自然有权对一审判决结果不服而提起上诉。

2. 提起上诉必须符合法定期间。提起上诉的期间区分为判决与裁定两种情况，不服判决的上诉期间为 15 日，不服裁定的上诉期间为 10 日，从裁判送达次日计算。当事人各自接收裁判文书的，从各自接收日开始计算。共同诉讼人上诉期间的计算因共同诉讼种类的不同而不同，必要共同诉讼人的上诉期应以最后一个收到裁判文书的共同诉讼人的上诉期来计算，普通共同诉讼人的上诉期则分别计算。

3. 必须递交上诉状。[1]

4. 上诉应当缴纳上诉费。根据法律规定需要缴纳上诉费的，在递交上诉状时应当缴纳相关上诉费用。

从上述条件来看，我国《民事诉讼法》对当事人提起上诉的条件规定略显宽泛，即仅在程序上对其进行限制。对当事人而言，这无疑有利于其合法权益获得进一步保障，然而，几乎不加限制的上诉条件也是导致上诉案件数量的连年增长、全社会及个案当事人诉讼成本的增加及诉讼周期的延长的成因。对于这个问题，一些国家的民事诉讼法除了对恶意上诉者采取一定的制裁措施，更多的是通过增加二审法院对上诉利益的判断来解决。

（三）上诉利益

关于上诉利益的含义，不同学者对此有不同的表述：有的将其表述为"救济的必要性"，[2]或"结果"，或"期待性"。无论上诉利益采用哪一种含义，

---

〔1〕　上诉状的内容规定在现行《民事诉讼法》第 172 条："上诉应当递交上诉状。上诉状的内容，应当包括当事人的姓名，法人的名称及其法定代表人的姓名或者其他组织的名称及其主要负责人的姓名；原审人民法院名称、案件的编号和案由；上诉的请求和理由。"

〔2〕　有的学者参考我国台湾地区学者观点，认为上诉利益是"当民事权益受到侵害或者与他人发生争议时，需要运用民事诉讼予以救济的必要性"，见江伟主编：《民事诉讼法》，中国人民大学出版社 2008 年版，第 334 页；有学者认为上诉利益是比第一审裁判结果更有利的结果，见毕玉谦、谭秋桂、杨路：《民事诉讼研究及立法论证》，人民法院出版社 2006 年版，第 960 页；有学者认为上诉利益是"在第一审程序中败诉的当事人所享有的发动上诉审程序的利益，以期通过发动二审程序求得比一审更为有利的判决"，见王福华："论民事诉讼中的上诉救济与上诉利益"，载《三月湖法论》，北京大学出版社 2004 年版，第 660 页。

它们皆有一个共同点，即上诉案件是否具有上诉利益由法院裁量。同样，根据对上诉利益的不同定义，不同学说对上诉利益的判断区分了不同的适用标准。

1. 实质不服说。该说认为只要当事人上诉后，上诉法院有可能在实体上作出其较一审判决更为有利的判决，该上诉人即有上诉利益。依照此说，纵使在第一审获得全部胜诉之当事人，亦得为要求更有利之判决而提起上诉。如被告要求驳回原告的诉讼请求，但法院以原告起诉不合法为由裁定予以驳回，被告对此裁定即有上诉利益。[1]

2. 形式不服说。此说认为，上诉利益是与当事人在第一审中的声明相比较而言的，第一审裁判在质或者量的方面没有满足当事人在第一审中的声明，该当事人就有对第一审裁判不服的利益。具体而言，假如原告向法院提出三项诉讼请求，而法院仅支持其中两项，由于该裁判在量上未满足原告在第一审中的声明，故原告对此有上诉利益。同时，被告也因法院支持原告的部分诉讼请求而有上诉利益。相反，假如法院支持了原告的所有诉讼请求，则此时原告对该裁判无上诉利益而被告对此有上诉利益。此说强调上诉利益的比较基础是第一审诉的声明，[2]为德国、日本之通说。

3. 折衷说。该说主张对原告的上诉利益采形式不服说，而对被告则采实质不服说。

（四）上诉权益的保护

如果将上诉利益视为法院限制当事人上诉权滥用的手段，那么相对应地，规定上诉利益的地区与国家在此之外一般设置附带上诉、不利益变更禁止等制度来实现对当事人上诉权益的保护或维持当事人双方地位的平衡，以下予以介绍。

1. 附带上诉。附带上诉是相对于上诉人的上诉而言的，上诉人的上诉称做主上诉，附带上诉是指被上诉人在上诉人提出上诉审程序后，被上诉人随即对原审裁判提出上诉主张，请求法院一并审理的制度。提出附带上诉须有两个前提：一是必须有主上诉存在；二是被上诉人提起的附带上诉，须有上诉利益。[3]

一般认为，附带上诉制度可以为被上诉人提供额外救济，以维持双方当事人诉讼地位的公平。同时，双方在上诉审中对争议的同一法律关系提出不同的

---

〔1〕 洪浩、杨瑞："论民事上诉立案的实质性要件——从上诉利益的角度分析"，载《法律科学》2007年第1期。

〔2〕 毕玉谦、谭秋桂、杨路：《民事诉讼研究及立法论证》，人民法院出版社2006年版，第960页。原出处为江伟、廖永安："论我国民事诉讼一审与上诉审关系之协调与整合"，载《法律科学》2002年第6期。

〔3〕 江伟主编：《民事诉讼法》，中国人民大学出版社2008年版，第334页。

主张，能够为法官提供相互对抗的两方观点，也有利于法官对案件的全面考量，换言之，附带上诉制度在上诉程序中发挥了良好的对抗功能。因此，学者们在研究上诉问题时，多看到了附带上诉制度的优势所在，特别是在我国现行法律中又缺少类似制度的情形下，〔1〕大多主张我国可对附带上诉制度进行适当移植，或通过修改原法条〔2〕而实现附带上诉的"本土化"。

2. 不利益变更禁止原则与利益变更禁止原则。不利益变更禁止原则是指在民事诉讼上诉程序中不得加重上诉人责任，即在只有一方当事人上诉的情况下，上诉法院不能作出比一审判决更不利于上诉人的判决，也不能超出上诉请求作判决。不利益变更禁止原则是世界上多数国家和地区民事上诉审理中适用的一项重要原则，〔3〕它为上诉审改判设定了最低限度，对实现上诉审裁判的科学性与合理性具有重要意义。如果没有不利益变更禁止原则在上诉审程序中的贯彻实施，则上诉一方当事人在一审中已经取得的、对方当事人又未有相反主张的利益极易受到上诉法院的恣意蚕食。〔4〕

此外，一些学者〔5〕也主张利益变更禁止原则，并将该原则作为支持在我国《民事诉讼法》中引入附带上诉制度的论据。所谓利益变更禁止原则，是指上诉审法院不得超过上诉人的上诉请求范围，变更初审裁判，使上诉审裁判更有利于上诉人。〔6〕但利益变更禁止原则相较于不利益变更禁止原则，侧重于对上诉权的限制而非保护。从我国现行《民事诉讼法》第175条的规定的含义来看，我国的规定包含了一定利益变更禁止原则的意思。

---

〔1〕《民诉法解释》第323条规定："第二审人民法院应当围绕当事人的上诉请求进行审理。当事人没有提出请求的，不予审理，但一审判决违反法律禁止性规定，或者损害国家利益、社会公共利益、他人合法权益的除外。"由此看出，我国完全否定了附带上诉制度存在的可能性。

〔2〕1982年《民事诉讼法（试行）》第149条曾规定："第二审人民法院必须全面审查第一审人民法院认定的事实和适用的法律，不受上诉范围的限制。"但后随1991年《民事诉讼法》的出台而失效。

〔3〕如《德国民事诉讼法》第516条规定，"对于第一审判决，只能在申请变更的范围内变更之"；《日本民事诉讼法》第385条规定，变更第一审判决，只能在申请不服的限度内进行。英美法系国家上诉审查的范围也仅仅限于上诉状中的所记载的上诉人在一审曾提出过异议的法律请求，上诉法院不会对未提出异议的其他事项进行审查，如果仅有一方当事人上诉，法院也绝对不会把未上诉方未申请的救济赋予他。

〔4〕王福华："论民事诉讼中的上诉救济与上诉利益"，载《三月湖法论》，北京大学出版社2004年版，第671页。

〔5〕我国大陆地区如邱星美，见邱星美："建立我国民事诉讼附带上诉制度刍议"，载《政法论坛》2004年第6期；台湾地区如杨建华，见杨建华："上诉程序不利益变更禁止与利益变更禁止之原则"，载《问题研析　民事诉讼法（一）》，三民书局1996年版。

〔6〕邱星美："建立我国民事诉讼附带上诉制度刍议"，载《政法论坛》2004年第6期，原出处为白绿铉编译：《日本新民事诉讼法》，中国法制出版社2000年版。

拓展案例

案例一：　安华农业财产保险股份有限公司菏泽中心支公司与
翟某某、王某某道路交通事故人身损害赔偿纠纷案[1]

2009 年 12 月 30 日 15 时 30 分，王某某驾驶鲁 RX2019 号三轮汽车，在 313 省道由东向西行驶至兰考县张君墓镇东方医院门前，撞在头东尾西停放在路右侧王某某驾驶的无牌农用三轮车尾部，两车接触后，无牌农用三轮车前行过程中又将蹲坐在路边的翟某某撞倒致伤，致使两车不同程度损坏，造成道路交通事故。经兰考县公安交通警察大队认定，王某某负事故的主要责任，王某某负事故的次要责任，翟某某不负事故责任。翟某某受伤后，被送往医院抢救治疗，后出院后即向兰考县人民法院提起诉讼。

一审人民法院认为，兰考县公安交通警察大队 2010 年 1 月 30 日作出的第 6 - 193 号交通事故认定书，认定事实清楚，程序合法，适用法律正确，依法应予采信。同时，查明安华保险菏泽支公司对王某某驾驶的肇事车辆鲁 RX2019 号三轮汽车承保有机动车交通事故责任强制保险险种，王某某驾驶机动车辆发生交通事故致翟某某受伤，安华保险菏泽支公司依法应当依照交通事故认定书确定的责任在交强险责任以外承担赔偿责任。故一审法院经审理支持了原告翟某某部分诉讼请求。

安华保险菏泽支公司不服一审判决，上诉至河南省开封市中级人民法院称：一审程序违法，翟某某对另一肇事车主王随根撤回起诉，一审未下达裁定书，剥夺了安华保险菏泽支公司的上诉权。一审法院认定事实不清，适用法律不当，对翟某某的损失，肇事双方应在交强险保险限额内平均分担，一审判决让安华保险菏泽支公司全部承担，违背了交强险的立法本意，请求撤销一审判决，改判王某某在交强险理赔限额内承担对翟某某的损失的 50%。

翟某某当庭辩称，其对王某某的撤诉，是行使自己的权利，一审口头裁定准予撤诉，程序合法，该裁定不存在上诉问题。一审判决认定事实清楚，适用法律正确，判决的数额未超出其承保的理赔限额，请求驳回上诉维持原判。

河南省开封市中级人民法院认为：安华保险菏泽支公司上诉称一审程序违法，剥夺了其对撤诉裁定的上诉权。翟某某撤回对王某某的起诉，是行使自己

---

〔1〕　河南省开封市中级人民法院（2010）汴民终字第 1088 号判决书。

的诉权。一审法院所作出的口头裁定，符合法律规定，同时，撤诉裁定不在法律规定的可以上诉的裁定之列，故安华保险菏泽支公司认为剥夺了其上诉权没有法律依据，不予支持。

案例二：　香港亿之杰有限公司诉中外合资常熟胜丰铜业有限公司清理小组购销合同纠纷案[1]

1995 年 2 月 27 日，亿之杰公司与中外合资常熟胜丰铜业有限公司（以下简称"胜丰公司"）签订了 F007 - 95 - KM 号购销合同，因在履行合同过程中发生纠纷，亿之杰公司以胜丰公司为被告向江苏省高级人民法院提起诉讼，请求：①判令终止合同；②亿之杰公司不支付任何货款；③确认胜丰公司交给银行的议付单据为无效单据；④判令胜丰公司赔偿亿之杰公司经济损失 150 000 美元并由胜丰公司承担诉讼费用。胜丰公司提起反诉，要求亿之杰公司偿付货款并赔偿经济损失 200 000 美元，同时承担诉讼费用。一审江苏省高级人民法院经审理，作出（1995）苏经初字第 55 号民事判决。

亿之杰公司不服该判决，向最高人民法院提起上诉，最高人民法院经审理后，作出（1996）经终字第 266 号民事裁定，以原审判决认定事实不清为由，将本案发回原审法院重审。

江苏省高级人民法院重新审理认为：①驳回亿之杰公司的诉讼请求；②判令亿之杰公司赔偿胜丰公司损失；③驳回胜丰公司清理小组的其他反诉请求。

亿之杰公司不服原审法院判决，向最高人民法院提起上诉称一审法院在审理过程中违反法定程序：①法院作出的先予执行的裁定不符合法律规定；②一审法院违反法定程序变更诉讼主体。

针对上诉理由第 1 项，最高人民法院认为，根据《中华人民共和国民事诉讼法》第 140 条（2021 年修正版第 157 条）的规定，先予执行的裁定不属于可以上诉的裁定，对于亿之杰公司关于原审法院所作先予执行裁定部分的上诉，不予审理。

[问题与思考]

1. 我国关于上诉条件的规定应当如何完善？

2. 我国是否应当设立附带上诉制度？

[重点提示]

通过对上诉利益的界定与判断，为当事人行使诉权设定界限，防止滥用诉

---

[1]　最高人民法院（2000）经终字第 54 号判决书。

权，以此完善上诉条件。对附带上诉制度的利弊以及禁止上诉不利益变更原则进行分析。

第二节　第二审程序的审理

经典案例

陈某某与福建省电力有限公司等申请劳动争议纠纷再审案[1]

[基本案情]

1984 年 1 月，陈某某由福建省水利水电设计院调入电力设计院地质队工作，任助理工程师，属技术干部编制。1987 年起陈某某以身患疾病等为由，长期病休在家，但没有按规定办理请假手续。1993 年 5 月，电力设计院改制成为企业单位法人（电力设计院于 1983 年独立建院，成立时系事业单位法人），由福建省电力工业局全额出资。1995 年 7 月 19 日，电力设计院作出闽电设人字 [1995] 第 90 号《关于对陈某某同志处理意见的报告》，提出如下意见：①陈某某同志如提交书面申请病退，同意按规定给予办理病退手续；②在未提交书面申请病退期间，限其 1995 年 7 月 24 日前回院上班，否则按规定工资停发，连续旷工时间超过 15 天或累计旷工时间超过 30 天按规定予以除名。当日，电机设计院即作出要求陈某某于 1995 年 7 月 24 日前回院上班的通知。1995 年 7 月 21 日，陈某某向电力设计院递交申请，正式提出退休。当日电力设计院作出闽电设人字 [1995] 第 121 号《关于同意陈某某同志退休的决定》，并向院财务科下达《关于办理陈某某同志退休的通知》，同意陈某某本人申请给予办理退休，并从 1995 年 8 月 1 日起执行退休费。此后陈某某未再到单位上班。

1995 年 8 月 15 日，因计发退休费的工资基数等问题，陈某某向电力设计院工会提出《意见书》。

1995 年 9 月 18 日，陈某某向福州市劳动争议仲裁委员会提出仲裁申诉书。福州市劳动争议仲裁委员会当日即以"电力设计院是事业单位、陈某某系事业单位干部为由"，作出了（1995）字第 95 号《不予受理通知书》。1996 年 1 月 15 日，电力设计院劳动争议调解委员会作出（1996）劳调字第 002 号《劳动争议调解不成证明书》。

---

[1]　福建省高级人民法院（2009）闽民申字第 1080 号裁定书。

2000 年 6 月，福建省电力工业局改制成为电力公司，属企业单位法人。因福建省电力系统由电力公司社会保险事业管理中心集中统一办理参加福建省的养老保险，因此，2006 年 11 月 27 日，陈某某以 2006 年 11 月 13 日收到《退休证》方得知退休时间为 1995 年 8 月为由，就工资、奖金、津贴以及退休年龄等问题以电力公司和电力设计院为被诉人向福州市劳动争议仲裁委员会提起申诉。2007 年 1 月 8 日，福州市劳动争议仲裁委员会以电力公司和电力设计院属事业单位，未与陈某某签订劳动合同为由，决定不予受理。

2007 年 1 月 12 日，陈某某向一审法院提起诉讼，请求：①依法撤销电力公司和电力设计院于 1995 年对陈某某所作的退休决定，确认陈某某的退休日期为法定的 2005 年 2 月；②依法责令电力公司和电力设计院支付陈某某自 1995 年 8 月至 2005 年 2 月的工资、奖金、津贴等福利待遇并承担连带责任；③确认陈某某中、高（至少副高）级技术资格；④恢复工资套改权利；⑤补发 2005 年 2 月至 2006 年 10 月共 20 个月的工资 8 万元；⑥补偿住房公积金 5 万元以及精神损害赔偿 10 万元等。

一审法院认为，1995 年 8 月，陈某某明知电力设计院已根据其退休申请作出同意其退休的决定，并且从 8 月份起陈某某就没有再回单位上班，陈某某与电力设计院当时对退休及工资待遇问题就已发生争议，并且调解未果，但陈某某未在仲裁时效内提出申诉。本案中陈某某虽有举证其曾向相关部门上访，但在时间上跨度较大，不具连续性，不能证明仲裁时效中断。因此陈某某现主张退休及工资待遇等问题，已超过法定仲裁时效，不予支持。陈某某诉讼中增加的诉讼请求未经仲裁前置程序，法院不予处理，且陈某某主张确认中高级技术职务资格、恢复工资套改权利及精神损害赔偿金等诉请亦不属于劳动争议处理范围，综上，一审法院判决驳回陈某某的诉讼请求。

陈某某不服一审判决，向福州市中级人民法院提起上诉。

福州市中级人民法院经过审查，合议庭讨论后决定不开庭审理。

福州市中级人民法院认为，陈某某虽于 1995 年 8 月 15 日向本单位工会呈递了《意见书》，但综观意见书全文，并未对退休决定提出异议，仅是对退休时享受的经济待遇有异议。陈某某主张退休是被强迫的，曾因此长期多方投诉，但从陈某某在一审中提供的证据看，涉及申诉的证据有 3 份，即①1995 年 9 月 18 日及 2007 年 1 月 8 日福州市劳动争议仲裁委员会的不予受理通知书；②2006 年 4 月 7 日电力公司的答复，认为其反映问题应由电力设计院负责处理；③国家电网公司于 2006 年 9 月 8 日作出的《信访事项不予受理告知书》。这三份证据仅是 1995 年及 2006 年 ~2007 年间陈某某有进行申诉的证据，陈某某未能提供从 1995 年 9 月后到 2006 年 4 月前，这长达十几年的时间里有进行相关申诉的证据，因此，其主张未超过诉讼时效，不予采纳。福建省社会劳动保险局出具的《关于陈某某退休证申报单位的有关说明》，也明确指出 2006 年发给陈某某的退休证是属于换证。1995 年 8 月后，陈某某领取了退休工资，也没有去单位上班，享受了长达十几年退休的待遇，现又以 2006 年换发退休证时才知自己退休了，因此要求享受 1995 年~2005 年间的在职待遇，无事实和法律依据。福州市中级人民法院于 2007 年 8 月 15 日作出（2007）榕民终字第 1519 号民事判决，判决驳回上诉，维持原判。

福州市中级人民法院于 2007 年 8 月 15 日作出（2007）榕民终字第 1519 号民事判决发生法律效力后，2009 年 7 月 31 日，陈某某向福建省高级人民法院申请再审。除对一、二审相关实体问题表示不服外，陈某某申请再审称：二审判决审判程序不合法，影响案件公正判决。二审合议庭未对事实进行核对，在事实没有核对清楚的情况下，采用不开庭审理，径行判决的形式进行，剥夺了当事人辩论权利，审判程序违法。

[法律问题]

1. 福州市中级人民法院二审不开庭审理的做法是否正确？

2. 二审不开庭审理的适用情形有哪些？

[参考结论与法理精析]

（一）法院意见

福建省高级人民法院认为，《劳动法》第 82 条规定，提出仲裁要求的一方当事人应当自劳动争议发生之日起 60 日内向劳动争议仲裁委员会提出书面申请。本条中的"劳动争议发生之日"是指当事人知道或者应当知道其权利被侵害之日。1995 年 7 月 21 日，陈某某正式向电力设计院提出退休。1995 年 8 月 1 日起即领取退休费，陈某某从此也未再到单位上班。1995 年 8 月 15 日，陈某某的《意见书》也自认"我已办了退休手续"并要求解决计发退休费的工资基数等问题。因此，可以认定 1995 年 8 月 15 日陈某某知道或应当知道其认为的有关退休待遇权利受到了侵害，陈某某与电力设计院的劳动争议已经发生，仲裁时效开始起算。同时，陈某某向电力设计院工会提出了《意见书》，因此，仲裁时效中断。1996 年 1 月 15 日，电力设计院劳动争议调解委员会作出《劳动争议调解不成证明书》，仲裁时效重新起算，在此后的 60 日时效内陈某某有申请仲裁权。但事实上，陈某某也已经于时效内的 1995 年 9 月 18 日以电力设计院为被诉人提出了仲裁申诉，福州市劳动争议仲裁委员会当日也作出了（1995）字第 95 号《不予受理通知书》决定不予受理。《劳动法》第 83 条规定，劳动争议当事人对仲裁裁决不服的，可以自收到仲裁裁决书之日起 15 日内向人民法院提起诉讼。没有证据证明陈某某在法律规定的期限内向人民法院提起了诉讼，因此，该仲裁《不予受理通知书》即已生效，陈某某与电力设计院的劳动争议程序终结。陈某某主张《关于办理陈某某同志退休的通知》等证据是伪造证据、其是在 2006 年 11 月 13 日收到《退休证》时方得知退休时间是 1995 年 8 月，证据不足。陈某某于 1995 年 8 月 1 日起退休，退休后其与电力设计院即不再存在事实劳动关系。陈某某诉讼请求判决撤销电力公司和电力设计院于 1995 年对其所作的退休决定，进而请求判决的各项确认或给付 1995 年 8 月至 2005 年 2 月的在岗工资、奖金等主张，缺乏事实和法律依据。综上，福建省高级人民法院驳回了陈某某的再审申请。

福建省高级人民法院虽未明确在判决书中对陈某某所称的"二审法院径行判决不符合法律程序"作出回答，但根据《最高人民法院关于适用〈中华人民共和国民事诉讼法〉若干问题的意见》第 188 条规定，对于当事人提起的上诉请求明显不能成立的案件，第二审人民法院可以依照《民事诉讼法》第 152 条（2021 年修正版第 176 条）的规定径行判决、裁定。本案中，根据陈某某于一、二审中的陈述及所提交的证据，其已超过法定仲裁时效为明显事实，而其他证据也未达到支持其诉讼请求的证明程度，故二审法院基于陈某某明显不能成立的事实而决定不开庭审理，当属正确。

事实上，本案虽在《民事诉讼法》（2012 年修正版）颁布实施前审结，但福州市中级人民法院对审理方式的选择确实符合修正后的《民事诉讼法》的要求。修改后的民事诉讼法规定法院适用不开庭审理须满足"经过阅卷、调查和询问当事人，对没有提出新的事实、证据或者理由，合议庭认为不需要开庭审理的"，2021 年修正后的《民事诉讼法》第 176 条第 1 款延续为"第二审人民法院对上诉案件应当开庭审理。经过阅卷、调查和询问当事人，对没有提出新的事实、证据或者理由，人民法院认为不需要开庭审理的，可以不开庭审理"，而本案再审申请人在二审上诉时确未提供新的证据。但值得注意的是，福建省高级人民法院的裁定书中未提及福州市中级人民法院是否已在阅卷的基础上充分听取当事人意见，或对其不开庭审理的理由进行适当阐述。应当认为，对于事实认定、法律适用正确的案件，还要坚持做到程序正当甚至于无瑕疵，才能真正在当事人之间达到止诉息讼、定分止争的效果。

（二）第二审程序的审理方式

本案涉及二审案件审理方式的选择。开庭审理与不开庭审理是人民法院审理二审民事案件的两种方式。根据直接言词原则与公开审理原则的要求，二审民事案件的审理应当以开庭审理为原则，不开庭审理作为补充和例外。

1. 开庭审理。开庭审理是第二审人民法院审理案件的最主要方式，它是直接言词原则的要求。第二审开庭审理除遵循第二审程序的特殊规定外，应适用第一审程序有关开庭审理的相关内容，包括法庭辩论、法庭调查等。二审案件原则上应当开庭审理，原因在于：①开庭审理能保证当事人充分行使诉讼权利，开庭审理赋予了当事人平等参与和表达自己意见的机会，当事人可以行使法律赋予的辩论、提出证据等权利；②开庭审理能够督促审判人员依法办案，当事人的诉讼权利与法院的审判权是一种此消彼长的关系，开庭审理有助于法院的审判活动处于当事人的监督之下，保证了案件审理的公正性；③开庭审理还有助于法院进行普法教育。在公开审判的情况下，旁听的群众可以更加直接地感受到法庭氛围，接受法律教育；而媒体对相关案件庭审的报道，也增强了开庭审判的普法效果。

2. 不开庭审理，或称径行裁判。[1]不开庭审理制度的出现根植于这样一种趋势：民事案件数量逐年递增，为了确保案件能在审限内及时审理完毕，一些经济发达地区的法院不得不采取法官"流水作业"的方式审理案件。而法官面对着数量繁多，案情较为简单的第二审案件，亟需一种能够提高诉讼效率、节约司法成本的方式来审理第二审案件，此时，不开庭审理即成为实现民事诉讼审判效率价值的制度。根据现行《民事诉讼法》第176条的规定，不开庭审理是指第二审人民法院经过阅卷、调查和询问当事人，对没有提出新的事实、证据或者理由，人民法院认为不需要开庭审理的，直接作出判决、裁定的审理方式。不开庭审理无需双方当事人到庭及其他诉讼参与人参加，法官也不需要通过法庭审理调查事实、诉讼资料以及听取辩论。但是，不开庭审理并不等于书面审理，第二审法院需要组成合议庭，经过阅卷、调查、询问当事人后才能由合议庭作出判决、裁定。

不开庭审理作为民事诉讼审理过程中司法公正与司法效率二者相博弈的结果，其出发点是为了在保证司法公正的前提下，提高诉讼效率，避免给当事人造成不必要的诉累。然而在近年的实践中，采用不开庭审理方式审理二审案件的比例过高，与立法者心中想要达到的司法公正与司法效率相平衡的效果愈发偏离。它存在的问题及缺陷如下：①将开庭审理作为原则性规定，缺乏可行性。②对于不开庭审理的适用条件和控制程序缺乏具体规则。修正前的《民事诉讼法》规定的径行裁判的条件有四个，即阅卷调查、询问当事人、事实核对清楚以及合议庭同意。"事实清楚"是一个模糊的概念，事实是否清楚需要由二审案件的承办人来决定。但是，由于不存在一个统一且具体的规则或标准，承办人也很难客观公正地作出判断。修正后的《民事诉讼法》增加了"没有提出新的事实、证据和理由"的标准，这对限制不开庭审理的滥用是一种进步。因为对于当事人没有新的事实、证据提供，也没有新的理由提出的，二审法院对案件

---

[1]　《民事诉讼法》修正后已不再使用"径行裁判"字样，但相关司法解释中仍存在这一用法。

事实的认定仍是依据在一审中当事人提交的全部证据及当庭陈述，而当事人提交的全部证据及当庭陈述已经在一审人民法院向二审人民法院报送的全部卷宗材料中。所以，二审人民法院完全可以通过审阅一审的卷宗得以了解，从而对案件的事实作出自己独立的认定。也就是说，对当事人没有提出新的事实、证据或者理由的，二审人民法院据以查明案件事实的信息来源同一审人民法院完全一致，二审人民法院的开庭审理不但完全没有必要而且还导致诉讼程序的繁琐化和诉讼时间的不当延长，造成司法资源的浪费。而如果当事人在二审中提出了新的事实、理由和证据，可能就会对上诉案件事实的认定、法律的适用等产生本质上的影响。在这种情况下，为了保证司法公正、当事人的诉讼权利（主要是对方当事人的辩论、质证的权利），法院必须开庭审理。但是，该法条仍有进一步细化的空间：对于"新的证据"，《民事诉讼法》曾经有过规定，[1]但何为"新的理由"，却还有待立法的细化，"新的理由是个新提法，而且'理由'一词本身就比较抽象，如果不明确界定，在操作过程中可能出现滥用现象。"[2]③不开庭审理的方式以及"询问"当事人的规定违背了公开审判原则。公开审判是民事诉讼的一项基本制度，无论是一审程序还是二审程序，都应当严格遵循公开审判制度。尽管我国民事诉讼法也明确规定开庭审理是主要的审理方式，径行裁判是辅助性的审理方式，但是在民事诉讼第二审审理中，径行裁判以其本身具有的简洁、快速等特点成为了人民法院办案的首选，从而间接导致了径行裁判在诉讼过程中的滥用，致使本应作为开庭审理例外的径行裁判，适用范围及比例正在逐步扩大。④不开庭审理适用的扩大化，导致当事人诉讼权利受到限制。二审案件不开庭审理就意味着当事人在二审程序的诉讼权利无法行使，比如当事人无法申请合议庭法官的回避，当事人也无法在法庭上进行辩论，证据无法经过对方当事人的质证，新的事实主张没有给予对方当事人抗辩的机会等。这些基本的诉讼权利在二审程序都遭到了剥夺，使得当事人的权益受到极大贬抑。二审程序鲜明地体现着法院的主导作用，诉讼效率的提升往往伴随着当事人诉讼权利的剥夺或者案件质量的下降，从而导致了终审不终。⑤径行判决的扩大化弱化了审理过程的严肃性。依据法理，裁判的正当性可以通过审理过程的严肃性得到体现，审级越高，案件的审理应更严肃。不开庭审理中询问一人与合议三人的背离，本身就隐藏了很大的信任危机。承办人的品

---

[1]　二审中"新的证据"应适用2001年《证据规定》第41条第2项规定，即一审庭审结束后新发现的证据；当事人在一审举证期限届满前申请人民法院调查取证未获准许，二审法院经审查认为应当准许并依当事人申请调取的证据。

[2]　周斌："二审可以不开庭条件限制法官自由裁量权，实务界人士表示'新理由'不明确或致二审可不开庭滥用"，载《法制日报》2012年9月20日，第5版。

行承载着合议庭的品行，承办人意见需要合议庭的意见来背书，一旦这中间产生不一致的地方，裁判的公正性就会受到怀疑。径行判决扩大化的背景下，一方面径行判决的案件数增加了，前述的不一致情形出现的次数肯定也会增加，后果就是当事人对二审的信赖减退；另一方面，很多复杂案件一审开庭审理，二审中当事人对立情绪上升后，反而采用的是径行判决，当事人的失望之情可想而知。

（三）二审案件与一审案件审理的区别

尽管第二审程序与第一审程序同属诉讼案件的审判程序，且第二审程序没有规定，往往适用第一审程序的规定，但第二审程序在以下方面仍与一审程序有较大区别：

1. 审理组织。第二审人民法院审理上诉案件，应当由审判员组成合议庭进行审理，不能采用独任制，也不能有陪审员参加合议庭，这是由第二审人民法院的审判职能及上诉案件的特殊性决定的。[1]当事人提起上诉的案件，既体现了上诉人与对方当事人之间的权利义务尚有争议，要求二审法院对争议重新进行审理，又体现了上诉人不服一审裁判，希望通过二审程序实现二审法院对第一审法院的审判工作进行监督的效果。

2. 审理地点。根据现行《民事诉讼法》第 176 条第 2 款的规定，第二审人民法院审理上诉案件，可以在本院进行，也可以到案件发生地或者原审人民法院所在地进行。这是便利当事人诉讼、便利法院办案原则在二审程序中的体现。

3. 二审调解。[2]调解作为民事诉讼法的基本原则，同样适用于二审案件的审理。第二审程序中的调解，一方面是对当事人处分原则的尊重，并可节约当事人诉讼成本，减少当事人诉累；另一方面，司法机关在司法实践中越来越认识到，对一些新类型案件的处理难以找到合适的法律依据，但法官却不能以没有相应的法律依据而拒绝裁判，这种法律规定的缺失导致现实生活中捉襟见肘

---

〔1〕　常怡主编：《民事诉讼法学》，中国政法大学出版社 1999 年版，第 316 页。

〔2〕　有关二审调解的适用主要规定在《民诉法解释》第 326～329 条。第 326 条规定，对当事人在第一审程序中已经提出的诉讼请求，原审人民法院未作审理、判决的，第二审人民法院可以根据当事人自愿的原则进行调解；调解不成的，发回重审。第 327 条规定，必须参加诉讼的当事人或者有独立请求权的第三人，在第一审程序中未参加诉讼，第二审人民法院可以根据当事人自愿的原则予以调解；调解不成的，发回重审。第 328 条规定，在第二审程序中，原审原告增加独立的诉讼请求或者原审被告提出反诉的，第二审人民法院可以根据当事人自愿的原则就新增加的诉讼请求或者反诉进行调解；调解不成的，告知当事人另行起诉。双方当事人同意由第二审人民法院一并审理的，第二审人民法院可以一并裁判。第 329 条规定，一审判决不准离婚的案件，上诉后，第二审人民法院认为应当判决离婚的，可以根据当事人自愿的原则，与子女抚养、财产问题一并调解；调解不成的，发回重审。双方当事人同意由第二审人民法院一并审理的，第二审人民法院可以一并裁判。

的。二审调解在二审如何判决尚不明朗的情况下，通过促成对这类案件的调解，也为以后处理类似案件争取实践素材和进一步研究思考的时间。同时也可以对一审判决后社会效果不甚理想的新类型案件设置一道防火墙，避免将一审判决的负面效果扩大化。目前来看，二审调解在调解效果上并不显著，原因主要有二：一是法官和当事人主观方面对调解的理解失之片面。将调解等同于全案调解，忽视了调解进程中当事人对一审判决的部分内容认可时进行的部分调解，导致很多调解机会的丧失。二是二审审限短，二审法官与当事人接触的机会少，调解所需要的充分沟通在时间上不能得到保证。因此，有法院工作者提出，可将部分调解和一、二审联动调解引入二审案件的处理中。

（1）部分调解、先予履行、部分判决。这是指二审法院若无法就全案达成调解时，可以就上诉方部分认可的一审判决内容组织当事人双方进行调解，在达成调解协议基础上就调解内容先予履行，对于上诉方不服的部分再由二审法院依法进行判决。被上诉方接受部分调解，并不表示其放弃一审判决赋予他的其他权利。

（2）一审、二审联动调解。所谓一审、二审联动调解，是指在二审调解过程中，将一审法官吸纳进来，由两审法官共同对案件进行调解。尽管案件已经进入二审，但一审法院并非无所作为。继续参与二审中的调解，就是一审法院很好的一个切入点。而从二审法院的角度看，二审调解可以吸收专家、律师等专业人士加入，那么一审法官由于直接参与案件的审理，接触了一手案件事实，由其参与二审调解，有独特优势。[1]

拓展案例

中联某某科股份有限公司工程起重机诉郑州某某工程机械有限公司买卖合同纠纷案[2]

中联某某科股份有限公司工程起重机某某司因与郑州某某工程机械有限公司产生买卖合同纠纷，起诉至湖南省长沙市岳麓区人民法院，一审中，郑州某某工程机械有限公司在答辩期间提出管辖权异议，认为本案是因合同纠纷提起的诉讼，合同中未约定管辖法院，案件应由被告住所地人民法院管辖。本案被告的住所地在河南省郑州市管城区，因此，原审法院无管辖权，应将本案移送河南省郑州市管城区人民法院管辖。

---

[1] 邢会丽："法院民事二审调解之辩思"，载《全国法院系统第二十二届学术讨论会论文集》。
[2] 湖南省长沙市中级人民法院（2012）长中立民终字3577号裁定书。

长沙市岳麓区人民法院认为，原审原、被告签订的《工业品买卖合同》中约定交货地点在湖南长沙出卖人（原告）生产基地，运输方式为买受人（被告）自提。根据相关法律规定，因合同纠纷提起的诉讼，由被告住所地或者合同履行地人民法院管辖。本案原审原告的生产基地在长沙市岳麓区，故合同履行地应为长沙市岳麓区，且本案原审原告已于 2012 年 5 月 16 日向原审法院提起诉讼，因此，原审法院具有本案管辖权。依照《中华人民共和国民事诉讼法》第 38 条的规定，裁定驳回原审被告郑州某某工程机械有限公司的管辖权异议。

郑州某某工程机械有限公司不服该裁定，上诉至湖南省长沙市中级人民法院，称原审法院收到上诉人管辖异议申请书后，仅用一天未经开庭就作出了裁定，驳回上诉人的管辖异议，不符合程序规定。《工业产品买卖合同》的双方当事人是上诉人和长沙某某重工科技发展股份有限公司某某起重机分公司，不是中联某某科股份有限公司工程起重机某某司，原告主体不适格。本案是买卖合同纠纷，双方当事人未约定管辖法院，依法应由被告住所地法院管辖。被告住所地在河南省郑州市管城区。请求撤销原审裁定，将本案移送河南省郑州市管城区人民法院审理。

湖南省长沙市中级人民法院经审查认为根据《最高人民法院关于适用〈中华人民共和国民事诉讼法〉若干问题的意见》第 188 条，管辖异议纠纷案件经书面审查径行裁定不违反法律规定。

[问题与思考]

1. 不开庭审理的条件中"新的理由"应当如何细化？

2. 二审调解与一审调解有何区别？

[重点提示]

着重理解一审调解与二审调解在调解成功后的区别。

第三节　二审裁判方式

经典案例

肖某某与衡阳市万众公共交通有限公司劳动争议纠纷上诉案[1]

[基本案情]

2009 年 8 月 12 日，肖某某与万众公司签订了一份无固定期限的劳动合同，

---

[1]　湖南省衡阳市中级人民法院（2012）衡中法民三终字第 51 号判决书。

当日肖某某就开始在万众公司处担任公交车司机，并缴纳安全风险金 5000 元。2009 年 12 月 2 日，肖某某驾驶 47 路公交车途经新大桥时，因车辆发生交通事故，在下车处理事故时被胡某某驾驶的同向行驶的湘 DA0589 汽车压上右脚并倒地。伤后原告被送往衡阳市中心医院救治，经诊断为右踝软组织挫伤，椎间盘突出症（T11/12 外伤性在此期间）。后肖某某以"因工受伤之后身体不能做司机"为由提出辞职，万众公司退还了 5000 元安全风险金及 1200 元保证金。2010 年 7 月 21 日衡阳市劳动和社会保障局作出衡劳工伤认定字［2010］017 号工伤认定书，认定肖某某本次受伤为工伤；2010 年 7 月 27 日，衡阳市劳动能力鉴定委员会认定肖某某为十级伤残，但万众公司对该鉴定结果不服，经湖南省劳动能力鉴定委员会再次鉴定，于 2010 年 11 月 5 日作出劳动能力再次鉴定结论书，仍认定肖某某为十级伤残。

后肖某某申请劳动争议仲裁，衡阳市劳动争议仲裁委员会于 2011 年 4 月 28 日作出衡市劳仲委［2011］第 062 号仲裁裁定书，裁决解除双方的劳动关系，由万众公司支付肖某某停工留薪工资、一次性伤残补助金、一次性工伤医疗补助金等费用。肖某某对该裁定书不服，于 2011 年 5 月 10 日向衡阳市石鼓区人民法院提起诉讼。在诉讼过程中，万众公司提出反诉，但法院认定其无正当理由拒不到庭参加诉讼。

衡阳市石鼓区人民法院经审理后，判决：①不予解除原告肖某某与被告衡阳市万众公共交通有限公司的劳动关系；②被告衡阳市万众公共交通有限公司支付原告肖某某停工留薪期间工资、一次性伤残补助金等；③被告衡阳市万众公共交通有限公司的反诉请求按自动撤诉处理。

一审宣判后，双方表示不服，上诉至衡阳市中级人民法院。除对劳动关系、支付数额表示争议外，万众公司认为：①原判程序错误且违法。原判没有将反诉原告这一主体及名称列入判决书中，没有就反诉请求、证据等予以陈述，剥夺了万众公司的质证权；②原判适用法律不当。原判对万众公司按自动撤诉判处，于法相悖，万众公司代理律师因在外不能参加第一次开庭已电话请假，且万众公司参加了第二次开庭，并不是自始至终没有到庭参加诉讼，不属于《民事诉讼法》第 129 条〔1〕规定的无正当理由拒不到庭的情形。

［法律问题］

1. 衡阳市石鼓区人民法院对万众公司按自动撤诉判处是否属于程序违法？

2. 二审案件的裁判方式适用的情形？

［参考结论与法理精析］

---

〔1〕 2021 年《民事诉讼法》修正后第 146 条。

（一）法院意见

衡阳市中级人民法院认为，万众公司在一审诉讼过程中提出了反诉，在一审法院通知的第一次开庭时，万众公司经传票传唤没有到庭参加诉讼，原审将其反诉按撤回起诉处理，并在开庭笔录中口头宣布了裁定内容，原审程序并无不当，但一审法院在第一次开庭休庭后未及时将口头裁定内容告知万众公司，或者制作书面裁定送达给双方，而是在判决书主文中判决万众公司的反诉按自动撤诉处理，造成程序错误。鉴于处理劳动争议纠纷案件仲裁是诉讼的前置程序，一方对仲裁不服提起诉讼，仲裁裁决结果则处于效力待定状态，法院应对全案进行审理并作出判决，万众公司反诉请求是针对仲裁裁决其应当承担的赔偿责任及肖某某诉讼请求法院判令其承担的赔偿责任而逐项提出其不承担责任的诉讼请求，法院在审查肖某某的仲裁请求及诉讼请求是否依法成立时，也是对万众公司反诉请求是否成立的审查，故一审以判决形式处理按自动撤诉处理的程序问题，诉讼程序有瑕疵，但不影响对案件的正确判决，不属于违反法定程序，可能影响案件正确判决需发回重审的情形。综上，衡阳市中级人民法院认为，万众公司的上诉理由不成立，原审判决认定事实清楚，实体处理正确，对原审判决中因适用法律错误而引起的程序问题依法予以纠正。2012 年 4 月 20 日，衡阳市中级人民法院作出（2012）衡中法民三终字第 51 号判决书：维持湖南省衡阳市石鼓区人民法院（2011）石民一初字第 171 号民事判决第 1、2、3、4、5、6 项（包括解除劳动关系、判令万众公司向肖某某支付相关费用）；撤销湖南省衡阳市石鼓区人民法院（2011）石民一初字第 171 号民事判决第 7 项（第七项为判令被告衡阳市万众公共交通有限公司的反诉请求按自动撤诉处理）。

（二）法院意见分析

本案中，一审法院未将万众公司第一次经口头请假而未出庭的情形视为缺席正当理由，从而径行对万众公司的反诉按自动撤诉判处。衡阳市中级人民法院对此认为，"万众公司反诉请求是针对仲裁裁决其应当承担的赔偿责任及肖某某诉讼请求法院判令其承担的赔偿责任而逐项提出其不承担责任的诉讼请求，法院在审查肖某某的仲裁请求及诉讼请求是否依法成立时，也是对万众公司反诉请求是否成立的审查"，此种观点值得商榷：首先，反诉是不同于本诉的独立的反请求，尽管反诉的成立须以本诉的存在为前提且与本诉具有牵连关系，但反诉存在目的正是吞并或抵销本诉的诉讼请求。万众公司的反诉请求是针对仲裁裁决其应当承担的赔偿责任及肖某某诉讼请求法院判令其承担的赔偿责任而提出的其不应承担责任的诉讼请求，其目的就在于与本诉诉讼请求相对抗，而衡阳市中级人民法院却认为一审法院未对其进行全面审理是正确的。那么试想，如果按该法院此种思路，则是否所有的反诉正当化前提都不存在？再言之，如果衡阳市中级人民法院在二审中认为万众公司的反诉请求不能独立于本诉请求，或未到达法院受理标准，其可直接撤销反诉，不予受理。其次，二审法院认为第一次开庭未听取万众公司的反诉请求是不影响审理结果的，原因同样是因为万众公司的请求不具有独立性，然而二审法院作出的这种"不具有独立性"的判断是基于一审法院第一次开庭时未听取万众公司的请求、陈述与辩论的事实，这似乎有悖于直接言词原则的要求。最后，退一步考虑，就算万众公司的反诉请求不具有独立性，但是须注意，反诉与本诉的原告不同，换言之，万众公司的举证责任在本诉与反诉中是有差别的。那么，由于其负有的证明责任不同，就很可能出现同一证据在本、反诉中对案件产生不同影响，进而对整个案件的裁判可能出现不同结果的情形。

（三）二审裁判作出方式

现行《民事诉讼法》第 177 条对二审案件的裁判方式作了规定，依照该法条，可区分当事人表示不服的是判决还是裁定，分别适用不同的情形：

1. 二审案件判决的方式有：驳回上诉，维持原判；依法改判与查清事实后改判；发回重审。

（1）驳回上诉，维持原判。原判决认定事实清楚，适用法律正确，应当作出判决，驳回上诉，维持原判。维持原判决是上级人民法院对下级人民法院判决正确性与合法性的一种肯定，同时也是上级人民法院对下级人民法院判决所确认的当事人之间的权利义务关系的一种认可。原判决认定事实清楚包括两个层面：一是一审案件待证事实证明清楚；二是一审法庭调查事实清楚。待证事实证明清楚是指依法律规定负举证责任的当事人应当证明待证事实，对该待证事实没有证明清楚，该当事人依法应当承担不利后果；法庭调查事实清楚是指法庭调查需要法官对案件的争议事实了解清楚，形成了自由心证。原判决适用法律正确不仅包括实体法律适用正确，还包括程序法律适用正确。

（2）依法改判。原判决认定事实错误或者适用法律错误的，应当依法改判。究其原因有如下几点：①二审审理过程中出现了新情况，或者当事人提出了新的事实、证据和理由，推翻了一审法院据以作出判决的依据。此时，需要由二审法院根据这些新情况、新理由作出新的判决。②二审法院法官的审判技巧更高、司法素质更优、审判资源也更丰富，因此对案件事实的甄别力更强。③考虑到二审法院认为一审法院事实认定错误而发回重审，但是，即使是由不同的合议庭审理，一审法院还是会有可能作出与一审判决相同的事实认定。

根据《民事诉讼法》第 177 条第 1 款第 2 项和第 3 项的规定，二审依法改判分为两项情形，即原判决适用法律错误以及原判决认定事实错误或者认定基本事实不清的。前者可称为"法律改判权"，后者则称为"事实改判权"。法律改判权和事实改判权的结合，共同构成了二审法院对一审裁判的实体改判权。实体改判权的结果是对一审裁判的内容，包括判决主文和裁判理由在内，进行修改或者废弃，主要指因原审判决认定事实错误（或者认定事实不清）依法改判。认定事实错误主要是指以虚假的事实或者伪造的事实作为定案依据的；而认定事实不清主要是指对事实的认定不真实、不够准确或者是没有将案件事实调查清楚的。此种情形下，二审法院应该在查清事实的基础上，依法进行改判。法律改判权是指因原审判决适用法律错误依法改判。一审判决适用法律错误的，主要是指原审判决、裁定认定事实正确，仅是适用实体法或程序法时存在错误，此时二审人民法院可以直接以一审法院认定的事实为根据，重新适用法律作出改变原审判决、裁定的处理方式。

（3）发回重审。发回重审是人民法院在二审程序中撤销原裁判、将案件发回原审人民法院重新审理的制度。发回重审并非对原判决的简单、机械地更正，而是要求法院严格依照法定程序重新审理一遍，促使法院严肃认真地对待，保证审判的合法、正确。民事二审发回重审制度的意义在于，它试图在公正与效率之间寻找平衡点，以期实现最大限度地维护公正又能尽可能地提高诉讼效率，是公正与效率冲突与协调的结果。发回重审最重要的功能是通过纠错来确保实体处理结果的公正和程序进行过程的公正，坚持"有错必纠"，在对当事人诉讼权利进行救济的同时，通过对原审法院的监督，实现统一法律适用，提升司法权威。

根据《民事诉讼法》第 177 条第 1 款第 3 项、第 4 项的规定，第二审人民法院发回重审有两种情形，即原判决认定基本事实不清及原判决遗漏当事人或者违法缺席判决等严重违反法定程序。

"原判决认定基本事实不清"中的基本事实主要是指对原裁判的结果有实质影响、用以确认当事人主体资格、案件性质、具体权利义务和民事责任等主要内容所依据的事实。认定基本事实不清主要是因为证据不足，没有把事实调查清楚就作了判决。本条规定在事实认定不清的情形下发回重审，主要是基于这样一种考虑：第一审人民法院作为与案件有最密切关系的法院，也是接触第一手案件事实的法院，将对基本事实的重新调查权给予第一审法院，更有助于其了解案件的原始事实。

对于原判决遗漏当事人或者违法缺席判决等严重违反法定程序的情形。法条将严重违反法定程序的情形进行了列举，使该条的适用明确、具体、清晰——主要包括遗漏当事人和违法缺席判决等。此外，《民诉法解释》第 325 条也规定：第二审人民法院发现第一审人民法院有下列违反法定程序的情形之一，可能影响案件正确判决的，应发回原审人民法院重审：①审判组织的组成不合法的；②应当回避的审判人员未回避的；③无诉讼行为能力人未经法定代理人代为诉讼的；④违法剥夺当事人辩论权利的。

以前的《民事诉讼法》规定的发回重审标准不明确，范围不确定，特别是诸如"发回重审或改判"的规定给予了二审法院较大的自由裁量权。二审法院是自行改判抑或发回重审，往往取决于法官自己的积案压力、案件受外界干预的程度和法官对此干预的驾驭能力以及法官自己希望掌握终审权的主观愿望等。从而导致发回重审标准不一、说理不足，主观随意性太大，在该款的程序选择上缺乏统一性和稳定性。并且，在大多数的反复发回重审的案件中，二审法院作出发回重审裁定理由往往都是千篇一律的"事实不清，证据不足"。然而哪些事实不清，哪些证据不足，裁定书中却未详细列明。正是这种表述不清，给予了二审裁判者巨大的自由裁量空间，打开了可以任意发回重审的制度缺口，造成司法的混乱。这种种弊端也是造成诉讼无故被拖延、程序滥用、当事人讼累增加的源头。几经修正后的《民事诉讼法》对发回重审的适用情形较为规范化，一方面，把发回原审人民法院重审的情形限制在"只有原判决认定基本事实不清或遗漏当事人或者违法缺席判决等严重违反法定程序的情况"，另一方面明确规定了针对发回重审案件的上诉，第二审人民法院必须依法作出判决，不得再次发回重审，这是避免案件在一、二审法院之间无限期地来回循环消耗司法资源的重要举措。

2. 二审案件裁定作出方式。根据《民事诉讼法》第177条的规定，二审案件裁定作出方式有：驳回上诉，维持原裁定；以裁定方式依法撤销或者变更。

（1）驳回上诉，维持原裁定。原裁定认定事实清楚，适用法律正确，应当作出判决，驳回上诉，维持原判。原裁定认定事实清楚主要是指对不予受理裁定、驳回上诉裁定及管辖权异议裁定的认定符合程序法的要求。

（2）以裁定方式依法撤销或者变更。《民诉法解释》第332条规定：第二审人民法院查明第一审人民法院作出的不予受理裁定有错误的，应当在撤销原裁定的同时，指令第一审人民法院立案受理；查明第一审人民法院作出的驳回起诉裁定有错误的，应当在撤销原裁定的同时，指令第一审人民法院审理。因此，对于原裁定认定事实错误或者适用法律错误的，本条规定第二审法院不仅可以直接撤销，还可以由第二审法院进行变更。[1]

（四）二审裁判的效力

《民事诉讼法》第182条规定，第二审人民法院的判决、裁定，是终审的判

---

〔1〕 江伟、姜启波主编：《新民事诉讼法精解与适用指引》，人民法院出版社2012年版，第239～242页。

决、裁定。我国实行两审终审制,第二审法院作出的裁判为终审裁判,一经送达当事人,即发生终审的法律效力。其法律效力主要体现在:对当事人而言,不得对裁判进行上诉,也不得就同一诉讼标的重新起诉。终审裁判将当事人应承担的实体权利义务最终确定下来,当事人不得再对终审裁判产生争议,也不得通过重新起诉对其表示不服。如果当事人认为二审法院的裁判确有错误,则只能通过审判监督程序依法律规定向法院申请再审;对法院而言,非经法定事由及法定程序,不得擅自更改二审已生效裁判的内容。如果二审裁判确有错误,则只能由法定的主体提起再审程序;具有给付内容的二审已生效裁判具有强制执行的效力。如果义务人拒不履行义务的,当事人在法律文书生效之日起或法律文书规定履行期间的最后一日起 2 年内可向法院申请强制执行;人民法院也可以根据具体情况依职权强制执行。[1]

拓展案例

陈某某与沅陵县人力资源和社会保障局房屋租赁合同纠纷上诉案[2]

原沅陵县劳动和社会保障局(甲方)与陈某某(乙方)经协商,签订了关于沅陵县劳动和社会保障局辰州中 86 号临街门面自西向东第七、第八间的《门面租赁合同》,后沅陵县人力资源和社会保障局因工作人员增加、办公场地不足而书面通知一层门面的各承租户,欲收回门面,告知各承租户做好搬迁准备工作。合同到期后,陈某某以沅陵县人力资源和社会保障局收回门面侵犯其优先承租权为由拒不腾空和退还所租的第七、第八间门面。后沅陵县人力资源和社会保障局诉至湖南省沅陵县人民法院,该法院判决支持原告诉讼请求。

陈某某不服一审判决,上诉至怀化市中级人民法院,称原审将举证通知书等手续送达上诉人,按举证通知书确定的 38 天举证时间应到 2011 年 10 月 13 日到期,但原审法院在未到期的情况下即开庭审理本案,程序违法。

怀化市中级人民法院合议庭经征询被上诉人的意见后合议,决定给予双方当事人 1 个月的举证期限,遂休庭。当日,怀化市中级人民法院即向双方当事人送达了《举证通知书》,限双方当事人至 2012 年 3 月 22 日前完成举证。

怀化市中级人民法院经审理认为,原审法院向陈某某留置送达《举证通知书》的时间为 2011 年 9 月 5 日,《举证通知书》确定陈某某"应当于本通知书

---

〔1〕 江伟、姜启波主编:《新民事诉讼法精解与适用指引》,人民法院出版社 2012 年版,第 247 页。
〔2〕 湖南省怀化市中级人民法院(2012)怀中民一终字第 1 号判决书。

送达之日起 38 日内"向法院提交证据，则陈某某的举证期限至 2011 年 10 月 13 日届满，原审法院在陈某某的举证期限届满前即 2011 年 10 月 10 日开庭审理本案，程序不当。虽然原审在审理中存在上述程序错误，陈某某亦在二审当庭补充提出原审程序违法、本案应发回重审的主张，但因沅陵县人力资源和社会保障局起诉要求陈某某退还门面并承担相应逾期占用门面期间的损失之主张符合合同约定，理由充分，原审处理结果并无不当，则依照《最高人民法院关于适用〈中华人民共和国民事诉讼法〉若干问题的意见》第 181 条，第二审人民法院发现第一审人民法院有违反法定程序的情形，可能影响案件正确判决的应裁定撤销原判、发回原审人民法院重审的规定，本案因原审判决正确、不属于上述法律规定的二审应以原审程序违法为由发回重审的法定情形。且二审已按陈某某的要求重新给予了举证期限，陈某某的举证行为与权利并未受到影响，故对陈某某提出原审程序违法、本案应撤销原判、发回重审的上述主张不能支持。

[问题与思考]

1. 二审法院在事实认定不清时，在改判与发回重审之间应该如何选择？

2. 二审裁判的生效时间以何为准（裁判实际作出之日、裁判文书落款日或送达之日）？

[重点提示]

结合送达制度等分析二审裁判的生效时间。

第十一章

审判监督程序

一、本章的基本概念、基本知识和基本理论

再审程序针对已经发生法律效力的判决、裁定和调解书，是事后纠错的非正常审理程序。本章主要从再审程序的特点、再审程序的提起主体、再审的事由和再审的具体审理过程来阐释我国的再审程序。

二、本章的重点、难点和疑点

本章的重点是我国民事诉讼法规定的审判监督程序的启动条件。

本章的难点和疑点是：

1. 人民检察院再审抗诉及检察建议的提起条件。

2. 对当事人申请再审条件的理解和适用。

3. 再审审理程序的特点。

第一节　再审事由

经典案例

三亚度假村有限公司与三亚海韵实业发展有限公司
合作开发房地产合同纠纷再审案[1]

[基本案情]

申请再审人三亚度假村有限公司因不服海南省高级人民法院就三亚度假村

---

[1]　最高人民法院（2008）民申字第 1276 号裁定书。

有限公司与三亚海韵实业发展有限公司合作开发房地产合同纠纷一案作出的（2008）琼立终字第 33 号民事裁定，向最高人民法院申请再审。

三亚海韵实业发展有限公司与三亚度假村有限公司因履行合作开发房地产合同发生纠纷，海韵实业发展有限公司向三亚市中级人民法院提起诉讼，三亚市中级人民法院于 2008 年 8 月 15 受理该案。度假村公司遂向三亚市中级人民法院提出管辖异议，该管辖权异议被驳回，度假村有限公司向海南省高级人民法院提起上诉，海南省高级人民法院作出（2008）琼立终字第 33 号民事裁定，驳回度假村有限公司的上诉。度假村公司就该裁定向最高人民法院申请再审，理由是本案的诉讼标的金额在 11 亿元以上，三亚市中级人民法院对本案无管辖权，本案应该移送海南省高级人民法院审理。度假村有限公司给出的理由有三个。首先，海韵实业有限公司的诉讼请求是将位于三亚市滨海路三亚度假村内的"三亚湾国际公馆"1、2 号楼项目过户到海韵公司名下；将上述 1、2 号楼项目所占用的 70.26 亩土地的使用权过户到海韵公司名下；判令度假村公司承担违约金 1000 万元。因此，本案的诉讼标的额应以上述各项权利主张之和计算。依据 2008 年 2 月 24 日三亚市国土资源环境局的拍卖结果，位于三亚度假村海岸线较远的与涉案土地相邻的土地，就以每亩 762 万元的价格标准拍卖成功。本案 70.26 亩土地位于上述被拍卖的土地近海岸线一侧，土地价值远远高于被拍卖的相邻土地。仅按此标准计算，本案争议土地使用权的价值就已超过 5 亿元。另外，"三亚湾国际公馆"1、2 号楼项目投资额在 6.1 亿元以上。"三亚湾国际公馆"1、2 号楼项目即是位于本案 70.26 亩土地上的 B 区产权酒店项目，该项目经三亚市发展和改革局核定投资额在 6.1 亿元以上。海韵公司诉讼请求继续履行合同，履行合同便涉及对 1、2 号楼项目继续投资，则该项目的投资总额应确定为该项诉讼请求的诉讼标的。海南省高级人民法院的裁定将本案交由三亚市中级人民法院审理，无视诉讼标的额已逾 10 亿元的事实，是错误的，三亚市中级人民法院对本案并没有管辖权，因此特向最高人民法院申请再审。

海韵实业有限发展公司认为度假村公司称"本案标的实际价值远在 11 亿元以上"是不正确的。所谓诉讼标的额，是指当事人提起诉讼标的所涉及的金额，或称履行合同所应支付的"对价"。具体到本案中，则是《合作开发协议》中度假村公司履行项目及土地过户所约定支付的对价是 8033 万元，即所涉及的总金额 8033 万元。合同诉讼标的额在合同签订并生效时业已确定，不以土地或项目的市场价格波动而发生变化。否则，级别管辖权的确定就要随着市场波动先行评估而确定。这是不现实的。本案双方没有约定变更合同对价，因此，任何一方均无权变更该协议确定的诉讼标的额。海韵实业公司由于另请求了 1000 万元的违约金，故本案诉讼标的额为 9033 万元，故海南省高级人民法院裁定由海南省中级人民法院审理并无不妥。

[**法律问题**]

1. 度假村有限公司可否申请再审？
2. 申请再审的理由是怎样的？

[**参考结论与法理精析**]

当事人申请再审或是人民检察院抗诉，针对的是已经发生法律效力的判决、裁定和调解书。为了维护生效裁判的稳定性，防止当事人滥用申请再审的权利，以免司法资源的浪费，给申请再审和人民检察院抗诉设置相应的事由规定是必要的。再审理由是一道墙，若再审事由规定得过于狭窄，则不利于当事人再审申请权的行使，影响再审制度功能的发挥；若申请再审事由规定过大，会导致司法资源的浪费。

2012 年《民事诉讼法》（本部分下同）第 200 条规定，当事人的申请符合下列情形之一的，人民法院应当再审：①有新的证据，足以推翻原判决、裁定的；②原判决、裁定认定的基本事实缺乏证据证明的；③原判决、裁定认定事实的主要证据是伪造的；④原判决、裁定认定事实的主要证据未经质证的；⑤对审理案件需要的主要证据，当事人因客观原因不能自行收集，书面申请人民法院调查收集，人民法院未调查收集的；⑥原判决、裁定适用法律确有错误的；⑦审判组织的组成不合法或者依法应当回避的审判人员没有回避的；⑧无诉讼行为能力人未经法定代理人代为诉讼或者应当参加诉讼的当事人，因不能归责于本人或者其诉讼代理人的事由，未参加诉讼的；⑨违反法律规定，剥夺当事人辩论权利的；⑩未经传票传唤，缺席判决的；⑪原判决、裁定遗漏或者超出诉讼请求的；⑫据以作出原判决、裁定的法律文书被撤销或者变更的；⑬审判人员审理该案件时有贪污受贿，徇私舞弊，枉法裁判行为的。其中，对于具有①、③、⑫、⑬再审事由的，当事人申请再审的期间的规定比较特殊，申请再审的期间是当事人知道或者应当知道之日起 6 个月，而非判决、裁定发生法律效力的 6 个月内。

从该条文的内容来看，针对已经发生法律效力的判决、裁定当事人申请再审、人民检察院申请抗诉的理由主要有两类，一类是违反法定程序或者审判人员违法的再审事由。另一类是涉及事实认定、法律适用等实体问题的再审事由。[1]对于前一类再审事由，一般不需要考虑生效裁判的证据、事实认定或适用法律是否有误，而对于后一类再审事由，应当考虑原生效裁判在证据采信、

---

[1] 最高人民法院民事诉讼法修改研究小组编著：《〈中华人民共和国民事诉讼法〉修改条文理解与适用》，人民法院出版社 2012 年版，第 454 页。

事实认定、法律适用方面是否存在影响案件基本事实、裁判结果等情形。

针对生效调解书，《民事诉讼法》也规定了再审事由。根据《民事诉讼法》第 201 条的规定，当事人对已经发生法律效力的调解书，提出证据证明调解违反自愿原则或者调解协议的内容违反法律的，可以申请再审。经人民法院审查属实的，应当再审。因此，当事人针对生效调解书进行再审的理由是调解书违背自愿或合法原则。《民事诉讼法》第 208 条规定，人民检察院发现调解书损害国家利益、社会公共利益的，应当提出抗诉，因此人民检察院针对生效调解书抗诉的理由是调解书损害国家利益或社会公共利益。

根据《民事诉讼法》198 条第 1 款的规定，各级人民法院院长对本院已经发生法律效力的判决、裁定、调解书，发现确有错误，认为需要再审的，应当提交审判委员会讨论决定。可见，人民法院主动启动再审程序的，法律没有明确列明再审事由，把"确有错误"作为主动再审的理由。"确有错误"的规定过于模糊，在实践中操作性不强，并且不利于人民法院主动再审工作的统一性。在实践中，人民法院主动再审的事由，可以参照《民事诉讼法》第 200 条的规定。

就本案而言，从申请再审的主体来看，申请再审的主体即度假村有限公司是原生效判决的被告，是案件的当事人，因此具有申请再审的权利。本案申请再审针对的对象是海南省高级人民法院作出的已发生法律效力的裁定，申请再审的对象符合法律规定。本案的当事人向最高人民法院申请再审，符合我国《民事诉讼法》规定的向作出生效判决、裁定的上一级人民法院申请再审的规定。就申请再审的期间来看，度假村有限公司是在海南省高级人民法院作出的裁定发生效力后 1 年内申请再审的，符合我国《民事诉讼法》修正前规定的判决、裁定发生法律效力后 2 年内的期间规定。就申请再审的理由来看，本案申请再审的理由是原案的管辖权错误。根据当时有效的 2007 年《民事诉讼法》第 179 条规定的违反法律规定，管辖错误的再审理由的规定以及 2008 年《最高人民法院关于适用〈中华人民共和国民事诉讼法〉审判监督程序若干问题的解释》第 14 条关于"管辖错误"的解释，认为违反专属管辖、专门管辖规定以及其他严重违法行使管辖权的，人民法院应当认定为《民事诉讼法》第 179 条第 1 款第 7 项规定的"管辖错误"。因此，根据 2007 年《民事诉讼法》的规定，度假村有限公司申请再审是符合法律规定的。最高人民法院在审查当事人申请再审时，认定原案的诉讼标的额没有超过三亚市中级人民法院审理的范围，因此原案的管辖权并没有错误，驳回了当事人的再审申请。

2017 年《民事诉讼法》就当事人申请再审的理由作了改变。把原第 179 条规定的"违反法律规定，管辖错误"的再审理由删除了，这意味着管辖权错误不再是当事人申请再审的理由了。因此若依据 2017 年修正后的《民事诉讼法》

的规定，本案当事人申请再审的理由不符合法律规定。

拓展案例

徐某某与黄某某合伙协议纠纷再审案[1]

申请再审人徐某某因与被申请人黄某某合伙协议纠纷一案，不服（2009）长中民二终字第 2111 号民事判决，向湖南省高级人民法院申请再审。湖南省高级人民法院作出（2011）湘高法民申字第 0565 号交办函，将案件交由湖南省中级人民法院审查。

徐某某申请再审称：①原二审判决认定的基本事实缺乏证据证实。《期房抵债协议》是在胁迫下签订的，违背了自愿原则，应属无效协议。②原二审判决认定事实的主要证据是伪造的。《律师见证书》部分内容明显不属实，且只有一名见证人在场，程序不合法，不能作为认定《期房抵债协议》有效性的依据。③徐某某再审审查期间提供的新证据足以推翻原二审判决。徐某某再审申请期间提供的证据足以证实徐某某与黄某某之间不存在合伙关系，且在签订《期房抵债协议》时受到胁迫。④原二审审理程序违法，影响到案件公正判决。原二审书面审理本案，且对徐某某二审期间提供的新证据未进行质证，程序违法。⑤原二审判决适用法律错误。原二审判决将本案定性为合伙协议纠纷属适用法律错误，双方并不存在合伙法律关系，本案应定性为一般债权债务纠纷或民间借贷纠纷。

该院认为：人民法院审理民事申请再审案件应就申请再审人的申请再审事由是否成立进行审查。

①《期房抵债协议》是在双方自愿的情形下签订，系双方真实意思表示，且内容不违反法律和行政法规的强制性规定。原二审判决将其确定为有效协议，符合我国合同法的相关规定。徐某某据此提出的《期房抵债协议》无效的申请再审理由不能成立，本院不予支持。②原二审判决将《期房抵债协议》确定为有效协议是建立在对该协议本身内容的审查上，《期房抵债协议》的效力确定并不受《律师见证书》的影响。退一步分析，即便在本案中不存在《律师见证书》也不影响对《期房抵债协议》的效力认定。因此，徐某某以《律师见证书》部分内容不属实、见证程序违法为由来否定《期房抵债协议》的效力明显不能成立，本院不予支持。③徐某某再审期间提供的证据不符合《最高人民法院关于适用〈中华人民共和国民事诉讼法〉审判监督程序若干问题的解释》第 10 条规

---

[1]　湖南省长沙市中级人民法院（2012）长中民监字第 0319 号裁定书。

定[1]的情形，不属于新证据，也不能得出徐某某在签订《期房抵债协议》时受到胁迫的结论。因此，徐某某提出的有新的证据足以推翻原二审判决的申请再审理由不能成立，本院不予支持。④《中华人民共和国民事诉讼法》第152条[2]规定"第二审人民法院对上诉案件，应当组成合议庭，开庭审理。经过阅卷和调查，询问当事人，在事实核对清楚后，合议庭认为不需要开庭审理的，也可以径行判决、裁定"，原二审书面审理本案符合上述法律规定。徐某某据此提出的申请再审理由不能成立，本院不予支持。⑤本案是因合伙承揽工程未果继而产生的纠纷，原二审在查明上述事实的基础上，根据当事人的诉求，将案由定性为合伙协议纠纷，并无不当。

综上，该院裁定驳回再审申请。

[问题与思考]

1. 对生效的管辖权异议裁定能否申请再审？

2. 我国的再审申请事由规定有何缺陷？可从哪些方面进行完善？

[重点提示]

从我国现行《民事诉讼法》关于再审事由的规定出发，可以从实体方面的事由和程序方面的事由两方面进行分析，并结合国外的相关规定来考察我国再审申请事由的缺陷。

第二节　法院主动再审

经典案例

六盘水兴鑫矿业再审案[3]

[基本案情]

贵州六盘水张某、黄某红二人伪造签名骗取兴鑫矿业名下的六盘水钟山区

---

〔1〕　2008年《最高人民法院关于适用〈中华人民共和国民事诉讼法〉审判监督程序若干问题的解释》第10条规定："申请再审人提交下列证据之一的，人民法院可以认定为民事诉讼法第一百七十九条第一款第（一）项规定的'新的证据'：（一）原审庭审结束前已客观存在庭审结束后新发现的证据；（二）原审庭审结束前已经发现，但因客观原因无法取得或在规定的期限内不能提供的证据；（三）原审庭审结束后原作出鉴定结论、勘验笔录者重新鉴定、勘验，推翻原结论的证据。当事人在原审中提供的主要证据，原审未予质证、认证，但足以推翻原判决、裁定的，应当视为新的证据。"

〔2〕　2021年《民事诉讼法》修正后第176条，内容有修改。

〔3〕　本案例引自六盘水市中级人民法院（2010）黔六中民二再终字第2号民事裁定书。

第六煤矿（以下简称"钟山六矿"）股权，兴鑫矿业发现张某、黄某红二人伪造签名侵犯其权益后，于 2003 年 12 月 29 日向六盘水市钟山区人民法院（以下简称"钟山区法院"）提起民事诉讼，要求解除钟山六矿和法定代表人岑某与张某、黄某红签订的《合伙入股协议》，提出张某、黄某红的股权归兴鑫矿业所有。钟山区法院的一审判决支持了兴鑫矿业的诉求，主要判决内容为：解除兴鑫矿业所属钟山六矿与张某、黄某红于 2002 年 12 月 18 日签订的《合伙入股协议》，钟山六矿产权归属兴鑫矿业所有，张某、黄某红二人虚构事实、伪造签名的行为亦被判决书认定。随后，张某、黄某红二人提起上诉。2004 年 8 月 9 日，六盘水市中级人民法院（以下简称"六盘水市中院"）终审判决：驳回上诉，维持一审原判。终审判决不久，张某、黄某红二人申请再审。2005 年 1 月 26 日，六盘水市中院裁定再审，并中止原判决执行。2005 年 4 月 20 日，六盘水市中院又作出裁定，将案件发回钟山区法院重审。同年 9 月 26 日，钟山区法院作出了与第一次基本相同的判决。张某、黄某红二人仍不服判决，提出上诉，六盘水市中院经审理，再次裁定发回重审。2008 年 9 月 25 日，钟山区法院第三次作出一审判决，主要判决内容与前两次相同。张某、黄某红二人再次提出上诉。2009 年 7 月 26 日，六盘水市中院作出判决，其主要判决内容仍然与前三次的一审判决内容基本相同。2010 年 3 月 2 日，六盘水市中院又作出（2010）黔六中民二再终字第 2 号《民事裁定书》，裁定对该案进行第二次再审，并中止原再审终审判决的执行。此后，六盘水市中院第二次启动再审。

这场诉讼经历了两审终审及两次再审后，最终被六盘水市中院将争议的煤矿判给了从未在本案中出现的案外人——山东省枣庄市山亭区桑村镇政府。第一次再审程序是被告向六盘水市中院提出请求并启动的，六盘水市中院作出再审裁定后将该案发回钟山区法院重审，又经历了二审终审。在此期间原告还提起了行政诉讼，请求撤销省工商局颁发的营业执照。第二次再审程序原本是六盘水市中院以案外人申请为由启动的，后该院又下发补充裁定，以"笔误"为由将其改为以"院长发现"程序启动再审。

[法律问题]

1. 本案中，六盘水中级人民法院启动第二次再审程序是否正确？

2. 人民法院主动再审的条件和程序。

[参考结论与法理精析]

（一）法院意见

人民法院决定再审是人民法院内部对自己的审判工作行使检察监督权，是启动再审程序的途径之一。根据我国 2012 年《民事诉讼法》（本部分下同）第 198 条的规定，各级人民法院院长对本院已经发生法律效力的判决、裁定、调解书，发现确有错误，认为需要再审的，应当提交审判委员会讨论决定。最高人民法院对地方各级人民法院已经发生法律效力的判决、裁定、调解书，上级人民法院对下级人民法院已经发生法律效力的判决、裁定、调解书，发现确有错误的，有权提审或者指令下级人民法院再审。从该条的规定来看，人民法院主动再审的条件主要是以下两项：一是人民法院主动再审的对象是已经发生法律效力的判决、裁定和调解书。若是判决、裁定没有生效，当事人可以通过上诉程序来救济自己的权利，不需要启动再审程序。二是已生效的判决、裁定和调解书确有错误。再审程序是一种非正常的审判程序，是事后纠错程序，并且会损害裁判的既判力，也不利于社会关系的稳定，因此人民法院主动再审必须针对的是确有错误的判决、裁定和调解书。[1]

从《民事诉讼法》第198条的规定来看，人民法院主动再审的程序主要包括两种，一是人民法院的院长发现本院作出的生效判决、裁定和调解书有错误需要再审的，提交审判委员会讨论，若审判委员会认为需要再审的，裁定再审。可见，由人民法院院长和审判委员会共同分享审判监督权。以这种程序启动的再审，应当由本院进行再审，若原生效判决、裁定是一审终审的，应当按照一审程序再审，若原生效裁判是经过上诉审理的，应当适用二审程序。第二种人民法院主动再审的程序是最高人民法院对地方各级人民法院，上级人民法院对下级人民法院已经发生法律效力的确有错误的判决、裁定和调解书，可以提审或者指令下级人民法院再审。根据我国法律规定，上下级人民法院之间是监督和被监督的关系，上级人民法院享有对下级人民法院的审判监督权。发现下级人民法院作出已生效判决、裁定和调解书确有错误时，上级人民法院可以提审，这时再审程序按照二审程序进行；也可以指令下级人民法院再审，这里的下级人民法院包括作出原生效裁判的人民法院。在这种情形下，若是原生效裁判是一审终审的，按一审程序进行再审，若是两审终审的，按照二审程序进行再审。但是根据《最高人民法院关于适用〈中华人民共和国民事诉讼法〉审判监督程序若干问题的解释》第20条的规定，①原审人民法院对该案无管辖权的；②审判人员在审理该案件时有贪污受贿，徇私舞弊，枉法裁判行为的；③原判决、裁定系经原审人民法院审判委员会讨论作出的；④其他不宜指令原审人民法院再审的，上级人民法院不得指令原审人民法院再审。实践中的一般做法是若是原生效裁判事实清楚，适用法律错误的，一般由上级人民法院提审；若是事实认识错误，或是事实认定不清，适用法律错误的，一般指令下级人民法院再审。依照《最高人民法院关于民事审判监督程序严格依法适用指令再审和发回重审

---

〔1〕 江伟主编：《民事诉讼法》，高等教育出版社2007年版，第379页。

若干问题的规定》，在通常情形下，上级人民法院指令下级人民法院进行再审的次数只能是一次，若上级人民法院认为下级人民法院作出的生效再审裁判有错误的，上级人民法院应当提审。但是下级人民法院是因为违反法定程序而被指令再审的，不受一次的限制。

该案件经历了两次再审程序。第一次再审是依张某、黄某红申请再审而启动再审程序的；第二次再审是六盘水中级人民法院主动启动的。根据六盘水中级人民法院提供的第二次再审的理由是六盘水中级人民法院发现本院于2009年7月26日作出的生效判决有错误。依据《民事诉讼法》第198条的规定，人民法院院长发现本院作出的已经生效的判决、裁定和调解书确有错误的，报审判委员会讨论后，可以启动再审程序。但是依据《最高人民法院关于正确适用〈关于人民法院对民事案件发回重审和指令再审有关问题的规定〉的通知》第1条规定，各级人民法院对本院已经发生法律效力的民事判决、裁定，不论以何种方式启动审判监督程序的，一般只能再审一次；第4条规定，各级人民法院院长发现本院发生法律效力的再审裁判确有错误依法必须改判的，应当提出书面意见请示上一级人民法院，并附全部案卷。上一级人民法院一般应当提审，也可以指令该法院的其他同级人民法院再审。因此，针对本案而言，六盘水中级人民法院原则上应当只能对本案进行一次再审。若六盘水中级人民法院院长发现本院按照再审程序作出的生效判决确有错误的，需要启动再审程序的，应当书面请示贵州省高级人民法院。在该案中，针对第二次再审程序，六盘水中级人民法院并没有请示贵州省高级人民法院，因此在第二次再审启动的程序上是有误的。

（二）再审程序的内涵和特点

诉讼事件一经人民法院裁判确定，人民法院、当事人应当受到该裁判的拘束，原则上不能再行争讼，但是在诉讼过程中，因为主客观的因素，有可能生效的判决、裁定有错误，为了追求实质的正义，有必要设立一种救济途径，该救济途径指的是再审程序。[1] 再审程序指的是已经发生法律效力的判决、裁定和调解书出现法定的再审理由时，由人民法院对案件进行审理时适用的程序。再审是对已确定的终局裁判提出的特殊不服请求，其目的在于撤销该裁判和对案件进行再次审理。[2] 再审程序与一审程序、二审程序是相互独立的审判程序，它并不是基于审级制度而设立的正常审判程序，是为了对生效裁判进行防错纠错，以最大限度地实现裁判的真实性和公正性而设立的程序。就再审程序的性

---

[1] 陈计男：《民事诉讼法论》，三民书局1994年版，第390页。

[2] ［日］高桥宏志：《重点讲义民事诉讼法》，张卫平、许可译，法律出版社2007年版，第471页。

质而言，它是纠正人民法院已经发生法律效力的错误裁判的补救程序。就再审的程序而言，再审包括两个审理阶段，即是否存在再审事由的审理阶段和原案件的再次审理阶段。若不具备再审事由的，人民法院则驳回再审申请，若具备再审事由的，则案件进入再次审理阶段。[1]再审程序的设立对于纠正案件裁判错误，维护当事人合法权益有着重要意义。

再审程序与一审程序、二审程序是相互独立的程序，有其自身的特点：①就其性质而言，再审程序是非正常的审判程序。我国基于审级利益设立了一审、二审程序，这两个程序是为因民事权利义务关系发生纠纷的当事人提供司法救济而设立的；再审程序是为了纠正人民法院已经生效的裁决而设立的补救程序。②再审程序是事后救济程序。一审、二审程序通过正常的审判程序使当事人之间的发生争议的民事权利义务法律关系得以明确，但是再审程序针对的是使当事人之间民事权利义务法律关系明确、已经发生法律效力的裁决，因而再审程序是事后救济程序。③再审程序提起的主体有其特殊性。一审程序、二审程序提起的主体是当事人，是否提起诉讼、是否上诉是当事人的处分权的行使。再审程序的提起主体除了当事人以外，还有人民法院和人民检察院。④再审程序的提起理由特殊。原告的起诉只要符合法律规定的受理条件，人民法院就应当受理，启动一审程序；当事人不服一审判决，提起上诉引起二审程序，对于当事人的上诉，法律并没有规定特定的上诉理由。基于再审程序针对的是已经发生法律效力的裁决，为了维护社会关系的稳定性，有必要对启动再审程序予以严格的限制。⑤再审程序提起的期限特殊。当事人向法院提起诉讼，需要遵守诉讼时效的相关规定；当事人提起上诉需要遵循法定上诉期的规定。而当事人申请再审，在通常情形下应当在判决、裁定或调解书发生效力的 6 个月内，而人民法院和人民检察院启动再审没有法定期间的限制。⑥适用再审程序审理案件的法院具有特殊性。根据《民事诉讼法》的规定，当事人可以向作出原生效裁决的人民法院的上级人民法院申请再审，但是，公民之间或是一方当事人人数众多的，可以向作出原生效裁决的人民法院申请再审。当事人向人民法院起诉，应当遵循我国关于管辖的相关规定，而二审人民法院应当是一审人民法院的上一级人民法院。⑦虽然再审程序与一审程序、二审程序是相互独立的程序，但是再审程序并不是严格意义上的纠纷解决程序，若生效裁决是一审终审的，则再审程序适用一审程序；若生效裁决是两审终审的，或是由上级人民法院提审的，适用二审程序审理。[2]

---

〔1〕　［日］高桥宏志：《重点讲义民事诉讼法》，张卫平、许可译，法律出版社 2007 年版，第 473 页。

〔2〕　宋朝武主编：《民事诉讼法学》，中国政法大学出版社 2018 年版，第 368 页。

　　基于内部纠错的观点，我国《民事诉讼法》设立了人民法院主动再审的程序。但是从司法实践来看，法院自己发现生效裁判确有错误的情形并不多见，法院因生效裁判确有错误而启动再审程序的，90%以上是基于当事人申请或申诉。[1]并且该程序的设立存在一些问题。首先，人民法院主动再审在理论上与判决的既判力相违背，一定程度上有损司法的权威性。判决一旦作出，不仅当事人应当受到生效判决的拘束，人民法院也应当受到生效判决的拘束，纵使判决有瑕疵，也不得由法院自行废弃或变更，人民法院不能随意变动已生效的判决。[2]司法的权威性很大程度上来源于司法的稳定性，人民法院主动再审使得裁判的稳定性受到影响，因而影响司法的权威性。其次，法院主动再审违背了司法的中立性要求，在一定程度上侵犯了当事人的处分权。司法应当是中立的，民事诉讼奉行"不告不理"原则，人民法院主动再审违背了"不告不理"原则。申请再审是法律赋予当事人的权利，当事人没有申请再审应当认定当事人放弃了申请再审的权利，接受已生效的判决、裁定。而人民法院主动再审，侵犯了当事人关于再审申请的处分。最后，就目前我国关于人民法院主动再审的相关法律规定来看，相关的条文太少，并且条文的可操作性不强。法律并没有像规定当事人申请再审和人民检察院抗诉的理由一样，详细规定人民法院主动再审的理由，只是用"确有错误"来概括人民法院主动再审的理由，这种规定在实践中操作性不强，并且会导致各地法院主动再审的理由的具体标准不一致。同时，现行法律并没有规定人民法院主动再审的期限，意味着人民法院无论何时发现已生效的判决、裁定和调解书确有错误就可以主动启动再审程序，这极不利于裁判的稳定，也不利于社会关系的稳定。

　　（三）人民法院主动再审在实践中要注意的问题

　　在实践中还存在一个问题，人民法院主动启动再审，在开庭审理时，当事人若不出庭，这种情形应该如何处理？若是原生效裁判并没有损害社会公共利益或国家利益，若双方当事人均以行为明示或消极暗示表明，不愿参加再审诉讼的，基于保护当事人的处分权的立场，人民法院应当裁定终止再审程序；[3]若一方当事人经合法通知，无正当理由不愿参加诉讼的，可以缺席判决。若是涉及国家利益或社会利益的，人民法院应当继续审理，若一方当事人经合法通知，无正当理由不愿参加诉讼的，可以缺席判决；双方当事人均无正当理由经合法通知不参加诉讼的，人民法院也应当继续审理。

---

　　〔1〕　唐德华主编：《民事诉讼理念与机制》，中国政法大学出版社2005年版，第497页。

　　〔2〕　王甲乙、杨建华、郑健才：《民事诉讼法新论》，三民书局1981年版，第475页。

　　〔3〕　最高人民法院民事诉讼法修改研究小组编著：《〈中华人民共和国民事诉讼法〉修改条文理解与适用》，人民法院出版社2012年版，第502页。

拓展案例

安徽省福利彩票发行中心与北京德法利科技发展
有限责任公司营销协议纠纷案[1]

北京德法利科技发展有限责任公司（以下简称"德法利公司"）因与安徽省福利彩票发行中心（以下简称"安徽彩票中心"）营销协议纠纷一案，不服安徽省高级人民法院（2004）皖民二再终字第12号民事判决，向最高人民法院申请再审。最高人民法院于2008年10月16日作出（2006）民二监字第20-2号民事裁定，提审本案。

再审庭审期间，德法利公司提交变更诉讼请求申请书，认为，由于安徽彩票中心以损害社会公共利益为由，请求法院确认协议无效，安徽省合肥市中级人民法院一审和安徽省高级人民法院再审也以损害公共利益为由认定协议无效，故本案涉及社会公共利益，符合《最高人民法院关于适用〈中华人民共和国民事诉讼法〉审判监督程序若干问题的解释》（以下简称《审判监督程序的解释》）第33条（2020年修正后民诉法解释第405条第3款）关于损害社会公共利益应允许当事人再审变更诉讼请求的规定，故申请变更一审反诉请求的第二、三项为请求判令安徽彩票中心承担违约责任，赔偿德法利公司垫付的宣传营销费用、补偿德法利公司三年应提取的宣传营销费用并支付德法利公司应提取的全部宣传营销费用共计35 821 938.79元。

最高人民法院认为，《审判监督程序的解释》第33条第1款规定："人民法院应当在具体的再审请求范围内或在抗诉支持当事人请求的范围内审理再审案件。当事人超出原审范围增加、变更诉讼请求的，不属于再审审理范围。但涉及国家利益、社会公共利益，或者当事人在原审诉讼中已经依法要求增加、变更诉讼请求，原审未予审理且客观上不能形成其他诉讼的除外。"本案系二审终审案件，因此，在再审审理过程中，应按照第二审程序审理。德法利公司虽在原二审审理过程中提出变更诉讼请求，但由于其未在一审反诉中提出，故原二审法院以其不属于二审审理范围，可另行起诉为由未予审理。本院再审审理范围原则上不应超出原审理范围。本案中，对德法利公司变更诉讼请求是否予以支持的问题只涉及该公司的个体利益，并不涉及社会公共利益的保护，而且，德法利公司可以就其拟变更的诉讼请求另行提起诉讼获得权利救济，故德法利

---

[1]　最高人民法院（2008）民提字第61号判决书。

公司变更诉讼请求并不符合《审判监督程序的解释》第 33 条关于再审可以变更诉讼请求的情形，对其变更诉讼请求的请求，最高人民法院不予支持。

[问题与思考]

人民法院依审判监督程序提起再审的审理程序是什么？

[重点提示]

可以结合《民事诉讼法》第 198 条和第 207 条的相关规定，明析人民法院依审判监督程序提起再审的程序，同时分析本案中人民法院主动再审是否正确。

第三节　当事人申请再审

经典案例

青岛海辰公司与咸阳步长公司、青岛金固元公司、咸阳利华公司、山东金固元公司、山东步长公司侵权纠纷再审案[1]

[基本案情]

2006 年，青岛海辰公司以咸阳步长公司、青岛金固元公司、咸阳利华公司、山东金固元公司、山东步长公司侵犯其第 1348946 号"海辰 HaiChen"注册商标（以下简称"涉案商标"）专用权为由，向青岛市中级人民法院提起诉讼，请求判令五被告停止侵权并赔偿经济损失 4 752 000 元。青岛市中级人民法院一审认为：青岛海辰公司于 2001 年经商标局核准受让成为"海辰 HaiChen"注册商标的专用权人，该转让行为系按照《商标法》规定并经商标局依据法定程序审核公告完成，符合商标权取得的法律规定。因此，青岛海辰公司对该商标拥有合法的专用权，在没有经过法定程序撤销之前，应当对其商标权予以确认及保护。五被告生产、销售的"金骨源片"内外包装上均在显要位置标注"海辰 HaiChen"注册商标文字和图案，共同侵犯了青岛海辰公司的商标权。据此，一审法院于 2007 年 3 月 28 日作出（2006）青民三初字第 107 号民事判决，判令五被告停止侵权行为；咸阳步长公司赔偿青岛海辰公司 4 752 000 元，青岛金固元公司、咸阳利华公司、山东金固元公司、山东步长公司对上述款项承担连带责任。

咸阳步长公司不服一审判决，向山东省高级人民法院提起上诉。山东省高级人民法院二审判决驳回上诉，维持原判。

---

〔1〕 最高人民法院（2009）民提字第 85 号裁定书。

申请再审人咸阳步长公司、青岛金固元公司、咸阳利华公司、山东金固元公司、山东步长公司因与青岛海辰公司侵犯商标专用权纠纷一案，不服山东省高级人民法院于 2007 年 8 月 19 日作出（2007）鲁民三终字第 67 号民事判决，于 2009 年 7 月 28 日向最高人民法院申请再审。申请再审的理由是一审判决程序违法，认定事实不清，适用法律不当，导致实体错判。2000 年 6 月 7 日苏某将甲可安公司全部股权转让给咸阳步长公司总裁和副总裁赵某涛、赵某超后，本案涉及的"海辰 HaiChen"商标即归新的甲可安公司所有。后苏某盗用印章，以甲可安公司的名义将涉案商标转让给他自己于 2001 年 3 月 14 日成立的青岛海辰公司，后又于 2002 年 11 月 26 日将青岛海辰公司的股权转让给王某。王某原为甲可安公司的业务人员，明知涉案商标归甲可安公司所有，却与苏某恶意串通受让涉案商标。现有新的证据可推翻原审判决，陕西省咸阳市秦都区人民法院已经查明苏某非法转让涉案商标的事实并以诈骗罪判处苏某有期徒刑 13 年，商标局也已经作出商标变字〔2009〕第 165 号《关于撤销核准第 1348946 号"海辰"注册商标转让决定的通知》（简称第 165 号通知），决定撤销 2001 年 8 月 14 日核准第 1348946 号"海辰"注册商标（即涉案商标）转让的决定，核发的《核准商标转让证明》和商标公告无效，涉案商标注册人恢复为甲可安公司。

[法律问题]

1. 本案当事人申请再审是否符合法律规定？
2. 当事人申请再审的条件？

[参考结论与法理精析]

（一）法理分析

当事人申请再审指的是当事人对已经发生法律效力的判决、裁定和调解书，认为有错误的，符合法律规定的再审事由的，向作出原生效判决、裁定和调解书的人民法院或是上一级人民法院申请再行审理的行为。[1]在原审案件中，因为已经赋予当事人双方平等的辩论地位和机会，在通常情形下，不允许当事人对终审结果进行争执，否则将有违诉讼公平的理念。[2]但是在特殊情形下，当事人在诉讼中因不可归责于自己的事由或是限于当时的客观情形，没有充分行使自己的攻击或防御手段，因而法律应当赋予当事人相应的事后救济的途径。申请再审是法律赋予当事人的权利，当事人可以在法律允许的范围内自由处分申请再审的权利。但是因为再审申请针对的是已经发生法律效力的判决、裁定和调解书，为了防止当事人滥用申请再审的权利，法律对当事人申请再审的条

---

〔1〕　江伟主编：《民事诉讼法》，高等教育出版社 2007 年版，第 374 页。

〔2〕　［日］新堂幸司：《新民事诉讼法》，林剑锋译，法律出版社 2008 年版，第 245 页。

件和程序作了相关规定，只有申请再审符合法律的相关规定，人民法院才会裁定再审。

享有申请再审权利的当事人，应当具备再审利益。在原审中，全部诉讼请求都获得支持的当事人应当不享有申请再审的权利；不承担实体权利义务的当事人应当不享有申请再审的权利；申请再审的当事人必须是全部败诉或部分败诉的当事人。若当事人死亡或者终止，权利义务承受人应当享有申请再审的权利。

根据 2012 年《民事诉讼法》（本部分下同）第 199、201 条的规定，当事人申请再审针对的是已经发生法律效力的判决、裁定和调解书，若是判决、裁定没有发生法律效力，当事人可以通过上诉程序来维护自己的权利。并非所有的判决和裁定当事人都可以申请再审，根据《民事诉讼法》第 202 条的规定，当事人对已经发生法律效力的解除婚姻关系的判决、调解书，不得申请再审；《民诉法解释》第 380 条规定，适用特别程序、督促程序、公示催告程序、破产程序等非讼程序审理的案件，当事人不得申请再审。按照《最高人民法院关于规范人民法院再审立案的若干意见（试行）》第 14 条第 2 项规定，人民法院对裁定撤销仲裁裁决和裁定不予执行仲裁裁决的案件的再审申请不予受理。

《民事诉讼法》第 199 条规定，当事人对已经发生法律效力的判决、裁定，认为有错误的，可以向上一级人民法院申请再审；当事人一方人数众多或者当事人双方为公民的案件，也可以向原审人民法院申请再审。允许当事人向作出原生效裁判的人民法院申请再审便利了当事人行使再审申请权，同时，作出生效裁判的人民法院是最了解原案案情的人民法院，可以节约诉讼资源、提高诉讼效率，减轻上级人民法院的办案压力。

当事人申请再审必须符合法律规定的申请再审的理由。当事人针对已经发生法律效力的判决和裁定申请再审的，依据《民事诉讼法》第 200 条的规定，必须至少具备以下 13 种再审理由中的一条理由：有新的证据，足以推翻原判决、裁定的；原判决、裁定认定的基本事实缺乏证据证明的；原判决、裁定认定事实的主要证据是伪造的；原判决、裁定认定事实的主要证据未经质证的；对审理案件需要的主要证据，当事人因客观原因不能自行收集，书面申请人民法院调查收集，人民法院未调查收集的；原判决、裁定适用法律确有错误的；审判组织的组成不合法或者依法应当回避的审判人员没有回避的；无诉讼行为能力人未经法定代理人代为诉讼或者应当参加诉讼的当事人，因不能归责于本人或者其诉讼代理人的事由，未参加诉讼的；违反法律规定，剥夺当事人辩论权利的；未经传票传唤，缺席判决的；原判决、裁定遗漏或者超出诉讼请求的；据以作出原判决、裁定的法律文书被撤销或者变更的；审判人员审理该案件时有贪污受贿，徇私舞弊，枉法裁判行为的。《民事诉讼法》第 201 条规定，当事人针对已经发生法律效力的调解书申请再审的理由是调解违反了自愿原则或是调解协议的内容违反法律。法律明确规定当事人申请再审的理由，有利于实践中当事人申请再审，也有利于法院判断当事人的再审申请是否合法。

　　当事人针对已经发生法律效力的判决、裁定和调解书申请再审，会对社会关系的稳定造成影响，因此有必要为当事人行使再审申请权设定一个期间限制，督促当事人在该期间内行使自己的再审申请权，也可以防止当事人无休止的缠诉。[1]根据《民事诉讼法》第 212 条的规定，当事人应当在判决、裁定发生法律效力后 6 个月内提出再审申请，但是具有有新的证据，足以推翻原判决、裁定的；原判决、裁定认定事实的主要证据是伪造的；据以作出原判决、裁定的法律文书被撤销或者变更的；审判人员审理该案件时有贪污受贿，徇私舞弊，枉法裁判行为的理由，可以自知道或者应当知道该情形之日起 6 个月内提出再审申请。

　　当事人对已经发生法律效力的判决、裁定和调解书可以申请再审，为了规范当事人申请再审权的行使，《民事诉讼法》对当事人申请再审的程序作了相关规定。按照《民事诉讼法》第 203 条的规定，当事人申请再审的，应当提交再审申请书等材料。再审申请书应当写明再审申请人的基本情况，申请再审的诉讼请求和申请再审的理由。人民法院应当自收到再审申请书之日起 5 日内将再审申请书副本发送对方当事人。对方当事人应当自收到再审申请书副本之日起 15 日内提交书面意见，但是为了防止对方当事人不提交书面意见拖延申请再审程序，法律规定不提交书面意见的，不影响人民法院审查。人民法院可以要求申请人和对方当事人补充有关材料，询问有关事项。为了尽快使社会关系稳定下来，《民事诉讼法》第 204 条规定人民法院应当自收到再审申请书之日起 3 个月内审查，符合本法规定的再审情形的，应当裁定再审；不符合《民事诉讼法》规定的再审情形的，应当裁定驳回申请。有特殊情况需要延长审查期间的，应当由本院院长批准。当事人申请再审的，原则上应当是向作出生效裁判的上一级人民法院申请再审，但是若是原案的双方当事人都是公民的，或者一方当事人人数众多的，允许当事人向作出生效裁判的人民法院申请再审。基于这样的规定，当事人申请再审的案件应当是由中级人民法院以上的人民法院审理，但是在后者的情形下，基层人民法院也可以审理当事人申请再审的案件。为了缓解高级人民法院和最高人民法院审理案件的压力，法律规定最高人民法院、高级人民法院裁定再审的案件，由本院再审或者交其他人民法院再审，也可以交原审人民法院再审。

---

　　〔1〕　江伟主编：《民事诉讼法》，高等教育出版社 2007 年版，第 376 页。

就本案而言，本案申请再审的主体是咸阳步长公司、青岛金固元公司、咸阳利华公司、山东金固元公司、山东步长公司，这五个公司是原生效裁判全部败诉的当事人，享有申请再审的利益，因此享有申请再审的权益。就申请再审的对象而言，本案当事人申请再审的对象是山东省高级人民法院已经发生法律效力的判决，申请再审的对象符合法律"已经发生法律效力的判决、裁定和调解书"的规定。从申请再审的法院来看，我国《民事诉讼法》规定，当事人可以向作出原生效裁判的上一级人民法院申请再审，本案的终审判决是山东省高级人民法院作出的，当事人向最高人民法院申请再审符合《民事诉讼法》的规定。就申请再审的期间而言，2007年《民事诉讼法》规定通常情形下申请再审期间是原生效裁判发生法律效力2年内，本案当事人向最高人民法院申请再审在法定的申请再审的期间之内。2012年之后，《民事诉讼法》把通常情形下申请再审的期间缩短为原生效裁判发生法律效力6个月内，若是适用新《民事诉讼法》，则当事人申请再审超出了法定的申请再审期间，因而，当事人申请再审不符合法律规定。就申请再审的理由方面而言，2012年《民事诉讼法》第200条第1项规定：有新的证据，足以推翻原判决、裁定的。当事人申请再审的，人民法院应当再审。本案当事人申请再审的理由是有新的证据足以推翻原判决，因此本案当事人申请再审的理由符合法律规定。

综上，当事人申请再审符合法律规定，最高人民法院应当裁定提审或者指令下级人民法院再审。本案最终由最高人民法院提审，现已审理终结。

（二）深度分析

《民事诉讼法》赋予了当事人申请再审权，同时也赋予了当事人向人民检察院申请抗诉或再审检察建议的权利。在实践中出现了不少当事人向人民法院申请再审，又向人民检察院申请抗诉或是再审检察建议的情况。这种情形造成了诉讼资源的浪费，可能导致人民法院和人民检察院对于案件是否符合再审而作出相悖的判断的情况的出现。为了解决这个问题，现行《民事诉讼法》第216条规定，只有在人民法院驳回再审申请的，人民法院逾期未对再审申请作出裁定的，再审判决、裁定有明显错误的三种情形下，当事人可以向人民检察院申请检察建议或者抗诉。这实际上规定当事人不能在向法院提出再审申请之前，向人民检察院提出抗诉或再审检察建议。这实际上是督促当事人行使申请再审的权利，是对当事人处分权的尊重；同时为解决当事人既向人民法院申请再审又向人民检察院申请抗诉或再审检察建议的情况提供了解决途径。

实践中，当事人申请再审后，因为各种原因，再审程序已经没有必要进行下去，对于这种情况，《民诉法解释》第402条规定作了相应规定。在出现以下情形时，人民法院可以裁定终结审查：再审申请人死亡或者终止，无权利义务承继者或者权利义务承继者声明放弃再审申请的;在给付之诉中,负有给付义务的被申请人死亡或者终止,无可供执行的财产,也没有应当承担义务的人的;当事人达成和解协议且已履行完毕的,但当事人在和解协议中声明不放弃申请再审权利的除外;他人未经授权以当事人名义申请再审的;原审或者上一级人民法院已经裁定再审的;有本解释第 383 条第 1 款规定情形的。根据《民诉法解释》第 400 条的规定,审查再审申请期间,再审申请人撤回再审申请的,是否准许,由人民法院裁定。再审申请人经传票传唤,无正当理由拒不接受询问的,可以按撤回再审申请处理。

拓展案例

王某与民生投资管理股份有限公司借款纠纷申诉案[1]

1998 年 3 月 31 日,中国银行即墨市支行与山东省即墨市五交化总公司、青岛国货股份有限公司签订了(98)年即中银字第 055 号人民币资金借款合同和(98)年即中银字第 055 号保证合同。国货公司为五交化公司向即墨中行借用的人民币资金本金 600 万元及其相应的利息、费用提供保证。后即墨中行索款未果,诉至法院。该案先后经过即墨市人民法院一审、青岛中院二审和再审、山东省高院再审,后由王某向最高人民法院进行申诉。

最高人民法院查明,2000 年 6 月 10 日,中国东方资产管理公司青岛办事处承继即墨中行的涉案债权。东方资产公司于 2005 年 11 月 9 日将涉案的全部债权转让给了鲁萌公司。鲁萌公司提供的山东省青岛市市南工商分局档案资料显示,2009 年 9 月 23 日,鲁萌公司在《青岛日报》刊登《通知》称,经股东会研究决定,鲁萌公司自即日起注销。2009 年 10 月 25 日,鲁萌公司全体股东(王某、崔某某)作出《股东会决议》,成立清算组对该公司债权债务进行清算。2010 年 5 月 26 日,鲁萌公司召开股东会议并作出《股东会决议》称,全体股东决定注销鲁萌公司,公司债权债务已清理完毕,通过清算报告,如有任何遗留问题,全体股东承担责任。鲁萌公司被注销后,由股东王某承继鲁萌公司在山东高院(2007)鲁民再终字第 74 号民事判决项下的所有权利义务,包括但不限于申请再审、转让债权、参与再审、达成和解等权利,也有权以其个人名义委托或者授权第三方代其行使上述权利。同日,该公司向市南工商分局递交《清算报告》。同日,市南工商分局向鲁萌公司发出《准予注销通知书》。

---

[1] 最高人民法院(2011)民提字第 127 号。

　　最高人民法院认为，该案属于经申诉程序提起再审的案件，由于本案涉及多次债权转让和当事人变更，本案应首先解决程序问题，亦即鲁萌公司是否具有申请再审人主体资格，鲁萌公司注销后，其股东王某是否可以取代其申诉人地位。分析论述如下：

　　1. 关于鲁萌公司的申请再审人主体资格问题。鲁萌公司认为，其从东方资产公司受让债权合法有效，具有申请再审人主体资格。民生公司则认为，鲁萌公司申请再审，违反了最高人民法院法释〔2011〕2号批复的规定，不具有申请再审人主体资格。最高人民法院认为，鲁萌公司的债权系从东方资产公司受让取得，该债权系经青岛中院再审生效判决确认给东方资产公司后转让的。鲁萌公司受让该债权后不再具有申请再审人主体资格，不能行使申请再审的权利。依据包括两个司法解释：①最高人民法院法释〔2011〕2号《最高人民法院关于判决生效后当事人将判决确认的债权转让债权受让人对该判决不服提出再审申请人民法院是否受理问题的批复》的规定，这类债权受让人不具有申请再审人主体资格，对其再审申请人民法院应依法不予受理。该批复于2011年2月1日施行。尽管本院裁定提审本案时该批复尚未施行，但程序性司法解释适用于正在审理的案件，结合相关审判实践，本案应适用该批复，对鲁萌公司的申请再审人主体资格应予否定。②最高人民法院法释〔2008〕14号《关于适用〈中华人民共和国民事诉讼法〉审判监督程序若干问题的解释》第41条的规定，民事再审案件的当事人应为原审案件的当事人。原审案件当事人死亡或者终止的，其权利义务承受人可以申请再审并参加再审诉讼。本条解释规定在两种情形下允许原当事人以外的权利义务承受人申请再审，而本案中的鲁萌公司并不在上述两种情形之列，不具有申请再审人主体资格。

　　2. 王某受让鲁萌公司涉案债权后是否具有申请再审人主体资格。王某主张，其受让鲁萌公司债权合法有效，故有权取代鲁萌公司在本案中的诉讼主体地位。民生公司则主张，鲁萌公司注销后其民事主体资格已经消灭，王某取代鲁萌公司参与本案诉讼没有法律依据。最高人民法院认为，根据王某提供的市南工商分局档案材料，在鲁萌公司债务清偿完毕并办理注销前，公司股东会决定将涉案债权转让给股东王某，不违反法律规定，其受让债权的行为合法有效。虽然鲁萌公司注销后，其法人人格已经消灭，但公司的债权不因其主体的消灭而消灭。本来王某作为鲁萌公司原股东可以一般债权人的身份主张其权利，但鉴于本案债权的性质属于法院生效判决确认后转让的债权，鲁萌公司受让东方资产公司涉案债权后，已不具有申请再审人主体资格。前手债权人不具有申请再审人主体资格的，后手债权人不可能恢复该主体资格。基于王某合法受让鲁萌公司涉案债权的事实，王某可以自己的名义委托代理人，故应将本案申诉人变更为王某，认定其委托代理人的行为有效。

综上，最高人民法院认为本案中鲁萌公司既非原借款和担保关系的当事人，也非原审案件的当事人，而是东方资产公司转让的生效判决确认的债权的受让人，此时其不具有申请再审人主体资格。王某系鲁萌公司注销后的权利承继人，其承继的权利以鲁萌公司权利范围为限。在鲁萌公司不具有诉讼主体资格的情况下，王某当然也不具有申请再审的权利。故裁定驳回申诉人王某的再审申请。

[问题与思考]

1. 公司受让经终审判决确认的债权后，其注销后，受让其债权的股东是否具有申请再审人的主体资格？

2. 当事人是否可以不先向人民法院申请再审而直接请求人民检察院抗诉？

[重点提示]

根据申请再审的主体资格分析再审申请人的范围；根据检察监督的监督特性分析抗诉与申请再审的关系。

第四节　人民检察院抗诉

经典案例

黄某平、张某清与黄某莲、黄某琪、许某芬生命权、身体权、健康权纠纷再审案[1]

[基本案情]

黄某平与张某清系夫妻，婚生女儿黄某某跟随他们共同生活。黄某莲、黄某琪、许某芬均是广州市越秀区长堤大马路潮音街17号房屋（建筑面积466.17平方米，共五层）的产权人，各占1/3产权份额。上述房屋分隔多间房间后，由方丽平代表上述三人办理出租、签订租赁合同并收取租金等相关事宜。2001年7月1日黄某平与方丽平签订房屋租赁合同，约定黄某平向方丽平承租潮音街101房用于黄某平夫妇及其三子女居住生活。该房屋北侧走道旁位置设有简易浴室一间，黄某平将自行购买的燃气热水器请人安装在内使用。2009年10月22日20时3分，该简易浴室内突然发生火灾，事故造成黄某某死亡、烧毁财物一批。广州市公安消防局于同年11月19日作出穗公消火认字（2009）第7号

---

〔1〕　参见广东省高级人民法院（2012）粤高法审监民提字第148号民事判决书。

《火灾事故认定书》，认定起火原因为越秀区潮音街 17 号首层 101 房的简易浴室液化石油气泄漏遇火源所致；灾害成因为在空间相对狭小密闭、通风条件较差的简易浴室内安装使用燃气热水器、放置液化石油气钢瓶导致液化石油气泄露。

2010 年 1 月 19 日，原告黄某平、张某清起诉至广州市越秀区人民法院，随后广州市越秀区人民法院作出（2010）越法民一初字第 646 号民事判决，判令黄某莲、黄某琪、许某芬共同于判决发生法律效力之日起 5 日内赔偿 257 998 元给黄某平、张某清；驳回黄某平、张某清其余诉讼请求。黄某莲、黄某琪、许某芬不服一审判决，向广州市中级人民法院提起上诉。广州市中级人民法院二审对一审查明的事实予以确认，判令黄某莲、黄某琪、许某芬共同于本判决发生法律效力之日起 5 日内赔偿 103 199 元给黄某平、张某清。

黄某平、张某清不服广州市中级人民法院（2010）穗中法民一终字第 4357 号民事判决，向广东省人民检察机关申诉。广东省人民检察院认为房屋出租人黄某莲、黄某琪、许某芬对租赁物的安全问题存在不可忽视的严重过错，且该过错是导致本案火灾事故发生的原因之一，故黄某莲、黄某琪、许某芬应当承担与其过错程度相当的赔偿责任。终审判决判令房屋出租人仅承担 20% 的赔偿责任属于责任分配畸轻，显失公平。综上所述，广州市中级人民法院对该案的终审判决认定事实缺乏证据证明。广东省人民检察院于 2011 年 11 月 29 日作出粤检民抗字［2011］226 号民事抗诉书，向广东省高级人民法院提出抗诉。

[法律问题]

1. 人民检察院提起再审监督程序的条件是什么？
2. 人民检察院提起再审监督程序的范围及方式是什么？

[参考结论与法理精析]

（一）法理分析

人民检察院是我国法律监督机关，根据《民事诉讼法》的规定，人民检察院对民事诉讼活动进行监督，而人民检察院向人民法院抗诉提出再审是人民检察院对民事诉讼活动进行法律监督的主要途径。人民检察院抗诉指的是人民检察院针对已生效的判决、裁定和调解书，认为其有《民事诉讼法》规定的再审理由时，提请人民法院对案件进行重新审理的诉讼活动。[1] 按照《民事诉讼法》规定，人民检察院抗诉针对的对象有两类，一类是已经发生法律效力的判决、裁定，另一类是调解书。针对生效的判决、裁定是发动再审程序的一个共同条件。

根据 2012 年《民事诉讼法》（本部分下同）第 208 条第 1 款、第 2 款的规

---

〔1〕 江伟主编：《民事诉讼法》，高等教育出版社 2007 年版，第 380 页。

定，最高人民检察院对各级人民法院已经发生法律效力的判决、裁定，上级人民检察院对下级人民法院已经发生法律效力的判决、裁定，发现有本法第200条规定情形之一的，或者发现调解书损害国家利益、社会公共利益的，应当提出抗诉。地方各级人民检察院对同级人民法院已经发生法律效力的判决、裁定，发现有本法第200条规定情形之一的，或者发现调解书损害国家利益、社会公共利益的，可以向同级人民法院提出检察建议，并报上级人民检察院备案；也可以提请上级人民检察院向同级人民法院提出抗诉。从该条文的内容来看，人民检察院提起抗诉的具体途径有三种：①最高人民检察院对全国各级人民法院已发生效力的裁判；②上级人民检察院对下级人民检察院已经发生法律效力的裁判向下级人民法院抗诉；③同级人民检察院针对同级人民法院作出的生效裁判，向同级人民检察院提出再审检察建议。

虽然人民检察院是我国法律监督机关，但是人民法院独立行使审判权，人民检察院针对已经生效的裁判向人民法院提出抗诉，在一定程度上会对人民法院的审判权造成干涉；抗诉针对的是已经生效的裁判，依据《民事诉讼法》第211条的规定，人民检察院抗诉的，人民法院应当裁定再审。因此基于抗诉的法律效力，若不对抗诉的事由进行限制和规定，会造成社会关系的不稳定。根据《民事诉讼法》第200条的规定，人民检察院针对已经生效的判决、裁定抗诉的，必须具备以下理由之一：有新的证据，足以推翻原判决、裁定的；原判决、裁定认定的基本事实缺乏证据证明的；原判决、裁定认定事实的主要证据是伪造的；原判决、裁定认定事实的主要证据未经质证的；对审理案件需要的主要证据，当事人因客观原因不能自行收集，书面申请人民法院调查收集，人民法院未调查收集的；原判决、裁定适用法律确有错误的；审判组织的组成不合法或者依法应当回避的审判人员没有回避的；无诉讼行为能力人未经法定代理人代为诉讼或者应当参加诉讼的当事人，因不能归责于本人或者其诉讼代理人的事由，未参加诉讼的；违反法律规定，剥夺当事人辩论权利的；未经传票传唤，缺席判决的；原判决、裁定遗漏或者超出诉讼请求的；据以作出原判决、裁定的法律文书被撤销或者变更的；审判人员审理该案件时有贪污受贿，徇私舞弊，枉法裁判行为的。人民检察院针对调解书进行抗诉的，必须有证据证明调解书损害了国家利益或是损害了社会公共利益。

《民事诉讼法》第211条和第212条规定，人民检察院决定对人民法院的判决、裁定、调解书提出抗诉的，应当制作抗诉书。接受抗诉的人民法院应当自收到抗诉书之日起30天内作出再审的裁定。原则上再审程序的人民法院应当是人民检察院抗诉的人民法院，原则上应当由中级人民法院再审。但是若是具有《民事诉讼法》第200条第1~5项规定情形之一的，接收抗诉的人民法院可以把案件交由下一级人民法院再审，但若是该案已经由该下一级人民法院再审过的除外。对于人民检察院抗诉的案件，法院可以下放管辖权，但是这必须针对的是因证据和事实方面的问题提起抗诉的案件。下面将具体分析本案。

从抗诉的对象来看，本案广东省人民检察院针对的抗诉对象是广州市中级人民法院已经生效的判决，这符合我国《民事诉讼法》关于抗诉对象的规定。从抗诉的主体来看，本案是广东省人民检察院向广东省高级人民法院抗诉，符合《民事诉讼法》第208条规定的上级人民检察院对下级人民法院已经发生法律效力的裁判有权提起抗诉的条件。从抗诉的理由来看，本案广东省人民检察院抗诉的理由是广州市中级人民法院生效裁判认定事实缺乏证据证明，这符合我国《民事诉讼法》第200条"原判决、裁定认定的基本事实缺乏证据证明的"的规定。根据《民事诉讼法》第212条"人民检察院决定对人民法院的判决、裁定、调解书提出抗诉的，应当制作抗诉书"的规定，广东省人民检察院应当制作抗诉书。《民事诉讼法》第211条规定，人民检察院提出抗诉的案件，接受抗诉的人民法院应当自收到抗诉书之日起30日内作出再审的裁定；有本法第200条第1~5项规定情形之一的，可以交下一级人民法院再审，但经该下一级人民法院再审的除外。就本案而言，广东省高级人民法院应当在收到广东省人民检察院抗诉书之日起30日内裁定再审，决定由本院提审，按照二审程序对本案进行审理；或是交由下级人民法院按照二审程序进行审理。案件在再审过程中，人民法院应当通知广东省人民检察院派员出席法庭。

依据《民事诉讼法》第209条的规定，只有具有人民法院驳回再审申请的，人民法院逾期未对再审申请作出裁定的，再审判决、裁定有明显错误的情形之一的，当事人才可以向人民检察院申请检察建议或者抗诉，这意味着当事人不得在向人民法院申请再审前，向人民检察院提起抗诉。就本案而言，本案的当事人并没有向人民法院申请再审，而是直接向人民检察院申请抗诉，这不符合《民事诉讼法》的规定。《民事诉讼法》第208条第2款规定，地方各级人民检察院对同级人民法院已经发生法律效力的判决、裁定，发现有本法第200条规定情形之一的，或者发现调解书损害国家利益、社会公共利益的，可以向同级人民法院提出检察建议，并报上级人民检察院备案，就本案而言，广州市人民检察院可以向广州市中级人民法院提出再审检察建议，从而推动再审程序的进行。

（二）深度分析

1. 检察院抗诉中存在的问题。根据现行《民事诉讼法》第215条的规定，最高人民检察院可以对各级人民法院的生效裁判提出抗诉，上级人民检察院可以对下级人民法院的生效裁判提出抗诉，人民检察院可以对同级人民法院的生效裁判提出再审检察建议，也可以提请上级人民检察院提起抗诉。但是人民检察院的抗诉与再审检察建议的法律效力是不一样的。再审检察建议只能由地方人民法院提出，并且提出的对象是同级人民法院，并且再审检察建议不一定会导致人民法院启动再审程序。但是人民检察院的抗诉原则是上抗下，上级人民检察院对下级人民法院的生效裁判提出抗诉，并且一经人民法院抗诉，接受抗诉的人民法院会启动再审程序。

处分权是《民事诉讼法》的原则之一，《民事诉讼法》解决的是当事人之间的私人纠纷，因此当事人能够解决的，应当让当事人自行解决。法律赋予当事人申请再审权，当事人为了维护自己的权利，应该积极行使申请再审的权利。故而，对于当事人消极懈怠没有申请人民法院再审的，不涉及公共利益和国家利益的，人民检察院不宜抗诉。人民检察院抗诉的案件应当针对涉及公共利益或国家、集体利益的案件；或是当事人已向人民法院申请再审，但是被人民法院裁定驳回再审申请的，当事人向人民检察院提出抗诉申请的，人民检察院审查认为符合再审理由的，可以向人民法院提出抗诉。

当事人向人民检察院申请抗诉或再审检察建议是人民检察院发现生效裁判有错误从而提出抗诉的最主要渠道。但是，在实践中，出现了当事人向人民检察院申请抗诉或再审检察建议，人民检察院提出抗诉或再审检察建议后，在人民法院裁定再审前，当事人自行达成和解申请撤诉的情形。[1]针对这种情况，《人民检察院民事诉讼监督规则》第73条规定，人民法院已经裁定再审或者已经纠正违法行为的；申请人撤回监督申请，且不损害国家利益、社会公共利益或者他人合法权益的；申请人在与其他当事人达成的和解协议中声明放弃申请监督权利，且不损害国家利益、社会公共利益或者他人合法权益的；人民检察院应当终结审查，这是尊重当事人处分权的体现。

2. 再审的具体审理程序。再审程序不是独立的审判程序，人民法院裁定再审的案件适用一审或是二审程序进行审理。根据《民事诉讼法》第214条的规定，人民法院按照审判监督程序再审的案件，发生法律效力的判决、裁定是由第一审法院作出的，按照第一审程序审理；发生法律效力的判决、裁定是由第二审法院作出的，按照第二审程序审理；上级人民法院按照审判监督程序提审的，按照第二审程序审理。再审案件若依据第一审程序审理，则作出的判决、裁定，当事人可以上诉；若按照第二审程序或上一级人民法院提审的，所作的判决、裁定，是发生法律效力的判决、裁定，不可上诉。

---

〔1〕　最高人民法院民事诉讼法修改研究小组编著：《〈中华人民共和国民事诉讼法〉修改条文理解与适用》，人民法院出版社2012年版，第502页。

拓展案例

牡丹江市宏阁建筑安装有限责任公司诉牡丹江市华隆房地产
开发有限责任公司、张继增建设工程施工合同纠纷案

2009 年 6 月 15 日，黑龙江省牡丹江市华隆房地产开发有限责任公司（以下简称"华隆公司"）因与牡丹江市宏阁建筑安装有限责任公司、张继增建设工程施工合同纠纷一案，不服黑龙江省高级人民法院同年 2 月 11 日作出的（2008）黑民一终字第 173 号民事判决，向最高人民法院申请再审。最高人民法院于同年 12 月 8 日作出（2009）民申字第 1164 号民事裁定，按照审判监督程序提审本案。在最高人民法院民事审判第一庭提审期间，华隆公司鉴于当事人之间已达成和解且已履行完毕，提交了撤回再审申请书。最高人民法院经审查，于 2010 年 12 月 15 日以（2010）民提字第 63 号民事裁定准许其撤回再审申请。

申诉人华隆公司在向法院申请再审的同时，也向检察院申请抗诉。2010 年 11 月 12 日，最高人民检察院受理后决定对本案按照审判监督程序提出抗诉。2011 年 3 月 9 日，最高人民法院立案一庭收到最高人民检察院高检民抗［2010］58 号民事抗诉书后进行立案登记，同月 11 日移送审判监督庭审理。最高人民法院审判监督庭经审查发现，华隆公司曾向本院申请再审，其纠纷已解决，且申请检察院抗诉的理由与申请再审的理由基本相同，遂与最高人民检察院沟通并建议其撤回抗诉，最高人民检察院不同意撤回抗诉。再与华隆公司联系，华隆公司称当事人之间已就抗诉案达成和解且已履行完毕，纠纷已经解决，并于同年 4 月 13 日再次向最高人民法院提交了撤诉申请书。

最高人民法院认为：对于人民检察院抗诉再审的案件，或者人民法院依据当事人申请或依据职权裁定再审的案件，如果再审期间当事人达成和解并履行完毕，或者撤回申诉，且不损害国家利益、社会公共利益的，为了尊重和保障当事人在法定范围内对本人合法权利的自由处分权，实现诉讼法律效果与社会效果的统一，促进社会和谐，人民法院应当根据《最高人民法院关于适用〈中华人民共和国民事诉讼法〉审判监督程序若干问题的解释》第 23 条的规定，裁定终结再审诉讼。本案中，申诉人华隆公司不服原审法院民事判决，在向最高人民法院申请再审的同时，也向检察机关申请抗诉。在本院提审期间，当事人达成和解，华隆公司向本院申请撤诉。由于当事人有权在法律规定的范围内自由处分自己的民事权益和诉讼权利，其撤诉申请意思表示真实，已裁定准许其撤回再审申请，本案当事人之间的纠纷已得到解决，且本案并不涉及国家利益、

社会公共利益或第三人利益，故检察机关抗诉的基础已不存在，本案已无按抗诉程序裁定进入再审的必要，应当依法裁定本案终结审查。

[问题与思考]

1. 当事人申请再审同时向检察机关申请抗诉的案件，在案件提审期间，当事人达成和解，对于当事人的撤诉申请，人民法院该如何处理？

2. 2021 年《人民检察院民事诉讼监督规则》修改后，人民检察院行使检察监督的方式、范围、手段有何变化？

[重点提示]

在民事诉讼中，当事人可以在法律允许的范围内处分其实体权利和程序权利。

第五节　案外人申请再审

经典案例

案外人刘某某就李某某、王某某民间借款纠纷再审案

[基本案情]

2005 年 12 月 20 日，李某某因投资凡尔赛宫中西茶餐厅资金不够，向王某某借款 600 000 元，并出具借条。2007 年 4 月 26 日，李某某再向王某某借款 250 000 元，并出具借条，双方没有在借条上约定还款日期及利息。后两人因为债务数额认定发生纠纷，王某某向湖南省怀化市鹤城区人民法院提起诉讼。怀化市鹤城区人民法院一审支持原告王某某要求被告李某某偿还借款 850 000 元的诉讼请求。案外人刘某某（李某某之妻）因被申请人王某某与被申请人李某某民间借贷纠纷一案，不服湖南省怀化市鹤城区人民法院（2010）怀鹤民一初字第 888 号民事判决，向怀化市中级人民法院申请再审。

申请再审人刘某某称一审法院没有通知利害关系人刘某某参加本案诉讼，程序违法；被申请人王某某、李某某从未提出过借款之事，本案所涉 85 万元借款根本不存在，申请再审人在申请再审期间申请人民法院委托西南政法大学司法鉴定中心作出的（2011）鉴字第 1687 号《司法鉴定意见书》可证明该事实。因而一审法院认定事实错误，证据不足。

被申请人王某某辩称：李某某为开办凡尔赛宫中西茶餐厅和购买天龙御园住房先后向被申请人王某某借款 85 万元是事实，有借条、银行转账记录和曾卫群证

词作证；至于该两笔借款是否属其夫妻共同债务与被申请人无关。请求驳回申请再审人的诉讼请求。被申请人李某某辩称：刘某某从 1999 年至 2010 年基本在广州、北京等地学习、生活，既未参与借贷，亦未参与经商和购房，一审法院未通知刘某某参加王某某与李某某民间借贷纠纷一案的诉讼并未违法，因本案审理的是借贷关系是否成立，与婚姻纠纷所涉夫妻共同债务的认定分属不同的法律关系。

湖南省怀化市中级人民法院认为：原审人民法院在审理原告刘某某与被告李某某婚姻纠纷过程中，审理原告王某某与被告李某某民间借贷纠纷一案，因本案民间借贷纠纷的处理结果会影响该婚姻纠纷夫妻共同债务的认定，应将案外人刘某某认定为必要的共同诉讼当事人。因此，刘某某向怀化市中级人民法院申请再审符合法院规定，怀化市中级人民法院于 2012 年 1 月 4 日作出（2011）怀中民申字第 1 号民事裁定，提审本案。[1]

[法律问题]

1. 如何界定案外人申请再审案件中的"案外人"？

2. 案外人申请再审的条件和程序是什么？

[参考结论与法理精析]

民事诉讼中，一些当事人出于逃避债务或谋求自身利益最大化的不正当目的，利用民事诉讼制度中的缺陷，采取捏造虚假的事实、证据等手段，损害不知情的案外人的合法权利。而生效判决、裁定和调解书所具有的既判力、拘束力，则为当事人侵害案外人利益谋求私利提供了正当化的借口。[2]这种违背诚实信用原则的现象具有极大的危害性，既侵害了案外人的合法权益，也浪费了司法资源，损害了人民法院的司法权威。为了给权利受到损害的案外人提供救济，《民事诉讼法》和相关司法解释设置了案外人申请再审制度。

所谓案外人申请再审，指的是已经发生法律效力的判决、裁定和调解书的内容损害案外人合法权利的，并且案外人不能通过新的诉讼来维护自己权利的，案外人在法定期间内可以就该生效判决、裁定和调解书向人民法院申请再审。

2012 年《民事诉讼法》（本部分下同）第 227 条规定，执行过程中，案外人对执行标的提出书面异议的，人民法院应当自收到书面异议之日起 15 日内审查，理由成立的，裁定中止对该标的的执行；理由不成立的，裁定驳回。案外人、当事人对裁定不服，认为原判决、裁定错误的，依照审判监督程序办理；与原判决、裁定无关的，可以自裁定送达之日起 15 日内向人民法院提起诉讼。《民诉法解释》第 303 条第 2 款规定："案外人对人民法院驳回其执行异议裁定

---

〔1〕 引自湖南省怀化市中级人民法院（2012）怀中民再终字第 10 号民事裁定书。

〔2〕 肖建国："论案外人申请再审的制度价值与程序设计"，载《法学杂志》2009 年第 9 期。

不服，认为原判决、裁定、调解书内容错误损害其合法权益的，应当根据民事诉讼法第二百二十七条规定申请再审，提起第三人撤销之诉的，人民法院不予受理。"从这两个条文的内容来看，案外人申请再审有两种形式：一是执行程序外的案外人申请再审，也称为"案外人直接申请再审"；二是执行程序中的案外人申请再审。[1]

根据《民事诉讼法》第 227 条的规定，执行程序中的案外人申请再审的条件是：①案外人在原裁判执行过程中，向执行人民法院提出书面异议，并且书面异议被驳回；②案外人对驳回异议的裁定不服，认为原生效裁判有错误；③在法定期间向作出原生效裁判的人民法院的上一级人民法院申请再审。2012 年修正后的《民事诉讼法》把申请再审的期间从原裁判发生法律效力 2 年内缩短为原裁判发生法律效力 6 个月内，因而，案外人申请再审的法律期间也应做相应变更。

就本案而言，怀化市鹤城区人民法院（2010）怀鹤民一初字第 888 号民事判决认定被告李某某偿还原告王某某借款及利息 85 万，这影响了刘某某与李某某离婚诉讼中夫妻共同债务的认定；案外人刘某某有证据证明原告王某某与被告李某某之间不存在 85 万的借款，因而案外人刘某某的合法权利因怀化市鹤城区人民法院的生效判决受到损害，并且刘某某无法提起新的诉讼来维护自己的合法权利。根据《民诉法解释》第 303 条第 2 款的规定："案外人对人民法院驳回其执行异议裁定不服，认为原判决、裁定、调解书内容错误损害其合法权益的，应当根据民事诉讼法第二百二十七条规定申请再审，提起第三人撤销之诉的，人民法院不予受理"。因此，在本案中，案外人刘某某可以向怀化市中级人民法院申请再审。

《民诉法解释》第 422 条规定，必须共同进行诉讼的当事人因不能归责于本人或者其诉讼代理人的事由未参加诉讼的，可以根据《民事诉讼法》第 200 条第 8 项规定，自知道或者应当知道之日起 6 个月内申请再审，但符合本解释第 423 条规定情形的除外。人民法院因前款规定的当事人申请而裁定再审，按照第一审程序再审的，应当追加其为当事人，作出新的判决、裁定；按照第二审程序再审，经调解不能达成协议的，应当撤销原判决、裁定，发回重审，重审时应追加其为当事人。就本案而言，刘某某是王某某与李某某借款纠纷一案的共同诉讼人，本案现在由怀化市中级人民法院提审，按照二审程序进行审理。为了保护案外人刘某某的程序利益，怀化市中级人民法院应当就案件进行调解，若是达不成调解协议的，应当撤销怀化市鹤城区人民法院（2010）怀鹤民一初字第 888 号民事判决，把案件发回怀化市鹤城区人民法院重审，并且在重审时，应当追加刘某某为被告。

《民事诉讼法》规定了第三人撤销之诉，《民事诉讼法》第 56 条第 3 款规

---

〔1〕　肖建国："论案外人申请再审的制度价值与程序设计"，载《法学杂志》2009 年第 9 期。

定，前两款规定的第三人，因不能归责于本人的事由未参加诉讼，但有证据证明发生法律效力的判决、裁定、调解书的部分或者全部内容错误，损害其民事权益的，可以自知道或者应当知道其民事权益受到损害之日起6个月内，向作出该判决、裁定、调解书的人民法院提起诉讼。人民法院经审理，诉讼请求成立的，应当改变或者撤销原判决、裁定、调解书；诉讼请求不成立的，驳回诉讼请求。我国法律规定了两种维护案外第三人合法权利的方法，一是案外人申请再审制度，第二种即是第三人撤销之诉的制度。案外人申请再审的事由可以是原生效判决、裁定和调解书实体内容错误，也可以是程序错误，但是第三人撤销之诉只能是原生效裁决实体内容发生错误。同时两者产生的效力不一样。案外人申请再审后，若改判，原生效裁决整体失效；但是第三人撤销之诉只是被撤销的部分无效，剩余部分在原当事人之间是有效的，只有在内容全部被撤销的情形下才无效。[1]关于案外人申请再审和第三人撤销之诉的运用，在两种制度并存的情况下，两种制度应该如何适用便成为司法实践的难题。针对这个问题，应当肯定的是案外人同时享有以上两种程序来保障自己的权利，但是案外人不能同时适用这两种程序，不可既申请再审，又提起撤销之诉，两者之间只能选择一种行使，不得并用。为了保障司法的稳定性，案外人一旦选定某种程序来保障自己的权利，就不允许再反悔。[2]

就本案而言，案外人刘某某除向怀化市中级人民法院提出再审申请外，还可以选择第三人撤销之诉的制度来维护自己的权利。刘某某可以在知道或者应当知道她民事权益受到损害之日起6个月内向怀化市鹤城区人民法院提起诉讼，请求撤销怀化市鹤城区人民法院（2010）怀鹤民一初字第888号民事判决，但是这两种程序案外人刘某某只能选择其一适用。

拓展案例

北大方正公司、红楼研究所与高术天力公司、高术公司计算机软件著作权侵权纠纷案[3]

申请再审人北大方正集团有限公司（以下简称"北大方正公司"）、北京红

---

〔1〕 肖建华、杨兵："论第三人撤销之诉——兼论民事诉讼再审制度的改造"，载《云南大学学报》2006年第4期。

〔2〕 最高人民法院民事诉讼法修改研究小组编著：《〈中华人民共和国民事诉讼法〉修改条文理解与适用》，人民法院出版社2012年版，第109页。

〔3〕 最高人民法院（2006）民三提字第1号判决书。

楼计算机科学技术研究所（以下简称"红楼研究所"）因与北京高术天力科技有限公司（以下简称"高术天力公司"）、北京高术科技公司（以下简称"高术公司"）计算机软件著作权侵权纠纷一案，不服北京市高级人民法院（2002）高民终字第194号民事判决及（2003）高民监字第196号驳回再审申请通知书，向最高人民法院申请再审。

北大方正公司、红楼研究所是方正RIP软件、北大方正字库、方正文合软件的著作权人。方正RIP软件和方正字库软件系捆绑在一起销售，合称方正RIP软件。上述软件安装在独立的计算机上，与激光照排机联机后，即可实现软件的功能。北大方正公司系日本网屏（香港）有限公司（以下简称"网屏公司"）激光照排机在中国的销售商，高术天力公司、高术公司曾为北大方正公司代理销售激光照排机业务，销售的激光照排机使用的是方正RIP软件和方正文合软件。1999年5月，由于双方发生分歧，导致代理关系终止。高术公司于2000年4月17日与网屏公司签订了销售激光照排机的协议，约定高术公司销售KATANA-5055激光照排机必须配网屏公司的正版RIP软件或北大方正公司的正版RIP软件，若配方正RIP软件，高术公司必须通过网屏公司订购北大方正公司正版RIP软件。

2001年7月20日，北大方正公司的员工以个人名义（化名），与高术天力公司签订了《电子出版系统订货合同》，约定的供货内容为KATANA FT-5055A激光照排机（不含RIP），单价为41.5万元。合同签订后，北大方正公司分别于2001年7月20日和同年8月23日，向高术天力公司支付货款共394 250元，尚欠货款20 750元。高术公司分别于2001年7月23日和同年8月23日，向北大方正公司的员工出具了收取上述款项的收据。

2001年8月22日，高术天力公司的员工在北京市石景山区永乐小区84号楼503室北大方正公司的员工临时租用的房间内，安装了激光照排机，并在北大方正公司自备的两台计算机内安装了盗版方正RIP软件和方正文合软件，并提供了刻录有上述软件的光盘。北大方正公司支付了房租3000元。

应北大方正公司的申请，北京市国信公证处先后于2001年7月16日、7月20日、7月23日和8月22日，对北大方正公司的员工以普通消费者的身份，与高术天力公司联系购买KATANA FT-5055A激光照排机设备及高术天力公司在该激光照排机配套使用的北大方正公司自备计算机上安装方正RIP软件、方正文合软件的过程进行了现场公证，并对安装了盗版方正RIP软件、方正文合软件的北大方正公司自备的两台计算机及盗版软件进行了公证证据保全，制作了公证笔录五份。

2001年9月3日，北大方正公司、红楼研究所以高术天力公司、高术公司非法复制、安装、销售行为，侵犯了其享有的计算机软件著作权为由诉至北京市第一中级人民法院。2001 年 12 月 20 日，一审法院北京第一中级人民法院作出判决：①高术天力公司、高术公司立即停止复制、销售方正 RIP 软件、方正文合软件的侵权行为；②高术天力公司、高术公司自判决生效之日起 30 日内，在《计算机世界》刊登启事，向北大方正公司、红楼研究所赔礼道歉；③高术天力公司、高术公司共同赔偿北大方正公司、红楼研究所经济损失 60 万元；④高术天力公司、高术公司共同赔偿北大方正公司、红楼研究所为本案支付的调查取证费（购机款 394 250 元、房租 3000 元、公证费 1 万元）共 407 250 元；⑤北大方正公司、红楼研究所应在高术天力公司、高术公司返还购机款 394 250 元后，将激光照排机退还高术天力公司、高术公司；⑥驳回北大方正公司、红楼研究所的其他诉讼请求。案件受理费 11 010 元、财产保全费 15 520 元、审计费 6 万元，均由高术天力公司、高术公司共同负担。

2002 年 7 月 15 日，二审法院作出判决：①维持一审判决的第 1、2、6 项；②撤销一审判决的第 3、4、5 项；③高术天力公司、高术公司共同赔偿北大方正公司、红楼研究所经济损失 13 万元；④高术天力公司、高术公司共同赔偿北大方正公司、红楼研究所为本案所支付的公证费 1 万元。

北大方正公司、红楼研究所不服二审判决，向二审法院提出再审申请。北京市高级人民法院经审查，于 2003 年 8 月 20 日驳回北大方正公司、红楼研究所再审申请。

北大方正公司、红楼研究所不服北京市高级人民法院二审判决及驳回再审申请通知，向最高人民法院申请再审。其主要理由是二审法院认定事实和适用法律错误。最高人民法院认为再审申请符合《中华人民共和国民事诉讼法》第 179 条第 1 款第 3 项规定的再审立案条件，2006 年 3 月 7 日，以（2002）民三监字第 30 – 2 号民事裁定提审本案。

[问题与思考]

1. 案外人申请再审与第三人撤销之诉之间有何关系？

2. 调解书的案外人在可以通过另行提起诉讼解决其与案件一方当事人之间的债权债务关系，且原调解书未对案外人与案件一方当事人的债权债务关系进行认定及处分的情况下，案外人可否对原调解书申请再审？

[重点提示]

从案外人申请再审与第三人撤销之诉的适用范围、适用条件以及适用的法律效果来分析两者的区别和联系，同时明确对于同一案件，可否同时适用上述两个制度。

第十二章

特别程序

知识概要

一、本章的基本概念、基本知识和基本理论

特别程序是指与普通程序、简易程序相对的一种程序，当事人根据法律规定向人民法院申请确认或者否认某种事实、某种法律关系，只有一方当事人而没有对方当事人对抗的诉讼程序。根据我国《民事诉讼法》第 184 条的规定，[1]人民法院审理选民资格案件、宣告失踪或者宣告死亡案件、认定公民无民事行为能力或者限制民事行为能力案件、认定财产无主案件、确认调解协议案件和实现担保物权案件，适用特别程序。本章主要通过两个选民资格案件和认定财产无主案件来阐释特别程序的特点。

二、本章的重点、难点和疑点

本章的重点是我国《民事诉讼法》规定的特别程序的申请与受理要件。

本章的难点和疑点是：

1. 选民资格程序的起诉要件。

2. 认定财产无主案件中对财产的理解。

---

〔1〕《民事诉讼法》第 184 条：人民法院审理选民资格案件、宣告失踪或者宣告死亡案件、认定公民无民事行为能力或者限制民事行为能力案件、认定财产无主案件、确认调解协议案件和实现担保物权案件，适用本章规定。本章没有规定的，适用本法和其他法律的有关规定。

第一节　选民资格案件

经典案例

吴某某不服选民资格处理决定案[1]

[基本案情]

吴某某在路下村新兴西路 48 号居住，但其户籍一直落在屏南县路下乡中心小学。路下村历届村民委员会换届选举时，都将吴某某登记为选民。2003 年 6 月 12 日，吴某某将户籍从路下乡中心小学迁入路下村，成为该村非农业户籍的村民。2003 年，路下村村民委员会因任期届满，依法需进行换届选举，选举日定为 2003 年 7 月 12 日，从同年 6 月 7 日起进行选民登记，起诉人吴某某未被登记为该村选民。吴某某向路下村村民选举委员会提出申诉后，该委员会认为：吴某某虽然在本村居住，但其户籍是在选民登记日（6 月 7 日）以后才迁入本村的，而且是本村非农业户籍村民，在本村没有承包土地，也不履行"三提留、五统筹"等村民应尽的义务，按照福建省民政厅下发的《村民委员会选举规程》中关于"户籍在本村管理的其他非农业户籍性质人员不作选民资格登记"的规定，吴某某不能在本村登记。此前历届村民委员会选举时，虽然都将吴某某登记为本村选民，但这都是错误的，应当纠正。据此，该委员会于 2003 年 6 月 29 日作出处理决定：对吴某某的选民资格不予登记。吴某某不服处理决定，遂于 2003 年 6 月 30 日向福建屏南县人民法院起诉。

[法律问题]

1. 本案是否属于适用特别程序审理的确认选民资格的案件？

2. 本案的具体审理过程如何？

[参考结论与法理精析]

（一）参考意见

就本案的起诉主体而言，吴少晖是与选民名单具有利害关系的当事人，在其认为选民名单有错误的时候，有权利向人民法院提起选民资格诉讼。吴少晖在向人民法院提起诉讼之前，向路下村村民选举委员会提出申诉，且是在对路下村村民选举委员会的处理决定不服的情形下向人民法院提起诉讼，这符合选

---

〔1〕　案例来源，北大法宝：https://www.pkulaw.com/pfnl/a25051f3312b07f3e0712d490e6ff85ce956abc037c049c9bdfb.html，最后访问日期：2021 年 4 月 24 日。

民资格案件申诉前置的规定。就提起时间而言，路下村的选举日期是 2003 年 7 月 12 日，吴少晖于 2003 年 6 月 30 日向人民法院提起诉讼，这符合《民事诉讼法》应当在选举日前 5 天提起诉讼的规定。就受理法院而言，本案受理的法院是福建省屏南县人民法院，即路新村所在地的基层人民法院，符合法律的相关规定。综上，本案符合选民资格案件的起诉条件，屏南县基层人民法院应当受理。屏南县基层人民法院应当组成合议庭对本案进行审理。在审理的过程中，应当通知起诉人吴少晖和路下村选举委员会的代表出庭。合议庭应当听取双方意见，在必要的时候，可以允许双方辩论以期快速查明案件事实。屏南县基层人民法院应当在 2003 年 7 月 12 日，即路下村选举之日前对该案审理终结，把判决书向吴少晖和路下村选举委员会送达。

最后附上屏南县基层人民法院的判决书以供参考。屏南县人民法院认为：起诉人吴少晖现年 33 岁，依照法律规定，其具有选民资格。起诉人吴少晖的户籍已于 2003 年 6 月 12 日迁入路下村，而路下村的选举日是 7 月 12 日。根据 2000 年 7 月 28 日福建省第九届人民代表大会常务委员会第二十次会议修订的《福建省村民委员会选举办法》第 11 条第 1 款规定：“凡具有选民资格的村民可以在户籍所在地的村民选举委员会进行选民登记。”选举日前，吴少晖有权在户籍所在地即路下村的选举委员会进行选民登记。福建省民政厅下发的《村民委员会选举规程》中，有关“户籍在本村管理的其他非农业户籍性质人员不作选民资格登记”的规定，与《福建省村民委员会选举办法》的规定相抵触，应属无效，据此，路下村村民选举委员会 2003 年 6 月 29 日依据《村民委员会选举规程》作出的处理决定，是错误的，应当撤销。屏南县基层人民法院最终判决：撤销屏南县路下乡路下村村民选举委员会作出的对起诉人吴少晖选民资格不予登记的决定。

（二）法理分析

选举权和被选举权是我国公民享有的重要政治权利。《宪法》第 34 条规定，中华人民共和国年满 18 周岁的公民，不分民族、种族、性别、职业、家庭出身、宗教信仰、教育程度、财产状况、居住期限，都有选举权和被选举权；但是依照法律被剥夺政治权利的人除外。为了确认哪些公民有选举权，哪些公民没有选举权，我国设立了选民登记制度。制度规定选民按照选区进行登记，并且在选举日前 20 天公布选民名单。只有列入选民名单的公民才能最终行使选举权和被选举权。因为我国人口流动性比较大，在实践中经常发生应当列入选民名单未被列入、不该列入选民名单的人却被列入了选民名单的现象。为了纠正选民名单中的错误，有必要给予利害关系人相应的救济途径。一是基于《选举法》第 29 条的规定，对于公布的选民名单有不同意见的，可以向选举委员会提出申诉；选举委员会对申诉意见，应在 3 日内作出处理决定。二是《民事诉讼法》在特别程序中规定的选民资格案件。选民资格诉讼是我国关于选举诉讼的两种诉讼类型中的其中一种，在刑法领域我国规定了破坏选举的诉讼。[1]

选民资格案件是指公民对选举委员会公布的选民名单有异议，向选举委员会提起申诉后，不服选举委员会所作出的处理决定，而向人民法院提起诉讼的案件。[2]选民资格适用特别程序进行审理，除具有特别程序一审终审，不适用审判监督程序、审理时间短等共同特点外，选民资格的案件还具有下列特点。首先，就起诉人而言，选民资格的案件的起诉人范围很广，可以是直接与选民名单有利害关系的公民，也可以是与选民名单没有利害关系的公民。其次，选民资格的案件应当在起诉前先向选举委员会申诉。选民资格案件实行申诉前置，公民认为选民名单有错误的，必须先向选举委员会进行申诉，如果对选举委员会作出的处理决定不服的，可以向人民法院提起诉讼。再其次，选民资格案件的起诉时间有特殊的限制，即应当在选举日的 5 日前提起诉讼，这是不变期间。最后，受理选民资格案件的法院应当是选区所在地的基层人民法院。

对于起诉到人民法院的选民资格案件，人民法院应当首先判断该案件是否符合选民资格案件的起诉条件。对于没有向选举委员会申诉而直接提起诉讼的案件，或者超出了法定不变诉讼期间的选民资格案件，人民法院应当裁定驳回起诉，对于符合起诉条件的，人民法院应当及时受理。现行《民事诉讼法》第185 条规定，依照特别程序审理的案件，实行一审终审。选民资格案件或者重大、疑难的案件，由审判员组成合议庭审理；其他案件由审判员一人独任审理。可见对于选民资格案件来讲，因为它关涉公民的选举权和被选举权，需要审慎对待，人民法院受理该类案件应当组成合议庭进行审理，该合议庭应当由审判员组成，人民陪审员不能参加该合议庭。根据《民事诉讼法》第 189 条的规定，人民法院审理选民资格案件时，起诉人、选举委员会的代表和有关公民必须参加。通知选举委员会代表和有关公民参加，有利于人民法院查明案件事实，快速审结案件。在案件的审理过程中，人民法院应当听取起诉人、选举委员会代表和相关公民的意见，并且人民法院认为有必要时，可以让各方进行辩论。[3]选民资格案件应当在选举日前审结。只有在选举日前审结案件，才能确认公民的选民资格，修正选民名单的错误，保障公民的选举权和被选举权。人民法院的判决书不仅送达给起诉人，还应向选举委员会送达，并且应当通知相关公民，

---

[1] 杨临宏："选举争讼制度比较研究"，载《现代法学》1999 年第 3 期。
[2] 江伟主编：《民事诉讼法》，高等教育出版社 2007 年版，第 393 页。
[3] 江伟主编：《民事诉讼法》，高等教育出版社 2007 年版，第 395 页。

让其知悉法院处理后果。人民法院作出的判决书一经送达即发生法律效力。

拓展案例

<h3 style="text-align:center">王某某等诉北京民族饭店案〔1〕</h3>

　　王某某等16人原系北京民族饭店员工。1998年下半年，北京市西城区人民代表大会代表换届工作开始，由选民选举新一届人大代表。10月，北京民族饭店作为一个选举单位所公布的选民名单确定了该16名员工的选民资格。后因该16名员工与北京民族饭店的劳动合同届满，双方解除了劳动关系，该16名员工离开了北京民族饭店。12月15日，新一届人大代表换届选举开始，北京民族饭店没有通知这些应在原单位选举的员工参加选举，也没有发给他们选民证，致使该16名员工未能参加选举。为此，王某某等16人向北京市西城区人民法院递交了起诉状，状告北京民族饭店侵犯其选举权，要求判令被告依法承担法律责任，并赔偿经济损失200万。

　　[问题与思考]

　　对于公民认为选举程序违法的，可否提起特别程序进行救济？公民对选民资格名单具有的"不同意见"具体为何？

　　[重点提示]

　　从选民资格案件程序的适用范围等进行分析。

<h2 style="text-align:center">第二节　认定财产无主案件程序</h2>

经典案例

<h3 style="text-align:center">群众出版社申请财产无主案〔2〕</h3>

　　[基本案情]

　　2007年8月22日，群众出版社向北京市西城区人民法院申请《我的前半

---

　　〔1〕　案例来源，北大法宝：https://www.pkulaw.com/pfnl/a25051f3312b07f367a5f77cfd07cc786f1e5cfceab74011bdfb.html，最后访问日期：2021年4月24日。

　　〔2〕　参见北京市西城区人民法院（2007）西民特字第11692号裁定书。

生》一书的著作财产权为无主财产，法院受理后，依法组成合议庭，按照特别程序，对案件进行了审理。群众出版社称：我社在 20 世纪 60 年代初，按照有关部门的指示，出版发行了溥仪所著《我的前半生》一书。1967 年溥仪去世后，该书的著作权由溥仪的夫人李淑贤女士继承。1997 年李淑贤去世，没有继承人，也没有留下遗嘱。因此申请认定该书著作权为无主财产。

[法律问题]

1. 本案著作财产权是否属于适用"认定财产无主程序"的财产？

2. 如何对认定财产无主程序中的"财产"进行界定？

[参考结论与法理精析]

（一）法院意见

通常认为，认为财产无主程序中的"财产"限于有形财产，不包括无形财产或精神财富。但本案中，西城区人民法院并未因本案所涉及的著作财产权所具有的无形特征而将其排除于此特别程序之适用范围以外。探寻其原意，可能基于以下几点：①财产有形或无形只是一种形象化的分类方式，二者固然具有各自的特点，但其作为财产的本质属性并无差别，因此应当同等地受法律规范的保护。②本案中的著作财产权属于公民遗产，根据我国《民法典》第 1122 条的规定可知，遗产是自然人死亡时遗留的个人合法财产。至于是有形或者无形，在所不问；我国《著作权法》第 21 条也规定此项权利可以依法转移。《民法典》第 1160 条还规定了"无人继承又无人受遗赠的遗产，归国家所有，用于公益事业；死者生前是集体所有制组织成员的，归所在集体所有制组织所有。"

西城区人民法院知识产权庭受理该案后，对群众出版社的申请内容进行了审查、核实。据法官介绍，从目前了解到的情况看，李淑贤女士确实没有继承人和遗嘱。2007 年 9 月 25 日，西城区人民法院在《人民法院报》发出财产认领公告。2008 年 8 月 22 日，溥仪的侄女金霭玲向该院申请认领《我的前半生》的著作财产权。因而西城区人民法院作出（2007）西民特字第 11692 号裁定书，裁定本案终结审理。

尔后，2009 年 8 月，金霭玲向北京市丰台区人民法院起诉群众出版社，要求确认《我的前半生》著作权归己所有。丰台区人民法院认为《我的前半生》一书著作权已经法院生效判决确认归溥仪所有，李淑贤作为溥仪的妻子及唯一法定继承人，生前未对《我的前半生》一书的著作财产权进行处分，李淑贤去世后也没有继承人，而金霭玲并不是李淑贤的遗产继承人。因此判决驳回了金霭玲的起诉。此后，金霭玲也没有再上诉。

（二）如何理解申请认定财产无主的条件

根据现行《民事诉讼法》第 198 条第 1 款的规定，认定财产无主案件，由公民、法人或其他组织向财产所在地基层人民法院提出申请。申请一般须符合以下条件：

1. 存在被认定的无主财产，包括有形财产和无形财产。通常认为，被认定的无主财产须以有形财产为限。但是随着社会经济的发展，我国人民的财产类型也越发多样化了，银行存款、股权、保险单等都渗入普通民众的日常生活之中。但是相对于传统型的财产而言，这些财产都显得"无形胜有形"，一方面具有私密性、隐蔽性的特点，另一方面又往往价值不菲、影响较大。这些财产也可能出现"无主"的情况，而现有的为数不多的法律规范似乎不能适应新情况的需要。当然，这不仅是民事诉讼法应当加以思考和完善的领域，相关实体法也需要及时完善。以下对几种典型的无形财产进行分析：

（1）银行存款。银行存款是中国大众青睐的理财方式，因为毕竟中产阶级占人口的大多数，收入除了用于日常开支，能够略有结余的，往往存放于银行以备急需。比起其他投资途径，收益率也许不高，但安全性让人信赖。银行建立了发达的信息数据库，能够很好地保存银行账户资料，权利主体一般都很明确。但是无主存款并非绝不存在：某些账户可能只有户主知情，一旦户主发生意外（例如老年痴呆、失忆、失踪、死亡），则其家属都可能无从得知这笔财产的存在；或者，某账户信息是权利人及其法定继承人都知道的，但是他们都死亡且没有其他法定继承人或遗嘱继承人，那么存款也就变成无主的状态了。无论是"假无主"还是"真无主"，银行对长年未动的活期账户先列成"应付账款"，再列入"营业外收入"，说明银行未经司法程序就把无主存款当成了自己的收入，做进了自己当年的业绩里面。在这种情况下，银行获得不当得利，储户利益得不到保障，无疑是不公平的。然而鉴于对储户个人信息的保护，目前我们也不太可能直接允许公民个人申请查询他人银行账户信息，或者要求银行将此类账户信息予以公开。因此这个问题显得比较复杂。类似的财产还有股权和基金，同样也缺乏相应的规范。

（2）保险金。我国保险行业近年来发展很快，无论城市还是农村，家庭购买保险早已数见不鲜。人们选择商业保险往往是当做养老、医疗的保障，也具有一定的储蓄、投资性质。然而，如果受益人和被保险人先后死亡且被保险人没有继承人，或者在被保险人死亡后，受益人或继承人不知道保单的存在，这份保单就极有可能成为无主的。但是和存款不同，保险金无人领取时，就存放在保险公司账户上，保险公司不会支付利息；而且保险金的查询比起查询银行存款更不易操作，信息不全的情况下很难领取保险金。根据我国《保险法》第26条的规定，人寿保险以外的其他保险的被保险人或者受益人，向保险人请求赔偿或者给付保险金的诉讼时效期间为2年，自其知道或者应当知道保险事故发生之日起计算。人寿保险的被保险人或者受益人向保险人请求给付保险金的诉讼时效期间为 5 年，自其知道或者应当知道保险事故发生之日起计算。可以推断，如果权利人明知而怠于行使权利，那么默认由保险公司享有此权利。但如果是因为类似前面提到的意外情况而无人主张权利，那么保险公司自动享有此权利是否有足够的正当性呢？这也有待于我们深入思考。

2. 财产失去所有人或者所有人不明。如埋藏物、遗失物、漂流物、所有人不明的失散饲养动物等的所有人或合法占有人无法确定的情形。

3. 失去所有人或者所有人不明已满法定期间。该法定期间由民事实体法律规定。

4. 申请人提出书面申请。凡知道财产无主情况的公民、法人或其他组织都可成为申请人。申请书应当写明申请人的基本情况、请求事项、该项财产的特征、所处位置、支持请求的事实和理由。

5. 向有管辖权的人民法院提出申请。我国现行《民事诉讼法》第 198 条第 1 款规定，申请认定财产无主，由公民、法人或者其他组织向财产所在地基层人民法院提出。在级别管辖方面，确定由基层人民法院管辖，符合方便人民群众、提高此程序利用率的目的，同时也便于法院查明案情。然而在地域管辖方面，"财产所在地"显得笼统而且往往容易引发分歧。就一般的有形财产而言，不动产自然有明确的所在地且通常不会改变；但动产便于携带，发生位移的可能性很大，在被发现当时和申请人启动程序之时可能并不处于同一地理位置。此时该如何确定财产所在地，的确是个问题。

拓展案例

上海市机械施工公司申请确认财产无主案[1]

1958 年，江某某到上海市机械施工公司工作。1990 年 4 月 10 日因肝硬化病死于上海市营口路 601 号上海市机械施工公司打桩处集体宿舍房内。江某某去世时无人在场，亦未发现死者的遗嘱。1990 年 4 月 17 日经上海市公安局杨浦分局验尸排除了他杀的可能。江某某生前未婚，从小父母双亡，工作前依靠祖母和姑母、姑父抚养。1954 年 10 月到上海市谋职，在上海工作期间始终独身一人生活。去世时，在江某某宿舍内留有遗产若干，所在单位派员进行了清点封存。嗣后，上海市机械施工公司曾多方查找江某某遗产的合法继承人，但均无发现。为此，该公司于 1990 年 7 月具状来院，申请认定该财产无主。

---

[1] 参见上海市杨浦区人民法院（1992）杨法民字第 1409 号判决书。

　　上海市杨浦区人民法院受理此案后，经审查核实并多方查寻，未发现该遗产的合法继承人，后又依法于 1991 年 1 月 13 日在《法制日报》上刊登了寻找江某某遗产合法继承人的公告。公告期限 1 年届满，仍未有江某某的合法继承人向法院主张继承。在查明事实的基础上，上海市杨浦区人民法院作出江某某的遗产应收归国家所有的判决。

　　[问题与思考]

　　1. 经公告被收归为国家或者集体所有的无主财产，继承人以外的对被继承人尽了主要扶养义务的人，是否有权向人民法院主张对该财产的所有权？

　　2. 今后立法是否可考虑将个人纳入申请财产无主案件的财产最终归属人？

　　[重点提示]

　　需要结合继承法与物权法等实体法理进行分析。

第十三章

督促程序

知识概要

一、本章的基本概念、基本知识和基本理论

督促程序是指人民法院根据债权人提出给付金钱或者有价证券的申请，不经过开庭审理，以债权人的主张为内容，直接向债务人发出支付令，如果债务人不在法定期间内提出异议，则支付令发生强制执行效力的程序。

二、本章的重点、难点和疑点

本章的重点是督促程序的适用范围。

本章的难点和疑点是：

1. 支付令的效力。

2. 支付令书面异议的效力。

经典案例

邵阳县农村信用合作联社与张某某申请支付令纠纷案

［基本案情］

2009 年 8 月 4 日，被告张某某在原告信用联社营业网点塘渡口农村信用社借款 20 万元，借款用途为经商流动资金，借款期限为 1 年，借款月利率为 9.3‰，同时与原告签订了《借款合同》和《最高额抵押合同》，被告张某某及其妻子李某某写了《房地产抵押登记申请书》，并办理他项权证，以权证 00004983 号房产、01003 号地产做抵押。被告借款后，贷款利息还至 2010 年 7 月 1 日，后经原告多次催收无果。原告信用联社营业网点塘渡口农村信用社于 2012 年 7 月 11 日向邵阳市邵阳县基层人民法院申请支付令。支付令送达被告张某某，张某某对支付令提出异议。

[法律问题]

1. 本案是否适用督促程序？

2. 被告张某某对支付令提出异议后，本案应当如何进行？

[参考结论与法理精析]

（一）参考意见

本案符合督促程序的适用条件：①本案的诉讼请求是原告信用联社营业网点塘渡口农村信用社要求被告张耀明返还借款 20 万元及相应利息。符合督促程序"债权人请求债务人给付金钱、有价证券"的规定。②本案被告张耀明所欠原告信用联社营业网点塘渡口农村信用社的 20 万元借款已经到期。③原、被告之间只存在 20 万元的借贷关系，原告对被告张耀明不负有对待给付。因而符合"债权人与债务人没有其他债务纠纷的"的规定。④原告提供了被告张耀明准确的地址，能够直接送达支付令。因而本案符合督促程序的适用条件，原告信用联社营业网点塘渡口农村信用社向邵阳市邵阳县基层人民法院申请支付令，邵阳县基层人民法院应当受理。

本案审理的日期在 2013 年 1 月 1 日之前，因此适用 2007 年修正的《民事诉讼法》的规定。依据 2007 年修正的《民事诉讼法》第 194 条的规定，人民法院收到债务人提出的书面异议后，应当裁定终结督促程序，支付令自行失效，债权人可以起诉。由此可见，对书面异议实行形式审查。在诉讼过程中，债务人张耀明向邵阳县基层人民法院提出了书面异议，故邵阳县基层人民法院对书面异议进行形式审查后，裁定终结了督促程序，支付令自行失效，原告信用联社营业网点塘渡口农村信用社可以自行向有管辖权的人民法院提起诉讼。现行《民事诉讼法》第 224 条规定，人民法院收到债务人提出的书面异议后，经审查，异议成立的，应当裁定终结督促程序，支付令自行失效。支付令失效的，转入诉讼程序，但申请支付令的一方当事人不同意提起诉讼的除外。可见对书面异议实现的是实质审查，并且在异议成立终结督促程序之后，将案件转入普通诉讼程序。若该案件适用现行《民事诉讼法》，则邵阳县基层人民法院应当对被告张耀明的书面异议进行实质审查，异议成立的，终结督促程序，在原告信用联社营业网点塘渡口农村信用社不反对的情形下，将案件由督促程序转化为普通诉讼程序。

（二）法理分析

督促程序是指债权人申请法院向债务人发出支付令，督促债务人给付以金钱、有价证券为内容的债务而采用的一种特殊程序。[1]关于督促程序的性质，

---

〔1〕　章武生："督促程序的改革与完善"，载《法学研究》2002 年第 2 期。

理论上大致有两种观点：一种观点认为督促程序为非讼程序，另一种观点认为督促程序是一种独特的"略式诉讼"。通说认为，按理论上的划分，督促程序应属非讼程序但它又兼诉讼程序的特点。从全国法院适用督促程序的情况来看，支付令案件占民事、经济纠纷案件总数的比例并不高。以河北省为例，1992 年河北省执结支付令案件 17 440 件，而到 1998 年仅为 9433 件，督促程序实施 7 年间，河北省基层人民法院适用督促程序 82 675 件，平均每年 11 800 余件，按 174 个基层人民法院算，每年平均结案 64 件，这对于每年递增的一审案件来讲是微不足道的，并且数量上也没有呈现递增趋势。[1] 适用督促程序的案件数量不多，与督促程序的适用条件有密切关系。

根据《民事诉讼法》第 221 条的规定，督促程序的适用条件主要有以下几个方面的限制：①必须以金钱或者是有价证券作为诉讼请求的标的。②请求给付的金钱或有价证券已经到期而且数额确定，将来给付之诉不适用于督促程序。③债权人与债务人之间没有其他债权债务。即债权人与债务人之间的债权债务关系必须是单向的，不附任何条件。根据司法解释的规定，债权人没有对待给付义务的内容主要包括两个方面：一是债权人对于债务人的给付请求，是不附条件的，而且已经到期。反之，如果此给付请求权附有条件或者尚未到实现时间，则不得申请支付令。二是债权人对于债务人如果有自己先履行的给付义务或者应与债权人的给付义务同时履行，债务人则有同时履行抗辩权，债权人不得申请发出支付令。即使债权人已经提出自己的给付，而债务人尚未受领，债权人仍未解除其对待给付的义务。④支付令必须能够送达债务人。这里所说的"能够送达"应当理解为能够直接送达，即人民法院应指派专人把支付令直接交给债务人本人，只有在债务人本人拒绝签收时，才能适用留置送达。对于债务人不在我国境内，或者虽在我国境内但下落不明的，则不能适用督促程序。公告送达不适用于督促程序。邮寄送达也有可能因种种原因而使债务人无法如期收到支付令，从而影响债务人行使权利，不利于债务人对支付令提出异议，故也不允许采取邮寄送达的方式送达支付令。

根据《民事诉讼法》第 223 条的规定，人民法院受理申请后，经审查债权人提供的事实、证据，对债权债务关系明确、合法的，应当在受理之日起 15 日内向债务人发出支付令；申请不成立的，裁定予以驳回。债务人应当自收到支付令之日起 15 日内清偿债务，或者向人民法院提出书面异议。人民法院接到书面异议后，应当进行审查，异议成立的，裁定终结督促程序，异议不成立的，裁定驳回。人民法院对于书面异议是形式审查还是实质审查呢？《民诉法解释》

---

〔1〕 河北省高级人民法院研究室：《督促程序适用中的问题与对策探讨》。

第 438 条第 1 款明确规定：债务人对债务本身没有异议，只是提出缺乏清偿能力、延缓债务清偿期限、变更债务清偿方式等异议的，不影响支付令的效力。第 434 条规定，债权人基于同一债权债务关系，在同一支付令申请中向债务人提出多项支付请求，债务人仅就其中一项或者几项请求提出异议的，不影响其他各项请求的效力。这两项规定对于防止债务人轻易使支付令失效，提高支付令的成功率均有积极意义。但是仅仅是这两条的规定并不能解决适用督促程序在实务中遇到的各种问题。也没有解决对于书面异议是实质审查还是形式审查的问题，在实务中，许多人民法院对债务人提出的异议均不予审查，一经债务人异议，一律终结督促程序。这种现象的存在造成了司法资源的浪费，导致适用督促程序的效果不理想。根据《民事诉讼法》第 224 条的规定和《民诉法解释》第 438 条的规定，人民法院判断债务人的异议是否成立时，进行的是实质审查。审查的具体内容包括但不限于：异议期限是否超过、理由是否充分、事实是否清楚、证据是否真实确凿、是否属于法定异议情形等。[1]

根据《民事诉讼法》第 224 条的规定，人民法院收到债务人提出的书面异议后，经审查，异议成立的，应当裁定终结督促程序，支付令自行失效。支付令失效的，转入诉讼程序，但申请支付令的一方当事人不同意提起诉讼的除外。该规定将督促程序与普通诉讼程序衔接起来，规定债务人提出合理异议时督促程序转入普通诉讼程序，可以合理地在债务人与债权人之间分配诉讼风险。但处分原则是民事诉讼的基本原则之一，当事人可以自主决定是否启动某种程序，因此由督促程序转入普通诉讼程序不应违背申请支付令的当事人的意愿。案件由督促程序转化为普通诉讼程序后，应当如何确定管辖法院呢？《民事诉讼法》中并没有明确规定，通说认为，就级别管辖而言，应当还是基层人民法院；就地域管辖而言，应当由原受理支付令申请的人民法院进行管辖。

拓展案例

甲、乙均为个体户，两人既是朋友，又是生意上的伙伴。2000 年，甲为资金周转向乙借款 5 万元，并约定在 2001 年 1 月 1 日前偿还。2001 年 4 月，乙向甲购买了一批货物，价值 2.5 万元，货款未付。同年 6 月，甲向乙追讨货款，乙拒绝支付，理由是：甲尚欠自己 5 万元，所购货物用于抵偿其中 2.5 万元欠款，甲应当尽快偿还剩余的 2.5 万元欠款。甲再三恳求乙，称：资金周转存在严重问题，如果乙不支付货款，自己很难继续经营下去，拖欠乙的借款将没有办法

---

〔1〕　最高人民法院民事诉讼法修改研究小组编著：《〈中华人民共和国民事诉讼法〉修改条文理解与适用》，人民法院出版社 2012 年版，第 513 页。

偿还。两人终因欠款问题反目。2001 年 7 月，乙向人民法院申请适用督促程序，向甲发出支付令，要求甲偿还 2.5 万元欠款。人民法院在审查乙的申请时，有人认为甲、乙互为债权人，乙的申请不符合《民事诉讼法》第 189 条 "债权人与债务人没有其他债务纠纷" 的条件，应当裁定驳回乙的申请。但也有人认为甲、乙相互之间的债务均已到期，而且数额清楚，可以相互抵消，符合《民事诉讼法》第 189 条 "债权人与债务人没有其他债务纠纷" 的条件，应当发出支付令。第二种观点占据了上风，法院最终向甲发出了支付令。甲在收到支付令的第二天就提出了异议。甲在书面异议中称：自己确实尚欠乙 2.5 万元，但因资金周转困难实在无力偿还，不同意根据支付令向乙支付 2.5 万元。根据甲的异议，人民法院裁定终结督促程序。

[问题与思考]

1. 对支付令的异议审查是形式审查还是实质审查？

2. 支付令失效后是否必然会导致民事程序的终结？

[重点提示]

可以从督促程序与普通程序相较，督促程序的特点和优势来分析异议审查应是形式审查还是实质审查。

第十四章

公示催告程序

知识概要

一、本章的基本概念、基本知识和基本理论

公示催告程序是解决可以背书转让的票据等遗失、灭失或者被盗后如何使权利人重新获得票据权利问题的程序。公示催告程序分为公示催告阶段与除权判决两个阶段，公示催告期间届满后，无利害关系人申报权利或者申报依法被驳回的，申请人可向法院申请作出宣告票据无效的判决。

二、本章的重点、难点和疑点

本章的重点是公示催告案件的审理程序与除权判决程序的理解与适用。

本章的难点和疑点是：

1. 公示催告程序的适用范围。
2. 除权判决的效力。

经典案例

孔某丢失 A 工商银行支票后如何处理

[基本案情]

2003 年 2 月底，孔某向甲公司购买了一批货物，价值 15 万元。孔某用支票付款，向甲公司开出了一张金额为 15 万人民币，以 A 工商银行为付款人的支票。支票交付甲公司后，孔某随即提取了货物，提货时孔某还告诉甲公司法定代表人景某，自己近期将前往中东地区考察业务，可能有一段时间不能联系。由于孔某与景某是亲戚，孔某与甲公司有长期业务联系，加上孔某经常前往中东地区做生意，因此景某对孔某所开具支票的真实性并不怀疑，而且丝毫没有将孔某将前往中东一事放在心上。当时景某还跟孔某开玩笑道："挣钱不要命

了，小心萨达姆把你当人质扣押了。"2003年3月3日，景某亲自携支票前往A工商银行取款。到达银行后，景某发现自己所携带的公文包被人用刀片割开，公文包内的现金、支票、身份证及公司的公章等全部被盗。为了防止有人冒领支票，景某立即在银行办理了挂失止付手续。回到公司后，景某问公司的财务廖某："听说支票丢失了要到法院办公示催告，我们要不要到法院办一下？"廖某说："公示催告很麻烦，而且跟挂失止付差不多，现在您已经办了挂失止付，没有必要再办公示催告，不如等孔某从中东回来再说吧。"2003年3月中旬，美国对伊拉克宣战，孔某滞留中东地区，无法与景某取得联系。无奈之下，景某于2003年3月21日再次前往A工商银行询问有关事宜。但工商银行的工作人员告知景某，挂失止付的有效期只有12日，2003年3月18日有人已经用支票领取了全部款项，并向景某出示了盖有甲公司公章的支票。

[法律问题]

1. 丢失票据后是选择向法院申请公示催告还是挂失止付？

2. 公示催告与挂失止付有何区别？公示催告程序还具有哪些挂失止付所不具备的功能？

[参考结论与法理精析]

（一）参考意见

依《票据法》的规定，票据丧失时，失票人可向付款人发出止付通知，请求止付票据金额。但由于此种止付通知是个人行为，并无法律上的绝对效力，因而对付款人依票据付款的义务不产生任何影响，付款人不得依此通知对抗依票据提示而请求其付款的持票人。为了使其正当的票据权利不致因票据的丧失而立即归于丧失，票据法一般均为失票人的止付通知规定为一种临时法律效力，即规定其在几天之内发挥阻止付款人付款的效力。一旦法律规定的临时效力时效届满，付款人则无需再受其约束。2011年发布实施的《票据管理实施办法》第19条第1款规定："票据法规定可以办理挂失止付的票据丧失的，失票人可以依照票据法的规定及时通知付款人或者代理付款人挂失止付。"根据《票据法》的有关规定，支票是可以办理挂失止付的，因此景某在支票被盗后可以立即通知付款人A工商银行挂失止付，这样可以在一定时间内防止支票被他人冒领。但是，《票据管理实施办法》第20条又规定："付款人或者代理付款人收到挂失止付通知书，应当立即暂停支付。付款人或者代理付款人自收到挂失止付通知书之日起12日内没有收到人民法院的止付通知书的，自第13日起，挂失止付通知书失效。"因此，景某向A工商银行发出的止付通知书仅有12天的效力，从第13天起，止付通知书将失效，此后，只要提示付款人提示付款的有关手续齐备，作为付款人的A工商银行就有权也有义务付款。景某是在2003年3月3

日办理挂失止付手续的，该止付通知的最后有效期限为2003年3月15日，而在提示付款人提示付款的2003年3月18日，止付通知书已经失效，A工商银行可以向提示付款人付款，景某因此而遭受的损失应当由景某自行承担。

2012年《民事诉讼法》第219条规定："人民法院决定受理申请，应当同时通知支付人停止支付，并在三日内发出公告，催促利害关系人申报权利。公示催告的期间，由人民法院根据情况决定，但不得少于六十日。"第220条第1款又规定："支付人收到人民法院停止支付的通知，应当停止支付，至公示催告程序终结。"可见，在人民法院受理当事人的公示催告申请后，人民法院会向付款人发出止付通知。由人民法院发出的止付通知效力较长，可以一直维持到公示催告程序终结为止。由此可见，挂失止付虽然是一种便捷的防止票据冒领的手段，但由于有效期较短，失票人在挂失止付后应当向人民法院申请公示催告，由人民法院向付款人发出止付通知，以延长止付时间。本案的景某在支票被盗后立即向A工商银行发出止付通知的做法是正确的，这样可以防止支票在较短的时间内被他人冒领。但景某在长时间无法与孔某取得联系的情况下，应当采取进一步的措施以延长止付通知的效力。这时，向人民法院申请公示催告，由人民法院向A工商银行发出止付通知是最好的选择。

（二）公示催告程序的其他功能

公示催告程序除了可以延长止付通知的效力外，为了保障失票人的权益，公示催告程序还具有如下挂失止付所不具备的功能：

1. 请求支付或提存。凡经法院审查认定准予公示催告的，一旦票据付款期已到，失票人即可提出申请，并在提供担保的前提下请求票据债务人支付票据金额；如果其不能提供担保，则可请求将票据金额依法提存。如果甲公司急需资金，可以在人民法院受理公示催告申请后提供担保，请求A银行先支付15万元。

2. 请求作出除权判决。已丧失票据有可能被他人持有，除权判决的直接效果就是使这类持有票据者不能主张票据权利，从而使失票人行使其本来享有的票据权利成为可能。反过来说，如果没有法院的除权判决，失票人则不能最终主张其对已丧失的票据所享有的权利。如果甲公司申请了公示催告，而且人民法院最终作出了除权判决，则甲公司可以直接依据除权判决向A银行主张权利，无需由孔某重新出票。

3. 请求签发新票据。凡提起公示催告程序后所失票据尚未到付款期，失票人可于获得法院除权判决后请求原出票人重新签发一张新票据。法院决定准予公示催告，但尚未作出除权判决的，失票人也可以在提供担保的前提下请求签发新票据。

可见，挂失止付只是一种临时性的保护手段，在功能上无法与公示催告程序相比。为了最大限度地保护自身的合法权益，失票人应当在挂失止付后立即向人民法院申请公示催告。

（三）申请公示催告的条件

我国现行《民事诉讼法》第 225～230 条对公示催告的条件作了规定，总结如下:[1]

1. 必须要有票据丧失的事实。票据丧失是指持票人并非出于自己的本意而丧失对票据的占有。一般而论，票据丧失可以分为绝对丧失与相对丧失两类，前者是指票据本身的绝对灭失如票据因被焚、毁损、涂销而丧失；后者指持票人虽然丧失对票据的占有，但是票据本身并没有灭失，如票据因被盗、遗失而丧失等。依票据法的一般理论，票据丧失的构成要件主要包括以下几个方面:

（1）票据的持票人丧失对其所持有票据的占有。第一种是票据被盗、遗失。即一般所说的票据的相对丧失的情形，这是因票据权利人非出于自己的本意而丧失对票据占有的典型表现，对此在票据实务中基本没有争议。第二种是票据被焚烧、撕碎、涂销、洗烂等，即一般所说的票据绝对丧失的情形。但是要认定票据是否丧失，还必须依持票人的主观意思来作出判断，如果持票人自己故意实施上述行为而使票据灭失的，则就其本意而言，有消灭票据权利的意思表示，此时不能按票据丧失处理，而应当视为持票人抛弃票据权利。如果持票人并无抛弃票据权利的意思表示，但是其所持有的票据因外力被焚烧等而使其丧失对票据的占有的，则可以认定为票据丧失。

（2）票据丧失是指票据权利人并非出于自己的本意而丧失对票据的占有，而且票据权利人不仅须丧失对票据的直接占有，还须丧失对票据的间接占有。如果票据权利人仅丧失对票据的直接占有，而没有丧失对票据的间接占有，则不构成票据丧失。如委任背书中的背书人，虽然已经丧失对票据的直接占有，但是仍然是票据的间接占有人，所以，对委任背书的背书人来说，并不构成票据丧失。而如果是票据的权利人自己主动将票据转让给他人或者以出质方式将票据权利授予他人行使的，则其虽然已经丧失对票据的占有，但是并不属于票据丧失的情形。

2. 持票人丧失的票据是可以背书转让的有效票据。不可以背书转让的票据、因欠缺绝对应当记载事项的无效票据，或者因时效届满票据权利已经消灭的票

---

[1] 摘自北大法宝"裁判标准之申请公示催告的受理标准"，载 http://www.pkulaw.cn/fulltext_form.aspx?Db=pck&Gid=1308631293&keyword=&EncodingName=&Search_Mode=accurate，最后访问日期: 2021 年 4 月 24 日。

据，在丧失时不能申请公示催告。不过在实践中，由于丧失的票据的记载状况是由票据的失票人提供的，是否属于不能背书转让的票据，是依申请人提供的证据证明的，人民法院有可能不能作出正确的判断。所以，也可能存在不能申请公示催告的票据，人民法院也予以受理的情况。司法实践中对可以背书转让的票据的认定，可以从以下几个方面进行确定：

（1）空白授权票据的公示催告。所谓空白票据是指行为人对于票据必要记载事项的一部或者全部不进行记载，就在票据上签章，预定其后由他人进行补充记载，并依据所载文义发生票据效力的一种特殊票据，空白票据又称空白授权票据。在我国目前的《票据法》中，仅规定有空白授权支票一种空白票据，即《票据法》第85条所规定的，支票上的金额可以由出票人授权补记，未补记前的支票，不得使用。以及《中国人民银行关于印发支付结算办法的通知》第119条规定的，支票的金额、收款人名称，可以由出票人授权补记。未补记前不得背书转让和提示付款。显然二者对空白授权支票效力的规定是不一致的。《票据法》的规定是相对含糊的，并未明确禁止空白授权支票的背书转让。在票据法理论界，多数学者认为，《票据法》此条所规定的"不得使用"，应当理解为"不得行使票据权利"，也就是说不得行使票据上的付款请求权和追索权，而并不包括"不得背书转让"的意思在内；而且认为规定空白授权支票"不得使用"是没有意义的。空白授权支票在没有补充记载完全以前，票据权利义务尚有待于进一步明确，持票人自然不能行使票据权利，如不能主张提示付款或者行使票据追索权，这是空白授权票据性质的本来应有之义，而无须作出特别的规定。但是只要票据立法规定承认空白票据的国家，其立法无一例外地承认空白票据的可流通性。而中国人民银行《支付结算办法》却以规章的形式禁止空白授权支票的流通性显然是不符合票据法原理的，所以《最高人民法院关于审理票据纠纷案件若干问题的规定》第44条规定，空白授权票据的持票人行使票据权利时未对票据必须记载事项补充完全，因付款人或者代理付款人拒绝接收该票据而提起诉讼的，人民法院不予支持。该条明确规定，空白票据的持票人在票据空白事项未补充记载完全以前，不得行使票据权利，而并未禁止空白票据的背书转让。所以空白授权票据丧失后可以申请公示催告。

（2）未记载代理付款人的银行汇票丧失后的公示催告。代理付款人并非银行汇票的绝对应当记载事项，没有代理付款人记载的银行汇票，属于有效汇票，法律也没有禁止该种汇票的背书转让，因此，此种汇票根据《民事诉讼法》的规定自然应当可以申请公示催告。所以《最高人民法院关于审理票据纠纷案件若干问题的规定》第26条规定，此种银行汇票丧失后，可以申请公示催告。

（3）超过提示付款期限票据丧失后的公示催告。对于超过提示付款期限的票据丧失后，是否可以申请公示催告的问题，我国《票据法》及《民事诉讼法》均没有作出明确的规定，但是依票据法的一般原理及规定，超过提示付款期限的票据，持票人仍然有获得付款的可能，根据《票据法》第53条、第79条、第91条的规定，并结合票据法的一般理论可知，远期汇票的承兑人、即期汇票的付款人、本票和支票的出票人，对超过法定提示付款期限的持票人，仍负有付款的义务，如第53条第2款规定，持票人未按照规定期限提示付款的，在作出说明后，承兑人或者付款人仍应继续对持票人承担付款责任。这意味着，超过提示付款期限的票据丧失后，其票款存在被他人冒领的可能，因此，超过提示付款期限的票据丧失后，有保护其权利的必要。另一方面，提示付款期限在性质上属于票据权利的保全期限，持票人没有在提示付款期限内提示付款的，仅仅丧失对出票人和承兑人之外的其他前手票据债务人的追索权，其票据权利并没有完全丧失，其对出票人、承兑人及付款人仍然享有票据权利。虽然我国《票据法》第36条规定，汇票超过提示付款期限的，不得背书转让。而依申请公示催告的条件之一就是所失票据应当是可以背书转让的票据，依此规定似可以得出超过提示付款期限的票据不可申请公示催告的结论。但是，《票据法》该条还规定，如果持票人背书转让的，背书人应当承担汇票责任。《最高人民法院关于审理票据纠纷案件若干问题的规定》第57条也规定，依照《票据法》第36条的规定，票据超过提示付款期限，票据持有人背书转让的，背书人应当承担票据责任。所以，在超过提示付款期限的情况下，如果持票人转让票据的，出票人仍有对持票人承担责任的可能，对该种票据权利法律不能不对其予以保护，保护的方式即为在该种票据丧失后，失票人可以申请公示催告。

（4）出票人记载"不得转让"字样的票据。出票行为是基础票据行为，出票人一经作出"不得转让"字样的记载，则该票据即丧失了可流通性，不得背书转让，如果持票人违反此禁止性内容的记载而将票据又背书转让的，则不产生票据法上的背书效力，最后持票人不得享有票据权利。所以《票据法》第27条第2款规定，出票人在汇票上记载"不得转让"字样的，汇票不得转让。从申请公示催告程序的必要性来讲，出票人记载"不得转让"字样的票据丧失后，并无申请公示催告的必要。

（5）背书人记载"不得转让"字样的，依《票据法》第34条的规定，背书人在汇票上记载"不得转让"字样，其后手再背书转让的，原背书人对后手的被背书人不承担保证责任。但是对于背书人记载"不得转让"字样的票据，本身并不丧失可转让性，所以该种票据丧失后，仍然可以申请公示催告。

（6）背书记载"委托收款"字样的，依《票据法》第35条第1款的规定，被背书人不得再以背书转让汇票权利，因为委托收款背书并非一般转让背书，而是非转让背书，不产生票据权利转让的效力，其被背书人自然无权将票据权利转让。

（7）背书记载"质押"字样的，质押背书亦为非转让背书，其被背书人亦不得再将票据权利背书转让。

3. 公示催告申请必须由失票人提出。票据丧失的主体一般是持有票据的权利人。有观点认为，对失票人在票据实务中应当作从宽的理解，不应以票据权利人为限。现实生活中，义务人或有资格对票据付款的票据关系人丧失票据的可能性也存在，因丧失票据后也会受到损失，例如出票人签发票据后、交付给收款人以前即丧失了票据的，按照票据行为的有效要件，该出票行为因为欠缺交付而尚未完成，但是从票面上无法知道该票据交付与否，此时如果他人取得票据并行使票据权利的，可能给出票人造成不必要的损失；又比如汇票承兑人或者支票的付款人，对票据付款后，尚未在收回的票据上记载"收讫"或者"已付款"等字样即丧失对票据的占有的，该票据一旦再次被他人占有，该付款人有可能重复付款。该观点有其合理之处。但是《最高人民法院关于审理票据纠纷案件若干问题的规定》第 25 条却规定，可以申请公示催告的失票人，是指按照规定可以背书转让的票据在丧失票据占有以前的最后合法持票人。这里所说的最后合法持票人是不是仅指票据权利人，并未明确。因此，在票据实务中，对失票人的主体范围应当确立一个确定的标准。从合法与合理的角度出发，可以将下列主体作为票据丧失的主体：①已经签发票据但是在票据交付给收款人之前丧失票据的出票人；②以交付、继承等其他合法方式取得票据又丧失对票据占有的持票人；③背书转让的票据，依据票据自第一次背书起至丧失票据止背书有连续性证明的最后一位被背书人；④在所收回的票据上加盖收讫章之前丧失票据的付款人，因此时的票据仍然具有被第三人善意取得的风险；⑤背书"委托收款"的被背书人，如其不能行使挂失止付等权利，则委托人仍然可以行使该权利，不因票据非在委托人手中丧失而受到限制，以确保真正票据权利人的利益，即此时受托人可以作为失票人。在确定失票人主体的构成要件上，可以从以下几方面予以考虑：

（1）失票人必须是票据丧失以前的最后持票人，一般情况下最后持票人才是票据权利人，票据丧失以后其权利可能无从实现而受到损失，或有可能他人取得票据以后最后持票人承担失票风险；而在票据丧失以前的其他曾经持有票据的人，已经基于自己的意思表示将票据交付给其后手，并不会使其前手持票人承担风险或者受有损失。但此时的持票人应当作较为宽松的认定，不以在票据上签章的最后持票人为限，实际持有票据而未签章的人也可以作为最后持票人。

（2）失票人必须是票据丧失以前的最后合法持票人。当最后持票人是以非法手段取得票据时，即使丧失对票据的占有，其权利也不能得到法律的保护，此时应当认定非法取得票据的人之前的最后一个合法持票人为失票人。但是这一原则适用时应当以最后合法持票人提出异议为限，即已经查明最后持有人为非法占有。

（3）失票人是对票据丧失承担风险或者可能受有损失的人，并不一定是票据权利人。票据权利人失去票据固然受到损失，但是即使不是票据权利人，而是依票据权利人的意志实际占有票据而代行票据权利人的票据权利的人，也可能会因票据的丧失而受到损失，如票据的质权人。

（4）某些票据上的义务人也是有可能因为票据的丧失而受到损失，如前所述的出票或者付款人。另外，某些非票据关系当事人，既不是票据权利人，也不是票据义务人，如银行汇票的汇款人，也会因票据的丧失而受到损失。

（5）持票人是基于自己的意志以外的原因而失去了对票据的占有。

（6）最后合法持票人失去票据的占有而且无法恢复对票据的占有，或者无法确定他人是否已经占有票据，或者虽然可以确定票据已为他人占有，但实际占有人不能确定。

4. 公示催告申请必须向有管辖权的人民法院提出。根据《民事诉讼法》的规定，就级别管辖而言，公示催告只能向基层人民法院提出。就地域管辖而言，公示催告应当向票据支付地的人民法院提出申请。

5. 公示催告申请必须以书面方式提出。根据《民事诉讼法》第 225 条第 2 款的规定，申请人应当向人民法院递交申请书，写明票面金额、发票人、持票人、背书人等票据的主要内容和申请的理由、事实。

拓展案例

重庆高科技开发区工行在知悉除权判决后诉郑州陇海路
广发支行等向其支付银行承兑汇票款案

1999 年 1 月 7 日，广东发展银行郑州分行陇海路支行承兑了一份以河南省爱迪欧轮胎橡胶有限公司为出票人、收款人为河南神鹏实业发展有限公司、金额为 50 万元的银行承兑汇票一份。经背书转让，该票的最后持票人为隆鑫公司。橡胶公司在出票后，以银行承兑汇票遗失为由，向郑州市二七区人民法院申请公示催告，二七区人民法院受理后即向陇海路支行送达了停止支付通知书，刊登了公示催告的公告。其间，隆鑫公司持该背书受让的银行承兑汇票向中国工商银行重庆分行高科技开发区支行申请贴现，开发区支行向陇海路支行查询该汇票的真实性，陇海路支行回电报予以确认，但未将二七区人民法院向其发出停止支付票款通知书的事实告知开发区支行。开发区支行与隆鑫公司办理了贴现手续，向隆鑫公司支付了贴现款 494 296.50 元。4 月 6 日，银行承兑汇票即将到期，开发区支行向陇海路支行提示票据请求付款，陇海路支行以银行承兑汇票已由二七区人民法院向其送达停止支付通知书为理由拒绝付款，并通知开发区支行待二七区人民法院作出裁定或者判决后再作处理。4 月 26 日，郑州市二七区人民法院作出除权判决，宣告上述银行承兑汇票无效。开发区支行派员向郑州市二七区人民法院查询时，得知了除权判决的结果。4 月 24 日，开发区支行向二七区人民法院提起诉讼，以橡胶公司采取欺骗手段骗取法院除权判决为由，请求依法撤销除权判决，判令陇海路支行、橡胶公司、亿鑫公司、荣中公司及隆鑫公司立即支付银行承兑汇票票款。

二七区人民法院于 2000 年 11 月 10 日依审判监督程序作出判决撤销了其对争议的银行承兑汇票作出的除权判决。对开发区支行所提起的诉讼，郑州市二七区人民法院经审理认为，橡胶公司将银行承兑汇票交给收款人后，申请公示催告，骗取法院作出除权判决，应承担付款责任。该汇票背书转让合法有效，被告亿鑫公司、荣中公司、隆鑫公司系合法持有人，不承担支付责任。被告陇海路支行接到法院的停止支付通知后，未如实告知原告，致使开发区支行将汇票贴现，其应对橡胶公司支付汇票款项承担连带责任。据此，二七区人民法院判决橡胶公司于判决生效后 10 日内支付开发区支行银行承兑汇票款项 50 万元。

[问题与思考]

1. 我国公示催告程序在司法实践中还存在什么问题？如何解决？
2. 空白票据失票后，失票人能否申请公示催告？

[重点提示]

可从公示催告程序的范围、程序、主体、具体操作等方面考量。

第十五章

民事执行程序总论

知识概要

一、本章的基本概念、基本知识和基本理论

（一）民事执行与民事执行法

1. 民事执行。民事执行，又称民事强制执行或者强制执行，是指人民法院以生效的法律文书（即执行根据）为依据，运用国家强制力，依照法定的执行程序，强制义务人履行生效法律文书所确定的民事义务的一种民事诉讼活动。

民事执行具有以下特征：①民事执行是运用国家公权力的行为。民事执行行为的基础是国家民事执行权，对于其法律性质存在"司法权说""行政权说"和"司法权与行政权折衷说"之争。[1]②民事执行以生效法律文书为根据。存在已经发生法律效力的法律文书是民事执行的前提。③生效的法律文书须具有给付的内容。亦即，生效法律文书载有给付金钱、交付财物或者履行行为的内容。④民事执行以债权人向法院提出申请为前提。当债务人不履行生效法律文书的内容时，债权人依法可以向人民法院申请强制执行。

2. 民事执行与民事审判的关系。民事执行与民事审判既有联系又有区别。二者的联系表现在：在基本原则和制度方面有某些相同之处，在程序运行过程中有相互交叉。

民事执行程序又相对独立于审判程序，二者的区别表现在：①权力基础不同。执行程序以国家民事执行权为基础，审判程序以国家民事审判权为基础。②权力主体不同。我国民事审判权和执行权均由人民法院行使，但审判权由法院的审判组织行使，执行权由法院的执行局行使。③主要任务不同。执行程序的任务主要是实现生效法律文书的内容，审判程序的任务主要是解决民事争议、确认民事权利义务。④程序地位不同。审判程序是民事诉讼的必经程序，执行

---

〔1〕　严仁群：《民事执行权论》，法律出版社2007年版，第35～39页。

程序并非民事诉讼的必经程序。⑤适用范围不同。民事执行依据并不限于民事审判程序产生的裁判文书，还包括法律规定由法院执行的其他主体制作的法律文书。⑥诉讼构造不同。审判程序呈现等腰三角形结构，当事人双方平等对抗、法院居中裁判；而执行程序呈线性结构，体现为执行机关对被执行人的强制执行关系。⑦价值取向不同。民事执行在价值取向上侧重程序效率，民事审判侧重程序公正和实体公正。

3. 民事执行法。从世界范围来看，有关民事执行程序有三种立法体例：一是并入民事诉讼法，如德国。二是编入破产法，如瑞士、土耳其等。三是制定单独的民事执行法，如日本、法国。目前，我国采取的是执行程序与审判程序混合立法的模式，即将执行程序规定在《民事诉讼法》第三编第 231～265 条。

（二）民事执行的主要制度

1. 执行主体。在执行程序中，执行法律关系主体主要包括执行机关和执行参与人两类。

执行机关是指依法行使民事执行权，负责办理民事执行事务的专门机构。根据《民事诉讼法》第 235 条第 3 款的规定，人民法院根据需要可以设立执行机构。目前，最高人民法院和地方各级人民法院均设有执行庭或执行局。

执行参与人是指在执行程序中，除法院之外的参与执行程序并享有权利和义务的组织和个人，包括执行当事人和其他执行参与人。执行当事人是指执行根据中所指明的债权人和债务人，在我国债权人又称申请执行人，债务人又称被执行人。其他执行参与人主要包括执行代理人、执行见证人、协助执行人。

2. 执行根据。执行根据，又称执行依据或执行名义，是指执行机关据以采取民事执行措施的各种生效法律文书。执行根据是启动执行程序的法律依据。

根据法律文书制作者的不同，执行根据可以分为两种类型：一是人民法院制作的法律文书，包括民事判决、裁定、调解书、支付令和刑事判决、裁定中的财产部分等；二是法律规定由人民法院执行的其他法律文书，包括仲裁裁决书和公证债权文书。

3. 执行管辖。执行管辖，又称执行案件的管辖，是指不同级别、不同地域的法院在受理民事执行案件方面的分工和权限。

《民事诉讼法》第 231 条规定：发生法律效力的民事判决、裁定，以及刑事判决、裁定中的财产部分，由第一审人民法院或者与第一审人民法院同级的被执行的财产所在地法院执行。法律规定由人民法院执行的其他法律文书，由被执行人住所地或者被执行财产所在地人民法院执行。

4. 执行标的。执行标的，又称执行对象或执行客体，是指法院强制执行行为所指向的对象。在我国，民事执行标的可以是财产、行为，但人身不能成为执行的标的。

5. 委托执行与协助执行。委托执行是指受理执行案件的法院对于债务人或被执行人的财产在外地的案件，委托当地法院代为执行的一种制度。《民事诉讼法》第236条第1款规定："被执行人或者被执行的财产在外地的，可以委托当地人民法院代为执行。受委托人民法院收到委托函件后，必须在十五日内开始执行，不得拒绝。"

协助执行是指受理执行案件的法院通知有关单位、个人或者请求有关法院协助执行生效法律文书所确定的内容的一种法律制度。协助执行既包括法院之间的协助执行，又包括有关单位和公民个人的协助执行。

6. 执行竞合。执行竞合是指在民事强制执行程序中，两个或两个以上的债权人同时或先后依不同的执行根据，对同一债务人的特定财产，申请法院强制执行而产生的各债权人的请求之间相互重合或排斥的状态。[1]

民事执行根据既包括法院制作的法律文书，又包括非诉法律文书；既包括终局的生效法律文书，又包括采取保全措施的裁定。从司法实践看，执行竞合最为常见的有三种类型：终局执行之间的竞合，保全执行之间的竞合，终局执行与保全执行之间的竞合。

7. 参与分配。参与分配是指被执行人的全部或主要财产已被一个人民法院因执行确定金钱给付的生效法律文书而查封、扣押或冻结，无其他财产可供执行或其他财产不足清偿全部债务的，在被执行的财产被执行完毕前，对该被执行人已经取得金钱债权执行依据的其他债权人可以申请对被执行人的财产参与分配，并将执行财产在各债权人中公平分配的一种执行制度。

我国民事诉讼法典并未明确规定这一制度，其法律依据主要是《民诉法解释》第508～512条、《最高人民法院关于人民法院执行工作若干问题的规定（试行）》第55、56条。

8. 执行阻却。民事执行程序启动后，一般不得中途停止，而应依法连续执行，直至全部实现债权人的实体权利。但是，在出现执行阻却事由时也可能临时停下来。

暂缓执行是指在执行程序中，因被执行人提供担保并征得了申请执行人的同意，或者执行法院根据当事人或利害关系人的申请，或者上级人民法院进行执行监督时发现存在违法情形，因而在一定期限内暂时停止执行的一项制度。暂缓执行一般不超过3个月。

执行中止是指在执行程序中，因出现了法定的特殊情况而暂时停止执行程

---

[1] 王娣：《强制执行竞合研究》，中国人民公安大学出版社2009年版，第21页。

序，待该特殊情况消除以后，再恢复执行的一项制度。中止执行的期限不受限制，中止执行的期间不计算在执行期间之内。

9. 执行结案。执行结案是指民事执行程序发展到最后阶段，自此不再继续进行的一种法律制度。被执行人有财产可供执行的案件，一般应当在立案之日起 6 个月内执结。除生效法律文书确定的内容全部执行完毕外，执行结案还有以下三种方式：①终结执行是指在执行程序中，因发生法律规定的事由，执行程序没有必要或不可能继续，从而依法结束执行程序，以后再也不恢复的状态。②不予执行是指在对仲裁裁决和公证债权文书的执行准备或实施过程中，由于出现法律规定的事由，法院依当事人申请或依职权裁定停止执行行为并结束民事执行程序的一种制度。③执行和解是指在执行过程中，双方当事人经过平等协商，就变更执行根据所确定的权利义务关系达成协议，从而中止或终结执行程序的一种制度。

10. 执行救济。执行救济是指执行当事人或者案外利害关系人认为法院的执行行为侵害其合法权益时，请求法院纠正或者撤销其执行行为的一种救济方法和程序。我国民事诉讼法规定的执行救济方法，主要包括以下几种：

执行行为异议是指在执行过程中，执行当事人、利害关系人认为法院的执行行为违反法律规定的，从而向负责执行的人民法院提出书面异议，请求予以纠正的一项救济制度。

执行标的异议，又称案外人异议，是指在执行过程中，案外利害关系人认为法院对执行标的物的执行侵害其实体权益，就执行标的物的全部或部分向执行法院提出异议，要求法院停止执行的一项救济制度。

案外人异议之诉是指在执行过程中，案外利害关系人对执行标的物主张实体权利，请求法院对该标的物所涉及的实体权利义务关系进行审理，以阻止针对该标的物继续进行强制执行、维护自身合法权益的一种诉讼救济途径。

执行回转是指全部或部分执行完毕后，由于据以执行的法律文书被撤销或变更，执行法院将已经执行的财产返还给被执行人，使被执行人的财产恢复到执行程序开始前的状态的一种救济制度。

二、本章的重点、难点和疑点

本章重点主要有：

民事执行的含义、特征；执行机关和执行参与人；执行根据；执行管辖；执行标的；委托执行与协助执行；执行竞合；参与分配；执行阻却；执行结案；执行救济。

本章难点和疑点：

1. 执行根据，尤其是非诉法律文书作为执行根据的具体情形。

2. 执行标的，尤其是执行标的的范围和限制因素。

3. 协助执行，尤其是协助执行人的法律地位和权利义务问题。

4. 执行竞合，尤其是在执行竞合的情况下，哪种法律文书将优先获得执行。

5. 参与分配，尤其是参与分配的适用条件和对参与分配方案异议的后续救济途径。

6. 不予执行，尤其是执行法院在作出不予执行裁定前，对非诉法律文书的审查标准问题。

7. 执行和解，尤其是执行和解的成立条件和对生效法律文书的恢复执行的条件。

8. 执行标的异议，尤其是执行法院对案外人提起的执行标的异议的审查，以及案外人后续救济途径问题。

第一节　执行根据

经典案例

重庆市渝中区公安分局申请法院执行行政处罚决定书案[1]

［基本案情］

2011 年 7 月 20 日，重庆市公安局渝中区分局（以下简称"区公安分局"）作出渝公中境决字［2011］第 4468 号《公安行政处罚决定书》，认定重庆唯尼外国语学校自 2010 年底起至 2011 年 6 月 11 日期间，私自聘用没有工作资格的俄罗斯人 Fadeeva Anastasia、Kuznetsova Nataliya、Volkova Irina 和哈萨克斯坦人 Shapkina Yekaterina 在该校从事英语教学工作，依据《中华人民共和国外国人入境出境管理法实施细则》第 44 条第 2 款的规定，决定对重庆唯尼外国语学校罚款 5 万元。区公安分局于 2011 年 7 月 29 日向重庆唯尼外国语学校送达了该行政处罚决定书。

2012 年 3 月 2 日，申请执行人区公安分局向被执行人重庆唯尼外国语学校送达《关于履行公安行政处罚决定书的催告书》。因被执行人重庆唯尼外国语学

---

〔1〕 参见重庆市渝中区人民法院裁定书（2012）中区法非行审字第 132 号。案例来源，北大法宝：https：//www. pkulaw. com/pfnl/a25051f3312b07f3a1249e902cd5455208f3e23e44d90788bdfb. html，最后访问日期：2021 年 4 月 24 日。

校在催告期限届满后仍未自觉履行上述行政处罚决定书，申请执行人区公安分局遂向重庆市渝中区人民法院申请强制执行。

[法律问题]

1. 行政处罚决定书是否可以作为民事执行根据？

2. 法律规定行政机关有权强制执行的，是否还可以申请人民法院强制执行？

[参考结论与法理精析]

（一）法院意见

渝中区人民法院认为，申请执行人区公安分局申请执行的渝公中境决字[2011]第4468号《公安行政处罚决定书》事实清楚，证据充分，适用法规正确，程序合法。现申请执行人区公安分局申请强制执行符合法定条件。根据《行政诉讼法》第66条和《最高人民法院关于执行〈中华人民共和国行政诉讼法〉若干问题的解释》第93条和《行政强制法》第53条的规定，应准予执行。[1]

有观点认为，法院对本案应当不予受理。因为，我国《行政强制法》第13条第2款规定："法律没有规定行政机关强制执行的，作出行政决定的行政机关应当申请人民法院强制执行。"对此，有人认为该规定包含两层意思：一方面，法律没有规定行政机关强制执行的，行政机关应申请人民法院强制执行；另一方面，法律规定由行政机关强制执行的，行政机关不得申请人民法院强制执行。

渝中区人民法院认为，《行政强制法》第13条之规定也仅仅明确了法律没有规定行政机关强制执行的，行政机关无强制执行权，应当申请人民法院执行；但并未包含另一层引申意思，也就是法律规定由行政机关强制执行的，不得申请人民法院强制执行。也就是说，法律即使规定行政机关强制执行的，也可申请人民法院强制执行。而且，从人民法院执行威慑力的角度看，一般意义上，其高于行政机关，尤其是近年来，最高人民法院不断强化执行联动威慑机制，相继采用了限制高消费、限制出境、媒体曝光等举措，同时对拒不执行生效裁判文书的行为，还可能构成犯罪，并承担刑事责任，这都是行政机关强制执行所不具备的。因此，无论法律是否规定行政机关强制执行，即使规定其强制执行，在其执行有难度的情况下，申请法院执行不失为一种维护生效行政行为效力的方法。故本案中，人民法院不得以行政机关有强制执行权为由裁定不予执行。

本案的意义在于，无论法律是否规定行政机关有权自行强制执行，只要法律赋予法院强制执行的权力，行政机关对自己作出行政决定就可以申请人民法

---

〔1〕 2017年《行政诉讼法》修正后原第66条现为第97条；2018年《最高人民法院关于适用〈中华人民共和国行政诉讼法〉的解释》施行，原解释被废止，原解释第93条现为第160条。

院强制执行。

（二）执行根据的含义和范围

执行根据，又称执行依据或执行名义，是指执行机关据以采取民事执行措施的各种生效的法律文书。执行根据是当事人申请强制执行的前提，也是执行法院启动强制执行程序的必要条件。在执行过程中，执行依据必须始终存在，如果被依法变更或撤销，执行程序就应当及时终止。

执行根据并不限于人民法院制作的裁判文书。根据现行《民事诉讼法》第243条及其他有关规定，执行根据主要包括以下几种：

1. 法院制作的已经发生法律效力的民事判决书、裁定书、调解书、支付令和决定书。

2. 法院制作的已经发生法律效力并有财产执行内容的刑事判决书、裁定书和调解书。

3. 仲裁机关制作的已经发生法律效力并有执行内容的仲裁裁决书和调解书。

4. 公证机构制作的已经发生法律效力并依法赋予强制执行力的债权文书。

5. 法院制作的承认和执行对外国法院判决，裁定或者外国仲裁机构裁决的裁定书和执行令。

6. 行政机关作出的依法应当由人民法院执行的处理决定。

目前，我国授权行政机关申请人民法院强制执行的法律主要有三类：一是《行政强制法》。该法第五章对没有行政强制执行权的行政机关申请人民法院强制执行作了专门规定，内容涉及申请人民法院强制执行的主体、范围、条件、期限，人民法院的管辖、受理、审查、裁定、实施，强制执行的费用等。二是《行政诉讼法》。该法第97条规定："公民、法人或者其他组织对行政行为在法定期限内不提起诉讼又不履行的，行政机关可以申请人民法院强制执行，或者依法强制执行。"三是其他涉及行政管理工作的单行法律。例如，《行政处罚法》第72条第1款第4项规定：当事人逾期不履行行政处罚决定的，作出行政处罚决定的行政机关可以依照《行政强制法》的规定申请人民法院强制执行。

部分行政法规对行政机关申请人民法院强制执行也作了规定。例如，《国有土地上房屋征收与补偿条例》第28条规定："被征收人在法定期限内不申请行政复议或者不提起行政诉讼，在补偿决定规定的期限内又不搬迁的，由作出房屋征收决定的市、县级人民政府依法申请人民法院强制执行。强制执行申请书应当附具补偿金额和专户存储账号、产权调换房屋和周转用房的地点和面积等材料。"《中华人民共和国土地管理法实施条例》第62条规定："违反土地管理法律、法规规定，阻挠国家建设征收土地的，由县级以上地方人民政府责令交出土地；拒不交出土地的，依法申请人民法院强制执行。"

最高人民法院制定的司法解释也对这个问题作了较为明确的规定。例如,《最高人民法院关于适用〈中华人民共和国行政诉讼法〉的解释》第 155 条规定:行政机关根据行政诉讼法第 97 条的规定申请执行其行政行为,应当具备以下条件:①行政行为依法可以由人民法院执行;②行政行为已经生效并具有可执行内容;③申请人是作出该行政行为的行政机关或者法律、法规、规章授权的组织;④被申请人是该行政行为所确定的义务人;⑤被申请人在行政行为确定的期限内或者行政机关催告期限内未履行义务;⑥申请人在法定期限内提出申请;⑦被申请执行的行政案件属于受理执行申请的人民法院管辖。行政机关申请人民法院执行,应当提交《行政强制法》第 55 条规定的相关材料。人民法院对符合条件的申请,应当在 5 日内立案受理,并通知申请人;对不符合条件的申请,应当裁定不予受理。行政机关对不予受理裁定有异议,在 15 日内向上一级人民法院申请复议的,上一级人民法院应当在收到复议申请之日起 15 日内作出裁定。此外,解释的第 156～161 条还分别对行政机关申请人民法院强制执行的时限、管辖、财产保全、审理机构、执行机构、裁定不准予执行的标准等问题作了规定。

（三）最高人民法院对非诉行政决定进入执行程序的限制

以司法执行权保障行政决定的实现,对于增强行政权威、实现行政法治而言,具有积极的推动意义。

但近年来,一些地方在土地征收、房屋拆迁强制执行中引发的恶性事件屡屡发生。有的被执行人以自焚、跳楼等自杀、自残方式相对抗,有的以点燃煤气罐、泼洒汽油、投掷石块等方式阻挠执行,有的聚众围攻、冲击执行人员酿成群体性事件,有的法院干警不当使用武器致人死伤等。

在此背景下,2011 年 9 月 9 日最高人民法院在其官方网站发布了《关于坚决防止土地征收、房屋拆迁强制执行引发恶性事件的紧急通知》,要求必须严格审查执行依据的合法性。通知第 2 条要求:"对行政机关申请法院强制执行其征地拆迁具体行政行为的,必须严把立案关、审查关,坚持依法审查原则,不得背离公正、中立立场而迁就违法或不当的行政行为。凡是不符合法定受案条件以及未进行社会稳定风险评估的申请,一律退回申请机关或裁定不予受理;凡是补偿安置不到位或具体行政行为虽然合法但确有明显不合理及不宜执行情形的,不得作出准予执行裁定。"

另外,近年来不少地方法院反映城乡规划法、行政强制法施行后,对于拆违如何适用法律,特别是如何确定拆违主体,一些地方在理解上存在分歧。这部分案件不仅数量多,处理难度也大,个别基层人民法院甚至积压了上千件涉及拆违的非诉行政执行案件。不少法院在案件受理、执行方面还承受着来自地方的某些压力。

在此背景下，2012 年 12 月 10 日，北京市高级人民法院向最高人民法院报送了《北京市高级人民法院关于违法的建筑物、构筑物、设施等强制拆除问题的请示》。最高人民法院随即先后在北京、浙江、湖南等地法院进行了调研，并向全国人大常委会法工委、国务院法制办发函征询意见。2013 年 3 月 25 日，《最高人民法院关于违法的建筑物、构筑物、设施等强制拆除问题的批复》经最高人民法院审判委员会第 1572 次会议通过，自 2013 年 4 月 3 日起施行。批复指出："根据行政强制法和城乡规划法有关规定精神，对涉及违反城乡规划法的违法建筑物、构筑物、设施等的强制拆除，法律已经授予行政机关强制执行权，人民法院不受理行政机关提出的非诉行政执行申请。"[1]

拓展案例

案例一：   行政处罚程序不合法申请执行不予受理案[2]

1998 年 7 月 6 日，辽源市卫生局卫生监督员在进行日常性监督检查时，发现某饭店无卫生许可证，擅自从事食品生产经营活动，于是依法下达了卫生行政处罚决定书。处罚内容是：①对该饭店予以取缔；②罚款 1000 元人民币。该饭店超过法定期限既不申请复议或向人民法院起诉，也不履行卫生行政处罚决定。同年 9 月 22 日，市卫生局依法向人民法院申请强制执行。法院经审查认为，市卫生局作出的处罚，应依据《行政处罚法》规定的听证程序进行。市卫生局在本案中，未向当事人送达听证通知书，实施和处罚不符合法定程序，故不予受理。

案例二：   行政处罚违反一事不再罚申请法院执行不予受理案

1998 年 6 月 4 日，辽源市某区卫生局以无卫生许可证擅自经营饮食为由，对某饭店下达了行政处罚决定书。该饭店在法定期限内自动履行了行政处罚决定，并已经结案。但该单位在长达 1 个月时间内未提出办理卫生许可证申请，且仍然无卫生许可证从事食品生产经营。区卫生局再次以无卫生许可证擅自从事食品生产经营为由下达了行政处罚决定书，在法定期限内，该单位既不申请复议和提起诉讼，也不自动履行卫生行政处罚决定。为此，区卫生局于同年 8

---

〔1〕 参见《最高人民法院关于违法的建筑物、构筑物、设施等强制拆除问题的批复》（法释〔2013〕5 号）。

〔2〕 王新宇等："关于法院不受理申请强制执行案例的剖析"，载《中国卫生工程学》2001 年第 3 期。

月 12 日向人民法院申请强制执行。法院经审查认为区卫生局对当事人的同一个违法行为实施了两次行政处罚，不符合《中华人民共和国行政处罚法》的有关规定，不予受理。

[问题与思考]

1. 对于法律已经授权行政机关强制执行的案件，人民法院又受理行政机关申请执行其行政决定，是否妥当？

2. 最高人民法院针对涉及违反《城乡规划法》的违法建筑物、构筑物、设施等的强制拆除案件，以法律已经授予行政机关强制执行权为由，要求法院自 2013 年 4 月 3 日起不再受理行政机关提出的非诉行政执行申请，是否违法？是否违背法律的平等原则？

3. 人民法院受理针对行政决定的执行案件时，将行政决定是否合法作为受理的前提条件进行审查，是否妥当？

[重点提示]

根据司法权与行政权相互关系的原理，深入思考"司法机关"执行"行政决定"的合宪性、合理性；"司法机关"执行"行政决定"的范围应当如何妥善限定？"司法机关"在执行"行政决定"时是否应当对其进行合法性审查？

第二节　执行标的

经典案例

高某申请执行死亡赔偿金案[1]

[基本案情]

2007 年 2 月，杨某某在一起交通事故中不幸死亡，因其在世时向高某借款 6 万元，高某于 2007 年 3 月向人民法院提起民事诉讼，要求杨某某的妻子和父母共同偿还其借款及利息。法院审理后认定：该债务系杨某某与妻子王某的夫妻共同债务，杨某某已经死亡，王某负有对该债务清偿的义务。债务人的父母杨某和陈某未与杨某某共同生活，没有偿还债务的法定义务，但系杨某某的法定继承人，应在继承杨某某的遗产范围内承担清偿责任。法院判决由王某偿还高某借款本息计 6.3 万元，杨某和陈某在继承杨某某的遗产范围内承担还款责任。

---

〔1〕　陈蕾："死亡赔偿金能否作为遗产强制执行"，载《山东人大工作》2008 年第 3 期。

判决生效后，被执行人未履行，高某遂向申请法院强制执行。该案进入执行程序后，法院分别向被执行人送达了执行通知书，但被执行人王某家中无财产可供执行，杨某某当然也没有遗产归其父母杨某和陈某继承，该案未执行兑现。法院根据申请执行人高某向人民法院提供的财产线索，查明，杨某某因交通事故死亡，肇事者丁某与被执行人王某、杨某、陈某在法院达成赔偿协议，丁某一次性赔偿了王某、杨某、陈某死亡赔偿金11.3万元，王某分得5.3万元，杨某、陈某分得6万元，法院应当事人申请，裁定对该赔偿金进行了全部扣留。被执行人杨某、陈某向法院提出异议，认为法院判决他们在继承杨某某的遗产范围内承担责任，但他们获得的死亡赔偿金不是遗产，应当解除扣留。

[法律问题]

1. 在民事执行程序中，执行标的在范围上主要包括什么？

2. 本案中，杨某、陈某获得的"死亡赔偿金"能否作为执行标的？

[参考结论与法理精析]

（一）法院意见

针对被执行人杨某、陈某提出的执行异议，执行合议庭出现了两种不同意见。一种意见认为：执行异议不成立，应当裁定驳回。理由是：死亡赔偿金是因杨某某的生命健康权受到侵害而产生的，是对杨某某生命健康权受侵害而作出的赔偿。被执行人杨某、陈某接受了6万元的死亡赔偿金，相当于继承了杨某某的6万元的遗产，法院应当执行该款交予张某。第二种意见认为：死亡赔偿金不属于杨某某的遗产，异议人的申请主张应当成立，法院应当裁定解除扣留。

最终，法院采纳了第二种意见，裁定撤销原裁定，解除了对属于杨某和陈某所有的6万元的扣留。理由是：

第一，杨某、陈某获得的6万元死亡赔偿金，不属于遗产的范围。《继承法》（已失效）第3条规定："遗产是公民死亡时遗留的个人合法财产，包括：（一）公民的收入；（二）公民的房屋、储蓄和生活用品；（三）公民的林木、牲畜和家禽；（四）公民的文物、图书资料；（五）法律允许公民所有的生产资料；（六）公民的著作权、专利权中的财产权利；（七）公民的其他合法财产。"从以上对遗产的定义和范围可以看出，死亡赔偿金不在我国《继承法》规定的遗产范围内。[1] 2004年5月1日，《最高人民法院关于审理人身损害赔

---

[1]《民法典》生效实施后，《继承法》废止，原《继承法》第3条对遗产范围的界定被《民法典》第1122条"遗产是自然人死亡时遗留的个人合法财产。依照法律规定或者根据其性质不得继承的遗产，不得继承"规定吸收。

偿案件适用法律若干问题的解释》，该解释确定了死亡赔偿金的概念和性质，死亡赔偿是受害人死亡，赔偿义务人支付受害人近亲属或法定继承人的一种损失，其性质是对近亲属的精神损害赔偿，其权利所有人或权利主体应该是受害人的近亲属或法定继承人。因此，本案所指的死亡赔偿金不属于受害人杨某某的遗产。

第二，法院判决的是杨某与陈某在继承杨某某的财产范围内承担清偿责任，限定了杨某与陈某的清偿范围，杨某和陈某只能是在继承了杨某某的遗产后才能承担清偿责任。因杨某某没有可供继承的遗产，故杨某与陈某不应承担相应的偿还申请人债务的义务。

（二）执行标的的含义和范围

执行标的，又称执行对象或执行客体，是指法院强制执行行为所指向的对象。能够作为执行标的的只能是被执行人的财产或行为，这是我国学术界通常的观点。

以财物为执行标的的，人民法院要采取强制扣留、划拨被执行人的存款，提取、扣留被执行人的收入，查封、扣押、冻结、变卖、拍卖被执行人的财产等执行措施。对实物进行扣押的，还要变卖或拍卖变现为金钱，以实现生效法律文书确定的金钱给付内容。

以行为作为执行标的的，包括两种情形：一是交付特定财物票证；二是强制完成作为或不作为义务。交付特定财产或票证的，执行标的是行为而不是物，尽管该执行标的以标的物的形式表现出来。生效法律文书要求交付特定物的，应执行原物，指定完成某种作为义务的，人民法院可以强制执行，或委托有关单位或其他人完成，费用由执行人承担。

只能将财产或行为作为执行标的观点在我国司法解释和教科书中得到了广泛的认可。大多数民事诉讼法教科书都主张，执行标的只能是财产或行为，而不能以义务人的人身作为执行标的。同时，特别强调不以义务人的人身作为执行标的，包括两部分的内容，既不能以扣押义务人代替其履行义务，也不能以扣押为手段，促使其履行义务。[1]

但是，对于执行标的是否包括人身，尚存在分歧。也有学者主张可以把人身作为执行标的。例如，肖建华教授在其《执行标的的若干问题研究》一文中提出了这种主张，同时阐述了四点理由：①执行标的包括人身并不意味着恢复古代的对人执行制度；②我国新民主主义革命时期就开始采用，把人身作为执行标的的间接执行措施，这是人民政权的一项司法工作经验；③我国现行民事诉

---

〔1〕　柴发邦主编：《民事诉讼法学新编》，法律出版社1992年版，第428页。

讼立法和司法都认可把人身作为执行标的具体规定和做法；④把人身作为执行标的，是一种间接强制执行措施，是以限制人身自由的手段来达到执行目的，而不是以此来代替金钱债务或行为的履行义务，更不同于把债务人的人身用于债务抵偿的对人执行制度。[1]

（三）作为执行标的的"财产"或"行为"的限制因素

虽然，我国学者认可执行标的只能是"财产"或"行为"，但这并不意味着所有的财产和行为都可以作为执行标的。

对有些财产，人民法院不得采取强制执行措施。2005年1月1日起生效的《最高人民法院关于人民法院民事执行中查封、扣押、冻结财产的规定》第5条规定：人民法院对被执行人下列的财产不得查封、扣押、冻结：①被执行人及其所扶养家属生活所必需的衣服、家具、炊具、餐具及其他家庭生活必需的物品。②被执行人及其所扶养家属所必需的生活费用。当地有最低生活保障标准的，必需的生活费用依照该标准确定。③被执行人及其所扶养家属完成义务教育所必需的物品。④未公开的发明或者未发表的著作。⑤被执行人及其所扶养家属用于身体缺陷所必需的辅助工具、医疗物品。⑥被执行人所得的勋章及其他荣誉表彰的物品。⑦根据《缔结条约程序法》，以中华人民共和国、中华人民共和国政府或者中华人民共和国政府部门名义同外国、国际组织缔结的条约、协定和其他具有条约、协定性质的文件中规定免于查封、扣押、冻结的财产。⑧法律或者司法解释规定的其他不得查封、扣押、冻结的财产。第6条规定：对被执行人及其所扶养家属生活所必需的居住房屋，人民法院可以查封，但不得拍卖、变卖或者抵债。第7条规定：对于超过被执行人及其所扶养家属生活所必需的房屋和生活用品，人民法院根据申请执行人的申请，在保障被执行人及其所扶养家属最低生活标准所必需的居住房屋和普通生活必需品后，可予以执行。

对于行为，人民法院不得采取直接强制执行措施。例如，《民法典》第1086条第1、2款规定："离婚后，不直接抚养子女的父或者母，有探望子女的权利，另一方有协助的义务。行使探望权利的方式、时间由当事人协议；协议不成的，由人民法院判决。"但是，《最高人民法院关于适用〈中华人民共和国民法典〉婚姻家庭编的解释（一）》第68条规定："对于拒不协助另一方行使探望权的有关个人或者组织，可以由人民法院依法采取拘留、罚款等强制措施，但是不能对子女的人身、探望行为进行强制执行。"

---

[1] 肖建华："执行标的若干问题研究"，载陈光中主编：《诉讼法论丛》（第2卷），法律出版社1998年版，第622~626页。

拓展案例

案例一：　甲、乙公司解除合同判决案的执行标的的确定

申请执行人甲公司被执行人乙公司房屋租赁合同纠纷一案，经某区人民法院审理，于 2002 年 4 月 10 日作出民事判决：①解除甲公司与乙公司的房屋租赁合同；②乙公司支付甲公司租金 39 698 元，违约金 500 元，损失 493 元，三项共计 40 691 元。双方均未上诉。该法律文书生效后，被执行人乙公司未履行生效法律文书确定的义务。申请执行人甲公司向某区人民法院申请强制执行，要求被执行人迁出房屋、并支付租金和损失。某区人民法院受理后，对本案的执行标的存在分歧。问题的关键是：判决的第一项是法院对租赁合同关系的认定，并未判决被执行人迁出房屋，申请执行人依据该项向法院申请要求被执行人迁出房屋，法院能否将"被执行人迁出房屋的行为"作为本案的执行标的？

案例二：　贾某路申请法院强制执行"全面履行协议"案

原告贾某路与被告贾某玉是一对亲兄弟，且两家房屋为前后院。2005 年，被告在未征得原告同意的情况下，将原告的旧房拆除，在原告的宅基地上建房。原告知道后，找被告协商处理，双方签订了协议：二人自愿调换宅基地，并就道路通行、拆除附属物等事宜进行了约定。后来，因贾某玉未履行协议义务，贾某路再次诉至法院。法院经审理后认为，被告未经原告同意，占用原告宅基地建房，侵犯了原告的合法权益。原、被告双方为了方便生活，从实际出发，自愿签订调换宅基地协议，双方意思表示真实，不违反法律、法规的禁止性规定，应予准许。原告要求被告按照双方所签订的协议履行义务的诉讼请求，予以支持。遂判决被告贾某玉全面履行与原告贾某路所签订的两份协议。判决后，被告贾某玉未上诉，但也未主动履行义务。判决生效后，贾某路向法院申请强制执行，要求全面履行协议。问题是："全面履行协议"能否成为执行标的？

[问题与思考]

1. 人身是否适合作为强制执行的标的？

2. 对于财产来说，哪些不宜作为强制执行的标的？

3. 对于行为来说，如果被执行人不履行行为应该如何处理？

[重点提示]

根据民事执行标的的相关原理，结合我国《民事诉讼法》《最高人民法院

关于人民法院民事执行中查封、扣押、冻结财产的规定》等法律规定，着重分析当行为作为执行标的且属于不可替代的行为时，如何才能保障强制执行的效果。

第三节 协助执行

经典案例

社区党总支副书记协助执行案

[基本案情]

南京市的高某贵与高某是一对亲叔侄，叔叔高某贵跟侄子高某借了 1 万元钱，一直拖着不还。侄子高某上门讨要，高某贵大多不在家，即便碰上面也没有还钱的说法。2006 年侄子高某向南京市 J 区人民法院起诉，要求叔叔高某贵还钱。开庭时，被告高某贵承诺，当年底就将 1 万元本息还清。2009 年，高某贵还未还钱，高某向 J 区人民法院申请强制执行，但执行法院总是无法找到行踪不定的高某贵。

不久，J 区人民法院向协助执行员余某发送了一份《协助执行通知书》。余某是被执行人高某贵居住的社区的党总支副书记，他对本社区的家家户户都比较了解。他向法院说，"生意失败后，高某贵婚也离了，家也散了，人呢，不知去向"。但不久，余某又向法院提供了一条重要线索，高某贵名下有两亩多的承包地，正处于待征状态，政府每年还有补贴。执行法院根据这一线索，裁定对被执行人的承包地补贴款实施强制执行。由于协助执行员的协助，才使得这桩案件得到了圆满执行。

[法律问题]

1. "协助执行员"的法律地位是什么？

2. "协助执行员"实施的协助执行行为的法律性质是什么？

[参考结论与法理精析]

（一）法院意见

J 区人民法院执行局的孙局长接受采访时说，"很多人长年累月不回家，但冷不丁也有回家的时候；还有一些被执行人后来又具备了履行能力，这些信息我们很多时候都无法及时掌握"。这种状况，令法院意识到有必要建立一支"线人"队伍，即"协助执行员"；同时，由"协助执行员"形成一个协助执行网络。

2006年9月，J区人民法院在南京率先建立了协助执行员网络，在辖区内的10个街道、3个园区设立了229名协助执行员。具体做法是，区人民法院通过区社会治安综合治理委员会向各街道、社区发放了通知，推荐合适的协助执行候选人。法院综合候选人的政治素质、能力后进行聘用，聘期为3年。协助执行员的主要职能包括：协助法院宣传、贯彻落实执行工作方面的法律、法规、政策，以及宣传执行工作动态和重大举措；协助法院执行案件，对需要见证的执行行为提供必要的见证；协助法院查找被执行人下落及其可供执行财产线索；协助法院代为送达相关执行法律文书、代为张贴公告、代为通知案件当事人；协助法院缓解钝化执行过程中的各种社会矛盾和冲突；监督法院依法执行案件等。

另外，南京市×区人民法院还进行了更大的突破，赋予协助执行员一定的主持和解权，即经双方当事人同意，协助执行员可对本辖区内的简单执行案件单独主持并促成双方当事人和解。为了让协助执行人有安全的工作环境，法院没有向社会公布他们的名单，他们仍然是"地下的"。

（二）协助执行的含义

协助执行是指受理执行案件的法院通知有关单位、个人或者请求有关法院协助执行生效法律文书所确定的内容的一种法律制度。

关于哪些主体负有协助法院执行的义务，理论上和实践中认识不一。

第一种观点认为，协助执行有广义和狭义之分。狭义的协助执行是指人民法院内部的一种司法协助，即人民法院相互之间的协助；广义的协助执行，除了人民法院之间的协助执行之外，还包括有关单位的协助执行和有关公民个人的协助执行。[1]

另一种观点认为，人民法院之间的协助不是协助执行，它实质上是法院之间基于某种事由相互帮助、共同完成法律事务的一种现象。它与协助执行的本质区别是：协助仅是单方协助，也就是有协助义务的一方只能按照法院的通知完成相关任务，其无权得到被协助一方即人民法院的帮助，协助一方不能再要求人民法院协助其完成一定的任务；而司法协助则是人民法院之间相互配合、互相帮助，共同完成相关法律事务。因此，人民法院之间的协助应当属于司法互助制度的一种表现形态。[2]

第三种观点认为，协助执行仅限于执行法院和执行当事人以外的组织和个人，根据执行法院的协助执行通知实施相关的行为，以直接或间接达到使被

---

〔1〕　江伟主编：《民事诉讼法》，高等教育出版社2004年版，第483页。
〔2〕　肖建华主编：《民事诉讼法学》，厦门大学出版社2011年版，第529页。

执行人履行生效法律文书的效果。协助执行是协助执行人的一项法律义务，比如银行协助冻结存款、被执行人所在单位协助扣留收入等。但是，在"执行联动机制"框架内，政法委、公安、检察、工商、税务、宗教和人民法院之间的协助，从严格意义上看不是一项法律义务，法院不能因相关主体没有履行协助义务而对其实施罚款、拘留等司法强制，故这类协助不属于协助执行的范畴。

我们认为，虽然统称为协助执行，但事实上至少存在两种类型的协助执行现象：一种是银行、被执行人所在单位、登记机关等单位或个人，根据执行法院的《协助执行通知书》的要求实施的协助执行行为，其效果是直接或间接实现了生效法律文书的内容；不按要求履行协助义务者，将承受法院科处的法律责任。另一种是政法委、公安、检察、纪检等部门，根据各级党政机关的文件、会议精神等实施的协助行为，其直接效果是排除执行妨碍、维持执行秩序、实现社会秩序的和谐稳定；如果相关部门不按要求实施协助，法院依据现行法律无法科处一定的法律责任。故，前述第三种观点似乎更符合当前实际。将来可以继续研究的是，是否有必要通过修改法律给拥有主管职能的协助单位科以严格的法律义务，将两种类型的协助执行主体一视同仁。

（三）"协助执行员"或"执行联络员"的法律地位

关于"协助执行员"或"执行联络员"的称谓，目前主要出现在某些地方法院的文件中，属于司法改革中出现的新事物。[1] 在我国立法和最高人民法院的司法解释中，还没有类似的称谓，因此其法律地位处于不明确的状态。理论界的研究还很不充分，其称谓也很混乱，如"协助执行员""执行联络员""编外法官""线人"等。

从"协助执行员"或"执行联络员"的产生看，目前主要有两种模式：一种是江苏模式，即"聘用制"。一般是由基层人民法院通过基层社会治安综合治理委员会向各街道、社区发放通知，推荐合适的协助执行候选人，法院综合候选人的政治素质、能力后进行聘用，聘期为3年。另一种是广东模式，即"兼任制"。一般是由基层各镇、社区（村）从事社会治安综合治理的工作人员为协助执行员，具体负责辖区内协助法院执行的协调联络事务。

从"协助执行员"或"执行联络员"的职能看，一般包括如下几个方面：

---

［1］ 参见《广东省高级人民法院、广东省公安厅、广东省建设委员会、广东省国土厅、广东省工商行政管理局、中国人民银行广东省分行关于依法协助人民法院执行案件的联合通知》（粤高法发［1998］9号）；《广东省高级人民法院关于建立基层协助执行网络的若干意见》（粤高法发［2008］17号）；《苏州工业园区社会治安综合治理委员会关于建立苏州工业园区基层协助执行网络的实施意见》（苏园综治［2008］5号）等。

①协助人民法院宣传、贯彻落实执行工作方面的法律、法规、政策，以及宣传执行工作动态和重大举措；②协助人民法院执行案件，对需要到场证明的执行行为提供证明；③协助人民法院查找被执行人下落及其可供执行财产线索，动员群众积极举报被执行人及有关涉案人员的财产状况、人员去向和其他线索；④协助人民法院送达相关执行法律文书、张贴执行公告、通知案件当事人相关事项；⑤协助人民法院化解执行过程中的社会矛盾和冲突，及时发现、通报可能发生群体性事件的隐患，对执行中出现的突发、暴力抗法事件积极做好劝阻、疏导工作，协助人民法院对阻挠执行的被执行人家庭成员、单位员工或者不明真相的群众进行法制教育和疏导；⑥收集和反映关于提高执行队伍素质、改进执行举措、规范执行行为等方面的合理化建议；⑦经双方同意，可对本辖区内的简单执行案件单独主持并促成双方当事人和解等。

但是，由于缺乏明确的法律依据，目前"协助执行员"或"执行联络员"的法律地位并不十分明确。

拓展案例

案例一： **某开发公司拒绝履行协助执行义务案**

刘某与某建筑公司、李某买卖合同纠纷一案，刘某于 2010 年 7 月 20 日申请法院保全了某建筑公司在某开发公司的工程款 650 000 元，法院依法向某开发公司送达了协助执行通知书和民事裁定书，某开发公司对法院的保全裁定未提出异议。2010 年 9 月 2 日，法院开庭审理此案，经法院调解，双方当事人达成民事调解书，调解协议约定：①被告某建筑公司支付原告刘某小别墅工地砂石料款 229 080 元，于 2010 年 12 月 31 日前给付 29 080 元，2011 年 5 月 31 日前给付 20 000 元，剩余 180 000 元于 2011 年 9 月 30 日前给付。②被告某建筑公司支付原告刘某工地砂石料款 430 000 元，2010 年 11 月 30 日前给付 100 000 元，剩余 330 000 元于 2011 年 1 月 15 日前付清。某建筑公司未按照生效法律文书确定的给付日期履行给付义务，权利人刘某根据调解书的给付日期分别向法院申请执行。被执行人以无能力偿还为由，拒绝履行。协助执行义务人某开发公司也以没钱偿还被执行人为由，拒不履行协助义务。

案例二： **江西省委、省政府组织有关部门协助执行案**

新疆维吾尔自治区 A 县伊某等人，与江西省贵溪市商人洪某等人，因合伙收购葡萄干发生纠纷。1999年7月，经新疆维吾尔自治区A县人民法院判决确定，洪俊林等人应偿付伊马尔阿达吾里等人货款2 093 548.27元。后因洪某等人拒不履行，伊某等人于2001年11月向新疆维吾尔自治区A县人民法院申请执行。该院于2003年～2005年两次前往贵溪市执行，因被执行人不配合，只勉强执行到部分货款，还有近140万元货款未执行到位。为此，申请执行方多次向新疆、江西两地的党委、人大、政府等有关部门申诉。2011年6月及9月，申请执行方又先后两次到江西省民族宗教事务局申诉称：因此案长期未得到有效解决，其已联络的200多名维族老乡准备到江西讨说法，卡塔尔半岛电视台等十余家国内外新闻媒体欲对该案进行采访炒作。

江西省委、省政府有关领导在听取有关部门的情况汇报后，十分重视。省委副书记、省长吴某批示：如果法院已确定贵溪商人拖欠新疆人民货款，必须坚决协助法院判决的执行，维护好新疆人民的利益，省法院、民政厅、鹰潭、贵溪等部门密切配合做好工作。省委常委、省委政法委书记舒某两次作出批示，要求省高院妥善处理涉案纠纷。省政府熊盛文副省长批示：涉疆问题十分敏感，请省民政局加强与省高院的沟通。江西高院3次召集执行局会议，研究协助配合执行方案，并决定：一是成立以省高院执行局、鹰潭市中级人民法院、贵溪市人民法院参加的协调配合小组，由省高院黄局长任组长，具体组织负责；二是迅速明传电告高院派员前来贵溪执行，并与法院执行人员进一步商讨具体执行方案；三是省高院执行局迅速派员前往贵溪市，与当地公安等有关部门协调配合，对被执行人洪俊林行踪调查，部署前期稳控工作；四是加强与省委政法委的请示报告和鹰潭市委政法委的联系，寻求支持。

[问题与思考]

1. "协助执行员"或"执行联络员"与执行法院之间是委托授权关系，还是服务合同关系？

2. 在"执行联动机制"框架内，上下级法院之间，党委、政府部门协助执行的法律依据是什么？如果拒不协助执行，能否根据《民事诉讼法》第114条的规定给予司法罚款、拘留？

3. 协助执行义务人拒不履行协助执行义务，除给予妨害诉讼的强制措施外，是否还需要承担民事责任、刑事责任？

[重点提示]

根据我国《民事诉讼法》和法理学上"法律关系"的原理，分析"协助执行员""执行联动机制"框架内的有关单位与执行法院之间具有什么样的权利义务关系，违反法定义务应当产生哪些法律责任。

第四节　执行竞合

经典案例

北京市第一中级人民法院与沈阳市中级人民法院执行竞合案[1]

[基本案情]

北美物产与天民公司、第三人财务公司、中泰公司加工承揽合同纠纷一案，北京市第一中级人民法院（以下简称"北京一中院"）于 1998 年 12 月 30 日作出（1998）一中经初字第 449 号民事判决。判决内容：①天民公司在收到本判决之日起 10 日内将价值 1364 万余元的落绵、绢纱或等值人民币返还北美物产公司；②财务公司在本判决生效之日起 10 日内将价值 1364 万余元的落绵、绢纱或等值人民币返还给天民公司。判决书送达后，双方均未上诉。另外，本案审理期间，北京一中院应原告北美物产的请求，于 1997 年 8 月 5 日对中泰公司名下存放在辽宁省纺织工业供销公司（以下简称"供销公司"）储运库二号库、天民公司非法抵押的涉案标的物 101 吨落绵和 73 吨绢纱采取了诉讼保全措施。

天民公司和其下属的绢纺厂与财务公司因借款纠纷，于 1997 年 7 月 15 日签订了一份还款协议。协议约定：天民公司和绢纱厂将其所有库存绢纱等作为还款抵押物，并对此进行公证。同年 7 月 18 日，财务公司与天民公司、绢纱厂就上述还款协议在辽宁省公证处办理了公证。1997 年 7 月 28 日，辽宁省公证处应申请执行人财务公司的申请，下达了（97）辽证字执字 10006 号执行证书。强制执行证书载明：天民公司和绢纱厂欠财务公司人民币 800 万元，协议约定于同年 8 月 10 日前还清。后因上述两公司缺乏履行诚意，财务公司遂向辽宁省公证处申请执法强制执行证书。沈阳市中级人民法院（以下简称"沈阳中院"）应财务公司申请，向天民公司和绢纺厂送达了执行通知书，并裁定将上述两公司所有的绢纱 72 吨、落绵 102 吨（与北京一中院裁定查封的数额稍有出入）依法查封、扣押。

北京一中院在执行该院（1998）一中经初字第 449 号生效民事判决书的过

---

〔1〕　中华人民共和国最高人民法院执行工作办公室编：《强制执行指导与参考》2004 年第 2 辑，人民法院出版社 2004 年版，第 110～112 页。

程中发现，因沈阳中院在执行以天民公司等为被执行人的（97）辽证经字第
30170 号公证债权文书时，将北京一中院张贴封条的财产予以强制解封，并执行
给财务公司，导致北京一中院执行案的债权人的债权无法实现。为此，北京一
中院报请北京市高级人民法院与辽宁省高级人民法院进行协调。

[法律问题]

1. 什么是执行竞合？

2. 当发生执行竞合时，终局执行与保全执行何者更为优先？

[参考结论与法理精析]

（一）最高人民法院的意见

北京一中院报请北京市高级人民法院与辽宁省高级人民法院进行协调，因
意见分歧，协调未果。2000 年 3 月 23 日，北京一中院对被执行人财务公司的两
处房产依法进行了查封。财务公司曾提出异议，认为北京一中院执行错误。
2000 年 3 月 29 日，北京一中院针对财务公司所提异议进行了听证，但由于财务
公司未能提供有效的证据，而被北京一中院予以驳回。

后北京市高院、辽宁省高院先后请求最高人民法院进行协调，具体情况
如下：

北京市高院认为：①该案自判决至今已有数年，造成本案债权人权益不能
实现的原因正是沈阳市中院违法强制执行了北京一中院诉讼保全的标的物。
②该案执行标的物已被北京市一中院查封、扣押，在此情况下，财务公司辩称
已将有关财产退还给天民公司的说法缺乏事实和法律根据。③该案北京一中院
的诉讼保全手续完备，且程序合法，应为实际有效控制了相关财产。④沈阳市
中院的执行依据是公证债权文书，但公证书载明的履行期限是 1997 年 8 月 10
日，而沈阳市中院的强制执行时间却是 1997 年 8 月 6 日，开始强制执行的时间
发生在履行期届满之前。因此，沈阳市中院的执行活动缺乏合法的依据。⑤沈
阳市中院在强制执行时，供销公司明确告知有关财产已被北京市一中院查封，
且有封条存在，对此，沈阳市中院应当停止执行，通过协调的方式予以解决，
而其却强行采取强制执行措施。

辽宁省高院认为：①沈阳市中院 1997 年 7 月 31 日立案执行，同日下达了履
行通知书和查封裁定等送达天民公司和绢纱厂，并制作了查封笔录。②北京市
一中院的查封时间是 1997 年 8 月 5 日，故沈阳市中院的查封时间在先。③沈阳
市中院虽然没有向保管单位送达协助执行通知书，但却对查封物进行了拍照，
因此查封合法。

最高人民法院收到两高院的协调请求后，经审查认为：沈阳市中院在债务
人履行期限届满前即对债务人采取强制执行措施的做法缺乏事实根据和法律依

据。另外，虽然沈阳市中院作出查封争议财产的裁定在先，但因没有向争议财产保管人供销公司送达有关查封裁定书和协助执行通知书等法律文书，所以对争议财产并没有取得实际有效的控制。因此，沈阳市中院的查封措施不能对抗北京市一中院合法有效的查封，依法应当予以纠正。

（二）执行竞合的含义和类型

执行竞合是指在民事强制执行程序中，两个或两个以上的债权人同时或先后依不同的执行根据，对同一债务人的特定财产，申请法院强制执行而产生的各债权人的请求之间相互重合或排斥的状态。按照不同的标准，可将强制执行竞合分为不同的类型：

1. 终局执行之间、保全执行之间以及它们相互之间的竞合。根据强制执行竞合发生的时间的先后的不同，可将强制执行竞合划分为：保全执行与保全执行之间、保全执行与终局执行之间、终局执行与终局执行之间的竞合。

保全执行是指在取得终局的、确定的法律文书以前，为保证人民法院将来作出的生效判决能得到顺利执行，对债务人的财产采取查封、扣押、冻结等执行措施以维持财产现状，限制债务人处分其财产。终局执行是指债权人以发生法律效力的裁决或其他生效的法律文书为根据向法院申请的执行。在实践中，无论是在两个以上的终局执行之间，还是在两个以上的保全执行之间，抑或终局执行和保全执行之间，都有可能产生强制执行的竞合。

2. 金钱债权之间、非金钱债权之间及其相互之间的执行竞合。根据执行根据所确定的具体给付内容不同，债权分为金钱债权和非金钱债权。相应地，强制执行分为金钱债权的强制执行和非金钱债权的强制执行。其中，金钱债权的强制执行是指以给付金钱为内容的强制执行。非金钱债权的强制执行是指以金钱给付以外的内容为执行标的的强制执行。

3. 法院文书之间、其他机构文书之间及其相互之间的竞合。依作为强制执行根据的法律文书的制作主体不同，可将强制执行竞合分为以下三种：①法院做成的执行根据的强制执行之间的竞合，如：法院判决与保全裁定之间的竞合，法院判决与判决之间的竞合。②其他机关作成的执行根据的强制执行之间的竞合，如：仲裁裁决的强制执行之间的竞合，公证债权文书的强制执行之间的竞合以及仲裁裁决与公证债权文书的强制执行之间的竞合。③法院作成的执行根据的强制执行与其他机关作成的执行根据的强制执行之间的竞合，如：法院判决的强制执行与仲裁裁决的强制执行之间的竞合，法院判决的强制执行与公证债权文书的强制执行之间的竞合。

4. 民事执行与行政强制执行、财产刑执行的竞合。责任竞合作为法律上竞合的一种类型，既可能发生在同一法律部门内部，如民法上侵权责任和违约责任的竞合、返还不当得利责任与侵权责任的竞合，也可以发生在不同法律部门之间，比如民事赔偿责任与行政处罚、财产刑之间的竞合。在执行程序中，就有可能形成民事执行、财产刑执行、行政执行三者之间的执行竞合。

（三）北京市第一中级人民法院与沈阳市中级人民法院执行竞合案的评析

该案争议的焦点是北京市一中院的保全执行与沈阳市中院的终局执行措施谁先谁后？哪一家法院的查封合法有效？在有先行查封的情况下，后来法院应如何处理？

关于查封裁定的时间先后。沈阳市中院是 1997 年 7 月 31 日立案执行，当日向被执行人下发了执行通知书和查封争议财产的裁定书；同年 8 月 1 日，该院委托辽宁亚美资产评估事务所进行了书面评估（并未到现场）；同年 8 月 6 日，该院裁定以物抵债，并强制出库，争议财产被财务公司运走。期间，供销公司曾向沈阳市中院讲明该财产已被北京市一中院查封的事实，但沈阳市中院坚持强制执行。而北京市一中院制作裁定的时间是 1997 年 8 月 1 日，送达时间是 8 月 5 日，查封争议财产的时间是 8 月 5 日。故从法院制作查封裁定的时间看，沈阳市中院终局执行查封裁定在先，北京市一中院的保全裁定在后。

关于查封手续的合法性。我国 2012 年修正后的《民事诉讼法》第 245 条明确规定，"查封、扣押财产时，被执行人是公民的，应当通知被执行人或者他的成年家属到场"，"对被查封、扣押的财产，执行员必须造具清单，由在场人签名或者盖章后，交被执行人一份"。《民事诉讼法》第 103 条规定："财产保全采取查封、扣押、冻结或者法律规定的其他方法。人民法院保全财产后，应当立即通知被保全财产的人。财产已被查封、冻结的，不得重复查封、冻结。"本案中，沈阳市中院 1997 年 7 月 31 日制作沈法（97）执字第 648 号民事裁定书仅送达了天民公司和绢纺厂，并没有送达协助执行人供销公司，对查封物也没有造具清单和指定保管人进行保管，仅在 1997 年 8 月 6 日强制执行时才向供销公司发出了协助执行通知书。在此之前，沈阳市中院对查封财产并没有采取任何实际有效的控制措施。而北京市一中院 1997 年 8 月 1 日制作了（1997）一中初字第 794 号诉讼保全裁定书，8 月 5 日查封、扣押了存放在供销公司的 101 吨落绵和 73 吨绢纱时，上述裁定送达了天民公司、中泰公司和供销公司，同时向供销公司下发了协助执行通知书，并制作了相关笔录，对存储财产的仓库张贴了封条。沈阳市中院在供销公司明确告知该财产已被北京市一中院查封的情况后，依然采取强制执行措施违反了有关法律规定。故从查封手续上看，北京市一中院的查封手续完备、合法，而沈阳市中院的查封、处分行为违反法律规定。

关于财产的所有权性质。北京一中院 1998 年 12 月作出的（1998）一中经初字第 449 号民事判决明确认定财务公司运走的 101 吨落绵和 73 吨捐纱的所有权属于北美物产，天民公司无权处分。因此，判令财务公司在判决生效后 10 日内将价值 1364 万余元的落绵、绢沙或等值的人民币返还给天民公司。既然生效判决已判定争议财产属北美物产所有，在天民公司作出处分后，北美公司就享有物权的追及效力。

综上可知，虽然沈阳市中院基于终局执行名义作出的查封裁定在先，但由于手续不完备，并未对争议财产取得实际有效的控制。其在北京一中院依法采取了查封措施后仍然强制执行的做法，违反了法律规定，应当执行回转。

拓展案例

案例一：　　凤凰卫视董事局原副主席周一男遭劫杀刑事附带民事诉讼案[1]

周一男系香港凤凰卫视董事局原副主席，家住深圳福田区某公寓。周一男的邻居是一名香港人，该香港人妻子是湖北人。周妻向某与这名湖北女子平日都喜爱打麻将，常邀到家中切磋手艺。2004 年 5 月初，女邻居邀约了数名湖北老乡拜访周府，在打麻将期间，这几名湖北人发现向某出手阔气，便心生歪念。5 月 26 日中午，4 名湖北男子趁周一男夫妇带 5 岁小女出门、只有保姆在家时，潜入周家，以暴力制服保姆后，大肆搜刮周家财物。下午 3 时，周妻向某独自一人先返回家中，被获取银行卡和密码后遭到杀害。下午 6 时，周一男带着女儿返家。歹徒用同样的方法获取银行卡和密码后将其残忍杀害。

检察机关提起公诉后，该案在经过了一审和二审后，5 名主犯均被判处死刑，剥夺政治权利终身，并处没收个人全部财产。但在随后的民事诉讼中，被害人向某的父亲在深圳市中级人民法院支持其总数达百万元的民事索赔的判决后，竟做出惊人之举：向广东省高级人民法院提出上诉，表示不服深圳市中院作出的刑事附带民事判决，请求改判 5 名被上诉人赔偿各种损失 1 万元。其上诉理由是：5 名被上诉人的个人财产已被深圳市中级人民法院判决全部没收，已没有任何财产来履行刑事附带民事判决确定的赔偿金额，因而数百万元的民事赔偿对上诉人来讲，已没有任何实际意义。

---

〔1〕　参见胡纪平："财产刑与民事执行的竞合及其处理"，载《当代经济》2007 年第 9 期。

案例二：　　中国工商银行股份有限公司海口新华支行申请执行案

（2016）最高法执协 5 号

海南高院在执行过程中，轮候查封了被执行人海南领时公司所有，位于海南省儋州市土地证号为 xxx 的"儋州领时国际"项目全部土地使用权及地上、地下建筑物。根据海南高院（2014）琼民二初字第 16 号民事判决的内容，工行海口新华支行对上述查封财产享有抵押权，并对抵押财产拍卖、变卖所得价款在 18100 万元范围内优先受偿。

上述案涉财产首先查封法院系青岛中院。青岛中院在审理华夏银行股份有限公司青岛分行（以下简称"华夏银行青岛分行"）与青岛冶通商贸有限公司、北京鹤立东方商贸有限公司、海南领时公司、青岛领时房地产开发有限公司、青岛领时酒店管理有限公司等共计四件金融借款合同纠纷案中，根据当事人申请，对上述案涉财产采取诉讼保全措施。2014 年 7 月 25 日，青岛中院就相关案件作出裁判，但债权人华夏银行青岛分行始终没有申请人民法院强制执行。海南高院受理工行海口新华支行的强制执行申请后，与山东高院、青岛中院商请移送查封财产。但是，两地法院未就移送和处分案涉查封财产达成一致意见。

海南高院认为：青岛中院系案涉财产的首先查封法院，但因当事人没有申请强制执行，导致查封财产长期不能变价处分。海南高院执行案件的债权人工行海口新华支行对"儋州领时国际"项目土地使用权及所附建筑物享有优先受偿权，青岛中院应将首查封财产移交该院处分，及时保护抵押权人合法权益。

山东高院认为：青岛中院以诉讼保全裁定为依据，首先查封了案涉财产。因债权人没有申请强制执行，导致案涉财产长期没有进行变价处分。因此，同意将案涉财产移送海南高院执行，但考虑青岛中院办理案件没有进入执行程序，建议由两地法院共同上级法院，统一协调处理。

最高人民法院认为，本案焦点问题是：首先查封法院是否应将"儋州领时国际"项目土地使用权及所附建筑物移送优先债权执行法院执行。

《最高人民法院关于首先查封法院与优先债权执行法院处分查封财产有关问题的批复》（以下简称《批复》）第 1 条规定，"已进入其他法院执行程序的债权对查封财产有顺位在先的担保物权、优先权（该债权以下简称"优先债权"），自首先查封之日起已超过 60 日，且首先查封法院就该查封财产尚未发布拍卖公告或者进入变卖程序的，优先债权执行法院可以要求将该查封财产移送执行"。其中，首先查封包括了诉讼保全过程中的查封。本案中，根据执行法院查明的事实和《批复》的规定，工行海口新华支行对"儋州领时国际"项目土地使用权及所附建筑物的优先债权为生效法律文书所确认且已进入执行程序。首先查封法院办理案件的债权人华夏银行青岛分行，在生效法律文书作出后，始终未申请强制执行，已经超过 1 年时间。海南高院办理案件已经进入执行程序，申请执行人工行海口新华支行系争议不动产的抵押权人，对"儋州领时国际"项目土地使用权及所附建筑物的变价款享有优先受偿的权利，而且，查封财产位于海南省内，因此，由海南高院负责对两地法院争议不动产的执行，更为妥当。

[问题与思考]

1. 两个以上的法院根据不同的执行根据对同一财产采取执行措施，发生执行竞合时应如何解决？

2. 法院对特定财产采取的强制执行措施与其他债权人对该财产享有的优先权发生冲突，该如何解决？

[重点提示]

根据执行竞合的相关原理，分析"公法债权与私法债权"发生竞合时，"终局执行与保全执行"发生竞合时，以及"普通债权与优先权债权"发生竞合时，各自的执行顺序应当如何合理设定。

第五节　参与分配

经典案例

中国银行股份有限公司重庆市分行与重庆今日商业
公司等执行分配方案异议之诉案[1]

[基本案情]

2006 年 6 月 14 日，对于中行重庆分行与物华公司借款担保合同纠纷一案，重庆市高级人民法院作出（2006）渝高法民初字第 5 号《民事判决书》。判决如下：①物华公司在本判决生效后 5 日内偿还中行重庆分行借款本金 7400 万元及利息；②物华公司未按照本判决确定的日期偿还中行重庆分行借款本金 7400 万元及利息，中行重庆分行有权根据本案《抵押合同》以该抵押物折价或拍卖、变卖该抵押物所得的价款获得优先受偿。该判决发生法律效力后，中行重庆分

---

〔1〕　参见重庆市第五中级人民法院（2011）渝五中法民终字第 3072 号民事判决书。案例来源，北大法宝：https://www.pkulaw.com/pfnl/a25051f3312b07f3fd605870dc4e73c935f890d36a78c760bdfb.html，最后访问日期：2021 年 4 月 24 日。

行向法院申请强制执行。

2008 年 5 月 30 日，对于今日商业公司与物华公司房屋拆迁合同纠纷一案，重庆市渝中区人民法院作出（2008）中区法民初字第 00031 号《民事判决书》。判决如下：①物华公司在其开发建设的和平路"新民花园"工程非住宅房屋通过竣工验收合格后，立即按照《房屋拆迁安置协议书》的约定安置今日商业公司建筑面积 82 平方米的平街层非住宅营业用房；②物华公司在本判决生效后，立即给付今日商业公司自 2000 年 6 月 19 日起至 2008 年 5 月 19 日期间的逾期安置房屋的经济损失补助费 208 872 元，并从 2008 年 6 月起至房屋安置时止，按每月 2278 元向今日商业公司支付经济损失补助费。宣判后，物华公司不服提出上诉。2008 年 10 月 15 日，重庆市第五中级人民法院经审理，判决驳回上诉，维持原判。之后，今日商业公司向法院申请强制执行。因物华公司资不抵债，一审法院于 2010 年 5 月 7 日作出《关于涉及重庆物华物业发展有限公司案件债权分配方案》，其主要内容如下：

1. 债权人情况。重庆市渝中区人民法院共收到债权人要求参与分配物华公司司法变现款申请 138 件，其中劳动工资类案件 28 件；拆迁过渡、经济损失补偿、安置补助费类 22 件（有 8 户拆迁户有拆迁安置协议，未起诉）；银行金融抵押债权案件 4 件；工程款案件 8 件；房屋迟延交付违约金案件 74 件；货款纠纷案件 2 件。

2. 物华公司财产变现情况。经重庆市高级人民法院和重庆市渝中区人民法院对物华公司的财产进行司法处置，得到变现款 49 876 255.6 元。变现财产均为中行重庆分行和工行渝北支行抵押物。其中，重庆市第五中级人民法院转来重庆市高级人民法院拍卖物华公司所有的"新民花园"项目 27 套住宅分配余款 2 038 892.6 元（中行重庆分行抵押物变现）；重庆市渝中区人民法院拍卖"新民花园"项目剩余财产所得拍卖款 44 800 000 元（中行重庆分行、工行渝北支行抵押物变现）；一审法院变卖物华公司所有的"龙珠花园"车库变卖款 3 037 363 元（工行渝北支行抵押物变现）。

3. 分配顺序及分配原则。物华公司涉及案件共有五类：劳动工资、拆迁安置、工程款（含判决未确定优先权工程款）、抵押借款、一般债权。分配顺序为：分配前，预留 1 500 000 元不可预见费用（新民花园拍卖款中预留 1 200 000 元，龙珠花园拍卖款中预留 300 000 元）。余款按下列顺序分配：

（1）评估、拍卖等变现费用优先扣除；

（2）所有案件诉讼费、执行费（未受偿一般债权执行费除外）优先收取；

（3）劳动工资优先支付；

（4）拆迁过渡费、安置补助等优先支付或预留；

（5）具有优先受偿权的工程款本金（含正在起诉确认优先权案件，按要求确认优先权金额预留）；

（6）不具有优先受偿权的工程款按20%优先支付人工费、材料款；

（7）银行抵押债权本金；

（8）一般债权（含货款案件及房屋迟延交付违约金案件）。

4. 分配方案。……④拆迁安置执行申请22件，有执行依据13件，应分配或预留拆迁过渡费、经济损失补助、安置补助金额为4 609 835.21元，诉讼费用4110元，执行费用24 453元，合计4 638 398.21元……序号17债权人今日商业公司，执行依据（2008）中区法民初字第31号，过渡费、经济损失补偿、安置补助278 578.8元，诉讼费用80元，分配金额278 658.8元，执行费用4080元……⑥抵押借款案件4件，应分配借款金额21 911 569.23元，诉讼费用303 356元，执行费用172 015.17元，合计22 386 940.42元……中行重庆分行债权本金74 000 000元，实际受偿金额20 100 566.77元。

2010年5月24日，中行重庆分行向重庆市渝中区人民法院提出《对〈关于涉及重庆物华物业发展有限公司案件债权分配方案〉异议书》，称分配方案认定22户拆迁户拆迁过渡费、安置补助费等4 609 835.21元优于抵押权受偿无法律依据，应予修正。同年6月12日，今日商业公司向一审法院提出《反对意见书》，称不同意中行重庆分行的意见，请求按分配方案执行。重庆市渝中区人民法院将今日商业公司的反对意见通知中行重庆分行后，中行重庆分行以今日商业公司为被告向一审法院提起执行分配方案异议之诉。诉讼请求是：①确认按照其2010年5月24日《异议书》对分配方案进行修正；②确认其抵押债权优先受偿；③确认今日商业公司过渡费、经济损失补偿费、安置补助费不享有优先受偿权，该债权作为普通债权在其抵押担保债权清偿后参与分配。

[法律问题]

1. 什么是参与分配，参与分配的适用条件有哪些？

2. 企业法人资不抵债的，多个债权人能否要求适用参与分配制度？

3. 债权人对法院编制的参与分配方案有异议的，应该通过什么救济途径维护自己的合法权益？

[参考结论与法理精析]

（一）法院意见

对于中行重庆分行提起的诉讼，先后经过重庆市渝中区人民法院、重庆市第五中级人民法院两级法院审理。

重庆市渝中区人民法院一审认为，关于中行重庆分行提出的三项诉讼请求，实质上系一个诉讼请求，即要求确认中行重庆分行的抵押担保债权在今日商业公司的拆迁安置债权之前得到清偿。

根据《重庆市高级人民法院关于审理和执行涉及"四久工程"纠纷案件若干问题的意见》第 21 条规定，受偿顺序，同一标的上设有多个债权的，按以下顺序依法清偿：①"四久工程"被拆迁安置人债权；②已交纳全部或大部分购房款并用于居住的购房消费者债权；③享有优先受偿权的建设工程款；④设定抵押的债权；⑤普通债权。在同一顺序不能完全受偿的情况下，第 4 项应按登记的先后顺序受偿。本案所涉"新民花园"工程项目属"四久工程"，适用前述规定。今日商业公司系"新民花园"工程项目的被拆迁安置人，其根据生效判决应当获得的临时安置补助费和经济损失补助费，属于第一顺序清偿的债权。中行重庆分行因设定抵押产生的债权则属于第四顺序清偿的债权。因此，分配方案将今日商业公司的拆迁安置债权排序在中行重庆分行的抵押担保债权之前清偿并无不当，中行重庆分行要求确认其抵押担保债权在今日商业公司的拆迁安置债权之前得到清偿的理由不能成立，对中行重庆分行的诉讼请求不予支持。至于中行重庆分行要求确认今日商业公司债权受偿的数额问题，属于另一法律关系，本案不予处理。

综上所述，依照《中华人民共和国民事诉讼法》第 130 条、第 204 条和《最高人民法院关于适用〈中华人民共和国民事诉讼法〉执行程序若干问题的解释》第 25 条、第 26 条的规定，[1]判决：驳回中国银行股份有限公司重庆市分行的诉讼请求。案件受理费减半收取 40 元，由中国银行股份有限公司重庆市分行负担。

中行重庆分行不服一审判决，向重庆市第五中级人民法院提起上诉，请求撤销原判，依法改判。

二审法院认为，被上诉人物华公司差欠被上诉人今日商业公司经济损失补助费，已经法院审查并作出生效判决。上诉人中行重庆分行对今日商业公司享有的经济损失补助费的真实性有异议，实质是对生效判决有异议，认为生效判决存在错误。根据《民事诉讼法》第 204 条的规定，[2]该异议不属于执行分配方案异议之诉解决的范围。在生效判决未被撤销且没有充分证据证明生效判决不应执行的情况下，生效判决作为法院执行依据符合法律规定，今日商业公司享有的拆迁安置利益不能被否认。关于分配顺序问题，目前法律对于统一执行分配排序问题尚无明确规定，而被拆迁人享有的安置补偿权是建立在丧失原房屋所有权基础之上的一种特殊权利，表面上是合同权利，实质是原所有权的延伸。在物华公司尚未破产清算且无其他可执行财产的情况下，一审法院根据有

---

〔1〕 2021 年《民事诉讼法》修正后，原 130 条现为第 147 条；原 204 条现为 234 条。2020 年《最高人民法院关于适用〈中华人民共和国民事诉讼法〉执行程序若干问题的解释》修正后，原 25 条现为第 17 条，原 26 条现为第 18 条。

〔2〕 2021 年《民事诉讼法》修正后为第 234 条。

关指导意见确定今日商业公司享有的拆迁安置补偿权优先于中行重庆分行的抵押债权受偿并无不当。因此，中行重庆分行的上诉理由不能成立。

综上所述，依照《民事诉讼法》第 153 条第 1 款第 1 项之规定，判决驳回上诉，维持原判。[1]

（二）参与分配的适用条件

参与分配是指被执行人的全部或主要财产已被一个人民法院因执行确定金钱给付的生效法律文书而查封、扣押或冻结，无其他财产可供执行或其他财产不足清偿全部债务的，在被执行的财产被执行完毕前，对该被执行人已经取得金钱债权执行依据的其他债权人可以申请对被执行人的财产参与分配，并将执行财产在各债权人中公平分配的一种执行制度。

参与分配在民事诉讼法中并无明确规定，这一制度主要是通过最高人民法院的司法解释确立的。其依据包括：《民诉法解释》第 508 ~ 512 条，《最高人民法院关于人民法院执行工作若干问题的规定（试行）》第 55 条、第 56 条，以及《最高人民法院关于适用〈中华人民共和国民事诉讼法〉执行程序若干问题的解释》第 17 条、第 18 条。

通常认为，参与分配通常应该具备以下几个条件：

（1）申请参与分配的权利人必须是被执行人的债权人。而且，债权人必须是多个，债权属于合法的金钱债权，且债权人已经取得执行根据。已经起诉、尚未取得执行根据的债权人可以申请参与分配，执行法院在编制分配方案时可以为其保留预留份额，待其取得执行根据时再实际分配。[2]

（2）被执行人须是其财产不能清偿所有债权人的公民或者其他组织。

（3）权利人申请参与分配，应在执行程序开始之后、被执行人的财产被清偿前提出申请。

（4）被执行人的全部或主要财产已经被人民法院因执行具有金钱给付内容的法律文书而查封、扣押、冻结，无其他财产可供执行或者其他财产不足以清偿全部债务。

被执行人是企业法人的，能否适用参与分配制度进行财产清偿？

《民诉法解释》第 513 条规定，作为被执行人的企业法人符合企业破产法第 2 条第 1 款规定情形的，执行法院经申请执行人之一或者被执行人同意，应当裁定中止对该被执行人的执行，将执行案件相关材料移送被执行人住所地人民法院。又根据《民诉法解释》516 条规定，当事人不同意移送破产或者被执行人

---

[1]　2021 年《民事诉讼法》修正后为第 177 条
[2]　王娣：《强制执行竞合研究》，中国人民公安大学出版社 2009 年版，第 320 页。

住所地人民法院不受理破产案件的，执行法院就执行变价所得财产，在扣除执行费用及清偿优先受偿的债权后，对于普通债权，按照财产保全和执行中查封、扣押、冻结财产的先后顺序清偿。

《最高人民法院关于执行案件移送破产审查若干问题的指导意见》（法发〔2017〕2号）第4条规定，执行法院采取财产调查措施后，发现作为被执行人的企业法人符合破产法第2条规定的，应当及时询问申请执行人、被执行人是否同意将案件移送破产审查。申请执行人、被执行人均不同意移送且无人申请破产的，执行法院应当按照《民诉法解释》第516条的规定处理，企业法人的其他已经取得执行依据的债权人申请参与分配的，人民法院不予支持。

（三）参与分配方案的编制和救济程序

对参与被执行人财产的具体分配，应当由首先查封、扣押或冻结的法院主持进行。首先查封、扣押、冻结的法院所采取的执行措施如为执行财产保全裁定，具体分配应当在该院案件审理终结后进行。

执行法院在编制参与分配方案时，应当按什么顺序进行分配呢？正如重庆市第五中级人民法院在本案二审判决书中所述，目前法律对于统一执行分配排序问题尚无明确规定。根据《民诉法解释》第510条的规定：参与分配执行中，执行所得价款扣除执行费用，并清偿应当优先受偿的债权后，对于普通债权，原则上按照其占全部申请参与分配债权数额的比例受偿。清偿后的剩余债务，被执行人应当继续清偿。债权人发现被执行人有其他财产的，可以随时请求人民法院执行。

另外，目前最新的有关地方法院的意见为：

2020年3月出台的《江苏省高级人民法院关于正确理解和适用参与分配制度的指导意见》第9条规定：执行财产在扣除下列相关费用后予以分配：

（1）首查封案件保全费、主持分配案件申请执行费、评估费、审计费、鉴定费、公告费、保管费、悬赏费、拍卖辅助费等应由被执行人承担必要费用以及相关债权人为处置待分配财产垫付的必要费用；

（2）执行财产为国有划拨土地使用权，依法应缴纳的土地使用权出让金；

（3）根据相关法律、行政法规规定，办理物权变更登记时应由被执行人负担的税费，但已明确由买受人负担的除外；

（4）其他依法应当扣除的必要费用。

由于立法对此尚无明文规定，司法解释的规定又具有模糊性，因此各地高级人民法院出台了地方性的指导意见，[1]但各地法院掌握的标准并不完全一致。

---

〔1〕　参见重庆市高级人民法院《关于审理和执行涉及"四久工程"纠纷案件若干问题的意见》（渝高法〔2003〕179号），自2003年9月10日起实施。

如果某些债权人对执行法院编制的财产分配方案有异议，应当通过何种途径获得救济呢？《民诉法解释》第511条规定，多个债权人对执行财产申请参与分配的，执行法院应当制作财产分配方案，并送达各债权人和被执行人。债权人或者被执行人对分配方案有异议的，应当自收到分配方案之日起15日内向执行法院提出书面异议。第512条规定，债权人或者被执行人对分配方案提出书面异议的，执行法院应当通知未提出异议的债权人、被执行人。未提出异议的债权人、被执行人自收到通知之日起15日内未提出反对意见的，执行法院依异议人的意见对分配方案审查修正后进行分配；提出反对意见的，应当通知异议人。异议人可以自收到通知之日起15日内，以提出反对意见的债权人、被执行人为被告，向执行法院提起诉讼；异议人逾期未提起诉讼的，执行法院按照原分配方案进行分配。诉讼期间进行分配的，执行法院应当提存与争议债权数额相应的款项。

拓展案例

案例一：　张某某与河南省银达装饰装潢材料有限公司借款合同纠纷执行案[1]

2005年6月1日，河南省遂平县公证处出具（2005）遂强证民字第155号执行公证书，申请执行人是张某某，被执行人是河南省银达装饰装潢材料有限公司，公证内容是：2005年2月25日，张某某与河南省银达装饰装潢材料有限公司签订借款公证书一份、还款协议书一份，河南省银达装饰装潢材料有限公司借张某某款50万元，逾期不还款，自愿接受人民法院强制执行。因河南省银达装饰装潢材料有限公司未按期还款，申请执行人于2005年7月14日，持执行公证书到被执行人财产所在地的新郑市人民法院申请立案，本院同日立案。2006年2月28日，裁定查封河南省银达装饰装潢材料有限公司全部房产。在本案执行过程中，新郑市和庄镇人民政府申请执行河南银达装饰装潢材料有限公司欠土地出让金，主张参与分配、并优先受偿。

在被执行人财产变现债权人会议上，申请执行人张某某提出了书面异议：①被执行人的财产即60亩土地使用权和60多间门面房共计卖了317万元，价格

---

[1] 参见河南省郑州市中级人民法院执行裁定书（2011）郑执复字第35号。案例来源，北大法宝：https://www.pkulaw.com/pfnl/a25051f3312b07f39ab361c616513426ff9db2a0bba7c6e0bdfb.html，最后访问日期：2021年4月24日。

明显过低。②乡级的和庄镇政府不属于土地使用权出让金收取主体，更不能作为出让金债权方优先受偿。

案例二： 中铁五局集团建筑工程有限责任公司执行
分配异议案[1]

2004年11月15日，中铁五局与卫邦公司签订建设工程施工合同，约定由中铁五局承建卫邦公司位于上海市奉贤区金汇镇经济园区浦星公路5666号的中心广场工程，工程造价暂定为3000万元，并约定由中铁五局支付工程质保金300万元。合同签订后，中铁五局按约支付300万元工程质保金。但卫邦公司收取质保金后，未能按约做好施工准备工作，致中铁五局无法进场施工。之后，卫邦公司先后多次向中铁五局作出还款承诺，但均未予兑现。2005年10月8日，卫邦公司再次承诺于2005年10月20日前还款350万元，如逾期还款则每天按欠款总额的1%接受罚款，并以上海市奉贤区金汇镇经济园区浦星公路5666号内的房屋、设备及土地等所有财产作抵押，因卫邦公司逾期仍未付款，遂引起讼争。

2005年12月5日，上海市奉贤区人民法院根据中铁五局财产保全的申请，作出冻结卫邦公司的银行存款420万元或查封、扣押其相应价值财产的裁定。同年12月8日，法院执行该裁定，以第三顺位查封了卫邦公司的土地、房产。2006年3月1日，法院作出（2005）奉民一（民）初字第5542号判决，内容为：①卫邦公司于本判决生效后10日内返还中铁五局人民币350万元。②卫邦公司于本判决生效后10日内偿付中铁五局逾期付款违约金（自2005年10月21起至本判决生效之日止、以人民币350万元为基数，按每日1‰计算）；案件受理费人民币31 010元、财产保全费人民币21 520元，均由卫邦公司负担。

2006年6月5日，中铁五局向上海市奉贤区人民法院申请强制执行。2007年11月6日，中铁五局向本院提出续封申请。执行过程中，对被执行人卫邦公司享有债权的龙争等30余人申请参与分配。2010年2月2日，法院作出《卫邦公司剩余款项分配预案》，确定卫邦公司剩余资金49 326 935元，扣除应全额缴纳的执行费1 036 372元，可分配金额为48 290 563元，而参与申请执行的累计金额为155 775 350元，分配比例为31%。2月8日，中铁五局对分配方案提出

---

[1] 参见上海市奉贤区人民法院民事判决书（2011）奉民一（民）初字第2282号。案例来源，北大法宝：https://www.pkulaw.com/pfnl/a25051f3312b07f3ef388405e19b8ce58149284e145eb521bdfb.html，最后访问日期：2021年4月24日。

异议，要求优先受偿 350 万元。理由是：①原告为建筑企业，法院判决支持的 350 万元属工程款；②原告在诉讼时以第三顺位保全了卫邦公司的土地房产，现卫邦公司的剩余财产大于第一、二、三顺位查封的债权总额。

因参与分配债权人龙争提出反对，中铁五局遂以龙争为被告向法院提出参与分配方案异议之诉。

[问题与思考]

1. 参与分配的各债权之间，应当平等受偿还是按照一定的顺序优先受偿？

2. 执行法院在编制参与分配方案时，应当遵照什么样的顺序依次进行分配？

3. 参与分配制度与破产程序之间，有哪些联系与区别？

[重点提示]

根据参与分配的相关原理，分析在参与分配的顺序问题上是采取"平等主义""优先主义"还是"团体优先主义"更为合理？参与分配与企业破产程序在适用主体上不同，因而导致在立法精神上应该有哪些不同？

第六节 不予执行

经典案例

山西恒实平阳房地产开发有限公司、深圳平安大华汇通财富管理有限公司借款合同纠纷执行异议案（2019）最高法执复 58 号

[基本案情]

山西高院依据已经发生法律效力的北京市中信公证处（2018）京中信执字 00735 号执行证书，在执行申请执行人深圳平安大华汇通财富管理有限公司与被执行人山西恒实天和房地产开发有限公司、山西恒实平阳房地产开发有限公司、山西恒实房地产开发有限责任公司、孙国太、马秀卿借款合同纠纷一案中，山西恒实平阳房地产开发有限公司不服（2018）晋执 26 号执行裁定，向该院提出异议。

山西恒实平阳房地产开发有限公司申请不予执行山西高院（2018）晋执 26 号执行裁定，事实与理由为：2015 年，山西恒实平阳房地产开发有限公司、山西恒实天和房地产开发有限公司、山西恒实房地产开发有限责任公司、孙燕、孙国太、马秀卿与深圳平安大华汇通财富管理有限公司就天和福地项目开发签订了《平安汇通平安智富定制 93 号专项资产管理计划之框架协议》（以下

简称《资管计划》），约定原案被执行人向深圳平安大华汇通财富管理有限公司融资 9.5 亿元。至此，双方确定的债权为 9.5 亿元。但 2015 年 11 月 27 日，山西恒实天和房地产开发有限公司的法定代表人孙燕与《资管计划》的委托人河南中建市政建设开发有限公司签订的《河南中建市政建设开发有限公司之孙燕资产管理计划份额转让合同》约定，河南中建市政公司将其 1.5 亿受益权转让给孙燕，即山西恒实天和房地产开发有限公司的法定代表人。2015 年 12 月 16 日，原案被执行人山西恒实平阳房地产开发有限公司将 1.5 亿元支付给了《资管计划》的实际出资人，即委托人河南中建市政公司。至此，原案被执行人已实际归还 1.5 亿元。综上，深圳平安大华汇通财富管理有限公司提供的《公证债权书》确定的债权金额确有错误，非其认为的 9.5 亿元。另外在公证债权文书中已经确认归还了 1000 万元。在山西高院听证时，山西恒实平阳房地产开发有限公司称虽是以执行异议立案，但实际是申请不予执行公证债权文书。

申请执行人深圳平安大华汇通财富管理有限公司答辩称：①根据《最高人民法院关于公证债权文书执行若干问题的规定》第 11 条、第 12 条，该案不符合不予执行的情形。②执行裁定送达时间是 2018 年 5 月 25 日，已超过申请不予执行须在 15 日内提出书面申请的法定期间。③根据上述规定第 22 条、第 24 条，申请不予执行应通过另行提起诉讼的方式解决。

山西高院认为：①山西恒实平阳房地产开发有限公司，明确表示不主张执行异议，亦未提交书面执行异议申请。②根据山西恒实平阳房地产开发有限公司在听证中陈述的请求和事实理由，其并非对执行行为或执行标的提出异议，而是对本案的执行依据公证债权文书提出的不予执行申请，不符合《中华人民共和国民事诉讼法》第 225 条或者第 227 条规定的执行异议案件的受理条件。③执行异议审查程序与不予执行公证债权文书审查或审理程序是不同的法律程序。三者从法律依据、受理条件、审查事项、审理期限、救济途径等方面均有不同，无法在执行异议程序中解决不予执行公证债权文书之诉请。④被执行人若认为公证机构具有严重违反法定公证程序的情形，可依照《最高人民法院关于公证债权文书执行若干问题的规定》第 12 条的规定，申请不予执行公证债权文书。被执行人若以公证债权文书的内容与事实不符或者违反法律强制性规定等实体事由申请不予执行的，可依照《最高人民法院关于公证债权文书执行若干问题的规定》第 22 条第 1 款之规定提起诉讼。综上，山西恒实平阳房地产开发有限公司的申请不符合法律规定，山西高院不予支持。依据《最高人民法院关于人民法院办理执行异议和复议案件若干问题的规定》第 2 条之规定，裁定驳回山西恒实平阳房地产开发有限公司的申请。

山西恒实平阳房地产开发有限公司向最高人民法院申请复议称：①山西高院异议裁定遗漏了真正的申请主体孙燕、山西恒实天和房地产开发有限公司。被执行人山西恒实平阳房地产开发有限公司、山西恒实天和房地产开发有限公司及其法定代表人孙燕要求立不予执行案件，不予执行山西高院（2018）晋执26号执行裁定，并向山西高院递交了不予执行申请书及相关材料，且填写了材料移交表。②山西高院因其内部立案错误导致本案审查错误。被执行人向山西高院递交的系不予执行申请书，立案内勤称执行局系统没有不予执行的选项，便要求提交一份执行异议申请书。被执行人要求立不予执行案件，并在材料移交表中签字确认其留下的为不予执行申请书而非执行异议申请书。③山西高院认定事实错误。申请执行人申请执行的本金金额为9.5亿元，但真正的债权人河南中建市政建设开发有限公司认可其已经收到山西恒实天和房地产开发有限公司支付的1.5亿元，其申请执行所依据的《执行证书》第2条也认可收到1000万元，故申请执行人申请执行的本金金额存在根本错误。④公证程序错误。本案所有的当事人均不在北京，且在北京市中信公证处介入之前发生的任何行为都未发生在北京，而是在北京市公证处介入之后，才使得《债权债务确认书》中的一方当事人在北京签订。故，北京市中信公证处违反了基本的公证程序，其无权公证。另，未经公证的债权文书在履行过程中，债权人申请公证机关赋予强制执行效力的，公证机关必须征求债务人意见，但本案北京市中信公证处并未征得债务人的同意且债权人未亲自到场，故该公证书的出具存在程序违法。⑤执行所依据的公证书属于重复公证。山西恒实平阳房地产开发有限公司请求撤销山西高院（2019）晋执异7号执行裁定，并裁定不予执行山西高院（2018）晋执26号执行裁定。

［法律问题］

1. 公证债权文书是否可以作为人民法院强制执行的根据？

2. 人民法院不予执行公证债权文书时，是进行实体审查还是仅进行程序审查？

3. 人民法院审查公证债权文书是否有错误适用什么程序？

［参考结论与法理精析］

（一）法院意见

最高人民法院经审查认为，本案争议焦点是人民法院对当事人提出的不予执行公证债权文书申请，应当通过什么程序审查。

《最高人民法院关于公证债权文书执行若干问题的规定》明确了对当事人提出的不予执行公证债权文书申请的两种不同救济程序。其一，被执行人以公证债权文书的内容与事实不符或者违反法律强制性规定等实体事由申请不予执行的，人民法院应当告知其依照该司法解释第 22 条第 1 款规定提起诉讼。其二，被执行人以严重违反法定公证程序为由申请不予执行的，执行法院可以直接审查，经审查认为理由成立的，裁定不予执行；理由不成立的，裁定驳回不予执行申请。公证债权文书被裁定不予执行的，当事人可以就该公证债权文书涉及的民事权利义务争议向人民法院提起诉讼；公证债权文书被裁定部分不予执行的，当事人可以就该部分争议提起诉讼。当事人不服驳回不予执行申请裁定的，可以自裁定送达之日起 10 日内向上一级人民法院申请复议。针对本案当事人提出的不予执行申请，执行法院应当根据其不同理由作出不同程序指引。针对其提出的公证债权文书的内容与事实不符或者违反法律强制性规定等实体事由，应当告知其提起诉讼。针对其提出的程序严重违法事由，执行法院应当依法予以审查。对于执行法院审查不予执行公证债权文书的程序，《最高人民法院关于公证债权文书执行若干问题的规定》第 15 条作了原则性规定，即人民法院审查不予执行公证债权文书案件，案情复杂、争议较大的，应当进行听证。必要时可以向公证机构调阅公证案卷，要求公证机构作出书面说明，或者通知公证员到庭说明情况。该程序规定不同于诉讼程序，本质上属于执行审查程序，可以参照执行异议案件审查程序办理。对此，《最高人民法院关于执行案件立案、结案若干问题的意见》第 9 条明确规定，"下列案件，人民法院应当按照执行异议案件予以立案：……（六）被执行人对仲裁裁决或者公证机关赋予强制执行效力的公证债权文书申请不予执行的……"因此，如果当事人提出了程序严重违法事由并请求不予执行公证债权文书的，执行法院应当按照执行异议案件予以立案审查。山西高院未审查及区分当事人提出的程序事由及实体事由，一概认为无法在执行异议程序中解决不予执行公证债权文书诉请，将对不予执行公证债权文书的审查程序与执行异议案件审查程序完全割裂，不完全符合现行规定精神。因此，山西高院应当参照执行异议案件审查程序，对被执行人提出的不予执行公证债权文书申请中是否有程序严重违法事由、程序严重违法事由是否成立及申请执行人的答辩事由等依法进行审查。

（二）不予执行的含义

不予执行是指人民法院在执行非诉法律文书的过程中，发现存在法律规定的不予执行的事由，而依申请或依职权裁定不予强制执行的一种执行法律制度。不予执行制度体现了司法权对非诉纠纷解决方式的监督，即以否定其执行效力的方式进行事后监督。

根据有关规定，不予执行主要适用于以下几种法律文书：

1. 仲裁裁决。现行《民事诉讼法》第 244 条第 1 ~ 4 款规定，对依法设立的仲裁机构的裁决，一方当事人不履行的，对方当事人可以向有管辖权的人民法院申请执行。受申请的人民法院应当执行。被申请人提出证据证明仲裁裁决有法定不予执行情形的，经人民法院组成合议庭审查核实，裁定不予执行。裁定书应当送达双方当事人和仲裁机构。

2. 公证债权文书。《民事诉讼法》第 245 条规定，对公证机关依法赋予强制执行效力的债权文书，一方当事人不履行的，对方当事人可以向有管辖权的人民法院申请执行，受申请的人民法院应当执行。公证债权文书确有错误的，人民法院裁定不予执行，并将裁定书送达双方当事人和公证机关。

3. 行政决定。《最高人民法院关于适用〈中华人民共和国行政诉讼法〉的解释》第 161 条规定，被申请执行的行政行为有法定不予执行情形的，人民法院应当裁定不准予执行。

4. 涉外仲裁裁决。《民事诉讼法》第 281 条规定，对中华人民共和国涉外仲裁机构作出的裁决，被申请人提出证据证明仲裁裁决有法定不予执行情形的，经人民法院组成合议庭审查核实，裁定不予执行。

5. 外国法院的裁判文书。《民事诉讼法》第 283 条规定，根据中华人民共和国缔结或者参加的国际条约，或者按照互惠原则，人民法院和外国法院可以相互请求，代为送达文书、调查取证以及进行其他诉讼行为。外国法院请求协助的事项有损于中华人民共和国的主权、安全或者社会公共利益的，人民法院不予执行。第 289 条规定，人民法院对申请或者请求承认和执行的外国法院作出的发生法律效力的判决、裁定，依照中华人民共和国缔结或者参加的国际条约，或者按照互惠原则进行审查后，认为不违反中华人民共和国法律的基本原则或者国家主权、安全、社会公共利益的，裁定承认其效力，需要执行的，发出执行令，依照本法的有关规定执行。违反中华人民共和国法律的基本原则或者国家主权、安全、社会公共利益的，不予承认和执行。

（三）法院对不予执行申请的审查范围

对于进入执行程序的非诉法律文书，人民法院是应当进行实体审查还是只进行程序审查？从现有零散的规定来看，部分要求实体审查，部分只要求程序审查，没有统一的规定。

1. 对于仲裁裁决书以程序审查为主。对于仲裁裁决书，我国 2007 年《民事诉讼法》第 213 条第 2 款规定："被申请人提出证据证明仲裁裁决有下列情形之一的，经人民法院组成合议庭审查核实，裁定不予执行：（一）当事人在合同中没有订有仲裁条款或者事后没有达成书面仲裁协议的；（二）裁决的事项不属于仲裁协议的范围或者仲裁机构无权仲裁的；（三）仲裁庭的组成或者仲裁的程序违反法定程序的；（四）认定事实的主要证据不足的；（五）适用法律确有错误的；（六）仲裁员在仲裁该案时有贪污受贿，徇私舞弊，枉法裁决行为的。人民法院认定执行该裁决违背社会公共利益的，裁定不予执行。"前述第4、5项和"是否违背公共利益"三项不予执行理由，属于实体性审查；其他不予执行的理由，都属于程序性的审查。

2012年全国人大修正《民事诉讼法》时，将2007年《民事诉讼法》第213条修改为第237条，但是，将前述第4、5项两项实体性不予执行的理由修改为程序性的理由，即裁决所根据的证据是伪造的；对方当事人向仲裁机构隐瞒了足以影响公正裁决的证据的。这样，修正后2012年《民事诉讼法》第237条的规定，就与第274条规定的涉外仲裁裁决不予执行的理由大体一致，统一为以程序审查为主。

2. 对于公证债权文书既进行实体审查又进行程序审查。《民事诉讼法》第245条第2款规定："公证债权文书确有错误的，人民法院裁定不予执行，并将裁定书送达双方当事人和公证机关。"何谓"公证债权文书确有错误"？这里的"确有错误"是指实体错误还是仅指程序错误？

根据《最高人民法院关于公证债权文书执行若干问题的规定》（法释〔2018〕18号）第12条的规定：有下列情形之一的，被执行人可以依照民事诉讼法第238条第2款规定申请不予执行公证债权文书：①被执行人未到场且未委托代理人到场办理公证的；②无民事行为能力人或者限制民事行为能力人没有监护人代为办理公证的；③公证员为本人、近亲属办理公证，或者办理与本人、近亲属有利害关系的公证的；④公证员办理该项公证有贪污受贿、徇私舞弊行为，已经由生效刑事法律文书等确认的；⑤其他严重违反法定公证程序的情形。被执行人以公证债权文书的内容与事实不符或者违反法律强制性规定等实体事由申请不予执行的，人民法院应当告知其依照本规定第22条第1款规定提起诉讼。

第22条规定：有下列情形之一的，债务人可以在执行程序终结前，以债权人为被告，向执行法院提起诉讼，请求不予执行公证债权文书：①公证债权文书载明的民事权利义务关系与事实不符；②经公证的债权文书具有法律规定的无效、可撤销等情形；③公证债权文书载明的债权因清偿、提存、抵销、免除等原因全部或者部分消灭。债务人提起诉讼，不影响人民法院对公证债权文书的执行。债务人提供充分、有效的担保，请求停止相应处分措施的，人民法院可以准许；债权人提供充分、有效的担保，请求继续执行的，应当继续执行。

根据前述规定，债务人以公证实体错误申请不予执行公证债权文书的，执行法院需依照职权指引其另诉解决。

3. 对行政决定和外国法院的裁判文书，主要进行实体审查。《最高人民法院关于适用〈中华人民共和国行政诉讼法〉的解释》第 161 条规定："被申请执行的行政行为有下列情形之一的，人民法院应当裁定不准予执行：（一）实施主体不具有行政主体资格的；（二）明显缺乏事实根据的；（三）明显缺乏法律、法规依据的；（四）其他明显违法并损害被执行人合法权益的情形。"

根据《民事诉讼法》第 283 条、第 289 条的规定，对于外国法院请求我国法院进行司法协助的法律文书，我国法院主要进行实体审查。但审查的内容不是一般的事实和法律问题，而仅仅是是否"外国法院请求协助的事项有损于中华人民共和国的主权、安全或者社会公共利益"。

拓展案例

案例一：　借款人 A 申请法院强制执行公证债权文书案[1]

A（出借人）于 2000 年 4 月借给 B（借款人，实为 60 人）个人住房贷款人民币 500 余万元，约定 B 从当年 5 月开始向 A 每年还款 3 万余元，15 年还清。双方签订了合同，并经公证，公证处根据当事人的约定，即"借款人不履行合同时，自愿接受强制执行"的条款，对该合同的公证赋予了强制执行效力。但 B 还了一年款后（30 多万元），未继续履行合同。A 根据合同的约定，即"三个月不履行合同，甲方有权终止合同，并申请执行"，向公证部门申请强制执行。公证处按规定出具了"执行证书"。A 向人民法院申请执行，但法院根据《民事诉讼法》第 218 条[2]第 2 款的规定，即"公证债权文书确有错误的，人民法院裁定不予执行，并将裁定书送还双方当事人和公证机关"，裁定不予执行。

法院不予执行的理由是：①《最高人民法院、司法部关于公证机关赋予强制执行效力的债权文书执行有关问题的联合通知》第 5 条规定："公证机关签发执行证书应当注意审查以下内容：（一）不履行或不完全履行的事实确实发生；（二）债权人履行合同义务的事实和证据，债务人依照债权文书已经部分履行的事实；（三）债务人对债权文书规定的履行义务有无疑义。"法院认为，公证机关签发"执行证书"时，借款人必须再次表示有无异议，才符合第 5 条的规定。②公证卷宗中没有谈话笔录，因此，该公证不符合法律程序。

---

〔1〕　王红英："对一起裁定不予执行的公证案例的分析"，载《中国公证》2004 年第 9 期。
〔2〕　2012 年《民事诉讼法》修正后为第 238 条。

案例二： 天津某集团公司担保协议公证债权文书案[1]

2007 年 10 月 19 日，某集团公司以人民币 62.9 亿元取得了天津市某地块国有建设用地开发项目的建设开发权，并与政府签订了土地出让合同。根据挂牌文件的要求，该集团在天津注册了项目公司，但此后，其资金运转方面出现了问题，除去已缴纳的竞买保证金 3 亿元、相关交易费用和其他费用 2 亿元，加上其自有资金，尚有 30 亿元的资金缺口。如不能按时交纳，除已缴的 5 亿元资金将被没收外，按照出让合同的约定，还应向政府赔偿违约金 12.6 亿元。鉴于此种情况，某信托公司拟给该集团融资 30 亿元，支持该项目的建设。

信托公司提出融资计划，即以发行信托计划的方式筹集资金购买天津项目公司和集团公司的经营收益，向对方支付 30 亿元，1 年后由天津项目公司和集团公司向信托公司支付大于 30 亿元的经济收益。为保障债务的清偿，由对方以其持有的天津项目公司的股权和摘牌取得的建设用地使用权设定担保，由公证处分别对特定收益权转让合同、股权质押合同、土地使用权抵押合同进行合同公证。基于信托公司的申请，公证处认为，双方当事人的收益权转让合同能够形成合同之债，按照合同约定，信托公司的资金一旦付给该集团，即生成该集团向信托公司的项目收益给付义务，如果双方能够基于合同之债达成还款协议，就可以满足赋予强制执行效力债权文书公证的条件。同时，以股权质押合同、土地使用权抵押合同作为还款协议的担保合同，连同还款协议一同公证，一并赋予强制执行效力。在债的形成与还款协议达成的先后顺序问题上，需要在还款协议中表明还款协议的生效以合同之债的形成为条件，建设用地使用权抵押的成立时间以还款协议生效的时间为条件，这样也就同时解决了抵押权的设立时间问题，避免了抵押人缴齐土地出让金后其他债权人对土地使用权先行保全。

2007 年 12 月 21 日，当事人各方在公证人员的监督下达成了合作协议，分别签订了《特定资产收益权转让合同》《股权转让合同》《联合管理合同》《还款协议》《股权质押合同》《土地使用权抵押合同》等 21 个合同，其中《还款协议》《股权质押合同》《土地使用权抵押合同》等 9 个合同办理了赋予强制执行效力的债权文书公证。但是，2003 年最高人民法院执行工作办公室《关于中国银行海南省分行质押股权异议案的复函》却认为，"追偿债款、物品的文书"不包括担保协议，公证机构对抵押协议赋予强制执行效力不符合法律规定。

---

[1] 刘小杰、纪方："公证机构赋予担保类文书强制执行效力问题研究"，载《中国公证》2011 年第 8 期。

［问题与思考］

1. 人民法院执行公证债权文书时，应该同时进行实体和程序审查，还是仅进行程序审查？

2. 公证机构对抵押协议赋予强制执行效力，人民法院是否应当承认其合法性？

3. 人民法院对不同种类的非诉法律文书进行审查的标准不同，为什么会出现这种状况？

［重点提示］

人民法院在对非诉法律文书进行执行时，还负有监督和审查的职能。这种审查是定位为程序审查、还是程序与实体问题一并审查，在司法实践中是一个有待澄清的问题。另外，人民法院对公证债权文书、仲裁裁决书、行政决定书等非诉法律文书进行审查时，审查的内容和标准有哪些不同，也需要进一步斟酌。

第七节　执行和解

经典案例

吴某诉四川省眉山西城纸业有限公司买卖合同纠纷案[1]

［基本案情］

2004 年 4 月，原告吴某与被告四川省眉山西城纸业有限公司（以下简称"纸业公司"）签订废书买卖合同，吴某将收来的废书出售给纸业公司。截至 2009 年 6 月 11 日，纸业公司共欠吴某货款 2 518 000 元。2009 年 6 月 23 日，吴某向四川省眉山市东坡区人民法院提起诉讼，请求法院判令纸业公司支付货款 2 518 000 元及利息。庭审中，纸业公司承认拖欠吴某货款的事实。

由于双方不接受调解，四川省眉山市东坡区人民法院依法审理后判决如下：在被告收到生效判决书之日起 10 日内向原告支付货款、货款利息、违约金等共计 2 518 000 元。一审判决后，纸业公司向四川省眉山市中级人民法院提起上诉。二审期间，双方达成和解协议，并签订了纸业公司还款的计划书。该和解协议达成的条件是：吴某不要求纸业公司支付货款利息，只要求返还货款即可。

---

〔1〕 最高人民法院指导案例：吴梅诉四川省眉山西城纸业有限公司买卖合同纠纷案，法〔2011〕354 号。

2009 年 10 月 20 日，纸业公司申请撤回上诉，二审法院裁定准予撤诉。但撤诉后，纸业公司并未完全按和解协议和计划书的要求还款，吴某遂向四川省眉山市东坡区人民法院申请执行一审判决，要求纸业公司支付货款、货款利息、违约金等共计 2 518 000 元。眉山市东坡区人民法院对吴某的执行一审判决申请，予以支持。但纸业公司辩称其与吴某已达成和解协议，向眉山市中级人民法院申请执行监督，主张不予执行原一审判决。

[法律问题]

1. 在二审期间，当事人因达成和解协议而撤回上诉，这时原一审判决是否生效？

2. 当事人因达成和解协议而撤回上诉后，义务人却未完全履行和解协议。此时，法院应执行一审生效判决，还是执行和解协议？

[参考结论与法理精析]

(一) 法院意见

四川省眉山市中级人民法院于 2010 年 7 月 7 日作出（2010）眉执督字第 4 号复函认为：根据吴某的申请，一审法院受理执行已生效法律文书并无不当，应当继续执行。

理由是：西城纸业公司对于撤诉的法律后果应当明知，即一旦法院裁定准予其撤回上诉，眉山市东坡区人民法院的一审判决即为生效判决，具有强制执行的效力。虽然二审期间双方在自愿基础上达成的和解协议对相关权利义务作出约定，西城纸业公司因该协议的签订而放弃行使上诉权，吴某则放弃了利息，但是该和解协议属于双方当事人诉讼外达成的协议，未经人民法院依法确认制作调解书，不具有强制执行力。西城纸业公司未按和解协议履行还款义务，违背了双方约定和诚实信用原则，故对其以双方达成和解协议为由，主张不予执行原生效判决的请求不予支持。

(二) 执行和解的含义

执行和解是指在执行过程中，双方当事人经过平等协商，就变更执行根据所确定的权利义务关系达成协议，从而中止或终结执行程序的一种制度。

根据我国法律及有关司法解释的规定，执行和解的成立应具备下列要件：

1. 主体要件，即执行和解的主体必须适格。执行和解的主体只能是双方当事人即申请执行人和被执行人。

2. 主观要件，即执行和解的达成必须双方完全自愿。执行和解就其性质而言，属于执行权利人行使处分权的行为，是处分原则在执行程序中的体现。任何受制于对方或第三方的压力、胁迫、不当干预而达成的执行和解，任何在发生重大误解、违背诚实信用原则等情形下所为的执行和解，都违背了自愿的原则。

3. 内容要件，执行和解的内容必须合法。和解协议的内容不得违反国家法律、法规和政策的强制性规定，不得损害国家、集体和其他人的合法利益，否则无效。在合法的前提下，和解协议的内容具有灵活多样性。《最高人民法院关于执行和解若干问题的规定》第1条第1款规定："当事人可以自愿协商达成和解协议，依法变更生效法律文书确定的权利义务主体、履行标的、期限、地点和方式等内容。"

4. 时限要件，即当事人自行达成和解协议，须在执行过程中发生。执行程序开始前或执行程序结束后当事人达成的和解协议，均不发生法律所规定的执行和解问题。

5. 形式要件，即执行和解协议必须记入执行笔录。现行《民事诉讼法》第237条第1款规定："在执行中，双方当事人自行和解达成协议的，执行员应当将协议内容记入笔录，由双方当事人签名或者盖章。"

符合前述要件的执行和解协议，具有如下效力：法院应当对原生效法律文书中止执行，义务人应当按照和解协议的约定履行义务；和解协议履行完毕后，按执行结案处理。

（三）对原生效法律文书的恢复执行

和解协议不属于法律文书，不具有法律上强制执行的效力。因此，在和解协议的要件不符合，或者当事人不履行和解协议的内容的情形下，应当恢复对原生效法律文书的强制执行。

现行《民事诉讼法》第237条第2款规定，申请执行人因受欺诈、胁迫与被执行人达成和解协议，或者当事人不履行和解协议的，人民法院可以根据当事人的申请，恢复对原生效法律文书的执行。

《民诉法解释》第467条规定，一方当事人不履行或者不完全履行在执行中双方自愿达成的和解协议，对方当事人申请执行原生效法律文书的，人民法院应当恢复执行，但和解协议已履行的部分应当扣除。和解协议已经履行完毕的，人民法院不予恢复执行。

《民诉法解释》第468条规定，申请恢复执行原生效法律文书，适用《民事诉讼法》第239条申请执行期间的规定。申请执行期间因达成执行中的和解协议而中断，其期间自和解协议约定履行期限的最后1日起重新计算。根据上述法律规定，执行和解后的恢复执行具有以下特点：①恢复执行的原因有二：一是申请执行人因受欺诈、胁迫与被执行人达成和解协议，二是当事人不履行和解协议。以上两种情形下，可以申请恢复执行的只能是债权人。②恢复执行的内容只能是原生效的法律文书。在执行程序中，当事人达成的和解协议没有执行力，不能据以执行。所以，恢复执行时，不能根据和解协议的内容执行，而只能根据原执行根据的内容执行。

拓展案例

案例一： B 公司与 A 信用社判决生效后自行和解案[1]

B 公司欠 A 信用社 51 万元贷款未还，A 信用社经多次追讨无果诉至法院，法院判决 B 公司败诉，判决书于 2005 年 10 月 8 生效。B 公司于 2005 年 11 月 8 日还款 30 万元，并出具还款计划书，写明了判决书的案号，承诺将余下的价款、利息及诉讼费用共 24 万元，于 2006 年 8 月 8 日前还清。A 信用社经研究，同意了该计划，但最终 B 公司并未按还款计划履行义务。2006 年 12 月 8 日，A 信用社向法院申请强制执行，此时距判决生效已经 1 年多，超出了原《中华人民共和国民事诉讼法》规定的 6 个月的申请执行的期限。法院经审查，最终作出了不予受理的通知。

案例二： 陈某某诉陈某甲、张某某腾退房屋申请执行 促成和解案[2]

申请人陈某某与被执行人陈某甲是同胞兄妹，陈某甲与张某某是夫妻。陈某某、陈某甲之父陈志远原系延庆县康庄供销社职工，1998 年陈志远先后从延庆县康庄供销社购买了平房五间。2003 年延庆县康庄镇政府对康庄商业街进行改造，陈志远所购上述两处平房均在拆迁范围，当时陈某某与北京兴康房地产开发公司签订了房屋买卖合同，房屋建成回迁时，陈某某以序号 51 号、52 号获得了位于延庆县康庄商业街的 E 区 9－1 三层商业楼，陈某某取得该商业楼后，应允陈某甲、张某某占用该楼房一侧经营理发。2007 年陈某某欲收回陈某甲、张某某所占房屋，双方发生纠纷，并诉诸法院，法院作出判决，确定涉案争议的三层楼房归申请人所有，判令陈某甲、张某某于判决生效后 30 日内将位于延庆县康庄商业街的 E 区 9－1 房内的物品运走，并将该房屋归还陈某某。陈某甲、张某某不服一审判决提出上诉，2008 年 4 月 11 日北京市第一中级人民法院判决驳回上诉，维持原判，但二审判决指出如二被执行人今后取得了共同购买涉案房屋的证据，可另行解决。2008 年 5 月 20 日，陈某某向法院提出强制执行腾退房屋申请。

---

〔1〕 成尉冰：“浅析自行和解协议的执行效力：对一起具体案例的微观分析”，载《中国农村信用合作》2009 年第 3 期。

〔2〕 案例来源，北大法宝：https://www.pkulaw.com/pfnl/a25051f3312b07f340e18de56f446117e1b0587d0cbf9754bdfb.html，最后访问日期：2021 年 4 月 24 日。

北京市延庆县人民法院在执行过程中，依法向陈某甲、张某某送达了执行通知书，并限期履行，但被执行人陈某甲、张某某拒绝履行退房义务。其夫妇二人称延庆县康庄商业街的 E 区 9-1 三层商业楼系其与陈某某共同出资所购，并参与了还此房贷，此案虽经一、二审判决，皆因其父作证偏袒儿子导致其败诉，为此双方家庭矛盾很深，其二人对申请人意见极大，扬言如果法院强制执行，将采取过激行为，与其兄嫂拼命。为妥善解决双方当事人的家庭内部矛盾，2010 年以来，法院又多次进行调解和疏导力争促成和解。法院向被执行人释明如有腾退条件仍坚持抗拒执行，将承担直至被追究拒执罪的法律后果，其仍不同意腾退。法院遂于 2010 年 12 月 9 日对被执行人张某某司法拘留 15 日。慑于法律的威严，并感动于案件承办人的调解工作，申请人陈某某和被执行人陈某甲、张某某经协商，双方自愿达成执行和解协议。

［问题与思考］

1. 法律文书生效后，当事人没有申请强制执行，而自行达成的和解协议具有什么样的法律效力？

2. 在民事执行程序中，人民法院是否可以对双方当事人进行调解？为什么？

［重点提示］

在法理上，可以认为生效判决是对当事人之间民事权利义务的重新设定。根据民法上的意思自治原则，当事人有权通过"和解协议"的方式处分法律文书确定的权利义务。但是，这种"和解协议"与生效裁判文书是什么关系？如果债权人又申请强制执行，"和解协议"的效力如何？

第八节　执行标的异议

经典案例

平大有限公司与景丰房产开发有限公司执行申请案[1]

［基本案情］

平大有限公司（以下简称"平大公司"）依据已经发生法律效力的广州仲裁

---

〔1〕　参见广东省广州市中级人民法院裁定书（2009）穗中法执字第 319 号。案例来源，北大法宝：https://www.pkulaw.com/pfnl/a25051f3312b07f380abe1b232c052f248814b663bc68176bdfb.html，最后访问日期：2021 年 4 月 24 日。

委员会（2008）穗仲案字第 137 号裁决书向广州市中级人民法院申请执行，本院于 2009 年 2 月 5 日立案执行。在执行本案过程中，本院于 2009 年 11 月 17 日以民事协助执行通知书查封了包括涉案房产在内，登记在景丰房产开发有限公司（以下简称"景丰公司"）名下的房产。

案外人钟某某以涉案房产，即广州市海珠区宝业路骏园西街 41 号、骏园西街 36 号物业是其购买的房产为由，向本院提出异议。并提交其与景丰公司于 2008 年 1 月 5 日签订的两份《商品房买卖合同》，约定骏园东街 41 号价款为 164 748.10 元；骏园西街 36 号价款为 60 661.70 元；景丰公司 2008 年 12 月 4 日开出的记载钟某某分别付款 164 748.10 元和 60 661.70 元的销售不动产统一发票；钟某某与广州市神画室内设计有限公司于 2008 年 2 月 1 日签订的租赁合同；广州市神画室内设计有限公司的水电费发票等证据。经案外人钟某某与平大公司在相关税务部门核实，平大公司表示经核对该发票不是伪造发票。

涉案的《商品房买卖合同》中商品房销售依据显示，涉案房产的商品房预售许可证号为穗房预字 20030037 号。该合同并非依经房管部门依据预售许可证核发的商品房买卖合同范本签订。钟某某并没有提交其支付涉案房款的相关银行单据。

［法律问题］

1. 什么是执行标的的异议？

2. 如果案外人提出的执行标的异议不被法院认可，后续救济途径有哪些？

［参考结论与法理精析］

（一）法院意见

广州市中级人民法院经审查认为：根据我国法律规定，物权的变动以登记为生效要件。涉案房产至今登记在被执行人景丰公司名下，故本院对该房产实施查封措施并无不当。

2008 年《最高人民法院关于人民法院民事执行中查封、扣押、冻结财产的规定》第 17 条规定："被执行人将其所有的需要办理过户登记的财产出卖给第三人，第三人已经支付部分或者全部价款并实际占有该财产，但尚未办理产权过户登记手续的，人民法院可以查封、扣押、冻结；第三人已经支付全部价款并实际占有，但未办理过户登记手续的，如果第三人对此没有过错，人民法院不得查封、扣押、冻结。"[1]本案中，不能认定钟某某的异议符合上述司法解释的规定，原因如下：

---

〔1〕 2020 年《最高人民法院关于人民法院民事执行中查封、扣押、冻结财产的规定》修正后变更为第 15 条。

1. 根据钟某某提交的购房合同，涉案房产的买卖行为发生在 2008 年 1 月 5 日，当时房管部门的监管措施已经较为完善。商品房取得预售登记后，房管部门对每一套房均有相应编号的合同范本以供开发商和购房者签约。本案中，当事人所签订的合同并非房管部门核准的预售格式合同，而是自行拟定的合同。

2. 合同约定应在商品房交付后 90 日内景丰公司向房管部门申请备案登记。但是自 2008 年 1 月 5 日签订后至本院 2009 年 11 月 17 日实施查封行为之间，涉案房产并不存在办理预售登记及产权过户的障碍，景丰公司却未履行相关义务，作为购房者钟某某应主张权利。但是无证据证实钟某某进行了相关权利主张，故不能认定其对未办理过户登记手续没有过错。

3. 钟某某虽然提交了销售不动产统一发票以证实其已经全部付清房款，但是该发票是在景丰公司产生纠纷后才开出。平大公司并不确认钟某某付款的事实。钟某某并没有提交其支付该笔款项的其他相关证据。故综合本案案情，不能仅以发票即认定钟某某已经足额支付购房款。

综上所述，由于案外人钟某某与景丰公司之间合同签订的形式、权利的主张及付款的事实均存在瑕疵。案外人钟某某仅以现有证据主张对涉案房产有足以阻止执行标的转让、交付的实体权利的理由不足。其异议不能成立。

（二）执行标的异议的含义

执行标的异议，又称案外人异议，是指未参加执行程序的案外人认为法院对执行标的物的执行侵害了其实体权利，因而就执行标的物的全部或部分向执行法院提出异议，要求执行法院停止执行的一种执行救济制度。

按照有关法律的规定，案外人提出执行标的异议应当符合以下条件：

1. 提出异议的主体只能是案外人。案外人是指执行当事人以外，对执行标的主张权利，认为法院对某一项或几项财产的执行侵害其实体权利的公民、法人和其他组织。

2. 必须在强制执行程序终结前提出。在执行程序开始之前，或者执行程序终结后，案件并未属于特定的执行法院，异议无从提起。

3. 必须是案外人对执行标的主张自己的权利。只有案外人对执行标的主张独立的实体权利时，该行为才会直接涉及到执行程序能否继续进行的问题，如果案外人仅仅是对法院的执行工作提出自己的意见或者建议，则不属于案外人异议。

4. 提出申请一般采用书面形式。如果书写困难，应当允许口头提出，由书记员记入笔录。不论以哪种方式提出执行异议，均应说明理由，并提供证据。

根据现行《民事诉讼法》第 234 条的规定，执行过程中，案外人对执行标的提出书面异议的，人民法院应当自收到书面异议之日起 15 日内审查，理由成立的，裁定中止对该标的的执行；理由不成立的，裁定驳回异议。案外人、当事人对裁定不服，认为原判决、裁定错误的，依照审判监督程序办理；与原判决、裁定无关的，可以自裁定送达之日起 15 日内向人民法院提起诉讼。

（三）案外人异议之诉的具体适用

案外人异议之诉，在大陆法系国家的理论和立法上通常被称为"第三人异议之诉"，是指案外人就执行标的物有足以排除强制执行之权利者，在执行程序终结前，向执行法院对债权人（必要时候以债务人为共同被告）提起的旨在排除执行标的物之强制执行的诉讼。

就整个执行救济制度而言，案外人异议之诉属于实体上救济方法的范畴。但就案外人异议之诉的性质，长期以来存在形成之诉说、确认之诉说、给付之诉说、救济之诉说等多种学说。其中，"救济之诉说"为日本学者三月教授所提倡，该说认为案外人异议之诉与债务人异议之诉性质相同，一方面确认作为原告之第三人就执行标的物有排除强制执行之权利，另一方面具有排除强制执行之形成作用。[1]相比较而言，救济之诉说相对更为合理。

案外人对执行标的提出异议之诉，应当遵照以下程序规定：

1. 案外人异议之诉的适格原告，须为执行债权人、债务人以外，执行根据效力所不及的案外第三人，包括财产所有人抑或对该财产有管理权和处分权的人，如破产管理人和遗嘱执行人等。

2. 案外人异议之诉的诉讼理由，须案外人对执行标的物享有"足以排除强制执行的权利"。司法实务中，经常表现为案外人主张下列权利：①所有权。②用益物权。③担保物权。具体包括质权（仅可在实施收取或转移而受到侵害才能提起）、留置权、抵押权（仅可对于标的物之一部分进行执行，将毁损整个标的物的担保价值时，才可提出）。④债权，主要是依据债法上取回权之类的权利。⑤其他权利，如占有权，收取权，优先权（如职工工资、抚恤金）等。

3. 案外人异议之诉的前提是必须提出异议后被法院驳回。根据《民事诉讼法》第 234 条的规定，案外人提起异议之诉前，应当先行向执行机构提出异议，由执行机构进行初步的审查过滤。全国人大法工委民法室在阐述该条的立法理由时指出："考虑到审判程序比较复杂，如果对所有的案外人提出的异议不经审查便直接进入审判程序，不仅影响执行效率，还可能给一部分债务人拖延履行留下空间，不利于债权的及时实现。实际上，一部分案外人异议仅通过执行机构的初步审查即可得到解决。"[2]

---

〔1〕 雷万来："论债务人异议之诉的性质"，载杨与龄主编：《强制执行法争议问题研究》，台湾五南图书出版公司 1999 年版，第 111 页。

〔2〕 全国人大常委会法工委民法室编：《〈中华人民共和国民事诉讼法〉条文说明、立法理由及相关规定》，北京大学出版社 2007 年版，第 407 页。

4. 案外人异议之诉的诉讼请求和被告。根据《最高人民法院关于适用〈中华人民共和国民事诉讼法〉的解释》第307条的规定，案外人提起执行异议之诉的，以申请执行人为被告。被执行人反对案外人异议的，被执行人为共同被告；被执行人不反对案外人异议的，可以列被执行人为第三人。

5. 案外人异议之诉的管辖。案外人异议之诉由执行法院管辖。诉讼期间，不停止执行。案外人的诉讼请求确有理由或者提供充分、有效的担保请求停止执行的，可以裁定停止对执行标的进行处分；申请执行人提供充分、有效的担保请求继续执行的，应当继续执行。案外人请求停止执行、请求解除查封、扣押、冻结或者申请执行人请求继续执行有错误，给对方造成损失的，应当予以赔偿。

6. 案外人异议之诉的审理。案外人对执行标的主张权利并且提出异议，表明案外人与申请执行人之间就执行标的的实体权属问题发生了争议。因此，在执行标的的异议提起之后，法院应进行实体审查。

7. 案外人异议之诉的裁判。案外人提起诉讼的，执行法院应当依照诉讼程序审理。经审理，理由不成立的，判决驳回其诉讼请求；理由成立的，根据案外人的诉讼请求作出相应的裁判。

8. 案外人异议之诉的裁判效力。案外人异议之诉产生两方面效力。一方面，强制执行程序原则上不予停止；但法院认为应该停止强制执行的可以裁定停止执行。另一方面就是在强制执行程序未终结前，撤销强制执行。如法院认为案外人异议成立并且作出判决后，执行程序应该立即停止。

拓展案例

案例一：　何某某、冯某某与李某某、刘某某执行标的异议之诉案[1]

在李某某、刘某某向广州市荔湾区人民法院申请执行侯某某民间借贷纠纷案执行过程中，何某某、冯某某作为案外人对执行标的提出书面异议，并对原审法院作出的驳回异议裁定不服，从而依照《民事诉讼法》第204条[2]的规定提起诉讼，对执行标的主张实体权利，并请求对执行标的的停止执行。广州市荔湾区人民法院未经实体审理即认为，双方当事人对本案讼争房屋的所有权并不存在权属争议，故何某某、冯某某提起确权之诉不符合法律规定的起诉条件，

〔1〕 参见广东省广州市中级人民法院（2011）穗中法民五终字第1823号民事裁定书。
〔2〕 2012年修正前的《民事诉讼法》条文序号，现为第234条。

按照《民事诉讼法》第 204 条的规定，如果何某某、冯某某对原审法院查封房屋裁定不服，可依照审判监督程序办理，故依法应驳回何某某、冯某某的起诉。遂以（2010）荔法民三初字第 1343 号民事裁定驳回起诉。

何某某、冯某某不服原审裁定，向本院提起上诉认为：①一审裁定对本案定性错误，本案根本不是房屋确权纠纷，不属于确权之诉，应该是根据《民事诉讼法》第 204 条规定提起的"案外人异议之诉"，[1] 一审法院应当依法按照诉讼程序进行实体审理。②一审裁定违法剥夺我方的民事诉讼权利，封杀我方合法救济途径。③在实体上看，我方对执行标的主张的实体权利，足以阻止执行标的的转让、交付，法院应当进行实体审理。上诉请求：撤销一审裁定书，裁定发回重审并指令一审法院按照诉讼程序进行实体审理。

案例二： 谭某某等在执行异议期间另案提起确权诉讼案[2]

刘某某与李某某因民间借贷纠纷一案，判决生效后，刘某某作为申请执行人向湖南省郴州市中级人民法院申请执行。在执行过程中，2010 年 11 月 18 日案外人谭某某、刘某某、李某某、唐某某等四人就湖南省郴州市中级人民法院执行中的标的物（某幼儿园的土地及在建房屋）主张所有权，向郴州市中级人民法院提出了执行异议。

2010 年 11 月 19 日，谭某某、刘某某、李某某、唐某某（即执行异议案外人）就与被告李某某（即被执行人）合伙协议纠纷一案，另案向郴州市北湖区人民法院提起诉讼。该案诉讼中，被告李某某认可四原告所主张的事实，郴州市北湖区人民法院遂作出（2010）郴北民一初字第 672 号民事判决：①确认四原告与被告签订的《某幼儿园入股协议书》合法有效；②确认四原告是某幼儿园股东。原、被告在法定上诉期间均未上诉，该确权判决发生法律效力。

随后，郴州市中级人民法院中止了对该标的物的执行。但郴州市中级人民法院同时认为，应当先由该院对李某某等四人的执行异议进行审查并作出裁定，相关当事人对裁决内容不服，方能向执行法院提起异议之诉。郴州市北湖区人民法院审理的确权诉讼于法无据，建议启动审判监督程序予以纠正。

[问题与思考]

1. 案外人对执行标的提出书面异议时，其对执行标的主张什么类型的权利，

---

〔1〕 2021 年《民事诉讼法》修正后为 234 条。

〔2〕 袁晶鑫："执行异议案外人是否有权提起确权之诉"，参见中国法院网：http://www.chinacourt. org/article/detail/2013/03/id/930856.shtml，最后访问日期：2021 年 4 月 24 日。

法院才能裁定中止诉讼?

2. 案外人对执行标的提出书面异议时，执行法院是进行实体审查还是仅进行程序审查?

3. 案外人向执行法院提出执行异议，执行法院审查期间，案外人是否有权另案提起确权之诉?

[**重点提示**]

在民事审判程序和民事执行程序中，均需要对案外人的权利保护提供救济途径。从理论上看，案外人对执行标的提出的异议和案外人另案直接对执行标的提出确权之诉，这两种途径似乎都是可行的。但需要根据我国法律和诉讼原理，深入分析各自在程序上的可操作性。

第十六章

民事执行程序分论

知识概要

一、本章的基本概念、基本知识和基本理论

民事执行程序主要包括执行的开始、进行、执行措施的采取、执行程序的中止和终结等内容，执行程序的开始有申请执行和移送执行两种方式，被执行人财产在外地的，执行法院可以委托财产所在地法院执行。民事执行措施是指人民法院受理民事执行案件后，为保障生效法律文书的内容得以实现，所采取的强制被执行人履行民事义务的方法、方式和手段。

民事执行程序的运行过程，也就是各种执行措施依次实施的过程。因此，可以说执行程序和执行措施是合二为一的。

民事执行措施具有强制性、法定性和多样性。按照不同的标准，可分为多种类型：

（一）对金钱债权的执行措施和对非金钱债权的执行措施

这是按照申请执行人请求的债权性质不同所作的分类。对金钱债权的执行措施是指为了实现申请执行人要求给付一定数额金钱为内容的请求权所采取的执行措施，包括对存款、债券、股票、基金份额等财产的执行、对收入的执行、对动产和不动产的执行、对其他财产权的执行以及对债权的执行等措施。对存款、债券、股票、基金份额等的执行需要有关单位提供协助。对收入的执行，应当保留债务人及其所扶养家属的生活必需费用。以财产作为执行标的的执行方法可分为两种：查封、扣押程序和拍卖、变卖程序。

对非金钱债权的执行措施，具体又分为实现物的交付请求权和实现行为的请求权所采取的执行措施两类，前者如强制被执行人交付法律文书确定的财物或票证，后者如强制被执行人迁出房屋或退出土地，强制被执行人履行指定的行为等。

（二）对动产、不动产和其他财产的执行措施

这是按照执行标的的不同所作的分类。动产是指能够移动而不损害其经济用途和经济价值的物，对动产的执行措施主要有查封、扣押、冻结、拍卖、变卖等。不动产是指依自然性质或法律规定不可移动的土地、土地定着物、与土地尚未脱离的土地生成物、因自然或者人力添附于土地并且不能分离的其他物。对不动产的执行措施比对动产的执行措施复杂，法律对不动产所有权的取得、变更的规定比动产严格，如所有权的取得，不动产以登记为准，动产以交付为准。另外，不动产无法拍卖或变卖的，还可以采取强制管理措施。对不动产的执行措施主要有查封、拍卖、强制管理等。其他财产权是指被执行人的债权、股权、存款、收入、知识产权等，对其他财产权的执行措施根据其特点有所差异，如对存款可采取查询、冻结、划拨，对到期债权可采取代位执行。

（三）控制性执行措施和处分性执行措施

这是按照执行措施能否直接实现执行目的所作的分类。控制性执行措施是指执行机关为了防止被执行人转移、隐匿、出卖财产而采取的执行措施，如查封、扣押、冻结等。处分性执行措施是指直接将被执行人的财产变价清偿债务的执行措施，如划拨、拍卖、变卖等。

（四）直接执行措施、间接执行措施和代执行措施

这是根据执行措施能否直接实现执行根据所确定的债权的内容所作的分类。直接执行措施是指能够直接实现债权内容的执行措施，如划拨银行存款、拍卖、变卖动产或不动产。间接执行措施是指虽然不能直接实现债权的内容，但通过它可以对被执行人施加压力，促使其履行债务的执行措施，如拘留、罚款、限制出境、将不履行行为记入征信系统等。代执行措施是指当被执行人不履行义务时，通过第三人的行为来实现债权的内容，第三人行为的费用由被执行人承担。

二、本章的重点、难点和疑点

本章的重点是我国民事诉讼法规定的各种民事执行措施的理解与具体适用。

本章的难点和疑点是：

1. 对知识产权、股权、投资权益等执行措施的理解与适用。

2. 对强制拍卖的理解与适用。

3. 对间接强制执行措施的理解与适用。

第一节　对股权的执行

经典案例

冠生园（集团）有限公司申请汉骐集团有限公司股权案[1]

［基本案情］

冠生园（集团）有限公司与汉骐集团有限公司因借款担保问题发生纠纷而涉讼。2002 年 8 月 23 日，上海市第二中级人民法院作出（2002）沪二中民三（商）初字第 147、148、149、150 号民事调解书，确定汉骐公司应偿付冠生园公司人民币 1.1 亿余元。因被告未自动履行调解书确定的义务，冠生园公司遂向法院申请强制执行，要求拍卖汉骐公司持有的上市公司——上海丰华（集团）股份有限公司的 3100 万股国有法人股，所得款项偿还债务。

执行中，双方当事人协商选定了上海立信资产评估有限公司对上述国有法人股股权价值进行了评估。丰华公司以立信公司评估人员不具备评估资质、评估报告格式有问题为由向法院提出异议。法院经审查驳回了其异议。2003 年 7 月，丰华公司表示愿将其持有的北京红狮涂料有限公司 70% 的股权交法院拍卖，用以替汉骐公司偿债。法院遂决定暂缓拍卖汉骐公司持有的丰华公司的股份，改拍红狮公司的股权。但在进一步的调查中查明，被冻结的红狮公司的股权因其他纠纷涉讼，不适于拍卖变现。

2003 年 12 月 15 日，法院召集双方当事人抽签，决定委托上海黄浦拍卖行拍卖上述 3100 万股丰华股份。但拍卖前丰华公司再次对评估报告提出异议，称立信公司对股权价值评估过低，要求立即中止拍卖程序。

［法律问题］

1. 在民事执行程序中，股权等投资权益能否作为执行标的？

2. 人民法院对股权可以采取哪些执行措施？

［参考结论与法理精析］

（一）法院意见

针对丰华公司提出的异议，法院进行了公开听证，征询了有关单位和争议各方的意见。通过调查法院发现，由于立信公司采用的评估方法确有不当，致

---

[1]　参见上海市第二中级人民法院（2003）沪二中执字第 183 - 1 号民事裁定书。

使评估出的股权价值低于其真实价值。

于是，法院再次决定暂缓拍卖，并要求立信公司对拍卖股权的价值重新进行评估。新的评估报告显示股权的总价值为人民币 5425 万元，比第一次评估高出 1000 多万元。但丰华公司还是提出异议，法院经再次审查认为新的评估结果符合要求，遂驳回丰华公司的异议。2004 年 3 月 16 日，3100 万股丰华股份国有法人股被顺利拍卖成交，所得款项人民币 5425 万元全部发还申请执行人冠生园公司。

（二）股权能否作为执行的标的

1. 股权的法律性质。股权是股东因其出资而取得的，依法定或公司章程规定的规则和程序参与公司事务并在公司中享有财产权益的、具有转让性的权利。

执行股权与股权自身特征密切关联。股权具有以下特征：

（1）股权包括自益权和共益权两项基本内容。自益权是股东自己可行使的权利，主要包括股息、红利分配请求权，新股认购权，公司剩余财产分配请求权，是纯粹的财产权益。共益权是指以公司利益为目的，与其他股东共同行使的权利，主要包括重大经营决策表决权、董事等人事任免权、对董事经理的质询权、监督权，还有知情权。

（2）股权是一种财产性权利。股东向公司进行投资而获利股权，将其出资转化为注册资本，从而取得参与公司事务的权利，并享有公司的财产利益。因此股权具有明显的财产性，这也是股权可以执行的理论基础。

（3）股权是一种可转让的权利。股权作为股东的财产，因其具有财产属性，从而具有可转让性。这一属性在公司法中有着明确的规定，但附加着一定条件。

2. 股权作为执行标的的理论争议。关于这一问题，我国法律没有作出明确规定，理论界的看法不尽相同。

第一种观点认为，股权不能成为人民法院强制执行的标的。人民法院强制执行的范围仅限于财产权，然而股权包括共益权和自益权，不是单纯的财产权。就有限责任公司而言，注重的是人合的性质，如果把股权强制执行给被执行人，那么将会破坏公司人合的性质，有悖于当事人自愿处理原则，不利于公司和生产力的发展。[1]

第二种观点认为，股权可以执行，但不能直接交给债权人。理由是：股权不是单纯的财产权，而是包括共益权和自益权两种权利的一项综合权利，其中的共益权不属于财产权，不能成为法院执行的标的。如果股东把股权转让，转

---

〔1〕　郭国汀、高子才：《国际经济贸易法律与律师实务》，中国政法大学出版社 1994 年版，第 71 页。

化为单纯的财产权后，就可以成为人民法院强制执行的标的。因此，股权不能成为执行的标的，但是为了债权人的合法权益，人民法院可以依法强制股权所有人转让自己的股权，使股权恢复其原来单纯的财产权属性后，再依法予以执行。

第三种观点认为，股权能否执行，要依股权的具体类型而定。如果是股份有限公司股东的股权是可以执行的，如果是有限责任公司股东的股权则不能执行。其理由很简单：股份有限公司的股票可以自由转让，而且完全是资合性的；有限责任公司则是人合性与资合性相结合的，人合性决定了有限责任公司的股东的股权不能执行。

第四种观点认为，无论是股份有限公司股东的股权还是有限责任公司股东的股权都可以进行执行，都可以成为人民法院强制执行的标的。因为，凡具有财产价值者，均可作为执行的标的，"特别是在市场经济日益发展的我国，股权也成为财产结构的重要组成部分，所以在特定条件下，将有限责任公司股权作为强制执行程序的对象自属恰当"。[1]

3. 我国法律对待股权执行的态度。在我国，人民法院对股权的强制执行经历了一个逐步发展的过程。

1998 年以前，股权的强制执行基本上处于混乱状态。1987 年《最高人民法院关于审理涉港澳经济纠纷案件若干问题的解答》规定："确实必要的"，可以对败诉的港澳当事人在内地投资的企业中享有的"投资权益"进行转让以偿还其债务。1998 年《最高人民法院关于人民法院执行工作若干问题的规定（试行）》第 55 条，第一次明确了股权可以成为强制执行的标的。

2001 年 8 月 28 日，《最高人民法院关于冻结、拍卖上市公司国有股和社会法人股若干问题的规定》，第一次专门对强制执行有关上市公司的股权程序作出了较为详细、具体的司法解释。

2005 年修订后的《公司法》第 73 条规定："人民法院依照法律规定的强制执行程序转让股东的股权时，应当通知公司及全体股东，其他股东在同等条件下有优先购买权。其他股东自人民法院通知之日起满二十日不行使优先购买权的，视为放弃优先购买权。"[2]该条首先以立法的形式对股权的强制执行作了确认。

（三）股权执行的法律程序

由于股权不是一种单纯的财产权，其作为执行标的与一般动产、不动产存

---

[1]　时建中主编：《公司法原理精解、案例与运用》，中国法制出版社 2006 年版，第 157 页。

[2]　2018 年《公司法》修正后为 72 条。

在显著不同之处。因此，法院在强制执行过程中必须严格遵守法律程序，妥善、谨慎地保护各方利益。

1. 执行股权应当坚持"财产除尽原则"。对不同类别的财产实施执行时，应当注意执行顺序的合理性，尽量减少执行给债务人带来的震荡，减轻执行行为对债务人正常生产、生活的负面影响。尤其是有限责任公司，其兼有资合与人合的双重属性，股东之间往往存在着一定的人身信赖关系。对其股权的执行可能使股东间的合作关系发生变化，给企业的生产、经营带来严重的影响。因此，要严格遵守财产除尽原则的两个要求：①在债务人有其他财产或债权可以执行时，不得先执行或同时执行股权；②如果债务数额较小，原则上应当执行股东（债务人）的股权收益来清偿。

2. 股权冻结措施。《最高人民法院关于人民法院执行工作若干问题的规定（试行）》（以下简称《执行规定》）第37条规定，对被执行人在其他股份有限公司中持有的股份凭证（股票），人民法院可以扣押，并强制被执行人按照公司法的有关规定转让，也可以直接采取拍卖、变卖的方式进行处分，或直接将股票抵偿给债权人，用于清偿被执行人的债务。

最高人民法院的《执行规定》第38条规定，对被执行人在有限责任公司、其他法人企业中的投资权益或股权，人民法院可以采取冻结措施。冻结投资权益或股权的，应当通知有关企业不得办理被冻结投资权益或股权的转移手续，不得向被执行人支付股息或红利。被冻结的投资权益或股权，被执行人不得自行转让。

3. 协商价格或委托评估。在对股权进行强制执行时，对股权价值的评定是一个重要的环节。股权价值的高低对申请执行人和被执行人都非常重要，同时也是为了更好地保护其他股东的优先购买权。评定股权价值的方式有两种：

（1）组织申请执行人与被执行人进行协商，确定被执行股权的转让价格。《最高人民法院关于人民法院民事执行中拍卖、变卖财产的规定》第4条第2款规定："当事人双方及其他执行债权人申请不进行评估的，人民法院应当准许。"

（2）协商不成的，应对股权的价值组织评估，作出评估鉴定结论。《最高人民法院关于人民法院民事执行中拍卖、变卖财产的规定》第4条第3款规定，对被执行人的股权进行评估时，人民法院可以责令有关企业提供会计报表等资料；有关企业拒不提供的，可以强制提取。

4. 通知公司和其他股东，保护其他股东的优先购买权。按照《公司法》第72条的规定，人民法院依照法律规定的强制执行程序转让股东的股权时，应当通知公司及全体股东，其他股东在同等条件下有优先购买权。其他股东自人民法院通知之日起满20日不行使优先购买权的，视为放弃优先购买权。

对于其他股东优先购买权的行使，则分两种情况进行：

（1）不经拍卖程序，申请执行人与被执行人同意协商抵债的，优先购买权人可以主张直接以协商价格或评估价格购买股权。

（2）经拍卖程序的，依照《最高人民法院关于人民法院民事执行中拍卖、变卖财产的规定》办理。

5. 股权的强制转让。人民法院在执行程序中，实现股权的强制转让主要有以下三种方式：

（1）协商抵债。《民诉法解释》第491条规定，经申请执行人和被执行人同意，且不损害其他债权人合法权益和社会公共利益的，人民法院可以不经拍卖、变卖，直接将被执行人的财产作价交申请执行人抵偿债务。对剩余债务，被执行人应当继续清偿。

（2）拍卖。由人民法院依法委托具有相应资质的拍卖机构进行。拍卖时，拍卖参考价应以协商或评估确定的股权价值数额作为基础，严格按照法律规定的程序进行。

（3）变卖。经申请执行人和被执行人的同意，人民法院可以组织将股权变卖或由被执行人自行转让，对于被执行人自行转让的，人民法院应当监督其按照合理价格在指定的期限内进行，并控制变卖的价款用于清偿所欠债务。但是，变卖措施缺乏公开性、透明度和竞争性，程序上也比较随意，不仅不利于执行财产卖得最高的价格，而且容易导致权力的滥用。因此，在股权的强制转让这一较为复杂的程序中，一般不宜适用变卖的方式。

6. 裁定转让股权。股权经拍卖程序处理后，法院应作出转让被执行人相应数额股权的民事裁定书，送达申请执行人、被执行人及所在公司，并同时送达工商部门。公司应当注销原股东的出资证明书，向新股东签发出资证明书，并相应修改公司章程和股东名册中有关股东及其出资额的记载，并将受让方的姓名、名称以及住所记载于股东名册。

拓展案例

案例一：　　　　　　　　　**易融公司股权执行案**[1]

2007年8月，易融公司因为陕西必康制药有限责任公司与商洛市山阳等5家信用社之间的借款提供1.43亿元人民币的担保，后来被陕西省商洛市中级人

---

〔1〕 刘凌林："1.4亿元股权执行完又生变数"，载《中国企业报》2009年4月1日，第6版。

民法院裁定强制执行，冻结其在中融国际信托有限公司名下的中孚实业股票250万股并变卖。上海般诺电子科技有限公司和中融国际信托有限公司提出异议，商洛中院在举行听证后也同陕西高院一样作出裁定驳回了般诺公司异议。

般诺公司和中融公司以易融公司为被告于2008年2月18日向上海市第一中级人民法院提起诉讼，请求确认般诺公司取得信托财产受益权，并要求易融公司承担侵权责任。2008年12月1日，上海市第一中级人民法院作出一审判决，"中孚实业"股权归般诺公司。

两地法院对此案作出的相佐裁定和判决，使事件变得复杂。2008年3月26日，最高人民法院执行局向陕西商洛中院传达了对该案的三点意见，认为陕西商洛中院所执行的财产是具有独立性的信托财产，不应被强制执行。于是，商洛中院于2008年3月31日作出（2007）商中执一字第10－11号民事裁定：撤销原裁定，同时裁定山阳等5家信用联社返还已经取得的1.4亿多元人民币执行款。

但后来，商洛中院发现，2005年4月13日易融公司与般诺公司虽然签订了《信托受益权转让协议》，此次信托受益权转让涉及上市公司中孚实业14.21%的股权，但双方并没有就股票收益权转让信息进行披露。商洛中院审判委员会经研究认为，执行中的财产没有进行过信托财产的专门登记，受益权转让也未登记，并不存在信托财产的独立性问题，强制执行并没有错误。2008年11月20日，商洛中院又作出（2007）商中执一字第10－15号民事裁定：撤销（2007）商中执一字第10－11号民事裁定。

案例二：通过强制执行程序获得公司股权后股东名册变更纠纷

2006年11月22日，某拍卖公司受广州市某区人民法院的委托，对甲公司股东王某持有的甲公司10%的股权进行了拍卖。乙公司拍得了该股权，并支付了拍卖佣金及购买款项，成为了甲公司的股东。

广州市某区人民法院作出（2006）第×号民事裁定书，将拍卖所得甲公司10%的股权过户给乙公司。但此后，甲公司未向乙公司签发出资证明书，亦未修改公司章程和股东名册中有关股东及出资额的记载。乙公司多次要求甲公司签发出资证明书，修改公司章程和股东名册中有关股东及出资额的记载，但甲公司称依据公司法的有关规定，修改公司章程为股东会行使的职权，甲公司不能代表股东会行使该权利，因此乙公司应当向其他股东主张权利，在公司章程变更以后，甲公司才可根据公司章程记载的股东发出出资证明书，变更股东名册，乙公司不应当向甲公司主张。

[问题与思考]

1. 股权执行过程中，其他股东不同意股权转让的该如何处理?

2. 股权执行过程中，两个以上股东都主张行使优先购买权如何处理?

3. 通过强制执行程序获得公司股权后，公司拒绝签发出资证明书、变更股东名册该如何处理?

[重点提示]

股权是一种较为特殊的财产权，除财产内容外，还包括对企业的经营管理等方面的权利。因此，执行股权往往会涉及股权权利人、企业、其他股东等多方利害关系。请注意从各方利益平衡和执行效果的角度，综合进行分析。

第二节　强制拍卖

经典案例

张某与陈某、吴某某民间借贷纠纷执行案[1]

[基本案情]

张某与陈某、吴某某民间借贷纠纷一案，福建省福州市中级人民法院判令陈某偿还张某 188 万元及利息;被告吴某某承担连带清偿责任。一审判决后，陈某、吴某某提起上诉。福建省高级人民法院二审判决驳回上诉，维持原判。由于陈某、吴某某未履行生效判决所确定的义务，张某向福州市中级人民法院申请强制执行。

在执行过程中，执行法院决定对诉讼阶段保全查封的吴某某名下的位于福州市晋安区新店镇福飞北路 136 号福州新慧嘉苑×号楼×层×号房屋进行强制拍卖。被执行人吴某某向法院出示了一份其与弟弟签订的关于上述房屋的租赁合同，合同约定每月租金 950 元，租期 15 年，租金一次性支付。吴某某称，她在法院查封前已经将房屋出租给弟弟，并一次收取了租金 17 万元，其弟弟在签订合同后，又转租给第三人（次承租人）。因此，吴某某主张法院不能强制拍卖该房屋。

[法律问题]

1. 法院对存在租赁合同关系的房屋，能否进行强制拍卖?

2. 法院对存在租赁关系的房屋拍卖后，承租人的权益如何得到保障?

---

[1]　参见"张曲与陈适、吴洋英民间借贷纠纷执行案"，载《最高人民法院公报》2011 年第 9 期。

[参考结论与法理精析]

（一）法院意见

福州市中级人民法院收到吴某某提交的租赁合同后，进行了调查核实。但吴某某不能出具金融机构的相关转账凭证，证明她一次性收取了 17 万元租金。对此，吴某某辩称，她是向弟弟借钱买了房屋，约定用该房屋的租金偿还。

申请人张某向执行法院提交报告，称她曾亲眼看到吴某某亲自向次承租人收取租金，她认为吴某某出示的租赁合同系吴某某姐弟串通伪造而成。执行人员向房屋前后几个承租人调查了解情况，几个承租人证实，每个月租金均由吴某某收取，租金为每月 3000 元。执行人员在掌握充分证据后，约谈了吴某某的弟弟。吴某某的弟弟承认，吴某某知道房屋被法院查封后，以他的名义将房屋转租给次承租人，转租合同上的签名系吴某某所签，吴某某直接向次承租人收取租金。

执行法院认为，查封财产上的租赁关系不影响对查封财产的处置。执行法院决定对查封房屋进行拍卖，并在拍卖公告中告知被执行人有权提出异议。吴某某没有在规定期限内提出异议。吴某某的弟弟在法院决定强制拍卖房屋之前，主动退出了租赁、转租的三方租赁合同关系。执行法院依法对房屋进行了评估拍卖。拍卖成交后，原次承租人仍享有租赁权，改向买受人交付租金。

（二）强制拍卖的含义

法院强制拍卖的概念有广义和狭义之分。广义的法院拍卖既包括法院在执行程序中进行的强制拍卖，又包括法院在破产等其他程序中进行的拍卖。狭义的法院强制拍卖仅指在执行程序中，法院为实现申请人的债权，依照法律规定强制拍卖被查封、扣押、冻结的被执行财产以获取拍卖价款的行为。

强制拍卖相对于任意拍卖而言具有如下特点：

1. 国家强制性。在执行中，由于法院依法对被执行的财产采取了强制执行措施，而使被执行人对该财产的处分权受到了限制，因此被执行人不得依当事人意志自治原则自主、自由地决定是否拍卖该财产，拍卖的决定权在于法院。

强制拍卖所具有的国家强制性，是仅就拍卖的委托环节而言的，即是否委托拍卖由法院强行决定，不受当事人的意志的左右；但拍卖机构接受法院委托后所依法开展的拍卖程序，在一般情况下与普通的拍卖程序无异，并不具有国家强制性。

2. 标的的非自有性。在执行程序中，法院强制拍卖的不是法院的自有财产，而是被执行人的财产。在任意拍卖中，委托人将自有的财产委托拍卖，其目的是实现自己财产的最大值。而法院强制拍卖是将被执行人的财产委托拍卖，实现申请人的合法权益，维护国家法律的尊严。这一特点决定了强制拍卖要遵守一系列不同于任意拍卖的特殊原则和规则，如禁止无保留价拍卖原则、限定拍卖佣金规则等。

3. 主体的特定性。在法院强制拍卖中，委托拍卖的双方主体都是特定的。一方必然是法院，另一方必然是拍卖机构。双方主体的固定性，有利于提高强制拍卖的效率和效益。因为，法院和拍卖机构在长期固定的合作中可以增进相互了解，增强相互信任，减少繁杂的程序影响拍卖的时间，增加交易费用，从而可以省略一些不必要的操作环节，提高执行效率。

4. 目的的利他性。法院强制拍卖被执行财产，其目的不在于通过拍卖为自己营利或实现自身的其他经济目的，而是在于一方面实现申请执行人的债权，另一方面充分保障双方当事人的合法权益。因为，通过拍卖既能实现被执行财产的最大值，又能排除因评估价格过高而抵债给申请人给其带来的损失，对双方当事人都有利。因此从性质上讲，法院的强制拍卖行为是其履行法定职责，依法执行公务的行为，而非一般的商事行为。

5. 权利义务的不对等性。在法院强制拍卖中，法院与拍卖机构的性质和特点决定了法院居于主导地位，法院决定着拍卖程序的全程，包括拍卖程序的启动、进行、中止、终结以及拍卖结果的确认。因此，在强制拍卖中，法院要享有比拍卖机构相对更多的权力，如中止、撤销、监督、确认等权力，而拍卖机构不享有同样或类似的权利。

（三）强制拍卖的法律程序

20 世纪 90 年代前，司法强制拍卖这一执行措施没有明确的立法依据。1991 年《民事诉讼法》第 226 条首次确立了法院的强制拍卖权。[1]而后，1998 年《最高人民法院关于人民法院执行工作若干问题的规定（试行）》、2001 年《最高人民法院关于冻结、拍卖上市公司国有股和社会法人股若干问题的规定》、2004 年《最高人民法院关于人民法院民事执行中拍卖、变卖财产的规定》、2009 年《最高人民法院关于人民法院委托评估、拍卖和变卖工作的若干规定》等一系列司法解释进一步完善了我国司法强制拍卖制度。

从强制拍卖的操作流程来看，强制拍卖大致可分为以下阶段：

1. 评估价格。这是拍卖的前置程序。在对被查封、扣押、冻结的被执行人的财产进行变现前，法院应当委托依法成立、具有相应资质的资产评估机构对其进行价格评估。

2. 作出强制拍卖的决定。价格评估完成后，法院可组织执行双方当事人协商，按评估价格将被执行人财产抵债给申请执行人。双方当事人对以物抵债不能达成一致的，法院应作出强制拍卖被执行人财产的决定。

---

〔1〕 2021 年《民事诉讼法》修正后为 254 条。

3. 确定和委托拍卖机构。对拍卖机构的选定，应依照《最高人民法院关于冻结、拍卖上市公司国有股和社会法人股若干问题的规定》和最高人民法院作出的统一由法院技术处委托的规定办理。

4. 发布公告与展示标的。拍卖机构接受法院委托后，将严格按照法律的规定和合同的约定进行拍卖公告和拍卖展示。对拍卖方案、拍卖公告等重大事项，拍卖机构应征求法院的意见，获得法院的同意和积极配合。

5. 确定拍卖保留价。在拍卖会召开之前，法院应当以评估价格为基础确定拍卖保留价并告知拍卖机构。拍卖保留价应等于或低于评估价，不能超出评估价。

6. 举行拍卖会。法院一般应派员到场监拍，并将拍卖情况记入笔录；拍卖机构亦可邀请公证员到场进行公证。

7. 确认拍卖结果。对拍卖结果，法院应依法进行审查，审查发现拍卖机构与竞买人之间或者竞买人相互之间恶意串通，并给他人造成损害的情形，将依法裁定拍卖无效；无上述情形，则应确认拍卖结果。

拓展案例

案例一：　　何某某申请执行谭某的夫妻共有房产案[1]

何某某与谭某民间借贷纠纷一案，南海法院于 2006 年 9 月 29 日立案受理。根据何某某的财产保全申请，南海法院于 2006 年 11 月 15 日作出（2006）南民一初字第 3736－1 号民事裁定书，查封位于佛山市南海区桂城街道南一路名苑二区×座×房的房屋一间。该房是登记在黄某某和谭某名下的夫妻共同财产，二人各占 1/2 的份额。后南海法院作出（2006）南民一初字第 3736－2 号民事判决，该判决确认谭某负有还款义务，判令谭某须向何某某归还借款本金66 000元及相应利息。在该判决生效后，谭某拒不履行，何某某申请强制执行。

在执行过程中，南海法院于 2007 年 7 月 30 日发出（2007）南法执字第 698－2号公告，决定"依法拍卖（或变卖）属被执行人谭某及其丈夫黄某某共有的坐落于佛山市南海区桂城南一路 25 号名苑二区 17 号楼×座×房（房产证号为：2265372、0446477）"。黄某某提出异议，理由如下：①黄某某对谭某欠何某某借款一事不知情，故没有义务与谭某共同偿还。②黄某某主张该房屋是

---

〔1〕 参见广东省佛山市中级人民法院执行裁定书（2008）佛中法执复议字第 26 号。案例来源，北大法宝：https://www.pkulaw.com/pfnl/a25051f3312b07f382e56deb461cb14a354f73aff8d400d2bdfb.html，最后访问日期：2021 年 4 月 24 日。

其父母出钱购买而不是夫妻共同财产，但没有提供相关证据。③黄某某称，该房购于 2002 年，总价款约 48 万元，首期支付约 18 万元，向银行贷款 309 000元，按揭 20 年，每月支付按揭款约 2100 元。黄某某与谭某于 2007 年 7 月 24 日签订了《离婚协议书》，并于同日将其交予佛山市南海区民政局备案。该离婚协议约定，黄某某与谭某双方离婚，子女抚养权归男方所有，该房归男方所有，由男方支付欠银行的按揭款。因此，该财产目前不是夫妻共同财产，谭某不享有共有份额。④黄某某提出其目前生活较为困难，请求法院停止拍卖该房。

案例二：　　　朱某某与宾某某等房屋拍卖纠纷执行案[1]

2009 年 1 月 4 日，衡山县人民法院作出（2008）山民二初字第 115 号民事判决：被告宾某某、彭某某于本判决发生法律效力后 15 日内，归还原告朱某某借款本金 5 万元及利息（利息按月利率 25‰从 2008 年 10 月 17 日起计算至借款还清之日止）。判决书生效后，宾某某、彭某某没有自觉履行其义务。2009 年 3月 24 日，朱某某依照生效判决书向法院申请强制执行。2009 年 5 月 18 日执行法院委托湖南明诚房地产评估有限责任公司对宾某某、彭某某所有的位于衡山县开云镇铁家巷（跃进塘）的房产进行价格评估。2009 年 5 月 21 日，评估公司作出湘明评字（2009）第 164 号评估报告，评估结果是：委托评估建筑面积675.2 平方米房地产市场价值为 75.05 万元（门市，1 层，建筑面积：128.32 平方米，1800 元/平方米，价值 23.10 万元；住宅，2、3、4、5 层，建筑面积546.88 平方米，950 元/平方米，价值 51.95 万元），2009 年 8 月 27 日，评估公司作出《补充说明》，委估对象在估价时点的装修评估价值为 13.5 万元。

2009 年 10 月 9 日，执行法院委托衡阳市正旺拍卖有限责任公司对该房屋进行拍卖。2010 年 1 月 5 日，拍卖公司对该房屋发布拍卖公告：于 2010 年 1 月 20日（农历十二月初六）上午 9：18 在衡山县总工会四楼会议室举行拍卖会，面向社会公开拍卖下列资产：坐落在衡山县开云镇铁家巷综合楼一栋分解拍卖，一楼门面两空，建筑面积约 128m²，参考价 26.5 万元，交保证金 5 万元；二楼建筑面积约 136m²，参考价 18.1 万元，交保证金 3 万元；四楼建筑面积约136m²，参考价 18.1 万元，交保证金 3 万元；五楼建筑面积约 136m²，参考价16.3 万元，交保证金 2 万元。2010 年 1 月 19 日，宾某某向执行法院口头承诺，

---

〔1〕 参见衡阳市中级人民法院民事裁定书（2010）衡中法执监字第 21 号。案例来源，北大法宝：https://www.pkulaw.com/pfnl/a25051f3312b07f3cff238f6923103f58f316aabe2ab601dbdfb.html，最后访问日期：2021 年 4 月 24 日。

筹款还债，并申请对该房屋暂缓拍卖，于是，原定的 1 月 20 日拍卖会没有定期举行。2010 年 1 月 27 日，拍卖公司将该房屋四楼一套住房以 18.1 万元拍卖给了本案的申请执行人朱某某的妻子赵某某。2010 年 2 月 1 日，执行法院作出（2009）山执字第 24、25、31、56 - 2 号执行裁定，裁定宾某某、彭某某所有的位于衡山县开云镇铁家巷（跃进塘）一栋楼房中的四楼一套住房以 18.1 万元的价格由赵某某（朱某某之妻）竞买所得。

被执行人宾某某、彭某某提出异议，认为他们作为本案的被执行人和被拍卖房屋的所有人有权获得人民法院在拍卖 5 日前的通知，但没有获得该通知。故执行法院的拍卖程序严重违法，请求依法撤销衡山县人民法院（2009）山执异字第 24、25、31、56 - 1 号执行裁定。

[问题与思考]

1. 在民事执行程序中，哪些财产或财产权益不适合强制拍卖？
2. 在强制拍卖的过程中，应当建立哪些程序规则来保障被执行人的合法权益？
3. 执行法院与专业拍卖机构之间是委托合同关系，还是司法协助关系？

[重点提示]

强制拍卖是一种非常重要的执行措施，不少国家都有专门的强制拍卖法。请从强制拍卖与任意拍卖的区别，以及强制拍卖与变卖等其他执行措施的关系的角度，分析强制拍卖法律制度的完善，以实现对执行当事人双方权益均进行合理保护的目的。

第三节　间接执行措施

经典案例

湖北宏鑫建设工程有限公司、团风县方高坪建筑公司与亿源科大磁性材料有限公司及黄冈中机汽车销售有限公司工程款担保纠纷执行案[1]

[基本案情]

湖北宏鑫建设工程有限公司（以下简称"宏鑫公司"）、团风县方高坪建筑公司（以下简称"方高坪建筑公司"）与亿源科大磁性材料有限公司（以下简

---

〔1〕 参见"湖北宏鑫建设工程有限公司、团风县方高坪建筑公司与亿源科大磁性材料有限公司及黄冈中机汽车销售有限公司工程款担保纠纷执行案"，载《最高人民法院公报》2011 年第 9 期。

称"亿源公司")、黄冈中机汽车销售有限公司（以下简称"中机公司"）工程款担保纠纷执行一案，湖北省黄冈市中级人民法院于 2008 年 3 月 3 日立案执行。亿源公司以其法定代表人丁某为市政协委员的特殊身份及无还款能力为由拒不履行生效判决确定的义务。经执行法院调查，亿源公司在人民银行登记备案的几个银行账户均只有几元到几百元不等的存款，公司不动产已设定抵押，无其他可供执行财产；中机公司早已歇业，无可供执行财产。

2008 年 5 月 19 日，申请执行人向执行法院提供线索，亿源公司有 75 万元货款从深圳汇回。执行人员随即查询亿源公司在人民银行登记备案的几个银行账户，未发现该笔款项。后执行人员查询到亿源公司于工商银行开立的一账户（该账户未在人民银行备案），查到该笔汇款，但款项已被转走。经调查，该款汇入当天即转入亿源公司会计邓某个人账户。根据上述情况，执行法院认为亿源公司有隐匿资产、规避执行的嫌疑，立即冻结了邓某个人账户上的 65 万元存款。邓某提出执行异议，称被冻结账户上的款项系亿源公司偿还他的借款，系其个人财产。

［法律问题］

1. 被执行人故意隐匿资产、妨碍执行，应当承担什么样的法律责任？
2. 其他人员实施妨碍法院强制执行的行为，应当承担什么样的法律责任？

［参考结论与法理精析］

（一）法院意见

执行法院依法对异议进行审查，经核对亿源公司和邓某账户，发现自 2007 年 11 月至 2008 年 5 月，亿源公司账户所有大额资金（共 22 笔，共 156.5 万元）均于到账当日或次日转入邓某个人账户，邓某个人账户除由公司账户转入的 22 笔款项外，无其他存款记录。

审查过程中，邓某出示一份盖有亿源公司印章、金额为 86 万元的借条。经对亿源公司会计账目进行调查，没有该笔借款记录。执行法院查明，邓某 50 多岁，下岗职工，配偶无职业，家庭生活拮据。据此推断邓某与亿源公司的借贷关系不合常理。执行法院要求邓某说明资金来源和给付方式，并告知虚假陈述的法律责任。邓某含糊搪塞，主动要求收回借据。执行法院遂依审查中查明的情况，认定亿源公司为邓某账户款项的实际所有人，依法裁定驳回邓某的异议。邓某签收裁定后，向执行法院提起异议之诉，又于开庭前撤诉。

执行法院以故意隐匿资产、妨碍执行为由，对亿源公司处以罚款，同时积极征得黄冈市政协的同意和支持，对亿源公司法定代表人丁某处以拘留。亿源公司及丁某均未提任何异议、复议或申诉，案件得以顺利执行。

（二）间接执行措施的含义

间接执行措施是指虽然不能直接实现债权的内容，但通过它可以对被执行人施加压力，促使其履行债务的执行措施。与直接强制执行和替代执行相比，间接执行措施的特点是实现债权人权利的"间接性"。

间接执行措施的间接性，主要表现为三个方面：

1. 间接执行措施的对象具有间接性。罚款、拘留是最为常见的两类间接强制执行措施。这两类执行方法的执行对象都不是执行名义上记载的执行标的物或标的，而是执行标的之外的执行债务人的其他财产利益或人身自由，对执行标的物直接采取控制和变价措施的直接执行方法而言具有间接性，即通过心理作用间接诱导债务人自动履行债务。

2. 间接执行措施实施的目的具有间接性。间接执行的目的在于通过限制自由或剥夺一定的财产利益（如迟延履行金）从而对债务人施加精神强制，迫使其清偿债务。间接执行措施的实施并不能直接满足债权人的权利，也不能解除被执行人的义务负担，其仍需按照执行根据的要求，履行自己的义务。

3. 间接执行措施的实施具有惩罚性、辅助性和保障性。[1]间接执行措施主要是对执行债务人课予一定的不利益，这种不利益具有惩罚执行债务人故意怠于履行的性质。虽然该执行措施在一定程度上能够保障债权人权利的实现，但是间接执行措施是一种施加于个人心理的强制执行手段，对债务人的精神具有强制压迫作用，在现代张扬人权的思潮下，基于尊重人格的立法精神，其适用受到执行标的的性质和程序的严格限制。

（三）我国法律上规定的间接执行措施

我国 1991 年《民事诉讼法》中仅有迟延履行金、罚款、迟延履行债务利息和拘留四类间接执行措施。2007 年 10 月 28 日通过的《民事诉讼法》修正案和2008 年最高人民法院颁行的《最高人民法院关于适用〈中华人民共和国民事诉讼法〉执行程序若干问题的解释》，为了提高执行实效，又增设了征信系统记录、通过媒体公布不履行义务信息、限制出境、限制消费等间接执行措施。

1. 迟延履行金和迟延履行债务利息。现行《民事诉讼法》第 260 条规定："被执行人未按判决、裁定和其他法律文书指定的期间履行给付金钱义务的，应当加倍支付迟延履行期间的债务利息。被执行人未按判决、裁定和其他法律文书指定的期间履行其他义务的，应当支付迟延履行金。"其中，加倍计算之后的迟延履行期间的债务利息，包括迟延履行期间的一般债务利息和加倍部分债务利息。迟延履行期间的一般债务利息，根据生效法律文书确定的方法计算；生效法律文书未确定给付该利息的，不予计算。加倍部分债务利息的计算方法为：加倍部分债务利息＝债务人尚未清偿的生效法律文书确定的除一般债务利息之

---

[1] 孔令章、梁平："民事间接强制执行制度比较研究"，载《重庆大学学报》2012 年第 5 期。

外的金钱债务×日万分之一点七五×迟延履行期间。

2. 罚款、拘留、追究刑事责任。《民事诉讼法》第 114 条规定，诉讼参与人或者其他人有下列行为之一的，人民法院可以根据情节轻重予以罚款、拘留；构成犯罪的，依法追究刑事责任：①伪造、毁灭重要证据，妨碍人民法院审理案件的；②以暴力、威胁、贿买方法阻止证人作证或者指使、贿买、胁迫他人作伪证的；③隐藏、转移、变卖、毁损已被查封、扣押的财产，或者已被清点并责令其保管的财产，转移已被冻结的财产的；④对司法工作人员、诉讼参加人、证人、翻译人员、鉴定人、勘验人、协助执行的人，进行侮辱、诽谤、诬陷、殴打或者打击报复的；⑤以暴力、威胁或者其他方法阻碍司法工作人员执行职务的；⑥拒不履行人民法院已经发生法律效力的判决、裁定的。人民法院对有前款规定的行为之一的单位，可以对其主要负责人或者直接责任人员予以罚款、拘留；构成犯罪的，依法追究刑事责任。

2012 年修正《民事诉讼法》时，增设第 113 条规定："被执行人与他人恶意串通，通过诉讼、仲裁、调解等方式逃避履行法律文书确定的义务的，人民法院应当根据情节轻重予以罚款、拘留；构成犯罪的，依法追究刑事责任。"

现行《民事诉讼法》第 117 条规定，有义务协助调查、执行的单位有下列行为之一的，人民法院除责令其履行协助义务外，并可以予以罚款：①有关单位拒绝或者妨碍人民法院调查取证的。②有关单位接到人民法院协助执行通知书后，拒不协助查询、扣押、冻结、划拨、变价财产的。③有关单位接到人民法院协助执行通知书后，拒不协助扣留被执行人的收入、办理有关财产权证照转移手续、转交有关票证、证照或者其他财产的。④其他拒绝协助执行的。人民法院对有前款规定的行为之一的单位，可以对其主要负责人或者直接责任人员予以罚款；对仍不履行协助义务的，可以予以拘留；并可以向监察机关或者有关机关提出予以纪律处分的司法建议。

3. 限制出境，在征信系统记录、通过媒体公布不履行义务信息。《民事诉讼法》第 262 条规定："被执行人不履行法律文书确定的义务的，人民法院可以对其采取或者通知有关单位协助采取限制出境，在征信系统记录、通过媒体公布不履行义务信息以及法律规定的其他措施。"

4. 财产申报。《民事诉讼法》第 248 条规定："被执行人未按执行通知履行法律文书确定的义务，应当报告当前以及收到执行通知之日前一年的财产情况。被执行人拒绝报告或者虚假报告的，人民法院可以根据情节轻重对被执行人或者其法定代理人、有关单位的主要负责人或者直接责任人员予以罚款、拘留。"

5. 限制高消费。2015 年 7 月 22 日起开始实施的《最高人民法院关于限制被执行人高消费的若干规定》第 1 条规定："被执行人未按执行通知书指定的期间履行生效法律文书确定的给付义务的，人民法院可以采取限制消费措施，限制其高消费及非生活或者经营必需的有关消费。纳入失信被执行人名单的被执行人，人民法院应当对其采取限制消费措施。"

第 3 条规定，被执行人为自然人的，被限制高消费后，不得有以下以高消费及非生活和工作必需的消费行为：①乘坐交通工具时，选择飞机、列车软卧、轮船二等以上舱位；②在星级以上宾馆、酒店、夜总会、高尔夫球场等场所进行高消费；③购买不动产或者新建、扩建、高档装修房屋；④租赁高档写字楼、宾馆、公寓等场所办公；⑤购买非经营必需车辆；⑥旅游、度假；⑦子女就读高收费私立学校；⑧支付高额保费购买保险理财产品；⑨乘坐 G 字头动车组列车全部座位、其他动车组列车一等以上座位等其他非生活和工作必需的消费行为。

被执行人为单位的，被采取限制消费措施后，被执行人及其法定代表人、主要负责人、影响债务履行的直接责任人员、实际控制人不得实施前款规定的行为。因私消费以个人财产实施前款规定行为的，可以向执行法院提出申请。执行法院审查属实的，应予准许。

拓展案例

案例一：　首都师范大学与中建物业管理公司供用热力合同
纠纷执行案[1]

首都师范大学与中建物业管理公司供用热力合同纠纷一案，北京市海淀区人民法院判决中建物业管理公司给付首都师范大学供暖费 2 913 715.7 元以及利息 270 025.17 元。一审判决后，中建物业管理公司提起上诉。北京市第一中级人民法院二审判决驳回上诉，维持原判。

由于中建物业管理公司未履行生效判决确定的义务，首都师范大学向北京市海淀区人民法院申请执行。执行法院要求中建物业管理公司申报财产情况。中建物业管理公司申报了中国工商银行和兴业银行两个银行账户，执行法院对两个账户进行了冻结，仅扣划到 9800 元。执行法院进一步调查发现，中建物业管理公司在中国建设银行还开立有一个账户，执行法院遂冻结了该账上仅有的存款 13 289.02 元。执行法院要求中建物业管理公司负责人到庭说明为何没有如

---

〔1〕　参见"首都师范大学与中建物业管理公司供用热力合同纠纷执行案"，载《最高人民法院公报》2011 年第 9 期。

实申报财产，并要求中建物业管理公司提供 3 个银行账号的对账单和会计凭证供调查。中建物业管理公司负责人未到庭，且未提供对账单和会计凭证。

鉴于此，执行法院对中建物业管理公司的办公场所进行了搜查。通过查阅搜查获取的会计账簿，发现中建物业管理公司以工资、药费、差旅费等名义向中建北配楼招待所支付了大笔费用，累计近百万元。执行法院调取了中建物业管理公司的中国建设银行账户交易记录，显示在执行法院发出执行通知书后，中建物业管理公司仍有多笔大额资金往来。执行法院到中建北配楼招待所的经营场所进行调查，发现招待所条件十分简陋，仅有 6 名员工，月经营收入为 2 万至 3 万元。经过调查，执行法院掌握了大量确凿的证据，证明中建物业管理公司在收到执行通知书后，未如实申报财产情况，其将经营收入等大笔资金转入中建北配楼招待所的银行账户，以达到转移财产，规避执行的目的。因此，执行法院对中建物业管理公司的负责人采取了拘留措施，并决定对中建物业管理公司的账目进行审计。执行法院采取强制措施后，中建物业管理公司迫于压力，3 日内向法院支付了 180 余万元执行款，并与申请人首都师范大学达成了执行和解协议，并已分期履行完毕。

案例二：　上海金地石化有限公司与上海立宇贸易有限公司
侵权损害赔偿纠纷执行案[1]

上海金地石化有限公司（以下简称"金地公司"）与上海立宇贸易有限公司（以下简称"立宇公司"）侵权损害赔偿纠纷一案，上海市高级人民法院作出民事调解书，确认立宇公司支付金地公司 880 万元；杨某某在 740 万元范围内对立宇公司的支付义务承担连带责任。

立宇公司与杨某某未履行调解书约定的付款义务，金地公司向该案一审法院上海市第一中级人民法院申请强制执行。执行法院查明，立宇公司因涉嫌刑事案件，经相关机构鉴定，已无偿债能力；杨某某名下原有四套房产，但在原告金地公司提起诉讼前两天，杨某某与龚某（杨某某之子）签订了 3 份《上海市房地产买卖合同》，将其名下四套房产中的三套"售与"龚某，随后办理了房产过户手续。

执行立案后，金地公司向上海市闵行区人民法院提起撤销杨某某与龚某之间的房地产买卖合同的诉讼，上海市第一中级人民法院遂依法裁定该案中止执

---

[1]　参见"上海金地石化有限公司与上海立宇贸易有限公司侵权损害赔偿纠纷执行案"，载《最高人民法院公报》2011 年第 9 期。

行。上海市闵行区人民法院在审理中查明，杨某某系立宇公司股东，其在接受公安机关讯问时，明确回答龚某实际未支付房款；龚某在受让房产时年仅20岁，且一直在国外读书，生活来源需父母供给，并不具备支付房款的能力。法院认为，杨某某预见到可能承担责任后，将其房屋产权无偿过户至龚某名下，主观上具有逃避债务的恶意，且事实上致使其清偿债务能力减弱，损害了债权人的利益。因此，判决撤销了杨某某、龚某签订的3份《上海市房地产买卖合同》。随后，金地公司申请恢复执行，要求处理已恢复至杨某某名下的房产。执行法院恢复执行后，金地公司与杨丽萍达成和解协议，杨某某将其名下的一套房产过户至金地公司名下，并补偿金地公司16万元，金地公司放弃其他债权主张。案件执行终结。

[问题与思考]

1. 间接强制执行措施的功能和价值目标是什么？

2. 间接强制执行措施的实施应当遵循什么原则？

3. 间接强制执行措施的实施是否有必要进行听证程序？

[重点提示]

根据我国《民事诉讼法》《最高人民法院关于人民法院民事执行中查封、扣押、冻结财产的规定》及其他有关司法解释中的规定，重点分析间接强制执行措施的必要性，间接执行措施可能对当事人和其他人造成的不利影响及其防范和补救机制。

图书在版编目（ＣＩＰ）数据

民事诉讼法案例研习/王娣，纪格非，孙邦清编著. —2版. —北京：中国政法大学出版社，2022.1
ISBN 978-7-5764-0215-5

Ⅰ.①民… Ⅱ.①王…②纪…③孙… Ⅲ.①民事诉讼法－案例－中国－教材
Ⅳ.①D925.105

中国版本图书馆CIP数据核字(2021)第277261号

出　版　者	中国政法大学出版社	
地　　　址	北京市海淀区西土城路 25 号	
邮　　　箱	fadapress@163.com	
网　　　址	http://www.cuplpress.com (网络实名：中国政法大学出版社)	
电　　　话	010-58908435(第一编辑部) 58908334(邮购部)	
承　　　印	固安华明印业有限公司	
开　　　本	720mm×960mm　1/16	
印　　　张	22.75	
字　　　数	415 千字	
版　　　次	2022 年 1 月第 2 版	
印　　　次	2022 年 1 月第 1 次印刷	
印　　　数	1～3000 册	
定　　　价	66.00 元	